영남대학교
인문학
육성총서
• • • 29

루쉰이 찾아 모은 중국 고소설집 역주①
초판 발행 2022년 12월 15일
집교자 루쉰
역주자 최환
디자인 정재완
펴낸곳 영남대학교출판부
펴낸이 최외출
출판등록 1975년 9월 5일 경산 제16-1호
주소 경상북도 경산시 대학로 280
전화 053) 810-1801~3
FAX 053) 810-4722
홈페이지 book.yu.ac.kr

ISBN 978-89-7581-859-2 94820

값은 표지 뒷면에 있습니다.
잘못 만들어진 책은 바꾸어 드립니다.

루쉰이 찾아 모은 중국 고소설집 역주①

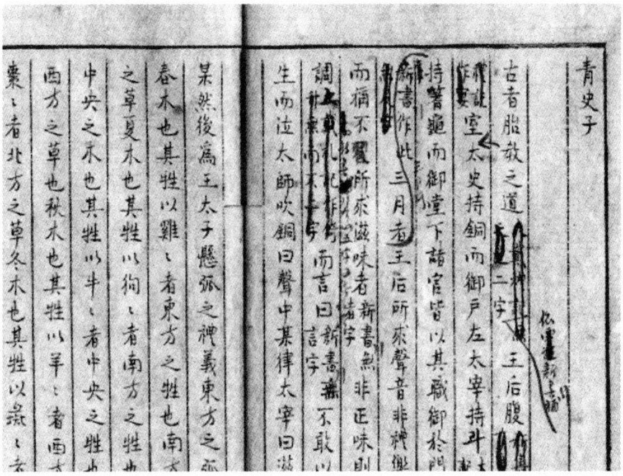

루쉰 집교(輯校)
최환 역주(譯註)

영남대학교출판부

머리말

《고소설구침古小說鉤沈》은 루쉰魯迅이 산일散逸된 중국의 고소설을 유서類書·사서史書·필기筆記 등의 전적典籍으로부터 찾아내어 집록輯錄하고 교감校勘한 책이다. 본서는 루쉰의 중국 고소설에 대한 집일輯逸과 교감 방면에서의 커다란 업적으로, 위진육조魏晉六朝 시기에 출현한 지인志人 및 지괴志怪소설 연구자들에게 귀중한 자료를 제공하고 있다. 이는 그가 쓴 중국소설사 관련 저서인《중국소설사략中國小說史略》과 함께 중국 고대소설 연구에 또 하나의 큰 공헌이라고 평가할 수 있다. 루쉰은 중국 현대소설의 걸출한 작가이면서 동시에 중국 고대소설에 대해서도 이처럼 뛰어난 업적을 이룬 보기 드문 학자였다.

위진육조 시기 고소설 자료의 보고라 할 수 있는《고소설구침》의 역주 작업은 향후 이 시기 소설 연구자에게 작품 감상 및 연구의 편의성 방면에서 많은 도움이 될 것이다. 그리고 한국 고소설 연구자들의 입장에서는 같은 시기 또는 유사한 주제의 작품을 비교 연구하는 데 적지 않은 도움을 받을 수 있을 것이다. 아울러 중국 고소설에 대해 관심이 많은 일반 독자들에게도 당시의 중국소설에 대한 호기심을 충족시켜 줄 수 있을 것이다. 지금까지《고소설구침》에 대한 번역은 그 안에 실려 있는 몇몇 개별 소설집을 대상으로 일부 학자들이 부분적으로 진행하여 왔다. 하지만 루쉰의 집교본輯校本《고소설구침》을 교감문校勘文까지 번역하고 자세하게 주를 붙여 번역을 시도한 것은 이 책이 처음이다. 사실 《고소설구침》을 처음부터 끝까지 외국어로 번역을 시도한 것도 이 책이 처음이다. 심지어 지금까지 이 책 전체를 백화문白話文으로 번역한 백화본도 출현하지 않았다.

본서의 서명은 원래 서명 속에 들어있는 '구침鉤沈'이라는 말의 뜻을 살려 《루쉰이 찾아 모은 중국 고소설집 역주》라고 하였다.

본서 역주 작업의 시작은 이미 오래 전의 일이다. 당시 본인은 이상엽 선생과 남민수 선생의 도움으로 초벌 번역은 대략 끝냈으나, 많은 부분에서 오역이 발견되었으며 아울러 주를 달지 않은 부분도 매우 많이 있었다. 이러한 초벌 번역본을 오랫동안 방치해 두었다가 김현주 선생의 도움을 받아 본격적으로 수정과 보완을 하고 주도 많이 첨가하여 2018년 11월부터 《중국어문학역총中國語文學譯叢》에 연재하기 시작하였다. 본서는 《중국어문학역총》 제49·51·52·54·55집에 실었던 《고소설구침》 중의 소설집 총 16편으로 구성되어 있다. 나머지 20편은 차후에 제2권으로 엮어 이어서 발간할 예정이다. 본서는 전체적으로 《고소설구침》에서 배열한 순서를 따랐으나, 원래 배열된 첫 번째 소설집부터 16번째 소설집까지를 번역한 것은 아니다.

《고소설구침》이 처음으로 출판된 것은 루쉰이 죽은 지 2년이 지난 1938년 루쉰선생기념위원회魯迅先生記念委員會가 편집한 20권본 《루쉰전집魯迅全集》에 실리면서였다. 1958년의 10권본 《루쉰전집》에는 이 책이 실리지 않았다가, 1973년에 간체자簡體字로 간행된 20권본에는 다시 실리게 되었다. 그 후 1981년의 16권본과 2005년의 18권본에는 서문序文만 수록되었다. 단행본으로는 1939년에 《루쉰전집단행본저술지부魯迅全集單行本著述之部 24》로 출판되었고, 1947년에는 대련광화서점大連光華書店에서, 1951년에는 인민문학출판사人民文學出版社에서, 1976년에는 홍콩香港의 신예출판사新藝出版社에서 출판되었다. 1997년 제노서사齊魯書社에서 1938년본을 저본底本으로 삼아 분명한 착오에 대해 수정을 거친 후 단행본으로 출간하였다. 1999년에 인민문학출판사에서《루쉰집록고적총편魯迅輯錄古籍叢編》총 4권을 출간하였는데, 그 중 제1권에《고소설구침》을 수록하였다. 본서의 역주 작업은 제노서사본을 저본으로 삼았으며, 동시에 1999년의 인민문학출판사본을 보조 판본으로 삼았다.

본서는 앞에서도 언급했지만 초벌 번역 시 도움을 준 이상엽 선생과 남민수 선생이 없었다면 출판이 불가능하였을 것이다. 그때 이루어놓은 기초 위에서 지속적인 수정과 보완을 거쳤으며, 아울러 수차례의 대학원 수업 중에 그 초벌 번역본을 보조 교재로 삼아 학생들과 번역과 관련한 토론을 진행하기도 하였다. 이 자리를 빌려 두 분 선생께 심심한 감사의 뜻을 전한다. 하지만 누구보다 본서의 출간에 많은 도움을 준 사람은 김현주 선생이다. 김 선생은 강의와 연구로 바쁜 와중에 꼼꼼하게 번역문을 검토하여 오역을 찾아냈으며 부족한 주注도 거의 완벽하게 보충하였다. 수많은 상호 토론 과정 중에 새로운 사실을 발견할 때마다 적지 않은 지식을 축적할 수 있었다. 김 선생에게 고마울 따름이다.

마지막으로 본서의 학술적 가치를 인정하여 출판을 허락해 준 영남대학교 출판부 박태경 부장님과 끝까지 치밀하게 편집 작업을 수행해 준 이종백 실장님께도 깊은 사의를 표한다.

이제 독자들의 신랄한 비판과 질정을 겸손하게 바랄 뿐이다.

2022년 季秋

영남대학교 莫下齋에서

최 환 씀

차례

루쉰魯迅 집교輯校

《고소설구침古小說鉤沈》 해제

중국 사람들은 역사상에서 소설을 '소도小道'·'한서閑書'·'잡설雜說' 등으로 폄하貶下하는 경향이 있었으며, 중국고대소설 자체의 역사도 가지고 있지 않았다. 그러나 오히려 루쉰은 꾸준하게 옛날에 산일散逸된 고소설을 집록輯錄하고 교감校勘하여 중국소설사 연구의 기초로 삼았을 뿐만 아니라, 또한 소설사 연구를 그가 힘을 기울였던 문예운동의 주요 내용으로 삼아, 1923년과 1924년에 각각《중국소설사략中國小說史略》상·하권을 출판하였던 것이다. 이 책의 출판은 중국고대소설 자체의 역사를 갖게 했을 뿐만 아니라, 초보적으로 중국소설사의 체계를 세우고 중국소설의 유형학 연구 방면을 새롭게 개척했다고 할 수 있다. 이는 물론 역대 소설의 사료史料를 집록하고 고증하는 기초 위에서 가능했던 것으로, 루쉰은 대략 1909년부터 1911년 말까지 고소설 집일 작업에 종사하였는데, 당시《고소설구침》·《당송전기집唐宋傳奇集》·《소설구문초小說舊聞鈔》등 세 부를 엮게 되었다. 이 세 부의 책들은 뒤에 출판된《중국소설사략》의 중요 참고서로 간주해도 무리가 없을 것이다. 그 중에서 가장 먼저 집록한《고소설구침》은 루쉰의 중국고대소설의 원류源流에 대한 연구의 시작으로, 결코 과소평가할 수 없는 역사와 문학적 가치를 지니고 있다.

《고소설구침》은 당대唐代 이전의 소설들을 집록하고 교감한 최초의 책이다. 위진육조魏晉六朝 이래, 이 고소설들은 이미 산일되어 사람들의 주목을 받지 못하였다. 아울러 이것들을 마음대로 고쳐 난잡해지고 정리하기 어려워져 더욱 심각한 상황에 이르게 되었다.

《루쉰일기魯迅日記》1912년 10월 12일 자에 "저녁에 둘째 동생이 보낸 소포 두 개를 받았는데, 그 속에《고소설구침》초고草稿 ……가 있었다."라고 적혀 있다. 이 원고는 루쉰이 1909년 6월 귀국한 후부터 1911년 말 남경南京 교육부에 부임하기 전까지의 기간에 쓴 것이다. 1912년 2월, 루쉰이 지은 <《고소설구침》서序>는 저우쭤런周作人의 서명으로 사오싱紹興에서 간행되는 《월사총간越社叢刊》 창간호에 발표되었는데, 루쉰은 그 서에서 "나는 어려서부터 옛날이야기를 펼쳐보기 좋아하였는데, 간혹 잘못되고 빠진 부분을 발견하면 유서類書와 대조하여 고증하였고, 우연히 일문逸文을 만나면 번번이 또한 베껴 두었다. 비록 번잡하고 잔결殘缺이 있어 대부분 두서가 없지만, 윤곽은 그대로 남아 있었다."라고 하였다. 그는 또 "인간세상의 작은 이야기들은 원대한 일에 미친다면 막힐까 두렵지만, 훌륭한 작품이 뒤에 탄생하게 된 것은 이 작은 이야기가 그 발단이었다. 하물며 마을 골목에서 채록한 것은 백성들의 순수한 마음에서 나온 것이고, 의도적으로 지은 것은 문인들이 구상한 것임에랴. 마음으로 행하는 것이 계속하여 퍼지면 스스로 그러한 품격이 생겨난다. 그것은 문단에서 무궁화와 같은 데가 있어 문명을 아름답게 하고 어둡고 외로운 데를 꾸밀 수 있으니, 대개 견문을 넓히는 도구로만 그치지 않는다. 그러나 그것에 대하여 논하는 자는 여전히 옛 주장인 반고의 견해를 묵수하였다. 이러한 옛 전적典籍들이 더 영락零落하는 것이 아쉽고, 또 이후에 한가한 시간이 적을 것 같아 염려되어 이에 다시 배열하고 집록하였으며, 아울러 옛 사람들의 집본集本으로 교정校定하고 그것을 합치니 약간은 되기에 《고소설구침》이라고 하였다."라고 기술하였다.

루쉰은 고소설을 집록하고 교감하는 기초 위에서 이 서문을 썼던 것이다. 이 서문 상에는 그의 깊은 사상과 과학적 소설사관小說史觀이 들어 있다. 그는 먼저 반고班固로 대표되는 중국의 전통소설사관의 잘못을 지적하였다. 그는 "소설에 대해 반고는 패관稗官에서 나왔으며, 마을에서 하찮은 지식을 가진 자가 한 말이라도 또한 엮어 잊어버리지 않게 하였는데, 간혹 한 마디라도 취할 만한 것이 있다

하더라도 이 역시 꼴꾼과 나무꾼이나 미친 사람의 의론이라고 여겼다."라고 하였다. 반고의 이와 같은 소설에 대한 경시 태도와 언급은 후에 자못 큰 영향을 끼쳤다. 루쉰은 또 반고가 선진先秦 제자학파諸子學派 중의 10가家를 열거하고 평론하면서 볼 만한 것은 단지 9가로 여겨 소설을 배제시켰다고 하였다. 루쉰은 반고가 수록한 15종 고대소설은 이미 산일되었는데, 단지《대대예기大戴禮記》중에《청사자靑史子》작자와 관련된 약간의 기재가 있다고 하였다. 또한 전국戰國시대 장주莊周의《장자莊子》속에도《송자宋子》의 작자인 송견宋銒의 말을 들고 있는데, 부분적이고 단편적인 문구文句로 더욱 그 의미를 미루어 볼 수 없다고 하였다. 루쉰은 이어서 후에 등장한 소설은 자연히 고소설에 비해 발전을 하였으나, 그것에 대해 논하는 자는 여전히 옛 주장인 반고의 견해를 묵수하였으니, 이는 싹을 가지고 그 나무의 가지와 잎을 가늠하는 꼴이라고 하였다. 루쉰은 전통적인 견해와는 상반되는 관점을 지니고, 사관史官에 의해 말학末學으로 취급되던 고소설을 대단히 중시하였던 것이다.

《고소설구침》원고가 세상에 빛을 보게 된 것은 그 서문이 발표된 지 20여 년이 지나서였다. 즉 루쉰이 죽은 뒤 루쉰선생기념위원회魯迅先生紀念委員會가 이 책을 편찬하여, 루쉰전집출판사魯迅全集出版社에서 1939년 11월에 초판을 출간하였다. 이 책은 주周나라 청사씨靑史氏의《청사자》부터 수隋나라 후백侯白의《정이기旌異記》등 고소설 일문 36종 약 20여만 자를 수록하였다. 결과적으로 루쉰은 총 136조의 소설 작품을 집록한 셈이다.

베이징도서관北京圖書館에 있는 루쉰의 친필원고 <고소설구침목록古小說鉤沉目錄>에 근거하면, 편자인 루쉰의 원래 의도는 이 책을 5집集으로 나누려고 했는데, 다음과 같다.

제1집 1종

《青史子》〔周〕青史氏

제2집 6종

《語　林》〔晉〕裴　啓	《郭　子》〔晉〕郭澄之
《笑　林》〔魏〕邯鄲淳	《俗　說》〔梁〕沈　約
《小　說》〔梁〕殷　芸	《水　飾》〔隋〕杜　寶

제3집 14종

《列異傳》〔魏〕曹　丕	《古異傳》〔宋〕袁王壽
《甄異傳》〔晉〕戴　祚	《述異記》〔齊〕祖冲之
《靈鬼志》〔晉〕荀　氏	《志　怪》〔晉〕祖台之
《志　怪》〔晉〕孔　氏	《神怪錄》　不　詳
《神　錄》〔梁〕劉之遴	《齊諧記》〔宋〕東陽無疑
《幽明錄》〔宋〕劉義慶	《鬼神列傳》　謝　氏
《志怪記》〔晉〕殖　氏	《集靈記》〔北齊〕顔之推

제4집 2종

《漢武故事》〔齊〕王　儉	《妒　記》〔宋〕虞通之

제5집 9종

《異聞記》〔後漢〕陳　實	《玄中記》　不　詳
《異　林》〔晉〕陸　氏	《志　怪》〔晉〕曹　毗
《集異記》〔宋〕郭季産	《神異記》〔晉〕王　浮
《續異記》　不　詳	《錄異傳》　不　詳

《雜鬼神志怪》　　　　許氏 等

현행본現行本은 《고소설구침》 초고의 배열에 근거하였으나, 권으로는 나누지 않았다. 그리고 위의 목록에다 다음의 몇 가지를 더하였다.

《祥異記》　不 詳　　《宣驗記》〔宋〕劉義慶
《冥祥記》〔齊〕王 琰　　《旌異記》〔隋〕侯 白

《고소설구침》은 비록 확정된 원고는 아니며, 집록하는 각 고일서古逸書의 작자 및 원서의 권질 또한 밝히지 않았지만, 중국소설사 상에서의 그 중요성은 대단히 크다고 할 수 있다.

집일의 풍기가 비록 청淸나라 건륭乾隆·가경嘉慶·도광道光·함풍咸豐 시기에 크게 성행하였으나, 오히려 고소설 집일에 관심을 두는 사람은 매우 적었다. 설사 우연히 고소설에 미치는 사람이 있었더라도, 역대 사지史志의 사부史部 혹은 자부子部의 하나로서 저록되어 있었기 때문에 그것을 자연스럽게 집록하였던 것이다. 고소설에 관한 계통적 혹은 단대斷代 별 집일 작품은 많이 보이지 않는데, 단지 명 가정嘉靖 연간 고원경顧元慶이 편찬한 고씨이백재간본顧氏夷白齋刊本의 《고씨문방소설顧氏文房小說》과 청 건륭 연간 연당거사蓮塘居士 진세희陳世熙가 집각輯刻한 《당인설회唐人說薈》 등 몇 가지만이 있을 뿐이다. 그러나 이 책들을 보면 감별에 잘못이 있고 교각校刻이 정밀하지 못하다. 더욱이 선진한위先秦漢魏소설에 관한 집일은 편린적片鱗的이었다. 이를테면 청 광서光緒 9년(1883) 마국한馬國翰의 낭현관嫏嬛館에서 《옥함산방집일서玉函山房輯佚書》를 집각하였는데, 그 중에 소설가류小說家類로는 단지 《청사자》·《어림》·《소림》·《곽자》·《현중기》·《제해기》·《수식》 등 8종만이 들어 있었다. 그러나 루쉰은 오히려 이상의 8종을 포함하여 당 이전 소설 36종을 집록하여, 종목種目에서 이전 사람들을 초과하였을 뿐만 아니라, 집일본의 내용 또한 앞에서 나온 것보다 훨씬 뛰어났다. 《청사자》를 예로 들어보면, 마국한은 《대대예기》 및 가의賈誼의 《신서新書》에 의거하여 2조를 집록하였으나, 루쉰은 《풍속통의風俗通義》에서 1조를 더 집록하여 넣었다. 다시 《소림》을 예로 들어보면, 마국한은 단지 《태평광기太平廣記》·《태평어람太平御覽》·《북당서초北堂書鈔》 등의 책에서 집록한 반면에 루쉰은 그 책들 외에도 《예문유취藝文類聚》·《속담조續談助》·《감주집紺珠集》 등의 책에서 다시 3조를 더 집록하였다.

루쉰은 이처럼 《고소설구침》의 작품들을 《태평어람》·《태평광기》·《초학기初學記》·《북당서초》·《예문유취》·《법원주림法苑珠林》 등 16종의 고서古書로부터 찾아내어 집록하였으며, 아울러 기타 저작들을 이용하여 비교적 완벽한 교감을 하였다. 이는 자신과 후인들의 고소설 연구에 기초적 자료를 제공하였다.

다음은 루쉰이 《고소설구침》을 집록하면서 인용한 고서목古書目을 개별 작품별로 정리하여 도표로 나타낸 것이다.

목록	조대	작자	고소설 명칭	인용서목
제1집	周朝	青史氏	《青史子》	《大戴禮記》, 賈誼《新書》, 《風俗通義》
제2집	晉	裴啓	《語林》	《太平廣記》, 《北堂書鈔》, 《太平御覽》, 《昭明文選》, 王應麟《困學紀聞》, 《白孔六帖》, 《事類賦注》, 《初學記》, 《學林》, 《世說新語》, 《三秦記語林》, 《類林雜說》, 《水經注》, 《晉書》, 《廣韻》, 《海錄碎事》, 《太平環宇記》, 俞氏《唐類函》, 《草堂詩箋》, 《雜記續談助》, 王茂《野客叢書》, 王應麟 《小學绀珠》, 《雕玉集》

목록	조대	작자	고소설 명칭	인용서목
제2집	晉	郭澄之	《郭子》	《北堂書鈔》,《太平御覽》,《世說新語》,《白孔六帖》,《初學記》,《昭明文選》,《雜記續談助》,《齊民要術》,《藝文類聚》
	魏	邯鄲淳	《笑林》	《太平廣記》,《北堂書鈔》,《太平御覽》,《雕玉集》,《後漢書》,《雜記續談助》,《類林雜說》,《紺珠集》,《藝文類聚》
	六朝(梁)	沈約	《俗說》	《世說新語》,《北堂書鈔》,《太平御覽》,《藝文類聚》,《風俗記
	六朝(梁)	殷芸	《小說》	《太平廣記》,《紺珠集》,《三齊要略》,《雜記續談助》,《漢書》,《世說新語》,《西京雜記》《原本說郛》,《昭明文選》,《語林》,《雜語》,《異苑》,《幽冥錄》,《困學紀聞》,《鬼谷先生說》,《顧玄》, 宋 吳開優《古堂詩話》, 宋 吳聿《觀林詩話》, 盛弘《荊州記》,《海錄碎事》,《簡文談疏》,《鐵圍山從談》, 庚穆《湘州記》等
	隋	杜寶	《水飾》	《太平廣記》
제3집	魏	曹丕	《列異傳》	《太平廣記》,《北堂書鈔》,《太平御覽》,《齊民要術》,《初學記》,《藝文類聚》《史記》,《後漢書》,《洙林》,《水經注》,《魏志》,《昭明文選》,《類林雜說》, 敦煌石室에서 나온 唐人寫本類書殘卷,《法苑珠林》
	六朝(宋)	袁壔	《古異傳》	《玉燭寶典》, 高乘《事物紀原》
	魏	曹丕	《列異傳》	《太平廣記》,《北堂書鈔》,《太平御覽》,《齊民要術》, 蘇易《簡文房四譜》,《藝文類聚》
	六朝(宋)	祖沖之	《述異記》	《太平廣記》,《北堂書鈔》,《太平御覽》,《齊民要術》,《白孔六帖》,《事類賦注》,《初學記》,《法苑珠林》,《類林雜說》,《開元占經》, 今本 任昉《述異記》, 朱翌《猗覺寮雜記》,《海錄碎事》,《草堂詩箋》
	晉	荀氏	《靈鬼志》	《太平廣記》,《北堂書鈔》,《太平御覽》,《事類賦注》,《世說新語》,《藝文類聚》,《法苑珠林》,《辯正論》, 俞氏《唐類函》
	晉	祖台之	《志怪》	《北堂書鈔》,《太平御覽》,《太平類聚》,《初學記》

목록	조대	작자	고소설 명칭	인용서목
제3집	晉	孔氏	《志怪》	《太平廣記》,《北堂書鈔》,《太平御覽》,《類林雜說》,《草堂詩箋》,《初學記》,《世說新語》,《酉陽雜俎》,《藝文類聚》
제3집	不詳		《神怪錄》	《北堂書鈔》,《太平御覽》
제3집	六朝(梁)	劉之遴	《神錄》	《太平環宇記》,《水經注》,《輿地紀勝》
제3집	六朝(宋)	東陽無疑	《齊諧記》	《太平廣記》,《北堂書鈔》,《太平御覽》,《白孔六帖》,《初學記》,《法苑珠林》,《藝文類聚》
제3집	六朝(宋)	劉義慶	《幽明錄》	《太平廣記》,《北堂書鈔》,《太平御覽》,《白孔六帖》,《事類賦注》,《初學記》,《法苑珠林》,《類林雜說》,《開元占經》, 敦煌石室에서 나온 唐人寫本類書殘卷,《世說新語》,《藝文類聚》,《水經注》,《辯正論》, 俞氏《唐類函》,《海錄碎事》,《太平環宇記》,《古今類事》, 曹毗《志怪》,《雕玉集》,《搜神記》,《雜記續談助》
제3집	不詳	謝氏	《鬼神列傳》	《太平御覽》
제3집	晉	殖氏	《志怪記》	《北堂書鈔》
제3집	北齊	顔之推	《集靈記》	《太平御覽》
제4집	齊	王儉	《漢武帝故事》	《北堂書鈔》,《太平御覽》,《齊民要術》,《初學記》,《藝文類聚》,《史記》,《後漢書》,《水經注》,《昭明文選》,《白孔六帖》,《事類賦注》,《海錄碎事》,《太平環宇記》,《資治通鑒》,《漢書》,《草堂詩箋》,《绀珠集》,《雜記續談助》,《十洲記》,《埤雅》
제4집	六朝(宋)	虞通之	《妬記》	《太平御覽》,《世說新語》,《藝文類聚》
제5집	後漢	陳實	《異聞記》	《意林》,《抱樸子內篇》,《北戶錄壹》
제5집	不詳	不詳	《玄中記》	《太平御覽》,《草堂詩箋》,《初學記》,《佩文韻府》,《酉陽雜俎》,《藝文類聚》,《太平廣記》,《北堂書鈔》,《白孔六帖》,《事類賦注》,《法苑珠林》,《昭明文選》,《路史後記》, 敦煌石室에서 나온 唐人寫本類書殘卷,《通典》,《通志》,《水經注》,《廣韻》,《春秋左傳》,《海錄碎事》,《太平環宇記》,《山海經》,《丹鉛總錄》,《齊民要術》,《玉燭寶典》,《括地圖補》,《古玉圖譜》,《經史證類本草》

목록	조대	작자	고소설 명칭	인용서목
제 5 집	晋	陸氏	《異林》	《魏志》, 《太平御覽》
	晋	曹毗	《志怪》	《初學記》, 《草堂詩箋》
	六朝 (宋)	郭季産	《集異記》	《太平廣記》, 《北堂書鈔》, 《太平御覽》, 《藝文類聚》
	晋	王浮	《神異記》	《太平廣記》, 《元和姓纂》, 《太平御覽》, 《茶經》, 《事類賦注》, 《太平環宇記》
	不詳	不詳	《續異記》	《太平廣記》, 《太平御覽》, 《白孔六帖》, 《事類賦注》, 《初學記》
	不詳	不詳	《錄異傳》	《太平廣記》, 《北堂書鈔》, 《太平御覽》, 《因學紀聞》, 《事類賦注》, 《初學記》, 《太平環宇記》, 《類林雜說》, 《藝文類聚》, 《史記》, 《海錄碎事》
	不詳	許氏 等	《雜鬼神志怪》	《太平廣記》, 《北堂書鈔》, 《太平御覽》, 《玉燭寶典》, 《法苑珠林》, 《續齊諧記》
루쉰의 친필목록에는 수록되지 않았지만, 《고소설구침》 내용에 속하는 것	不詳	不詳	《祥異記》	《太平廣記》
	六朝 (宋)	劉義慶	《宣驗記》	《太平廣記》, 《比丘尼傳》, 《太平御覽》, 《白孔六帖》, 《事類賦注》, 《初學記》, 《辯正論》, 《藝文類聚》, 《大唐西域記》, 《高僧傳》
	齊	王琰	《冥祥記》	《太平廣記》, 《高僧傳》, 《法苑珠林》, 《辯正論》, 《法事感通錄》
	隋	侯白	《旌異記》	《太平廣記》, 《高僧傳》, 《法苑珠林》, 《續高僧傳》, 《法事感通錄》

정전둬鄭振鐸는 일찍이 루쉰의 집일과 그 창작·번역을 같이 얘기하면서 '삼절三絶'이라 칭하였으며, 아울러 "루쉰 선생의 집일 작업 중에서 《고소설구침》이 가장 중요하다." <루쉰의 집일 작업 (魯迅的輯佚工作)>라고 하였다. 루쉰의 학생이자 친구인 타이징눙 (臺靜農:1903—1993)도 《고소설구침》을 중요시하면서 "선생의 이 집본輯本은 대단한 노력으로 가장 풍부한 자료를 수집하였으니, 위진 육조의 산일된 작품들이 이 책에 다 있다고 말할 수 있다." <루쉰 선생의

중국 고대문학 정리의 성과 (魯迅先生整理中國古文學之成績)>라고 하였다. 타이징눙은 1940년대 후기에 중국소설사를 강의한 동시에 스승의 유작인 《고소설구침》의 해제를 썼는데, 그 머리말에서 "책 속에는 모두 위진육조魏晉六朝 시기 작자의 소설집 36종이 실려 있다. ……집록의 성실함과 교정校定의 정밀함에 대해서는 천학淺學으로 알 수 있는 바가 아니다."라고 하였다. 타이징눙은 사지史志에서 찾아 검증하고 전적들을 두루 인용하여 연혁을 규명하고 간략하게 평가를 하였으니, '해설'의 책임을 다 하였다고 할 수 있다. 이것과 《고소설구침》을 함께 본다면 소설사 연구에 많은 도움이 될 것이다.

참고문헌

袁行霈·侯忠義 編, 《中國文言小說書目》, 北京: 北京大學出版社, 1981

許懷中, 《魯迅與中國古典小說》, 西安: 陝西人民出版社, 1982

李劍國, 《唐前志怪小說史》, 天津: 南開大學出版社, 1984

侯忠義 編, 《中國文言小說參考資料》, 北京: 北京大學出版社, 1985

寧稼雨, 《中國文言小說總目提要》, 濟南: 齊魯書社, 1996

王枝忠, 《漢魏六朝小說史》, 杭州: 浙江古籍出版社, 1997

胡從經, 《中國小說史學史長編》, 上海: 上海文藝出版社, 1998

黃　霖, 《中國小說研究史》, 杭州: 浙江古籍出版社, 2002

루쉰魯迅 저/조관희趙寬熙 역주, 《중국소설사》, 서울: 소명출판, 2004

柳秀旼, <《古小說鉤沈》 研究: 魯迅의 輯佚 및 作品創作과 관련하여>, 이화여자대학교 석사학위논문, 2008

일러두기

1. 원칙적으로 원문에만 각주를 달았고, 루쉰魯迅의 교감기에는 달지 않았다. 그러나 꼭 필요하면 교감기에도 각주를 단 경우도 있다. 아울러 교감기 중의 잘못된 글자는 교감하여 각주에 반영하였다.

2. 각주는 역사적 인물, 지명, 관직명, 제도, 문물 등을 위주로 달았다. 간혹 특이한 뜻을 지닌 글자에 대해서도 주를 달았으며, 기타 어려운 글자나 단어는 번역문에 반영하였다.
예) 온(緼): '蘊'과 통하는데, '감추다'의 뜻이다.

3. 교감기校勘記도 번역을 하였는데, 간혹 문자는 달라도 서로 그 내용이 같으면 번역하지 않았다.

4. 관직명, 황제 존호尊號, 자字, 아명 등으로 인물을 지칭하는 경우, 또는 누구를 지칭하는지 불분명한 경우에는 [ ]안에 그 인물의 본명을 넣어 표기하였다.
예) 王大將軍→왕대장군[王敦], 晉武帝→진 무제[司馬炎]

5. 가능한 한 직역 위주로 번역하였으나, 경우에 따라 의역을 하기도 하였다. 의역 시 독자의 가독성을 고려하여 원문에 없는 내용이 첨가될 경우에도 ( )로 표시하지 않았다.

6. 원문 교감기의 인용문 중 따옴표가 없는 경우가 대부분인데, 번역문에서는 따옴표를 표기하였다.

고소설구침서古小說鉤沈序

소설에 대해 반고班固는 "패관稗官에서 나왔으며", "마을에서 하찮은 지식을 가진 자가 한 말이라도 또한 엮어 잊어버리지 않게 하였는데, 간혹 한 마디라도 취할 만한 것이 있다 하더라도 이 역시 꼴꾼과 나무꾼이나 정신 나간 자의 의론이다."라고 여겼다. 그렇다면 패관의 직능職能은 옛날에 "시를 채집하던 관리가 임금이 풍속을 살피고 정치의 득실을 알 수 있도록 했던 것"과 같다. 그러나 반고는 제자諸子들을 항목별로 모아 10가家로 확정하여 배열하고, 다시 "볼 만한 것은 9가이다."라고 하여 소설을 그 속에 넣지 않았다. 그가 수록한 소설 15가는 오늘날 또 산일散逸되어 버렸다. 오로지 《대대례大戴禮》에 《청사자青史子》의 지은이인 청사씨青史氏의 기록이 인용되어 있고, 《장자莊子》에서 《송자宋子》의 지은이인 송견宋鈃의 말을 들고 있는데, 부분적이고 단편적인 문구文句로 더욱 그 의미를 미루어 볼 수 없다. 옛날로부터 멀어지면서 소설의 흐름이 더욱 번성하였지만, 그것에 대하여 논하는 자는 여전히 옛 주장인 반고의 견해를 묵수하였으니, 이는 싹을 가지고 그 나무의 가지와 잎을 가늠하는 꼴이다! 나는 어려서부터 옛날이야기를 펼쳐보기 좋아하였는데, 간혹 잘못되고 빠진 부분을 발견하면 유서類書와 대조하여 고증하였고, 우연히 일문逸文을 만나면 번번이 또한 베껴두었다. 비록 번잡하고 잔결殘缺이 있어 대부분 두서가 없지만, 윤곽은 그대로 남아 있었다. 대개 자질구레하고 지엽적인 이야기는 사관史官들이 말학末學이라 여겼고, 귀신과 요괴에 관한 것은 음양오행가陰陽五行家들이 부수적인 흐름이라 여겼고, 진인眞人과 복지福地에 관한 것은 신선가神仙家들이 중등中等으로 여겼고, 저승세계의 징험徵驗에 관한 것은 불가佛家에서 하승下乘으로 여겼다. 인간세상의 작은 이야기들은 원대한 일에 미친다면 막힐까 두렵지만, 훌륭한 작품이 뒤에 탄생하게 된 것은 이 작은 이야기가 그 발단이었다. 하물며 마을 골목에서 채록한 것은 백성들의 순수한 마음에서 나온 것이고, 의도적으로 지은 것은 문인들이 구상한 것임에랴. 마음으로 행하는 것이 계속하여 퍼지면 스스로 그러한 품격이 생겨난다. 그것은 문단에서 무궁화와 같은 데가 있어 문명을 아름답게 하고 어둡고 외로운 데를 꾸밀 수 있으니, 대개 견문을 넓히는 도구로만 그치지 않는다. 그러나 그것에 대하여 논하는 자는 여전히 옛 주장인 반고의 견해를 묵수하였다. 이러한 옛 전적典籍들이 더 영락零落하는 것이 아쉽고, 또 이후에 한가한 시간이 적을 것 같아 염려되어 이에 다시 배열하고 집록輯錄하였으며, 아울러 옛 사람들의 집본集本으로 교정校定하고 그것을 합치니 약간은 되기에 《고소설구침古小說鉤沈》이라고 하였다. 옛 책에 혼을 되돌려 주는 것은 즉 스스로 만족을 구하는 것이기도 하며, 또 대도大道를 말하는 자들에게는 곧 패관의 직능은 옛날에 "시를 채집하던 관리가 임금이 풍속을 살피고 정치의 득실을 알 수 있도록 했던 것"과 같다고 말해 주겠다.

小說者, 班固以爲"出於稗官", "閭里小知者之所及, 亦使綴而不忘, 如或一言可采, 此亦芻蕘狂夫之議." 是則稗官職志, 將同古"采詩之官, 王者所以觀風俗知得失"矣. 顧其條最諸子, 判列十家, 復以爲"可觀者九", 而小說不與; 所錄十五家, 今又散失, 惟《大戴禮》引有青史氏之記, 《莊子》擧宋銒之言, 孤文斷句, 更不能推見其旨. 去古既遠, 流裔彌繁, 然論者尙墨守故言, 此其持萌芽以度柯葉乎! 余少喜披覽古說, 或見僞敓, 則取證類書, 偶會逸文, 輒亦寫出. 雖叢殘多失次第, 而涯略故在. 大共瑣語支言, 史官末學; 神鬼精物, 數術波流; 眞人福地, 神仙之中駟; 幽驗冥徵, 釋氏之下乘. 人間小書, 致遠恐泥, 而洪筆晩起, 此其權輿. 況乃錄自里巷, 爲國人所白心; 出於造作, 則思士之結想. 心行曼衍, 自生此品, 其在文林, 有如舜華, 足以麗爾文明, 點綴幽獨, 蓋不第爲廣視聽之具而止. 然論者尙墨守故言. 惜此舊籍彌益零落, 又慮後此閒暇者尟, 爰更比輯, 並校定昔人集本, 合得如干種, 名曰《古小說鉤沈》. 歸魂故書, 則以自求說釋; 而爲談大道者言, 乃曰: 稗官職志, 將同古"采詩之官, 王者所以觀風俗知得失"矣.

1. 《청사자青史子》

1. 古者胎教之道: **二字《新書》引補.** 王后腹之七月而就宴室[1], **《新書》引作王后有身之七月而就蔞室.** 太史[2]持銅[3]而御戶左, 太宰[4]持斗而御戶右, 太卜[5]持蓍龜[6]而御堂下, 諸官皆以其職御於門內. **太卜已下依《新書》引補.** 比及三月者, **比及二字《新書》引作此.** 王后所求聲音非禮樂, 則太史縕[7]瑟 **《新書》引作撫樂** 而稱不習; 所求滋味者 **《新書》引無者字** 非正味, 則太宰倚斗而不敢煎調, **《新書》引有已上五字, 又倚作荷.** 而言曰: **《新書》引無言字.** "不敢以待 **《新書》引作侍** 王太子." 太子生而泣, 太史吹銅曰: "聲中某律." 太宰曰: "滋味上某." 太卜曰: "命云某." 然後為王太子懸弧之禮義: 東方之弧以梧, 梧者, 東方之草, 春木也 ; 其牲以鷄, 鷄者, 東方之牲也. 南方之弧以柳, 柳者, 南方之草, 夏木也 ; 其牲以狗, 狗者, 南方之牲也. 中央之弧以桑, 桑者, 中央之木也; 其牲以牛, 牛者, 中央之牲也. 西方之弧以棘, 棘者, 西方之草也, 秋木也. 其牲以羊, 羊者, 西方之牲也. 北方之弧以棗, 棗者, 北方之草, 冬木也. 其牲以彘, 彘者, 北方之牲也. 五弧五分矢, 東方射東方, 南方射南方, 中央射中央, 西方射西方, 北方射北方, 皆三射. 其四弧具, 其餘各二分矢, 懸諸國四通門

---

1 연실(宴室): 누실(蔞室)이라고 쓴 판본도 있음. 정침(正寢: 천자나 황후의 침실)의 곁방[側室]이라고 할 수 있다.

2 태사(太史): '太史'가 아니라 '太師'가 맞다. 태사(太師)는 고대 음악을 관장하는 관리의 수장.

3 동(銅): 동으로 만든 관악기를 말한다.

4 태재(太宰): 하(夏)·은(殷)·주(周) 삼대(三代) 때 음식을 관장하는 관리.

5 태복(太卜): 은(殷)나라와 주(周)나라 등 고대 왕조에서는 왕조의 길흉을 점치는 관리들의 역할이 중요할 뿐 아니라 조정에서의 영향력도 적지 않았다. 궁내의 대소사에 대해 길흉을 점치고 그 결과를 보고하는 관리의 수장.

6 시귀(蓍龜): 시는 곧 시초(蓍草), 귀는 곧 귀갑(龜甲)인데, 이 두 가지는 모두 고대사회에서 점치는 도구이다.

7 온(縕): '蘊'과 통하는데, '감추다'의 뜻이다.

之左, 中央之弧亦具, 餘二分矢懸諸社稷門之左. **太卜曰至此已上依《新書》引補.** 然後卜王太子名: **《大戴禮記》引作然後卜名.** 上無 **《新書》引作毋, 下放此.** 取於天, 下無取於墜, **《新書》引作地.** 中無取於名山通谷[8], 無拂 **《新書》引作悖** 於鄉俗. 是故君子名難知而易諱也, 此所以養恩 **《新書》引作息** 之道也. **《新書》引有也字.** **《大戴禮記三·保傅篇》. 賈誼《新書十·胎教雜事》.**

1. 고대의 태교 방법은 다음과 같았다. 두 글자는《신서》의 인용에 의거하여 보충하였다. 황후가 임신한 지 7개월이 되면 연실에 거처하게 된다. **《신서》의 인용에는 '황후가 임신한 지 7개월이 되면 누실로 간다'라고 하였다.** 태사는 동으로 만든 악기를 들고 문의 왼쪽 편에 시립하며, 태재는 국자를 들고 문의 오른쪽 편에 시립하고, 태복은 시귀를 들고 당 아래에 시립하며, 여러 관리들은 모두 그의 직책에 맞추어 문 안에 시립한다. **'太卜' 이하는《신서》의 인용에 의거하여 보충하였다.** 연실에 들어간 3개월 동안 **'比及' 두 글자는《신서》의 인용에 '此'라고 하였다.** 황후가 예악에 맞지 않는 음악을 듣고자 하면, 태사는 거문고를 감추고 **《신서》에는 '악기를 어루만지며'라고 하였다.** "연주할 수 없습니다."라고 말한다. 황후가 먹고자 하는 요리가 **《신서》의 인용에는 '者' 자가 없다.** 올바른 음식이 아니면 태재는 국자를 들고 감히 요리하지 않고 **《신서》의 인용에는 이상의 5자가 있으며, 또 '倘'는 '尙'로 되어 있다.** 말한다. **《신서》의 인용에는 '言' 자가 없다.** "황태자를 위하여 감히 요리할 수 없습니다." **《신서》의 인용에는 '侍'로 되어 있다.** 황태자가 막 태어나 울음을 터뜨리면 태사는 동으로 만든 악기를 연주하면서 "태자의 목소리는 아무개의 음률과 맞습니다."라고 말한다. 태재는 "태자의 입맛에는 아무개의 요리가 맞습니다."라고 말하며, 태복은

8 통곡(通谷): 왕래에 장애가 없는 산골짜기.

"태자의 운명은 어떠어떠합니다."라고 말한다. 그런 다음에 황태자를 위해 활을 걸어 놓는 의례를 진행한다. 동쪽에 걸어 놓는 활은 오동나무로 만든 것인데, 오동나무는 동쪽을 대표하는 식물로 봄을 상징하는 나무이다. 이에 맞추어 제사 지내는 짐승은 닭인데, 왜냐하면 닭은 동쪽을 상징하는 제물이기 때문이다. 남쪽에 걸어 놓는 활은 버드나무로 만든 것인데, 버드나무는 남쪽을 대표하는 식물로 여름을 상징하는 나무이다. 이에 맞추어 제사 지내는 짐승은 개인데, 왜냐하면 개는 남쪽을 상징하는 제물이기 때문이다. 한가운데에 걸어 놓는 활은 뽕나무로 만든 것인데, 뽕나무는 중앙을 상징하는 나무이다. 이에 맞추어 제사 지내는 짐승은 소인데, 왜냐하면 소는 중앙을 상징하는 제물이기 때문이다. 서쪽에 걸어 놓는 활은 가시나무로 만든 것인데, 가시나무는 서쪽을 대표하는 나무이며 가을을 상징하는 나무이다. 이에 맞추어 제사 지내는 짐승은 양인데, 왜냐하면 양은 서쪽을 상징하는 제물이기 때문이다. 북쪽에 걸어 놓는 활은 대추나무로 만드는데, 대추나무는 북방을 대표하는 나무이며 겨울을 상징하는 나무이다. 여기에 맞추어 제사 지내는 짐승은 돼지인데, 돼지는 북방을 상징하는 제물이기 때문이다. 다섯 개의 활에 맞추어 다섯 개의 화살을 준비하여, 동쪽의 활은 동쪽 방향으로 쏘고, 남쪽의 활은 남쪽 방향으로 쏘며, 중앙의 활은 한가운데의 방향으로 쏘고, 서쪽의 활은 서쪽 방향으로 쏘며, 북쪽의 활은 북쪽 방향으로 쏘는데, 각각 3번씩 쏜다. 사방을 향해 활쏘기를 마치고 나면, 각 방향으로 활을 쏘고 난 나머지 각 2개의 화살을 활과 함께 나라의 사통문 왼쪽에 매달며, 중앙의 활 또한 다 쏘고 나면 나머지 2개의 화살을 사직문 왼쪽에 매단다. **'太卜曰'에서 여기까지는 《신서》의 인용에 의거하여 보충하였다.** 그런 다음, 태복이 점을 쳐 황태자의 이름을 정하는데, **《대대예기》의 인용에는 '그런 후에 태자의 이름을**

점치는데'라고 하였다. 위로는 하늘의 사물로부터 이름을 취하지 않고 **《신서》의 인용에는 '毋'로 되어 있으며 아래에 '此'를 두었다.** 아래로는 땅의 사물로부터 이름을 취하지 않으며 **《신서》의 인용에는 '地'로 되어 있다.** 가운데로는 명산과 계곡에서 이름을 취하지 않고, 향리의 풍속과 어긋나는 것에서 이름을 취하지도 않는다. **《신서》의 인용에는 '悖'로 되어 있다.** 이러한 까닭에 군자의 이름은 그 유래를 알기는 어려우나 피휘避諱하기는 쉬운데, 이것은 국가를 위한 은덕의 **《신서》의 인용에는 '息'으로 되어 있다.** 도를 기를 수 있기 때문이다. **《신서》의 인용에는 '也' 자가 있다. 《대대예기3·보부편》·《신서10·태교잡사》.**

2. 古者年八歲而出就外舍, 學小藝[9]焉, 履小節[10]焉; 束髮而就大學, 學大藝[11]焉, 履大節[12]焉. 居則習禮文, 行則鳴珮玉, 升車則聞和鸞[13]之聲, 是以非僻之心無自入也. 在衡[14]為鸞, 在軾[15]為和; 馬動而鸞鳴, 鸞鳴而和應; 聲曰和, 和則敬, 此御之節也. 上車以和鸞為節, 下車以珮玉為度, 上有雙

9 소예(小藝): 예(禮)·악(樂)·사(射)·어(御)·서(書)·수(數) 등의 육예(六藝)를 어린아이에게 초보적으로 가르치는 것.

10 소절(小節): 일상생활의 의례를 예의에 맞게 실천하는 행위임. 어린아이들이 일상에서 기본적으로 갖추어야 하는 예의범절을 말한다.

11 대예(大藝): 배우는 내용은 기본적으로 육예와 동일하지만 소예와 달리 본격적인 학문의 학습 과정이라 하겠다.

12 대절(大節): 소절과 마찬가지로 일상생활의 예의범절을 배우는 것이지만, 소절과 다른 점은 기본적 의례를 벗어나서 각자의 계급과 신분에 맞는 의례와 범절을 세세하게 배우는 것이다.

13 화란(和鸞): 수레의 가로대 나무에 매단 방울을 화라고 하며, 멍에나 재갈에 매단 방울을 난이라고 함.

14 형(衡): 말의 머리 부분에 매어 놓은 나무. 즉 멍에.

15 식(軾): 수레의 앞턱에 가로 놓인 가로대 나무.

衡[16], 下有雙璜[17]·衝牙[18], 玭珠[19]以納其間, 琚[20]·瑀[21]以雜之, 行以<采茨>[22], 趨以<肆夏>[23], 步環中規, 折還中矩, 進則揖之, 退則揚之, 然后玉鏘鳴也. 古之為路車[24]也, 蓋圓以象天, 二十八橑[25]以象列星[26], 軫[27]方以象地, 三十輻以象月[28]. 故仰則觀天文, 俯則察地理, 前視則睹鸞和之聲, 側聽則觀四時之運, 此巾車[29]教之道也. **《大戴禮記三·保傳篇》**.

2. 옛날에는 8세가 되면 외부의 숙소로 나가서 소예를 배우고 소절을 실천한다. 머리를 묶고 성인이 되면 대학에 가서 대예를 배우고 대절을 실천한다. 집에 있을 때는 제도와 문물을 익히고, 나가서 다닐 때는 패옥을 울리도록 했으며, 수레에 탈 때는 방울을 매달아 소리가 들리도록 하였다. 이렇게 함으로써 그릇되고 편벽된 마음이 들어오지 못하게 하였다. 형에 매단 방울을 난이라 하고 식에 매단 방울을 화라고 한다. 말이 움직이게 되면 난이 소리를 내게 되고, 난이 소리를 내면 화도 상응하여 소리를 낸다. 소리가 조화롭게 되며 조화롭게 되면 곧

---

16 형(衡): 형옥(衡玉)으로 '珩玉'이라고도 하는데, 패옥을 구성하는 옥이다.
17 황(璜): 황옥(璜玉)으로 패옥을 구성하는 옥. 벽옥(璧玉)을 두 쪽 낸 모양이다.
18 충아(衝牙): 패옥을 구성하는 옥으로, 황옥 중간에 있으면서 황옥(璜玉)과 부딪혀 소리를 낸다. 부딪히는 옥의 모양이 상아(象牙)와 비슷하여 '衝牙'라고 하였다.
19 빈주(玭珠): '玭'은 '蠙'이라고 하는데, 진주를 일컫는다. 이것 역시 패옥을 구성하는 옥이다.
20 거(琚): '琚'는 패옥의 중간에 있는 옥이다.
21 우(瑀): '瑀'는 패옥의 중간에 있는 옥이다.
22 채자(采茨): 옛 악곡명으로, 박자가 비교적 느리다.
23 사하(肆夏): 옛 악곡명으로, 박자가 비교적 빠르다.
24 노거(路車): 제후가 타던 수레.
25 요(橑): 수레 천장의 앞부분에 활 모양으로 굽어 있는 나무 기둥.
26 열성(列星): 28수(宿)를 일컫는다.
27 진(軫): 수레 뒤의 가로지른 나무. 일설에는 수레 바닥 사면의 횡목(橫木)이라고도 한다.
28 월(月): 한 달은 30일.
29 건거(巾車): 수레를 관장하는 관리의 수장.

공경하는 마음을 가지게 되니, 이것이 바로 수레를 모는 예절이다. 수레에 오르면 화란으로 예절을 삼고, 수레에서 내리면 패옥으로 절도를 삼는데, 패옥의 윗부분에는 한 쌍의 형옥이 있고 아랫부분에는 한 쌍의 황옥과 충아가 있으며, 그 사이에는 빈주를 장식하고 거와 우를 섞어 넣는다. 걸을 때는 <채자>의 곡에 맞추어 걷고, 달려갈 때는 <사하>의 곡에 맞추어 달린다. 회전할 때는 걸음을 둥근 그림쇠에 맞추듯이 하고, 꺾어 돌 때는 걸음을 곱자에 맞추듯이 한다. 나아갈 때는 손을 모아 공손히 예를 갖추고, 물러날 때는 약간 올려다보듯이 한다. 그런 연후에 패옥이 울리도록 한다. 옛날 제후가 타는 수레라는 것은, 그 덮개가 둥근 것은 하늘을 본뜬 것이고, 28개의 활 모양의 나무 기둥을 배열한 것은 뭇 별의 모양을 본뜬 것이고, 사면에 횡목이 있는 수레 바닥이 네모진 것은 땅의 모양을 본뜬 것이며, 30개의 수레바퀴살은 달의 모양을 본뜬 것이다. 그래서 수레의 윗부분을 보면 천문을 관찰할 수 있고, 수레를 내려다보면 지리를 살필 수 있으며, 수레의 앞을 살펴보면 난과 화의 방울소리를 들을 수 있고, 수레의 측면에서 들으면 사계절의 운행을 살펴볼 수 있으니, 이것이 곧 건거 교육의 이치이다. **《대대예기3·보부편》.**

3. 鷄者, 東方之牲也, 歲終更始, 辨秩東作, 萬物觸戶而出, 故以鷄祀祭也. **《風俗通義》八.**

3. 닭은 동쪽 방향을 상징하는 희생물이다. 한 해가 끝나고 다시 새해가 시작되면 그 차례를 분별하여 동쪽을 기준 삼아 경작을 시작하고, 만물은 문을 부딪쳐 나온다. 이러한 까닭에 닭을 가지고 제사를 지내는 것이다. **《풍속통의》권8.**

《청사자青史子》

전국戰國시대의 잡조雜俎소설. 지은이는 청사씨青史氏라고만 전해지고 있다. 이 책은《한서漢書·예문지藝文志》제자략諸子略 소설가류小說家類에 57편篇으로 저록著錄되어 있는데, 원주原注에서 "옛 사관의 기사이다(古史官記事也)."라고 하였다.《수서隋書·경적지經籍志》소설류 부주附注에 의하면, 양대梁代에 단지 1권만이 존재하였다고 한다.《대대예기大戴禮記》, 가의賈誼《신서新書, 보부편保傅篇》및《풍속통의風俗通義·사전편祀典篇》에 일문逸文을 인용하였는데, 모두 3조條이다. 청淸 마국한馬國翰《옥함산방집일서玉函山房輯佚書》, 정안丁晏《일례부미佚禮扶微》에 각각 일문 2조가 실려 있는데, 그 중에 1조는 중복된 것이다. 루쉰魯迅의《고소설구침古小說鉤沈》에 3조가 집록되어 있는데, 이 3조로부터 이미 고소설 면모의 일부를 엿볼 수 있다. 청대 장학성章學誠은 이 책을《춘추春秋》다음 가는 책으로 치면서 소설과 같은 부류에 넣어서는 안 된다고 하였다. 그런데 혹자는 비록 이 책은 예교禮教 관련 내용 즉, 예법과 관련 된 작은 일들을 기술하였지만, 모두가 지식이 낮은 총찬소어叢殘小語류의 문장이기 때문에 응당 소설가류에 넣는 것이 더 낫다고 하였다.

2. 《어림語林》〔일명 《배계어림裴啓語林》〕

1. 婁護[1], 字君卿, 歷游五侯[2]之門. 每旦, 五侯家遺餉之. 君卿口厭滋味, 乃試合五侯所餉之鯖而食, 甚美. 世所謂五侯鯖, 君卿所致. **《書鈔》引作君卿之為也. 《廣記》二百三十四. 《書鈔》一百四十五.**

1. 누호는 자가 군경으로, 오후와 두루 교유하였다. 매일 아침, 오후의 집에서 각각 그에게 음식을 보내왔다. 군경은 이 음식의 맛에 싫증이 나서 시험 삼아 오후가 보내온 요리를 섞어 먹었더니 대단히 맛있었다. 세상에서 말하는 '오후정'이라는 요리는 군경이 만든 것이다. **《북당서초》의 인용에는 '군경이 그것을 만들었다'라고 하였다. 《태평광기》권234. 《북당서초》권145.**

2. 胡廣[3]本姓黃, 五月生[4], 父母置諸甕中投之於江, 胡翁見甕流下, 聞有小兒啼聲, 往取, 因以為子. 遂登三司[5]. **《御覽》四百八十八** 廣後不治本親服, 世

---

1 누호(婁護): 생졸년 미상. 제[齊: 지금의 산동성(山東省) 임치(臨淄)] 사람으로, 서한(西漢)의 식향후(息鄕侯)에 봉해졌다. 누호가 죽자 그 아들이 그의 작위를 계승하였다.

2 오후(五侯): 한(漢)나라 성제(成帝) 때 외숙 왕담(王譚)·왕상(王商)·왕립(王立)·왕근(王根)·왕봉시(王逢時) 다섯 사람을 각각 평아후(平阿侯)·성도후(成都侯)·홍양후(紅陽侯)·곡양후(曲陽侯)·고평후(高平侯)로 동시에 봉하였는데, 이 때문에 '五侯'라는 말이 생겼다.

3 호광(胡廣): 91년-172년. 자는 백시(伯始)이며, 남군(南郡) 화용현[華容縣: 지금의 호남성(湖南省) 악양시(岳陽市)] 사람이다. 동한(東漢) 때의 중신(重臣)이자 학자이다. 상서랑(尚書郎)·상서복야(尚書僕射)·여남태수(汝南太守)·대사농(大司農)·사도(司徒)·태위(太尉) 등의 관직을 역임하였다.

4 오월생(五月生): 중국 고대 북방의 일부 지방에 단오(端午)인 음력 5월 5일에 태어난 남자아이는 아버지를, 여자아이는 어머니를 해친다는 습속이 있었다. 그래서 많은 사람들이 이날 출생한 아이를 기피하였다.

5 삼사(三司): 한나라 때, 내각의 최고장관은 태위(太尉: 군사 관계 최고장관)·사도(司

以為譏.《御覽》三百八十八.

2. 호광은 원래의 성이 황씨로 5월에 태어났기에 그의 부모가 그를 독에 넣고 강에 던졌는데, 호씨 노인이 독이 흘러가는 것을 보다가 어린아이 울음소리를 듣고 가서 데려와 그를 자신의 아들로 삼았다. 마침내 호광은 삼사의 관직에 올랐다. **《태평어람》권488.** 호광은 나중에 본래의 부모상을 당하고 상을 치르지 않았으므로 세상에서 그를 비난하였다. **《태평어람》권388.**

3. 張衡[6]之初死, 蔡邕[7]母胎孕, 此二人才貌相類, 時人云: "邕是衡之後身." 《御覽》三百六十, 又 三百九十六, 《六帖》二十一.

3. 장형이 막 죽었을 때, 채옹의 어머니가 임신했는데, 장형과 채옹은 재주와 용모가 매우 비슷했으므로 당시의 사람들이 "채옹은 장형의 환생이다."라고 하였다. **《태평어람》권360·396. 《백공육첩》권21.**

徒: 토지와 인구 등 재정 관계를 맡은 장관)·사공(司空: 건축과 토목 관계를 맡은 장관) 등의 세 가지 관직이며, 이를 '三司'라고 칭하였다.

6 장형(張衡): 78년-139년. 자는 평자(平子)이며, 남양군(南陽郡) 서악현[西鄂縣: 지금의 하남성(河南城) 남양시(南陽市)] 사람이다. 동한 때 걸출한 천문학자·수학가·발명가·문학가이다. 문학작품은 <이경부(二京賦)>·<귀전부(歸田賦)>가 대표작으로, 사마상여(司馬相如)·양웅(揚雄)·반고(班固)와 더불어 '한부사대가(漢賦四大家)'로 불린다. 혼천의(渾天儀)·지동의(地動儀)를 발명하였다.

7 채옹(蔡邕): 133년-192년. 자는 백개(伯喈)이며, 한나라 말엽 진류군(陳留郡) 어현[圉縣: 지금의 하남성 기현(杞縣) 남쪽] 사람이다. 문장과 학술에 뛰어났고 천문과 음악·술수(術數) 등에도 조예가 깊었다. 환관들의 참소로 오랫동안 관계(官界)의 진출이 막혀 있다가 동탁(董卓)이 조정을 장악하자 그 휘하에서 벼슬을 하였다. 이 때문에 나중에 동탁이 제거된 뒤, 사도 왕윤(王允)에 의해 부역죄로 처형되었다.

4. 陳元方遭父喪, 形體骨立, 母哀之, 以錦被蒙其上. 郭林宗[8]往弔, 見錦被而責之. 賓客絕百許日. **《御覽》五百六十一, 又八百十五, 《事類賦注》十.**

4. 진원방이 부친의 상을 당하게 되어 살이 빠져 뼈가 드러나게 되자 그 어머니가 딱하게 여겨 비단 이불로 그의 몸을 덮었다. 곽임종이 조문을 하러 왔다가 비단 이불을 덮은 것을 보고 진원방을 꾸짖었다. 빈객들이 백여 일이나 발길을 끊었다. **《태평어람》권561·815. 《사류부주》권10.**

5. 傅信字子思, 遭父喪, 哀慟骨立, 母憐之, 竊以錦被蒙其上. 林宗往弔之, 見被, 謂之曰: "卿海內之俊, 四方是則; 如何當喪, 錦被蒙上?" 郭奮衣而去. 自後賓客絕百許日. **《御覽》七百七.**

5. 부신의 자는 자사인데, 부친의 상을 당하게 되어 애통해하다가 살이 빠져 뼈가 드러났다. 그의 어머니가 딱하게 여겨 몰래 비단 이불로 그 몸을 덮어 주었다. 곽임종이 조문하러 왔다가 비단 이불을 보고 그에게 "그대는 천하의 준걸로 사방의 인사들이 모범으로 여기고 있습니다. 어찌하여 상례 기간에 비단 이불을 덮고 있단 말이오?"라고 말했다. 그러고 나서 곽임종은 옷을 털면서 가 버렸다. 그 후로 빈객들이 백여 일이나 발길을 끊었다. **《태평어람》권707.**

---

8 곽임종(郭林宗): 곽태(郭泰). 128년-169년. 임종은 자이며, 동한 태원(太原) 개휴[介休: 지금의 산서성(山西省) 개휴] 사람이다. 동한의 저명한 학자·사상가 및 교육가로, 사람들은 그를 '유도선생(有道先生)'이라 칭하였다. 동한 태학생(太學生)의 영수였다. 춘추(春秋)시기 진(晉)나라 개자추(介子推)와 송(宋)나라 재상 문언박(文彦博)과 함께 '개휴삼현(介休三賢)'이라 불린다.

6. 傅信忿母, 二字御覽一引作貧. 母羸病, 恒驚悸, 傅信乃取鷄鳧減毛, 施於承塵[9]上; 行落地, 母輒恐怖. 《書鈔》一百三十二. 《御覽》七百一, 又九百五十一.

6. 부신이 그의 어머니에게 성을 내면 2자는 《태평어람》의 한 인용에는 '作貧 가난하여'으로 되어 있다. 어머니는 병약하여 늘 심장이 두근거렸다. 이에 부신은 닭과 오리를 가져다 털을 벗기고 승진 위에 올려 두었다. 그 닭과 오리가 걸어 다니다가 떨어지면 그의 어머니가 두려워하였다. 《북당서초》권132. 《태평어람》권701·951.

7. 鄭玄[10]在馬融[11]門下, 三年不得見, 令高足弟子傳授而已. 融嘗算渾天[12]不合, 召鄭玄, 令一算, 便決, 眾咸駭服. 《御覽》七十五. 及玄業成辭歸, 融心忌焉. 玄亦疑有追者, 乃坐橋下, 在水上, 據屐. 融果轉戒[13], 欲敕追之, 告左右曰: "玄在土下水上據木, 此必死矣." 遂罷追. 《御覽》三百九十二. 竟以免.

---

9 승진(承塵): 천장에 반자처럼 치고, 지붕의 안쪽에서 떨어지는 먼지나 흙을 받는 돗자리나 피륙.

10 정현(鄭玄): 127년-200년. 자는 강성(康成)이며, 북해(北海) 고밀[高密: 지금의 산동성 유방시(濰坊市)] 사람이다. 한나라 말엽의 유학자이다. 마융(馬融)에게 경학을 배웠으며 공자 이래의 유가 경전을 주석하고 훈고하여 후대에 전하였다. 한대의 경학 연구를 대표하는 대학자이다.

11 마융(馬融): 79년-166년. 자는 계장(季長)이며, 부풍군(扶風郡) 무릉현[茂陵縣: 지금의 섬서성(陝西省) 흥평현(興平縣) 동북 지역] 사람이다. 한나라 때의 유학자. 교서랑(校書郎)과 남군태수(南郡太守) 등을 지냈으며, 한나라 말에 쇠퇴해 가던 유학의 전통을 보존하고 계승시킨 대학자이다. 저명한 훈고학자 정현은 바로 그의 제자이다.

12 혼천(渾天): 원래 혼천설이라고 하면 하늘이 새알처럼 땅을 둘러싸고 있고, 땅은 고정되어 있으며 해와 달과 별 등의 천체가 땅을 둘러싼 하늘에 분포되어 있다는 우주론을 말한다. 여기서는 아마도 해와 달의 거리라든가 땅에서 별까지의 거리라든가 등등을 산술적으로 계산하는 수학의 한 가지 방법이라고 생각된다. 현대의 계산법과는 많은 차이가 있지만, 고대의 산술서 《주비산경(周髀算經)》을 보아도 해 그림자의 각도를 통해 땅과 해까지의 거리를 측정하는 법이 소개되어 있다.

13 전계(轉戒): 《세설신어(世說新語)·문학편(文學篇)》에서는 '轉式'으로 되어 있는데, 이는 점판을 돌려 점을 치는 점복(占卜) 방법 중의 하나이다.

《御覽》六百九十八.

7. 정현이 마융의 문하에 있었는데 삼 년 동안 마융을 만날 수 없었고, 수제자로 하여금 학문을 전수하게 할 따름이었다. 마융이 일찍이 혼천을 계산하다가 맞지 않아 정현을 불러 한번 계산하도록 했더니, 곧바로 해결하자 사람들이 모두 놀라고 감탄하였다. **《태평어람》권75.** 정현이 학업을 성취하여 작별을 고하고 되돌아가게 되자 마융은 마음속으로 그를 시기하였다. 정현 역시 추격하는 자가 있을 것이라고 의심하여 다리 밑까지 와서 물 위에서 나막신을 깔고 앉았다. 마융은 과연 점판을 돌려보면서 뒤쫓으라는 명령을 하려다가 좌우의 사람들에게 "정현은 땅의 아래, 물의 위에서 나무에 의지해 있으니, 이것은 반드시 죽은 것이다."라고 말하고는 드디어 추격을 그만두게 하였다. **《태평어람》권392.** 정현은 마침내 죽음을 면하였다. **《태평어람》권698.**

8. 孔嵩字仲山, 南陽[14]人也, 少與潁川荀彧[15]未冠時共遊太學. 彧後為荊州[16]刺史[17], 而嵩家貧, 與新野里[18]客傭爲卒. 彧時出, 見嵩, 下駕. 執手曰: "昔與子搖扇俱遊太學, 今子為卒, 吾亦痛哉!" 彧命代嵩, 嵩以傭夫不

---

14 남양(南陽): 지금의 하남성 남양시(南陽市).

15 순욱(荀彧): 163년-212년. 자는 문약(文若)이며, 영천[潁川: 지금의 하남성 우주시(禹州市)] 사람이다. 처음에는 원소(袁紹)의 밑에 있었으나 원소의 그릇이 작은 것을 보고 마침내 조조(曹操)에게 몸을 의탁하였다. 조조에게 허도(許都)를 세력의 중심으로 삼고 헌제(獻帝)를 모셔오도록 진언하여 조조가 패권의 기틀을 잡도록 하였다.

16 형주(荊州): 지금의 호북성(湖北省) 형주시(荊州市).

17 자사(刺史): 군수(郡守) 등을 감찰하는 행정사무를 책임진 관직. 여기서 '刺'는 동료를 검사하는 뜻으로, 자사는 감찰의 직이다. '史'는 어사(御史)의 뜻이다.

18 신야리(新野里): 지금의 남양시 신야현(新野縣).

去. 其歲寒心若此. 嵩後三府[19]累請, 辭不赴. 後漢時人. **《類林雜說》五. 案: 首尾皆王朋壽語.**

8. 공숭의 자는 중산으로 남양 사람으로, 젊어 스무 살이 안 되었을 때 영천 사람 순욱과 함께 태학에 유학했다. 순욱은 나중에 형주자사가 되었는데, 공숭은 집안이 가난하여 신야리라는 타 지역에서 일꾼으로 고용되었다. 순욱이 당시에 외출했다가 공숭을 보게 되자, 수레에서 내려 그의 손을 잡고 "옛날에 그대와 더불어 부채를 흔들며 함께 태학에 유학하였는데, 이제 자네가 일꾼이 되었으니 내 마음 역시 아프네."라고 말하였다. 순욱이 명령을 내려 공숭을 다른 사람으로 대신하도록 하였으나 공숭은 일꾼을 그만두지 않았다. 그의 절개가 이와 같이 곧았다. 공숭은 나중에 삼부에서 자주 요청이 있었지만 사양하고 관직에 나가지 않았다. 그는 후한 때의 인물이다. **《유림잡설》권5. 안: 첫머리와 끝부분은 모두 왕붕수의 말이다.**

9. 魏郡[20]太守陳異嘗詣郡民尹方, 方被頭以水洗盤, 抱小兒出, 更無餘言. 異曰: "被頭者, 欲吾治民如理髮; 洗盤者, 欲使吾清如水; 抱小兒者, 欲吾愛民如赤子也." **《御覽》三百六十四.**

9. 위군 태수 진이가 일찍이 군민 윤방을 방문하였는데, 윤방은 머리를 풀어헤치고 물로 세숫대야를 씻더니 아이를 안고 나와서 더 이상 다른 말을 하지 않았다. 진이는 "머리를 풀어헤친 것은 내가 백성

---

19 삼부(三府): 삼공의 관부.

20 위군(魏郡): 지금의 하북성(河北省) 한단시(邯鄲市) 이남, 산동(山東) 관현(冠縣)·신현(莘縣) 등지, 하남 안양(安陽) 지역.

들을 다스리되 마치 머리 손질하듯이 지성을 다하라는 것이며, 세숫대야를 씻은 것은 내가 마치 물처럼 청렴해지라는 것이고, 아이를 안은 것은 내가 백성 사랑하기를 갓난아이 돌보듯이 하라는 것이다."라고 말했다. **《태평어람》권364.**

10. 孫策[21]年十四, 在壽陽[22] **三字《廣記》引有** 詣袁術[23], 始至, **二字《廣記》引有** 俄而外通: "劉豫州備[24]來" 孫便求去, 袁曰: "劉豫州何關君?"**《御覽》引作何若** 答曰: "不爾, **二字《廣記》引有** 英雄忌人." 即出, 下東階, 而劉備從東階上. 但得轉顧視孫足行 **《廣記》引作但轉顧視孫之行步.** 殆不復前矣. **《御覽》三百八十三. 《廣記》一百七十四. 《續談助》四.**

10. 손책이 14세였을 때, 수양에서 **3자는 《태평광기》의 인용에는 있다.** 원술을 방문하였다. 막 도착하니 **2자는 《태평광기》의 인용에는 있다.** 잠시 후

---

21 손책(孫策): 175년-200년. 자는 백부(伯符)이며, 오군(吳郡) 부춘[富春: 지금의 절강성(浙江省) 부양(富陽)] 사람이다. 한나라 말엽의 영웅 손견(孫堅)의 아들로, 동탁의 난으로 중원이 어지러워지자 강남 일대를 평정하여 손씨의 기틀을 세웠다. 강남 일대의 원래 주인이었던 허공(許貢)의 부하들에게 습격당해 상처를 입은 것이 원인이 되어 죽었다. 그의 동생 손권(孫權)이 지위를 계승하여 오(吳)나라를 세웠다.

22 수양(壽陽): 원술의 근거지였던 수춘성(壽春城)을 말한다. 진(晉)나라 때는 피휘(避諱)하여 수춘을 수양으로 불렀다. 지금의 안휘성(安徽省) 수현(壽縣)에 해당한다.

23 원술(袁術): ?-199년. 한나라 말의 여양[汝陽: 지금의 하남성 낙양시(洛陽市)] 사람으로 원소의 사촌 동생이다. 처음에는 원소와 조조 등의 영웅과 함께 동탁의 토벌에 참가하는 등 제후의 한 사람이었으나, 197년 황제를 참칭(僭稱)하였으며 조조의 군대에 패배하여 사망하였다.

24 유비(劉備): 161년-223년. 자는 현덕(玄德)이며, 탁군(涿郡) 탁현[涿縣: 지금의 하북성 탁주시(涿州市)] 사람이다. 촉(蜀)나라의 선주(先主)로, 동탁의 난이 일어나자 반(反)동탁의 진영에 말단의 장수로 참여하였고, 황실과 인연이 닿는다는 점을 십분 활용하여 천하의 영웅들을 초빙하였는데, 그중 제갈량은 현능한 재상으로 이름이 높다. 오나라의 손권과 더불어 조조의 북방 세력에 대항하여 촉나라를 건설함. 만년에 오나라의 장군 육손(陸遜)에게 패배하고 이것이 원인이 되어 병사하였다.

바깥에서 통보하였다. "유예주 비께서 오셨습니다." 손책이 곧 떠나려고 하자 원술이 물었다. "유예주가 그대와 무슨 관련이 있소?" **《태평어람》의 인용에는 '何若'으로 되어 있다.** 손책이 대답하였다. "그런 것이 아닙니다만, **두 글자는 《태평광기》의 인용에는 있다.** 영웅은 사람을 꺼리는 법이지요." 손책은 곧바로 나가더니 동쪽 계단으로 내려갔고, 유비는 서쪽 계단에서 올라오고 있었다. 유비가 단지 손책의 걸음걸이를 돌아보았더니 **《태평광기》의 인용에는 '但轉顧視孫之行步'라고 하였다.** 거의 앞으로 나아가지 못하였다. **《태평어람》권383. 《태평광기》권174. 《속담조》권4.**

11. 管寧[25]嘗與華子魚[26]少相親友, 共園中鋤菜, 見地有片金, 揮鍤如故, 與瓦石無異, 華提而擲去. **《初學記》十七.**

11. 관녕이 일찍이 어릴 때부터 화자어와 친구로 지냈는데, 함께 동산에서 호미질을 하다가 땅에서 금 조각을 발견했는데, 관녕은 여전히 호미질을 하면서 마치 기와나 돌과 다름없는 듯 다루었고, 화자어는 그것을 집어 들어 던져 버렸다. **《초학기》권17.**

---

25 관녕(管寧): 158년-241년. 자는 유안(幼安)이며, 삼국시기(三國時期) 북해(北海) 주허[朱虛: 지금의 산동성 임구현(臨朐縣)] 사람이다. 화흠(華歆)·병원(邴原) 등과 친밀하였으나 화흠이 관직이나 이권에 관심을 보이자 그와 절교하였다. 한나라 말엽 천하가 어지러워지자 요동(遼東)으로 은신하여 30년 동안 살았고, 위(魏) 문제(文帝) 때 다시 중원지방으로 되돌아왔으나 벼슬길에 나아가지는 않았다.

26 화자어(華子魚): 화흠(華歆). 157년-232년. 삼국시기 위나라의 대신. 자는 자어이며, 평원(平原) 고당[高唐: 지금의 산동성 요성시(聊城市)] 사람이다. 관녕과 매우 친하였으나 평생 은거 생활로 일관한 관녕과 달리 벼슬길에 나아갔다. 처음에는 손책의 부하로 있다가 조조의 휘하로 귀순하였다. 조조의 휘하에서 시중(侍中)과 상서령(尙書令) 등의 벼슬을 역임하였고 후한의 헌제를 핍박하여 황제의 자리에서 물러나게 하였고 조비(曹丕)를 황제로 옹립시켰다. 위 문제 때, 사도(司徒)를 역임하였으며 위 명제(明帝) 때는 태위(太尉)까지 올랐다.

12. 諸葛武侯[27]與宣王[28]在渭濱[29], 將戰, 宣王戎服蒞事; 使人觀武侯, 乘素輿, 著葛巾, 持白羽扇, 指麾三軍, **已上亦見《初學記》二十五, 《六帖》十四, 《事類賦注》十五.** 眾軍皆隨其進止. 宣王聞而歎曰: "可謂名士矣!" **《書鈔》一百十八, 又一百三十四, 又一百四十. 《類聚》六十七. 《御覽》三百七 又七百二, 又七百七十四.**

12. 제갈무후[諸葛亮]와 선왕[司馬懿]이 위수 가에서 장차 전쟁을 하려 할 때 사마선왕은 군복을 입고 일을 처리하였다. 사마선왕이 사람을 보내어 제갈량을 관찰하게 했더니, 제갈량은 흰색 수레를 타고 갈포 두건을 썼으며, 흰 깃털 부채를 가지고 삼군을 지휘하였는데 **이상은 또한 《초학기》권25, 《육첩》권14, 《사류부주》권15 등에도 보인다.** 모든 군사가 제갈무후의 지휘에 따라 나아가거나 멈추고 하였다. 선왕은 이 사실을 듣고 감탄하여 "정말 명사라 할 만하구나!"라고 하였다. **《북당서초》권118·134·140. 《예문유취》권67. 《태평어람》권307·702·774.**

---

27 제갈무후(諸葛武侯): 제갈량(諸葛亮). 181년-234년. 자는 공명(孔明)이며, 낭야(琅琊) 양도[陽都: 지금의 산동성 기남현(沂南縣)] 사람이다. 촉나라의 재상으로 유비를 도와 조조의 북방세력에 대항하는 한편, 손권의 오나라와 제휴하여 촉나라의 정치적 입지를 굳혔다. 유비의 사후, 중원의 회복을 노려 수차례 군대를 출병시켰으나 사마의의 출병으로 성공을 거두지 못하고 오장원(五丈原)에서 병사하였다.

28 선왕(宣王): 사마의(司馬懿). 179년-251년. 자는 중달(仲達)이며, 하내군(河內郡) 온현[溫縣: 지금의 하남성 초작시(焦作市) 온현] 사람이다. 위나라 중신이다. 조조의 막하에서 문학연(文學掾)과 주부(主簿) 벼슬에 임명되어 군사 문제에 정통하였다. 위 문제 조비 때에 상서우복야(尙書右僕射)가 되었고 위 명제 조예 때에는 대장군에 임명되어 촉나라 제갈량의 침공을 막아냈다. 위 문제 임종 시에 조상(曹爽)과 더불어 유조(遺詔)를 위촉받았으나, 249년 조상을 주살하고 위나라의 실권을 장악하였다. 그의 손자인 사마염(司馬炎)이 진(晉)의 황제가 되면서 사마의를 선제(宣帝)로 추존하였다.

29 위빈(渭濱): 위수(渭水)의 물가. 위수(渭水)는 황하(黃河)의 가장 큰 지류이며, 감숙성(甘肅省)에서 발원하여 섬서성의 중부지역을 가로질러 동관(潼關)을 거쳐 황하와 합류하는 큰 강이다.

13. 蜀人伊籍[30]稱吳土地人物云: "其山崖巍以嵯峨, 其水渫而揚波, 其人磊砢而英多." **《世說·言語篇》, 王武子孫子荊各言其土地人物之美云云; 注云, 案: 《三秦記》·《語林》載, 蜀人伊籍稱吳土地人物, 與此語同, 今據以改寫.**

13. 촉나라 사람 이적이 오나라의 땅과 인물에 대해 "그 산은 높고 험준하며 깎아지른 듯하고, 그 물은 넘실거려 물결이 출렁거린다. 그 인물들은 재기才氣가 뛰어나 재주 있는 인물이 많다."라고 칭찬하였다. **《세설신어·언어편》에는 왕제王濟와 손초孫楚가 각기 그 땅과 인물의 아름다움에 대해 운운하였는데, 주석에서는 '안:《삼진기》·《어림》에는 촉나라 사람 이적이 오나라의 땅과 인물을 칭찬한 말이 실려 있는데, 이 말과 같다'라고 하였다. 지금 여기에 근거하여 고쳐 썼다.**

14. 孫休[31]好射雉, 至其時, 則晨往夕還. 群臣莫不上諫曰: "此小物, 何足甚耽?" 答曰: "雖為小物, 耿介過人, 朕之所以好也." **《廣記》四百六十一.**

14. 손휴는 꿩 사냥하는 것을 좋아하여 사냥철이 되기만 하면 새벽에 나가 저녁이 되어야 돌아왔다. 신하들이 모두 간언하지 않는 사람이 없었는데, "이 조그마한 짐승을 어찌 그리 심하게 탐닉하십니까?"라고 하였다. 손휴가 "비록 조그마한 짐승이긴 하지만, 꿋꿋한 지조

---

30 이적(伊籍): 생졸년 미상. 촉나라 대신. 자는 기백(機伯)이며, 연주(兗州) 산양[山陽: 지금의 산동성 금향(金鄉) 서북 지역] 사람이다. 원래는 형주목(荊州牧) 유표(劉表)의 신하였다. 유비가 유표에게 몸을 의탁했을 때, 채모(蔡瑁)가 유비를 죽이려 하자 이를 미리 알려 유비를 구출하였다. 나중에 유비의 막료가 되었으며 좌장군종사중랑(左將軍從事中郎)·소문장군(昭文將軍) 등의 벼슬을 역임하였다.

31 손휴(孫休): 235년-264년. 오나라의 경제(景帝). 자는 자열(子烈)이며, 오군 부춘 사람이다. 손권의 여섯 번째 아들이다. 낭야왕(瑯琊王)의 작위를 받았는데, 태평(太平) 3년(258년)에 대장군(大將軍) 손침(孫綝)이 손량(孫亮)을 폐위하고 손휴에게 제위를 계승시켰다. 그는 즉위하자 곧 손침을 주살하고 장포(張布)·복양흥(濮陽興) 등을 중용하고 정치를 쇄신하려 했으나 젊은 나이로 죽고 말았다.

가 사람보다 뛰어나므로 짐이 꿩을 좋아하는 것이오."라고 답하였다. **《태평광기》권461.**

15. 豫章[32]太守顧劭[33], 是丞相雍[34]之子, 在郡卒. 時雍方盛集僚屬圍碁, 外信[35]至而無兒書; 雖神意不變, 而心了有故. 賓客既散, 方歎曰: "已無延州之遺累[36], 寧有喪明之責[37]邪?" 於是豁情散哀, 顏色自若. **《御覽》七百五十三.**

15. 예장 태수 고소는 승상인 고옹의 아들인데 예장군에서 사망하였다. 당시 고옹은 속하 관료들을 성대하게 모아놓고 바둑을 두고 있었는데, 밖에서 사자使者가 도착했으나 아들의 서찰은 없었다. 고옹은 비록 태연자약하였지만, 마음속으로 변고가 생겼음을 알았다. 빈객들이 떠나가고 나서야 비로소 탄식하며 "이미 연주에 남겨둔 걱정

---

32 예장(豫章): 지금의 강서성(江西省) 남창시(南昌市) 일대.

33 고소(顧劭): 생졸년 미상. 자는 효칙(孝則)이며, 오군 오현[吳縣: 지금의 강소성(江蘇省) 소주(蘇州)] 사람이다. 오나라 관리. 고옹(顧雍)의 아들이며, 손책의 사위로, 27세에 예장 태수를 역임하였다.

34 옹(雍): 고옹(顧雍). 168년-243년. 자는 원탄(元歎)이다. 오군 오현 사람이다. 오나라 대신. 고소의 아버지. 손권이 회계태수(會稽太守)를 맡고 있을 때, 보좌역인 승(丞)의 벼슬을 담당하여 능력을 보였고, 오나라의 황무(黃武) 4년(225년)에 승상에 임명되었는데, 이후 19년 동안이나 재상을 맡았다고 한다. 청렴과 정직으로 명망이 높았음.

35 신(信): 사자(使者), 즉 공문이나 편지를 전달하는 사람을 일컫는다.

36 연주지유루(延州之遺累): 춘추시기 오(吳)나라 공자(公子) 계찰(季札)이 연릉(延陵)에 봉해졌기 때문에 연릉계자(延陵季子)라고 하였다. 그가 제(齊)나라에 갔다가 돌아오는 길에 큰 아들이 죽자 영(嬴)과 박(博) 사이에 장사 지냈다고 한다. 계자는 간단히 상례를 행했는데 공자(孔子)는 예의에 맞는다고 평가하였다.

37 상명지책(喪明之責): 자하(子夏)가 아들이 죽어 슬퍼하면서 실명하였는데, 문상을 온 증자(曾子)에게 나는 죄가 없는데 하늘이 아들을 죽이고 실명하게 했다고 하였다. 이에 증자가 아들의 죽음으로 슬퍼하여 실명한 것을 질책하자 자하가 죄를 자인했다고 한다. '喪明'은 아들의 죽음을 일컫는다.

거리가 없어졌으니 어찌 슬퍼서 실명失明한다는 질책이 있을 수 있겠는가?"라고 하였다. 그리고는 마음을 크게 먹고 슬픔을 떨쳐 버렸으며 얼굴빛을 태연하게 했다. **《태평어람》권753.**

16. 魏武[38]云: "我眠中不可妄近, 近輒斫人不覺, 左右宜慎之." 後乃陽凍眠; 所幸小兒竊以被覆之, 因便斫殺. 自爾莫敢近之. **《御覽》七百七.**

16. 위 무제[曹操]가 "내가 잠자고 있는 동안 함부로 접근하지 마라. 접근하면 곧바로 나도 모르게 베어 죽일 것이다. 좌우의 신하들은 마땅히 조심해야 한다."라고 하였다. 나중에 위 무제가 거짓으로 이불을 차 버리고 잠든 척하고 있는데, 총애하던 시동이 몰래 그에게 이불을 덮어 주자 곧바로 그를 베어 죽였다. 이로부터 누구도 감히 접근하지 않았다. **《태평어람》권707.**

17. 魏武將見匈奴使, 自以形陋, 不足雄遠國, 使崔季珪[39]代當坐; 乃自

---

38 위무(魏武): 조조(曹操). 155년-220년. 위(魏)나라의 무제(武帝). 자는 맹덕(孟德)이며, 초[譙: 지금의 안휘성 박현(亳縣)] 출신이다. 효렴(孝廉)으로 천거를 받아 황건적(黃巾賊)의 난을 진압하면서 기도위(騎都尉)·제남상(濟南相)·전군교위(典軍校尉) 등을 역임하였다. 건안(建安) 원년(196년), 후한의 헌제(獻帝)를 자신의 근거지 허[許: 지금의 하남성 허창시(許昌市)]로 영접하여 정치적 지위를 공고히 하고, 여포(呂布)·원소·유표 등의 군벌을 격파하여 북중국을 통일하였다. 건안 13년(208년), 적벽(赤壁)에서 손권과 유비의 연합군에게 패배하자 북방을 안정시키는 데 전력을 다하였고, 건안 21년(216년), 위왕에 책봉되었다. 위나라(220년-266년)는 삼국시기 할거정권의 하나로, 후세 역사가들은 조위(曹魏)라 불렀다. 삼국 중에서 가장 강대한 나라이다.

39 최계규(崔季珪): 최염(崔琰). ?-216년, 계규(季珪)는 자이며, 후한 말엽 청하(淸河) 동무성[東武城: 지금의 하북성(河北省) 고성현(故城縣)] 사람이다. 원소 휘하에서 기도위(騎都尉)를 지냈으며 원소가 자신의 계책을 들어주지 않자 은거하였다. 조조가 원소를 평정한 후 그를 불러서 별가종사(別駕從事)로 삼았으며. 나중에 위나라의 문무 관리들이 조조를 위왕으로 책봉해야 한다고 의론하자 이를 반대하다가 옥사(獄死)

捉刀立床頭. 坐既畢, 令人問曰: "魏王何如?" 使答曰: "魏王信自雅望非常, 然床頭捉刀人, 此乃英雄也." 魏王聞之, 馳遣殺此使. **《御覽》七百七十九, 又 四百四十.**

17. 위 무제가 흉노의 사신을 접견하려고 하면서, 자신의 용모가 보잘것없었기 때문에 먼 나라에 위엄을 보이기에는 부족하다고 여겨, 최계규에게 대신하여 자신의 자리에 앉게 하고, 스스로 칼을 잡고 침대 옆에 서 있었다. 접견이 다 끝나고 나서 사신에게 사람을 보내어 물었다. "위왕의 풍모가 어떠합니까?" 사신이 대답하였다. "위왕은 진실로 스스로 아름다운 외모가 비범합니다만, 침대 옆에 칼을 쥐고 서 있던 사람이 바로 영웅입니다." 위 무제가 이 이야기를 듣고 급히 사람을 보내어 그 사신을 죽였다. **《태평어람》권779·440.**

18. 楊脩[40]字德祖, 魏初弘農[41]華陰人也, **《學林》引無已上十一字.** 為曹操主簿[42]. 曹公至江南, 讀曹娥碑[43]文; 背上別有八字, 其辭云: "黃絹幼婦, 外孫

했다고 한다.

40 양수(楊脩): 175년-219년. 자는 덕조(德祖)이며, 홍농군(弘農郡)의 화음[華陰: 지금의 섬서성 위남시(渭南市)) 사람이다. 조조의 책사(策士)로 박학다식하고 언변과 재주가 뛰어났다. 조조의 승상부에서 주부(主簿)의 벼슬을 지냈으며 조식(曹植)을 도와 세자로 옹립하려 했기 때문에 조조의 미움을 샀으며, 나중에 기밀을 누설했다는 죄목으로 억울하게 처형당했다.

41 홍농(弘農): 홍농군(弘農郡)을 가리키며, 그 범위가 서한(西漢) 때 가장 컸다. 지금의 하남성 서부의 삼문협시(三門峽市)·남양시(南陽市) 서부 및 섬서성 동남부의 상락시(商洛市) 일대.

42 주부(主簿): 후한 및 삼국시기에 중앙과 주군(州郡)의 장관을 보좌하기 위하여 설치하였던 보좌관. 삼국시대에 이르러 막부(幕府)의 영향이 점차 커지면서 장군의 막하(幕下) 관료로 문서 관리와 사무 처리 등을 맡았다.

43 조아비(曹娥碑): 한나라 화제(和帝) 때, 상우(上虞) 지방에 조우(曹盱)라는 박수무당이 있었다. 이 남자 무당이 술을 마시고 배에서 춤을 추다가 물에 빠져 죽었다. 그 딸은

蒜臼." 《學林》引作齏臼, 下放此. 《草堂詩箋》三十一節引蒜亦齏. 曹公見之不解, 而謂德祖: "卿知之不?" 德祖曰: "知之." 曹公曰: "卿且勿言, 待我思之." 行卅里, 曹公始得, 令祖先說. 祖曰: "黃絹色絲, '絕'字也. 《詩箋》色絲下重有色絲二字無也字. 下三解語法並同. 幼婦少女, '妙'字也; 外孫女子, '好'字也; 蒜臼受辛, '辭'字也. 謂'絕妙好辭'. 曹公笑曰: "實如孤意." 俗云: "有智無智隔《學林》引作校,《詩箋》亦作校, 《類林雜說》四引與《詩箋》同 卅里", 此之謂也. 《雕玉集》十二. 《學林》七. 案: 《學林》云出《魏志》注, 今未見之.

18. 양수는 자가 덕조이며, 위나라 초기 홍농군弘農郡의 화음 사람으로 《학림》의 인용에는 이상의 11자가 없다. 조조의 막하에서 주부 벼슬을 지냈다. 조조가 강남에 이르러 '조아비'를 읽게 되었는데, 비문의 뒷면에 '黃絹幼婦, 外孫蒜臼' 《학림》의 인용에는 '齏臼'라고 되어 있는데, 아래 문장에서도 같다. 《초당시전》 31절의 인용에도 '蒜'은 '齏'로 되어 있음. 의 여덟 자가 더 있었다. 조조는 그것을 보고 해독하지 못하자 양수에게 "그대는 이 뜻을 알겠는가?"라고 물었다. 양수가 "알고 있습니다."라고 하자, 조조는 "그대는 잠시 말하지 말고 내가 생각해 낼 때까지 기다리게."라고 하였다. 30리쯤 길을 가서 조조도 그 뜻을 알게 되어 양수에게 먼저 말해 보도록 하였다. 양수가 "'황견'이란 곧 색깔 있는 실[色絲]이니 '절絕' 자입니다. 《초당시전》에는 '色絲'의 아래에 '色絲'의 두 글자를 거듭 썼고 '也'

일주일을 슬퍼하다가 물로 뛰어들었는데, 닷새 후에 아버지의 시체를 업은 채로 함께 시체가 물 위에 떠올랐다. 마을 사람들이 두 사람의 시체를 거두어 장사 지냈는데 상우 현령(縣令)이 조정에 그녀의 효성에 대해 상신(上申)하고 그 사실을 비석에 새기게 하였는데, 한단순(邯鄲淳)에게 그 비문을 짓도록 하였다. 이것이 유명한 '조아비'인데 소문을 들은 채옹이 한밤중에 그곳에 도착해 비석을 더듬어 글의 내용을 확인하고 비석 뒷면에 '黃絹幼婦, 外孫齏臼'라는 여덟 글자를 새겼다고 한다. 《삼국연의(三國演義)》 71회 참조.

자가 없다. 아래의 세 가지 풀이는 어법이 모두 같다. '유부'란 곧 나이 어린 여인[少女]이니 '묘妙' 자입니다. '외손'이란 딸의 아들[女子]이니 '호好' 자입니다. '산구'란 매운 것을 받는 도구[受辛]이니 '사辭' 자가 됩니다. 따라서 '절묘하고 훌륭한 글[絶妙好辭]'이라는 뜻입니다." 조조가 웃으면서 "실로 내 생각과 같군."이라고 하였다. 속담에 "지혜로운 자와 지혜 없는 자의 차이는 **《학림》의 인용에는 '隔'을 '校'라고 하였는데, 《초당시전》에도 역시 '校'라고 하였으며 《유림잡설》권4의 인용은 《초당시전》과 같다.** 30리이다."라는 말이 있는데, 바로 이 이야기를 두고 한 말이다. **《조옥집》권12. 《학림》권7. 안:《학림》에서는 《위지》주에서 나왔다고 하나, 지금은 보이지 않는다.**

19. 董昭[44]為魏武帝重臣, 後失勢. 文明世, 入為衛尉[45], **《御覽》三百九十二引作董昭失勢, 久為衛尉.** 乃厚加意於侏儒[46]. 正朝大會, 侏儒作董衛尉啼, 面言昔太祖時事, 舉坐大笑, 明帝悵然不怡, 月中以為司徒[47]. **《御覽》四百八十八.**

---

44 동소(董昭): 156년-236년. 자는 공인(公仁)이며, 제음(濟陰)의 정도[定陶: 지금의 산동성 하택시(荷澤市)] 사람이다. 위나라의 대신으로, 원래 원소와 장양(張楊)의 부하였으나 조조를 만나 그의 부하가 되었다. 후한 헌제 때 조조에게 허도(許都)로 천도할 것을 권유하는 등 조조의 신임을 많이 받았다. 조조의 아래에서는 대홍려(大鴻臚)의 벼슬을 하였고 위 명제 조예(曹叡)의 아래에서는 벼슬이 사도(司徒)에 이르렀다.

45 위위(衛尉): 임금의 측근에서 경호를 맡아보던 경호대의 고급 관리.

46 주유(侏儒): 난쟁이 또는 궁중에 있던 배우. 옛날 권세가들은 난쟁이를 배우(광대)로 삼아 즐거움을 취했다고 한다.

47 사도(司徒): 《주례(周禮)》의 기록에 의하면, '사도'는 인민의 토지 및 관련 업무를 관할하였다. 삼국시기에는 위나라만 '사도'라는 직책을 설치하였으며, 조비 시대의 황초(黃初) 원년(220년)에는 '상국(相國)'[승상(丞相)]을 '사도'로 고쳤으나 260년에 이르러 '상국'의 명칭이 회복되었다. 특징을 말하자면, 사도는 위나라 때에는 삼공으로 추앙받았으나 실질적 직무는 담당하지 않았고, 조정에 참여하지도 않았다. 진(晉)대에 이르러 사도의 폐립(廢立)은 반복되었으며, 동한부터 위진남북조에 이르기까지 재상은 정해진 인원과 직무 및 명칭이 없었다. 이러한 추세 하에 사도는 점차 명예 직무로 변해갔다. '삼공'은 고대의 관직명이다. 주대(周代)에 삼공은 태사(太師)·태부(太傅)·태보(太保)를 말했으며, 진대(秦代)와 서한(西漢) 때에는 승상(丞相)과 태위(太尉)를 중앙 최고 관직으로 하고 어사대부(御史大夫)를 그 아래에 두었다. 서한

19. 동소는 위 무제의 중신이 되었다가 나중에는 권세를 잃게 되었다. 위 문제와 위 명제 시대에 그는 궁중에 들어가 위위의 관직을 맡게 되었는데 **《태평어람》권392의 인용에는 '동소가 권력을 잃고 오랫동안 위위가 되었다'라고 했다.** 난쟁이 배우들을 후하게 생각해 주었다. 조회에서 군신들이 모였을 때, 난쟁이 배우들이 동위위[董昭]가 우는 모양을 하면서 옛날 태조[曹操] 때의 일을 이야기하니, 좌중이 크게 웃었다. 명제는 슬퍼하고 즐거워하지 않았으며, 그달 중으로 동소를 사도로 임명했다. **《태평어람》권488.**

20. 何晏[48]字平叔, 以主婿拜駙馬都尉[49]. **已上依《御覽》一百五十四引.** 美姿儀, 面絕白, 魏文帝疑其著粉. 正夏月, 喚來, 與熱湯餅, 既啖, **《書鈔》引作以麪啖之, 《御覽》引作賜以湯餅.** 大汗出, 隨以朱衣自拭, 色轉皎潔, 帝始信之. **《類林雜說》九引作何晏字平叔, 貌甚白, 美姿容, 明帝見之, 謂其著粉. 因命晏, 賜之湯餅, 汗出流面, 以巾拭**

말부터 동한(東漢) 초에는 대사마(大司馬)·대사도(大司徒)·대사공(大司空)으로 바뀌었으며, 한 광무제(光武帝) 건무(建武) 27년(51년)에는 태위·사도(司徒)·사공(司空)으로 바뀌었다. 후에 위(魏)·진(晉)·송(宋)·제(齊)·양(梁)·진(陳) 때는 태위·사도·사공을 삼공이라 하였다. 북주(北周) 때에는 삼공을 원래 주대의 명칭인 태사·태부·태보로 환원하였다.

48 하안(何晏): ?-249년. 자는 평숙(平叔)이며, 남양군(南陽郡) 완현(宛縣: 지금의 하남성 남양시) 사람이다. 대장군이었던 하진(何進)의 손자가 되며, 그 어머니 윤씨(尹氏)가 조조의 궁중에 들어가면서 궁중에서 컸다. 조조의 딸과 결혼하였으므로 모든 사람들이 그를 부마도위(駙馬都尉)로 존중하였으며, 청담(淸淡)과 노장(老莊)의 학설을 중시하였다. 조상(曹爽)의 모사(謀士)로 활약하여 조상이 권력을 잡고 있을 때 상서(尙書) 벼슬을 하였으나, 사마의가 정변을 일으켜 조상을 살해할 때, 그도 연루되어 죽었다.

49 부마도위(駙馬都尉): 하안이 공주의 남편으로 부마도위라는 관직에 제수(除授)되었는데, 이 때문에 후에 황제의 사위를 줄여서 '駙馬'라고 하였다. 부마도위는 한 무제(漢武帝) 때 설치한 관직으로, '駙'는 '副'의 뜻으로, 부마도위는 부거[副車: 황제 출행시 자신이 탄 수레를 정거(正車)라고 하며, 기타 수행하는 마차를 모두 부거라고 함]의 말을 관장하였다.

之, 轉見皎然, 帝方信.《初學記》十九, 又二十六,《書鈔》一百二十八, 又一百三十五.《御覽》二十一, 又三百六十五, 又三百七十九, 又三百八十七, 又八百六十.《事類賦注》四.

20. 하안의 자는 평숙으로, 공주의 남편으로서 부마도위가 되었다. **이상은 《태평어람》권154의 인용에 의거하였다.** 그는 아름다운 용모를 지니고 있었으며 얼굴의 색깔도 아주 희었기 때문에 위 문제[曹丕]는 그가 분을 바른 것이라고 의심했다. 나중에 한여름이 되자 문제가 그를 불러 뜨거운 수제비를 먹게 하였다. 하안은 수제비를 먹고 **《북당서초》의 인용에는 '국수를 먹었다'라고 하였고, 《태평어람》의 인용에는 '수제비를 하사하였다'라고 하였다.** 구슬 같은 땀이 흘러 붉은 옷으로 연신 땀을 닦았으나, 얼굴색이 더욱 새하얗게 되었다. 문제는 비로소 믿게 되었다. **《유림잡설》권9의 인용에는 '하안은 자가 평숙인데, 얼굴이 새하얗고 용모가 아름다워서, 위 명제가 그를 보고 하안은 분을 발랐을 것이라고 했다. 이리하여 하안에게 뜨거운 수제비를 먹게 했더니 땀이 얼굴에 흘러내려 수건으로 닦았는데 얼마 후에 보아도 피부가 새하얘서 명제가 비로소 믿었다'라고 하였다. 《초학기》권19·26. 《북당서초》권128·135. 《태평어람》권21·365·379·387·860. 《사류부주》권4.**

21. 辛恭靜見司馬太傅[50], 問: "卿何處人?" 答曰: "西人." 太傅應聲戲之

50 태부(太傅): 서주 때부터 기록이 보이는데, 주공단(周公旦)이 처음으로 태부를 맡았다. 태부는 태사(太師)·태보(太保)와 함께 삼공(三公) 중의 하나이며, 정일품(正一品)에 속한다. 임금을 보필하며 예법의 제정·반포와 시행을 관장한다. 전국시기(戰國時期)의 제(齊)나라와 초(楚)나라도 태부를 설치하였으나, 진(秦)나라 때에 와서는 폐지하였다. 서한 때에는 두 번 짧게 이 직위를 다시 설치했으며, 동한 때에는 오래 두었다. 이후 여러 조대에 태부를 두긴 했으나 이름뿐인 직함이었다. 태부는 일반적으로 대신을 대우하는 일종의 영전으로, 연로하고 덕망이 높은 자가 그 자리를 맡았다. 그러나 실권도 없고 항상 설치하는 것도 아니었다. 동한 때에는 한때 태부를 중신의 우두머리로 삼아서 승상의 직위에 상당하게 되었다. 부서를 설치할 수 있었고, 속관으로는 좌우장사(左右長史)·사마(司馬)·종사중랑(從事中郞)·주부(主簿) 등이 있

曰: "在西頗見西王母[51]不?" 恭靜答曰: "在西乃不見西王母, 過東已見東王公[52]." 太傅大愧. 《類聚》二十五.

21. 신공정이 사마태부[司馬懿]를 알현했는데, 사마태부가 "그대는 어디 사람입니까?"라고 묻자, "서쪽 지방 출신입니다."라고 대답하였다. 사마태부는 그 말에 대응하여 희롱 삼아 "서쪽 지방에서 서왕모를 본 적이 있습니까?"라고 물으니, 신공정이 "서쪽에서 서왕모를 본 일은 없사오나 동쪽을 지나가면서 이미 동왕공을 보았사옵니다."라고 대답하니, 사마태부가 크게 부끄러워하였다. 《예문유취》권25.

22. 夏侯太初[53]從魏帝拜陵, 陪列松柏下, 時暴雨霹靂, 正中所立之樹, 冠冕焦壞, 左右睹之皆伏, 太初顏色不改. 《世說·雅量篇》注 景王[54]欲誅夏侯玄,

---

었다. 군국대사(軍國大事)에 직접 참여하며, 황제가 어리거나 황실이 어려울 때에는 진정한 통치자가 된다. 주 47번 '사도(司徒)' 참조.

51 서왕모(西王母): 중국 대륙 서쪽에 자리 잡고 있는 곤륜산(崑崙山)에 살고 있는 최고 위직 여신이다. 도교(道敎)에서는 최고의 여신으로서 모든 신선들을 지배하는 신으로 설정되어 있다.

52 동왕공(東王公): 동왕공은 '음양(陰陽)' 중의 양신(陽神)으로 간주되는데, 음신(陰神)인 서왕모에 대응된다. 동왕공은 도교에 흡수된 후에 모든 등선득도(登仙得道)의 남자들을 주관하고 선적(仙籍)을 관장한다고 여겼다.

53 하후태초(夏侯太初): 하후현(夏侯玄). 209년-254년. 태초(혹은 泰初)는 자이며, 패국(沛國) 초현[譙縣: 지금의 안휘성 박주시(亳州市)]사람이다. 조위(曹魏) 때의 대신으로, 정남대장군(征南大將軍) 하후상(夏侯尙)의 아들이다. 위 명제 때 산기황문시랑(散騎黃門侍郎)·우림감(羽林監)을 역임하였다. 그 후에도 산기상시(散騎常侍)·중호군(中護軍)·서정장군(西征將軍) 등을 지냈다. 249년 사마의가 조상을 주살하자 점차 실권을 잃게 되었다. 254년 사마사(司馬師)를 제거하려다가 탄로가 나서 주살되었다. 하후현은 또한 위나라의 저명한 청담사상가이자 문학가이다.

54 경왕(景王): 사마사(司馬師). 208년-255년. 자는 자원(子元)이며, 삼국시기 하내 온현 사람이다. 사마의의 장남으로 정시(正始) 10년(249년), 아버지 사마의를 도와 조상을 토벌하여 위나라의 실권을 장악하였다. 무군대장군(撫軍大將軍)·녹상서(錄尙書) 등의 관직을 역임하며 국정을 전담하였다. 254년, 위나라 황제였던 조방(曹芳)을 폐

意未決, 間問安王孚[55]云: "己才足以制之不?" 孚云: "昔趙儼[56]葬兒, 汝來, 半坐迎之; 泰初後至, 一坐悉起. 以此方之, 恐汝不如." 乃殺之. **《續談助》四.**

22. 하후태초[夏侯玄]가 위 명제를 따라 왕릉을 참배하러 갔다가 소나무·잣나무 아래에 시립侍立해 있었는데, 이때 폭우가 내리고 벼락이 쳐서 바로 그가 서 있던 나무를 때리는 바람에 관이 그을리고 망가졌다. 좌우의 사람들은 그것을 보자 모두 엎드렸지만 하후태초는 얼굴빛조차 변하지 않았다. **《세설신어·아량편》주.** 경왕[司馬師]이 하후현을 주살하고자 했으나 아직 결심하지 못했으므로 안평왕安平王 사마부司馬孚에게 "저의 재주로 하후현을 충분히 제압하겠습니까?"라고 묻자, 사마부가 "예전 조엄이 자신의 아이를 장례 지낼 때, 네가 오자 좌중의 절반이 영접했는데, 태초 하후현이 후에 이르자 좌중이 모두 일어났다. 이것으로 비교해 보면 아마 너는 그만 못한 것 같구나."라고 대답하였다. 이에 경왕이 하후현을 주살하였다. **《속담조》권4.**

23. 王經[57]少處貧苦, 仕至二千石, 其母語云: "汝本寒家兒, 仕至二千石,

위하고 조모(曹髦)를 황제위에 세웠으며, 다음 해에 관구검(毌丘儉) 등의 반란을 토벌하다가 눈병이 나서 사망하였다. 동생 사마소(司馬昭)의 아들 사마염이 진(晉)나라를 창업하면서 경제(景帝)로 추존되었다.

55 안왕부(安王孚): 사마부(司馬孚). 180년-272년. 자는 숙달(叔達)이며, 하내 온현 사람이다. 사마의의 아우로, 위 무제 조조 사후에 위 문제 조비가 위나라를 세우는 데 공을 세웠고, 상서와 상서령 등을 역임하였다. 249년 사마의가 위나라의 실권자 조상을 주살할 때 도왔고, 사공과 태부 등의 벼슬을 지냈다. 사마염이 진나라를 세워 무제(武帝)로 즉위한 뒤에 그를 안평왕(安平王)으로 봉하였다.

56 조엄(趙儼): 171년-245년. 자는 백연(伯然)이며, 영천(潁川) 양적[陽翟: 지금의 하남성 우주시(禹州市)] 사람이다. 동한 말년 영천 '사대명사(四大名士)' 중의 한 사람이며, 삼국시기 위나라의 명신(名臣)이다.

57 왕경(王經): ?- 260년. 자는 언위(彦緯)이며, 기주(冀州) 청하군 사람이다. 위나라의 대신으로 옹주자사(雍州刺史)를 역임하였고, 225년 촉의 장수 강유(姜維)의 군대를

可止也.” 經不能止. 後為尚書[58]助魏, 不忠於晉[59]被收. 流涕辭母曰: “恨昔不從敕, 以致今日.” 母無戚容, 謂曰: “汝為子則孝, 為臣則忠, 有何負哉.” **《御覽》四百四十一.**

23. 왕경은 어렸을 때는 빈궁하였는데 벼슬길에 나아가서는 2천 석의 녹봉을 받는 관직에 이르렀다. 그의 어머니가 “너는 원래 한미한 가문의 아이였는데 2천 석의 녹봉을 받는 벼슬에 이르렀으니, 관직을 그만두는 것이 좋겠다.”라고 하였다. 왕경은 관직을 그만둘 수 없었다. 후에 상서의 벼슬을 하면서 위나라를 도우면서 진나라에는 불충하여 체포되자, 눈물을 흘리며 어머니와 작별하며 “한스럽게도 옛날에 어머니의 가르침을 따르지 않았다가 오늘에 이르게 되었습니다.”라고 하였다. 어머니는 조금도 슬퍼하는 기색이 없이 “너는 자식으로서 효도를 다하였고, 신하로서는 충성을 다하였다. 무슨 잘못한 일이 있었겠느냐?”라고 하였다. **《태평어람》권441.**

24. 劉靈[60] **《類林》作伶下同** 字伯倫, **《類林》下有沛國人也四字.** 飲酒一石, 至**《類林》**

막다가 패전하였다. 260년 위나라 황제 조모가 사마소를 치려고 하자 형세의 불가함을 들어 만류하였으나, 조모는 말을 듣지 않고 출전하여 사마소에게 피살되었으며, 왕경과 그의 가족들도 피살당했다. 본문의 내용은 아마 왕경과 그의 어머니가 함께 처형되기 직전의 대화인 듯하다.

58 상서(尙書): 진(秦)나라 이래 천자와 신하 사이에 오가는 문서에 관한 일을 맡아보던 벼슬. 이 벼슬이 점차 높아져서 당(唐)나라와 송(宋)나라 때에 중앙 정부의 수위(首位)에 앉아 육부(六部)의 장관이 되었다.

59 진(晉): 여기서는 서진(西晉: 265년-317년)을 일컫는다. 삼국시기 후의 통일 왕조로, 진(晉) 무제(武帝)가 건국하였다. 서진 멸망 후, 서진의 황족(皇族) 사마예(司馬睿)가 남쪽으로 가서 건립한 왕조가 곧 동진(東晉: 317년-420년)이다. 동진의 통치지역 대부분이 강동(江東)에 있었으므로 옛날에는 강좌(江左)라 칭하였다. 이 때문에 ‘강좌’로 동진을 대신 지칭하기도 한다.

60 유령(劉靈): 유령(劉伶). 221년-300년. 자는 백륜(伯倫)이며, 패국[沛國: 지금의 안휘

下有醉字 醒, 復飮五斗. 其《類林》無此三字 妻責之, 靈《類林》有謂妻二字 曰: "卿可致酒五斗, 《類林》此下有并脯羞之類. 吾當《類林》此下有咒而二字 斷之." 妻如其言. 此四字《類林》作妻信之, 遂設酒肉致於夫前. 靈咒曰: "天生劉靈, 以酒為名, 一飮一石, 五斗解酲, 婦人之言, 慎莫《類林》作不 可聽." 《類林》末有於是復飮頹然而醉八字. 《類聚》七十二, 《類林雜說》七.

24. 유령劉伶은 《유림잡설》에서는 '伶'으로 되어 있는데, 아래도 같다. 자가 백륜인데, 《유림잡설》에는 다음에 '沛國人也' 4자가 있다. 열 말의 술을 마시고 잔뜩 취한 상태에서 《유림잡설》에는 다음에 '醉' 자가 있다. 다시 다섯 말의 술을 더 마셨다. 그의 《유림잡설》에는 이 3자가 없다. 아내가 질책하자 유령이 말하였다. 《유림잡설》에는 '謂妻' 2자가 있다. "당신이 술 다섯 말을 가져오면 《유림잡설》에는 이 다음에 '并脯羞之아울러 육포류도'가 있다. 나는 마땅히 《유림잡설》에는 이 다음에 '咒而' 2자가 있다. 술을 끊을 것이오." 그의 아내가 그 말대로 해 주었다. 이 4자는 《유림잡설》에는 '아내가 그 말을 믿고 드디어 술과 고기를 차려 남편 앞에 가져다 주었다'라고 하였다. 유령은 신에게 기도하면서 말하였다. "하늘이 나를 태어나게 하심은 술로서 명성을 얻게 하셨으니, 한 번 마시면 한 말의 술을 마시고 다섯 말의 술은 술을 깨기 위한 것이니, 신께서는 아녀자의 말은 절대로 듣지 마소서." 《유림잡설》에는 '不'로 되어 있다. 《유림잡설》의 말미에는 '於是復飮頹然而醉그래서 다시 술을 마시고 비틀거리며 취했다'의 8자가 있다. 《예문유취》권72, 《유림잡설》권7.

성 회북시(淮北市) 수계현(濉溪縣) 임환진(臨渙鎭)] 사람이다. 죽림칠현(竹林七賢) 중의 한 사람이다. 위나라 말, 사마씨(司馬氏)가 정권을 전횡하자 자연에 은거하였다. 술을 몹시 좋아했으며 하인에게 지게를 지고 뒤따르게 하여 어디서든 술을 마시다가 죽거든 그 자리에서 파묻으라고 했다는 일화로 유명하다. 그의 산문 <주덕송(酒德頌)>은 바로 술을 예찬한 글이다.

25. 嵇中散[61]夜燈火下彈琴, 忽有一人, 面甚小, 斯須轉大, 遂長丈餘, **已上《書鈔》八百九亦引.** 黑單衣皂帶. **《御覽》引作革帶.** 嵇視之既熟, 吹火滅, 曰: "吾恥與魑魅爭光." **《類聚》四十四. 《御覽》五百七十七, 又八百七十. 《六帖》十四.**

25. 혜중산[嵇康]이 밤중에 등불 아래에서 거문고를 연주하고 있는데, 갑자기 어떤 사람이 나타났다. 그는 얼굴이 대단히 작았으나 이내 커져 마침내 한 길 남짓이나 되게 길어졌으며 **이상은 《북당서초》권809에서도 인용하였다.** 검은색 홑옷에 허리띠를 **《태평어람》의 인용에는 '革帶'라고 하였다.** 차고 있었다. 혜강이 그를 자세히 살펴보다가 등불을 불어 꺼버리면서 "나는 도깨비와 불빛을 다투는 것이 부끄럽다."라고 하였다. **《예문유취》권44. 《태평어람》권577·870. 《백공육첩》권14.**

26. 嵇中散夜彈琴, 忽有一鬼著械來, 歎其手快, 曰: "君一絃不調." 中散與琴調之, 聲更清婉. 問其名, 不對. 疑是蔡邕伯喈, 伯喈將亡, 亦被桎梏. **《御覽》六百四十四.**

26. 혜중산이 밤중에 거문고를 타고 있는데, 갑자기 형구刑具를 몸에 찬 귀신이 나타나더니 그의 손이 재빠른 것을 보고 감탄하면서

---

61 혜중산(嵇中散): 혜강(嵇康). 224년-263년. 자는 숙야(叔夜)이며, 초국(譙國) 질현[銍縣: 지금의 안휘성 소호시(巢湖市)·무위(無爲)·함산현(含山縣) 경계 지역] 사람이다. 위나라 사상가·문학가·음악가. 죽림칠현 중의 한 사람으로 죽림칠현의 정신적 영수이다. 위 무제의 증손녀인 장락정주(長樂亭主)와 결혼하여 부마가 되었고 중산대부(中散大夫)에 임명되었으므로 흔히 혜중산으로 부르기도 한다. 그는 노장사상에 깊은 관심을 보였고 문학에도 뛰어났다. 그러나 위·진 교체기에 태어났으므로 부마라는 그의 신분은 자연 진나라의 건설을 꾀하는 무리들에게 경계의 대상이 아닐 수 없었다. 마침내 사마소(司馬昭)는 종회(鍾會)의 진언에 따라 혜강을 처형하였고, 혜강의 명곡 <광릉산(廣陵散)>도 전수자가 끊어지게 되었다. 그의 문집인 《혜강집(嵇康集)》이 남아 있다.

"그대의 거문고 줄 하나가 음이 맞지 않습니다."라고 하였다. 혜강이 그에게 거문고를 주고 음률을 맞추도록 했더니, 거문고 소리가 더욱 맑고 아름다워졌다. 혜중산이 그의 성명을 물었더니 대답하지 않았다. 백개 채옹이 아닌지 의심되었는데, 백개가 죽을 때도 역시 형구인 차꼬와 수갑을 차고 죽었기 때문이다. **《태평어람》권644.**

27. 嵇康素與呂安友, 每一相思, 千里命駕. 安來, 値康不在. 兄喜出迎, 安不前, 題門上作'鳳'字而去. 喜不悟, 康至, 云: "鳳, 凡鳥也." **《廣記》二百三十五.**

27. 혜강은 평소 여안과 사이가 좋았는데, 서로가 매번 그리워지면 천 리 먼 길이라도 수레를 준비하게 했다. 여안이 찾아왔는데, 때마침 혜강이 집에 없었다. 혜강의 형인 혜희嵇喜가 나가서 맞이했는데, 여안은 들어가지도 않고 대문 위에 '鳳'이라고 쓰더니 가 버렸다. 혜희는 무슨 뜻인지 알 수 없었는데, 혜강이 집에 이르러 "'봉'이란 곧 평범한 새[凡+鳥=鳳]라는 뜻입니다."라고 하였다. **《태평광기》권235.**

28. 陳協[62]數日輒 **二字《御覽》引有.** 進阮步兵[63]酒一壺. **二字《御覽》引有.** 後晉

---

62 진협(陳協):《진서(晉書)》에는 진협(陳勰)으로 되어 있다. 특별히 재능이 있고 군령에 밝아 진 문왕 사마소의 인정을 받았으며, 사전병사(使典兵事)에 임명되었다. 진 무제 사마염이 그에게 제갈량의 위진용병기복지법(圍陣用兵奇伏之法)을 배우게 하였으며, 그를 전중전병중랑장(殿中典兵中郎將)으로 삼았다. 나중에 장군이 되었다.

63 완보병(阮步兵): 완적(阮籍). 210년-263년. 자는 사종(嗣宗)이며, 진류[陳留: 지금의 하남성 개봉(開封)] 사람이다. 죽림칠현의 한 사람으로, 성격이 활달하고 예교에 구속되지 않았으며, 동평상(東平相)과 종사중랑(從事中郎) 등의 벼슬을 역임했으나 벼슬길에는 그다지 뜻을 두지 않았다. 술을 몹시 좋아하였으므로 근위군의 주류창고를 책임지는 보병교위(步兵校尉) 벼슬을 하였다. 거리낌 없는 성격으로 직언을 잘하여 사마소의 비위를 거스르기도 했으나, 사마소는 그의 재능을 사랑하여 자주 두둔했

文王[64]欲修九龍堰, 阮舉協, 文王用之. 掘地得古承水銅龍[65]六枚, 堰遂成. **《水經注》十六. 《御覽》七十三.**

28. 진협은 며칠 사이에 번번이 완보병[阮籍]에게 술 한 병씩을 바쳤다. **두 글자는 《태평어람》의 인용에 있다.** 나중에 진 문왕이 구룡언을 세우려고 하자, 완적이 진협을 천거하였으므로 문왕이 그를 기용했다. 진협이 땅을 파서 옛날 물을 받는 동룡 6매를 얻었으므로 구룡언이 드디어 완성되었다. **《수경주》권16. 《태평어람》권73.**

29. 胡毋彥國[66]至相州, 坐廳事斷官事, 爾時三伏中, 傍搖扇視事, 其兒子光[67]從容顧謂曰: "彥國復何為自貽伊戚?" **《御覽》七百二.**

29. 호무언국이 상주에 도착하여 관아에 앉아서 공무를 처리했는

다고 한다.

64 진문왕(晉文王): 사마소(司馬昭). 211년-265년. 자는 자상(子尙)이며, 삼국시기 하내의 온현 사람이다. 사마의의 둘째 아들이다. 255년 사마사가 관구검의 토벌 도중 사망하자, 즉시 대장군과 녹상서사(錄尙書事)의 지위를 계승하고 권력을 장악하였다. 위나라 황제 조모가 울분에 못 이겨 사마소의 토벌을 선언하자, 부하 가충(賈充)을 시켜 진압하고 조환(曹奐)을 황제위에 세웠다. 263년, 대군을 동원하여 촉나라를 병합하였고, 265년 사망하자 아들 사마염이 진 왕조를 세우고 그를 문제(文帝)로 추존하였다.

65 승수동룡(乘水銅龍): 잘 알 수는 없으나, 아마 홍수를 억누르기 위한 풍수의 비방이 아닌가 한다.

66 호무언국(胡毋彥國): 호무보지(胡毋輔之). 269년-318년. 언국은 자이며, 태산의 봉고[奉高: 지금의 상동성 태안(泰安) 동쪽 지역]사람이다. 술 마시는 것을 좋아하였고, 성격이 분방(奔放)하고 광달(曠達)하여 구속됨이 없었으므로 조정의 명사들이 모두 본받고자 하였다. 성도왕(成都王) 사마영(司馬穎)과 동해왕(東海王) 사마월(司馬越)의 막하에서 벼슬을 하였으며, 동진 초기에 난리를 피하여 강남으로 이주하였고, 동진 원제(元帝) 때 양무장군(揚武將軍)과 상주자사(湘州刺史) 등의 벼슬을 지냈다.

67 자광(子光): 호무겸지(胡毋謙之)로, 자광은 자이다. 호무보지의 아들이다.

데, 이때는 삼복 중이라 부채에 의지하여 일을 보고 있었다. 그의 아들 호무자광胡毋子光이 조용히 돌아보며 "언국이 또 왜 스스로 번뇌거리를 찾는지?"라고 말했다. **《태평어람》권702.**

30. 鄧艾[68]口吃, 常云艾艾. 宣王曰: "為云艾艾, 終是幾艾?" 答曰: "譬如'鳳兮鳳兮', 故作一鳳耳." **《御覽》四百六十四.**

30. 등애는 말을 더듬거려 늘 "애……애……"라고 했다. 선왕[司馬懿]이 "그대는 애……애……라고 하는데 도대체 몇 개의 '애'가 있소?"라고 물었다. 등애가 "비유하자면 '봉황이여! 봉황이여!'라고 하지만 결국 한 마리의 봉황인 것과 같사옵니다."라고 대답하였다. **《태평어람》권464.**

31. 鍾士季[69]常向人道: "吾少年時一紙書, 人云是阮步兵書, 皆字字生義; 既知是吾, 不復道也." **《續談助》四.**

---

68 등애(鄧艾): 197년-264년. 자는 사재(士載)이며, 의양(義陽) 극양[棘陽: 지금의 하남성 신야현(新野縣)] 사람이다. 위나라의 장군으로, 연주자사(兗州刺史)와 안서장군(安西將軍) 등의 벼슬을 역임하였고, 촉의 장군 강유(姜維)의 공격을 막기도 하였다. 263년, 종회(鍾會)와 더불어 촉나라를 공격하여 면죽(綿竹)에서 제갈첨(諸葛瞻)의 군대를 격퇴하고 촉을 함락하였다. 그러나 종회의 모함을 받아 반란죄로 몰려 체포되었고 후에 석방되었다. 그러나 곧 그에게 원한을 품고 있던 옛 부하에게 피살되었다.

69 종사계(鍾士季): 종회(鍾會). 225년-264년. 자는 사계(士季)이며, 영천(穎川)의 장사[長社: 지금의 하남성 장갈시(長葛市)] 사람이다. 위나라의 대신·군사가·서예가. 비서랑(秘書郎)과 중서시랑(中書侍郎) 등의 벼슬을 역임하였고, 사마소의 휘하에서 여러 번 계책을 올려 인정을 받았다. 263년 등애와 더불어 촉을 공격하였는데, 등애가 먼저 촉을 함락시키자 그를 모함하여 반란죄로 체포하였으며, 자신이 대군을 장악하자 위나라에 반기를 들었다. 그러나 부하들이 도리어 종회를 반대하여 그를 살해하였다.

31. 종사계는 늘 사람들에게 "내가 소년 시절에 글을 한 장 썼는데, 사람들이 완보병[阮籍]의 글이라고 하며 글자마다 심오한 뜻이 있다고 하였다. 내가 쓴 것임을 알고 나서는 더 이상 말하지 않았다."라고 하였다. **《속담조》권4.**

32. 滿奮[70]字武秋, 體羸, 惡風, 侍坐晉武帝[71], 屢顧看雲母幌, 武帝笑之. 或云: "北窗琉璃屏風, 實密似疏." 奮有難色, **已上依《類聚》六十九引, 又《書鈔》一百三十二引, 云晉武帝有琉璃屏風.** 答曰: "臣為吳牛, 見月而喘." 或曰: 是吳質[72]侍魏明帝[73]坐. **《御覽》七百一.**

32. 만분의 자는 무추인데 병약하여 바람을 싫어하였다. 진 무제[司馬炎]를 모시고 앉아 있으면서 자주 운모 휘장을 돌아보니 진 무제가 웃었다. 어떤 사람이 "북쪽 창은 유리 병풍이 쳐져 있으니 비어 있는 것 같아도 실은 빽빽하게 막혀 있소."라고 말하자, 만분이 난처

---

70 만분(滿奮): ?-304년. 산양군(山陽郡) 창읍현[昌邑縣: 지금의 산동성 창읍시(昌邑市)] 사람이다. 서진의 대신으로, 위나라 태위 만총(滿寵)의 손자이다. 기주자사(冀州刺史)·상서령·사예교위(司隸校尉)를 역임하였다.

71 진무제(晉武帝): 사마염(司馬炎). 236년-290년. 자는 안세(安世), 하내의 온현 사람이다. 사마소의 장남. 위나라 함희(咸熙) 2년(265년) 사마소가 죽자 사마소의 지위를 계승하여 상국(相國) 겸 진왕(晉王)이 되었다가 곧 위나라 황제 조황(曹璜)의 선양(禪讓)을 받아 진(晉)나라를 세웠다. 280년 오(吳)나라를 병합하여 삼국 통일을 완성하고 여러 가지 위업을 세웠으나, 그의 사후에 혜제(惠帝)가 왕위를 계승하여 진나라는 혼란에 빠지고 얼마 안 되어 북방민족의 침입으로 양자강(揚子江) 이남으로 쫓겨 갔다.

72 오질(吳質): 177년-230년. 자는 계중(季重)이며, 연주(兗州) 제음[濟陰: 지금의 산동성 하택시(荷澤市) 정도구(定陶區)] 사람이다. 삼국시기 저명한 문학가이며, 위나라 대신. 벼슬은 진위장군(振威將軍)·시중을 역임하였다. 글재주가 좋아 조비가 그를 좋아하였다. 조비가 태자가 되는 과정에 큰 공을 세웠다.

73 위명제(衛明帝): 조예(曹叡). 204년-239년. 자는 원중(元仲)이며, 패국(沛國) 초현(譙縣) 사람이다. 위나라 두 번째 황제. 위 문제 조비의 장자.

해하면서 **이상은 《예문유취》권69의 인용, 또 《북당서초》권132의 인용에 의거하면, '진 무제에게 유리 병풍이 있었다'라고 하였다.** "신은 오지방의 소로서 달을 보고도 해인 줄 알고 헐떡입니다."라고 대답하였다. 혹자는 오질이 위 명제[曹叡]를 모시고 앉아 있을 때의 일이라고 하였다. **《태평어람》권701.**

33. 孟業為幽州[74], 其人甚肥, 或以為千斤. 武帝欲稱之, 難其大臣, 乃作一大秤挂壁. 業入見, 武帝曰: "朕欲試自稱, 有幾斤?" 業答曰: "陛下正是欲稱臣耳, 無煩復勞聖躬." 於是稱業, 果得千斤. **《御覽》八百三十, 又三百七十八.**

33. 맹업은 유주를 다스렸는데, 그가 대단히 살이 쪄서 어떤 사람은 천근은 될 것이라고 하였다. 진 무제[司馬炎]는 그의 몸무게를 달아보고 싶어 했으나 그가 대신인 것을 어렵게 여겨, 곧 커다란 저울 하나를 만들어 벽에 걸어 놓았다. 맹업이 조정에 들어 무제를 알현하자, 무제가 "짐은 스스로 몸무게를 달아보고자 하는데 몇 근이나 될 것 같은가?"라고 물었다. 맹업이 "폐하께서는 바로 소신의 몸무게를 달아보고 싶을 뿐이시니, 번거롭게 더 이상 성체聖體를 수고롭게 하지 마십시오."라고 대답하였다. 그래서 맹업의 몸무게를 재었더니 과연 천근이었다. **《태평어람》권378·830.**

34. 諸葛靚[75], 字仲思, 在吳, 於朝堂大會, 孫皓[76]問曰: "卿字仲思, 為

74 유주(幽州): 옛 구주(九州)의 하나로, 대략 지금의 하북성 북부 및 요녕성(遼寧省) 일대의 동북쪽을 일컫는다.

75 제갈정(諸葛靚): 생졸년 미상. 자는 중사(仲思)이며, 삼국시기 낭야(琅琊) 양도[陽都: 지금의 산동성 기남현(沂南縣)] 사람이다. 위나라 대장군인 제갈탄(諸葛誕)의 아들. 257년 제갈탄이 사마소에게 반기를 들고 오나라의 협력을 구하면서 아들 제갈정을 오나라에 인질로 바쳤다. 제갈탄이 사마소에게 패하여 피살되면서 오나라에 남게 된 제갈정은 오나라의 신하가 되었으며 관직이 우장군(右將軍)에 이르렀다. 280년,

欲何思之？”曰: “在家思孝, 事君思忠, 朋友思信, 如斯而已.” **《御覽》四百六十四.**

34. 제갈정은 자가 중사인데 오나라에 있을 때, 조정에서 큰 모임이 열렸다. 손호가 “그대의 자는 ‘중사仲思’인데, 무엇을 생각하고자[思] 하는 것이오?”라고 묻자, 제갈정이 “집에 있을 때는 효를 생각하고, 임금을 섬길 때는 충성을 생각하며, 친구와 사귈 때는 믿음을 생각하오니, 이와 같을 따름입니다.”라고 하였다. **《태평어람》권464.**

35. 陳壽[77]將爲國志, 謂丁梁州[78]曰: “若可覓千斛米見借, 當爲尊公爲佳傳.” 丁不與米, 遂以無傳. **《類聚》七十二.**

35. 진수가 장차《삼국지》를 지으려고 할 때 정양주에게 “만약 천

진(晉)나라 군대가 오나라를 공격하자 승상(丞相) 장제(張悌)와 함께 적군을 막았으나 패배하였다.

76 손호(孫皓): 242년-284년. 자는 원종(元宗) 또는 호종(皓宗)이며, 오군 부춘 사람이다. 오나라의 마지막 황제이며, 손권(孫權)의 손자이자 손화(孫和)의 아들이다. 영안(永安) 7년(264년) 오나라 경제(景帝) 손휴(孫休)가 죽자 승상 복양흥(濮陽興)과 좌장군(左將軍) 장포(張布) 등이 그를 황제로 옹립하였다. 재위 기간에 대신들을 마구 죽이며 황음무도하였으므로 오나라의 민심은 점점 멀어졌다. 천기(天紀) 4년(280년), 진 무제가 건강(建康)을 공격하자 투항하여 귀명후(歸命侯)에 봉해졌다.

77 진수(陳壽): 233년-297년. 자는 승조(承祚)이며, 촉나라 파서군(巴西郡) 안한현[安漢縣: 지금의 사천성(四川省) 남충시(南充市)] 사람이다. 유명한 역사가 겸 천문학자인 초주(譙周)에게 학문을 배웠으며, 동관비서랑(東觀秘書郎)과 산기황문시랑(散騎黃門侍郎) 등의 벼슬을 지냈다. 265년 촉나라가 진(晉)나라에 병합된 후, 그의 재능을 아낀 장화(張華)의 추천으로 효렴(孝廉)이 되고, 좌저작랑(佐著作郎)과 평양후상(平陽侯相) 및 저작랑(著作郎)과 치서시어사(治書侍御史) 등의 벼슬을 지냈다. 274년 진나라 조정의 명을 받아《제갈량집(諸葛亮集》24권을 편찬하였으며, 280년 진나라가 삼국을 통일한 뒤에는 10년의 시간을 들여《삼국지(三國志)》를 완성하였다.

78 정양주(丁梁州):《진서(晉書)·진수전(陳壽傳)》에는 정의(丁儀)·정이(丁廙) 형제의 아들로 소개하고 있다.

곡의 쌀을 구해 빌려준다면, 그대의 부친을 위해 훌륭한 전기를 써줄 것이오."라고 하였다. 정양주가 그에게 쌀을 주지 않았으므로《삼국지》에는 그 부친의 전기가 실리지 않았다. **《예문유취》권72.**

36. 蔡洪[79]赴洛, 洛中人問之, 曰: "人皆以洪筆為鋤耒, 以紙札為良田, 以玄默為稼穡, 以禮義為豐年." **《事類賦注》十五. 蘇易簡《文房四譜》一云: "晉蔡洪赴洛, 洛中人問曰: '吳中舊姓何如?' 答曰: '吳府君聖朝之盛佐, 明時之俊乂; 朱永長理物之宏德, 清選之高望; 嚴仲弼九皋之鴻鵠, 空谷之白駒; 顧彥先八音之琴瑟, 五色之龍章; 張威伯歲寒之茂松, 幽夜之逸光; 陸士龍鴻鵠之徘徊, 懸鼓之待槌, 此諸君以洪筆為鋤耒, 以紙札為良田, 以玄墨為稼穡, 以義禮為豐年.' " 注云: "出《劉氏小說》, 又出《語林》."**

36. 채홍이 낙양에 갔더니 낙양 사람이 그에게 오나라의 인물에 대해 물었다. 채홍이 "사람들은 모두 커다란 붓을 호미와 쟁기로 삼고 종이와 죽간을 좋은 밭으로 삼으며, 심오한 침묵을 경작과 수확으로 삼고 예의를 풍년으로 삼습니다."라고 하였다. **《사류부주》권15. 소이간의 《문방사보》 권1에 다음과 같이 이야기가 있다. "진나라의 채홍이 낙양에 갔더니 낙양 사람들이 물었다. '오나라의 구 명문 귀족들은 어떠합니까?' 채홍이 대답하였다. '오부군[吳展]은 성군 때의 뛰어난 신하이고 밝은 시대의 준걸이며, 주영장[朱誕]은 백성을 다스리는 훌륭한 덕이 있고 공평하게 사람을 뽑는 뛰어난 명망이 있습니다. 엄중필[嚴隱]은 깊은 연못에서 우는 학이고 그윽한 계곡에서 노니는 흰 망아지이며, 고언선[顧榮]은 팔음을 갖춘 거문고이자 비파이고, 오색찬란한 용무늬입니다. 장위백[張暢]은 추운 겨울의 무성한 소나무이고 그윽한 밤의 빛나는 광채입니다. 육사룡[陸雲]은 하늘을 배회하는 큰 기러기이자 고니이고 두**

---

79 채홍(蔡洪): 생졸년 미상. 자는 숙개(叔開)이며, 오군(吳郡: 지금의 강소성 소주시) 사람이다. 서진의 문학가. 먼저 오나라에서 벼슬을 지냈으며, 진(晉)나라에 들어가서는 송자(松滋) 현령(縣令)을 역임하였다. 현재 부(賦) 2편이 전한다.

드려 주기를 기다리는 매달려 있는 북입니다. 이 여러 군자들은 큰 붓을 호미와 쟁기로 삼고 종이와 죽간을 좋은 밭으로 삼으며, 검은 먹물을 경작과 수확으로 삼고 의리와 예의를 풍년으로 삼습니다.'" 주에서 "《유씨소설》에서 나왔으며, 《어림》에서도 나왔다."라고 하였다.

37. 裴秀[80]母是婢, 秀年十八, 有令望, 而嫡母妒, 猶令秀母親役. 後大集客, 秀母下食, **《類聚》引作猶令秀母親下食與衆賓, 今依《類聚》.** 衆賓見, 幷起拜之, 答曰: "微賤豈宜如此? 當為小兒故耳," 於是父母 **《御覽》引作大母** 乃不敢復役之. **《類聚》三十五. 《御覽》五百.**

37. 배수의 어머니는 노비였는데, 배수가 18세의 나이로 명망이 높았지만, 큰어머니아버지의 본처가 질투하여 여전히 배수의 어머니에게 직접 일을 시켰다. 나중에 손님들을 크게 모아 잔치를 하는데, 배수의 어머니가 손님들에게 식사를 날랐다. **《예문유취》의 인용에는 '여전히 배수의 어머니로 하여금 여러 빈객들에게 식사를 나르도록 했다'라고 하였다. 지금 《예문유취》에 의거한다.** 여러 빈객들이 배수의 어머니를 보고 일어나 절을 하자, "미천한 사람에게 이렇게 하시는 것이 어찌 마땅하겠습니까? 당연히 아들 때문이겠죠."라고 답하였다. 그래서 배수의 부모는 **《태평어람》의 인용에는 '大母'라고 하였다.** 감히 다시는 그녀에게 일을 시키지 않았다. **《예문유취》권35. 《태평어람》권500.**

80 배수(裴秀): 224-271년. 자는 계언(季彦)이며, 하동군(河東郡) 문희현(聞喜縣: 지금의 산서성 문희현) 사람이다. 처음에는 위나라의 정권을 장악했던 조상의 속하에서 관리가 되었다가 황문시랑(黃門侍郎)·상서복야(尙書僕射) 등을 지냈다. 위나라가 진나라로 바뀐 뒤에는 사마염의 속하에서 상서령이 되었고 지위가 사공에까지 이르렀다. 저서로는 《우공지역도(禹貢地域圖)》가 있는데, 그 서문은 세계 지도 제작의 역사에서 상당히 중요하다고 한다.

38. 夏少明[81]在東國[82]不知名, 聞裴逸民[83]知人, 乃裹糧寄載, **四字《御覽》引有** 入洛從之. 未至家少許, 見一人著黃皮褲褶, 乘馬將獵, 少明問曰: "逸民家若遠?" 答曰: "君何以問?" 少明曰: "聞其名知人, 從會稽[84]來投." **《書鈔》一百二十九.** 裴曰: "身是逸民, 君明可更來." 明往, 逸民果知之, 又嘉其志局, 用爲西門侯[85]. 於此遂知名. **《御覽》四百四十四, 又六百九十五, 又八百三十二.**

38. 하소명은 낙양에서 이름이 알려지지 않았는데, 배일민이 인물을 알아본다는 말을 듣고, 곧 식량을 싸서 수레에 싣고 **4자는 《태평어람》의 인용에는 있다.** 낙양으로 들어가 그를 따르고자 했다. 배일민의 집에 이르기 조금 전에 누런 가죽 군복을 입고 말을 타고 사냥을 나가는 사람을 보자, 하소명이 "배일민의 집이 얼마나 멉니까?"라고 물었다. 그가 "그대는 어째서 그것을 묻소?"라고 답하였다. 하소명은 "그가 인물을 알아본다는 말을 듣고 회계에서 의탁하고자 왔습니다."라고 하였다. **《북당서초》권129.** 배일민이 "내가 일민이니, 그대는 내일 다시 오시오."라고 하였다. 다음날 하소명이 찾아가자, 배일민이 과연 그를 알아보고 또 그의 뜻과 기량器量을 가상히 여겨 그를 서문

---

81 하소명(夏少明): 생졸년 미상. 무창태수(武昌太守)를 지낸 적이 있다. 육기(陸機)의 작품《증무창태수하소명시(贈武昌太守夏少明詩》가 전한다.

82 동국(東國): 동도(東都) 낙양을 가리킨다.

83 배일민(裴逸民): 배위(裴頠). 267년-300년. 일민은 자이며, 하동군 문희현 사람이다. 배수의 아들이다. 서진의 대신이다. 어릴 때부터 박학다식한 것으로 이름을 날렸고 혜제(惠帝) 시대에 산기상시(散騎常侍)·국자좨주(國子祭酒) 겸 우군장군(右軍將軍) 등의 벼슬을 지냈으며, 상서좌복야(尙書左僕射)의 지위에 이르렀다. 조왕(趙王) 사마륜(司馬倫)이 상서령을 맡아주기를 바랐으나 거절하였는데, 나중에 그의 세력에 의해 피살되었다. 사람됨이 청담과 노장사상을 좋아하였다.《숭유론(崇有論)》이라는 저서가 있다.

84 회계(會稽): 서진에서 남조(南朝) 말까지는 지금의 사오싱(紹興)·영파(寧波) 일대를 가리켰다.

85 서문후(西門侯): 낙양 서문에서 빈객을 맞이하는 관리.

후로 기용하였다. 이때부터 드디어 하소명은 유명해졌다. **《태평어람》권 444·695·832.**

39. 李陽[86]性游俠, **《御覽》引作李陽大俠.** 士庶無不傾心. 為幽州刺史, 當之職, **二句《御覽》引有.** 盛暑, 一日詣數百家別, 賓客與別常填門, **《御覽》四百七十三引作列賓客填門.** 遂死於几下. **《世說·規箴篇》注**

39. 이양은 성격이 매우 호협하여 **《태평어람》의 인용에는 '이양 대협'이라고 하였다.** 사대부와 서민들이 숭앙하지 않는 이가 없었다. 유주자사가 되어 그 직책을 맡으러 가는데, **2구는 《태평어람》의 인용에 있다.** 무더운 여름철임에도 불구하고 하루에 수백 집을 찾아다니며 작별 인사를 하였으며, 빈객들은 그와 작별하려고 늘 대문을 가득 메웠다. **《태평어람》권473의 인용에는 '빈객들이 열 지어 대문을 가득 메웠다'라고 하였다.** 마침내 이양은 안석案席 아래에서 사망하였다. **《세설신어·규잠편》주.**

40. 中朝有人詣王太尉[87], 適王安豐[88]大將軍[89]丞相[90]在坐, 因往別屋, 見李

---

86 이양(李陽): 생졸년 미상. 동진(東晋) 사람으로, 성제(成帝) 때 경릉태수(竟陵太守)를 지냈고, 328년에는 소준(蘇峻)의 난을 진압하는 데 공을 세웠으며, 후조(後趙)의 군대를 여러 차례 막아내기도 했다.

87 왕태위(王太尉): 왕연(王衍). 256년-311년. 자는 이보(夷甫)이며, 낭야군 임기현[臨沂縣: 지금의 산동성 임기시(臨沂市)] 사람이다. 왕융(王戎)의 사촌동생이다. 원성(元城) 현령이 되었을 때, 하안과 왕필 등을 추종하여 하루 종일 청담을 나누었으며, 황문시랑·중령군(中領軍)·상서령·상서복야·사공·사도·태위 등의 벼슬을 지냈다. 영가(永嘉) 5년(311년), 동해왕 사마월이 사망하자, 모든 사람이 원수(元帥)로 추대하였다. 석륵(石勒)의 군대와 싸웠으나 패전하여 석륵에게 붙잡혀 피살되었다.

88 왕안풍(王安豐): 왕융(王戎). 234년-305년. 자는 준충(濬沖)이며 낭야군 임기현 사람이다. 위나라 때 양주자사(涼州刺史) 왕혼(王渾)의 아들이다. 오나라 평정에 참여하고 안풍현후(安豐縣侯)에 봉해졌는데, 사람들은 이때부터 '왕안풍'이라고 불렀다. 후에 시중·광록훈(光祿勳)·이부상서(吏部尚書)·태자태부(太子太傅)·중서령(中書令)·좌

寅[91] 平子[92], 還謂人曰: "今日之行, 擧目皆琳瑯[93]珠玉."《御覽》八百三.

40. 조정의 어떤 사람이 왕태위[王衍]를 방문했는데, 마침 왕안풍[王戎]·대장군[王敦]·승상[王導] 등이 앉아 있었다. 이어 별채로 가서 이인[王詡]·평자[王澄] 등을 보게 되었다. 돌아와 사람들에게 "오늘 방문에서 눈에 보이는 것은 모두 주옥과 같은 우수한 인재였소."라고 말했다. **《태평어람》803.**

41. 王夷甫[94]處衆中, 如珠玉之在瓦石.《御覽》八百三.

복야(左僕射)·사도 등의 벼슬을 역임하였다. 팔왕(八王)의 난 때는 여러 왕자들을 거중 조정하여 병란을 부분적으로 막았다. 죽림칠현의 한 사람이다.

89 대장군(大將軍): 왕돈(王敦). 266년-324년. 자는 처중(處中)이며, 낭야군 임기현 사람이다. 왕도(王導)의 종형이다. 청담을 좋아하고 호걸풍이 있으며 진 무제의 딸인 양성공주(襄城公主)와 결혼하여 부마도위가 되었다. 사마예가 동진을 세우자 시중·대장군·강주목(江州牧) 등의 벼슬을 지냈고 형주 일대의 군사를 지배하여 사실상 조정을 좌우하는 존재가 되었다. 두 번이나 반란을 일으키고 수도를 점령하려고 하여 동진을 크게 혼란스럽게 했으나 결국 정권을 쟁취하지 못하고 병사하였다. '왕대장군'으로 불렸다.

90 승상(丞相): 왕도(王導). 276년-339년. 자는 무홍(茂弘)이며, 낭야군 임기현 사람이다, 사마예가 동진을 세우는 데 지대한 공헌을 하였다. 사지절(使持節)·시중·승상·양주자사(揚州刺史) 등의 벼슬을 역임하였으며, 동진의 조정을 좌우하였다. 형인 왕돈이 대장군의 신분으로 반란을 일으켰으나 자신은 가담하지 않고 형주 지방을 지켰다. 동진의 원제(元帝)·명제(明帝)·성제(成帝)의 삼대를 보좌하였다. 서예가로도 유명하다.

91 이인(李寅):《세설신어·용지편(容止篇)》에는 '왕계윤(王季胤)'이라 하였는데, 계윤은 왕후(王詡)의 자이다. 왕후는 왕연(王衍)의 동생이다.

92 평자(平子): 왕징(王澄). 269년-312년. 왕연(王衍)의 동생. 평자는 자이다. 낭야군 임기현 사람이다, 성도왕 밑에서 승상종사중랑(丞相從事中郎)을 지냈으며, 동해왕의 도움으로 형주자사(荊州刺史)를 지내기도 했다. 왕여(王如)가 반란을 일으키자 토벌을 하러 갔다가 패하여 달아났다. 왕돈과 사이가 좋지 않았는데, 왕돈의 집에서 속아 피살당하였다.

93 임랑(琳瑯): '琳琅'이라고도 하는데, 아름다운 옥(玉)을 일컫는다. 우수한 인재 또는 진귀한 도서에 비유한다.

94 왕이보(王夷甫): 왕연(王衍). 256년-311년. 자는 이보, 낭야 임기 사람이다. 서진(西晉) 말의 중신이며 현학(玄學)과 청담(淸談)의 영수이다. 황문시랑·중령군·상서복야

41. 왕이보가 뭇사람들 속에 있는 것은 마치 주옥이 기왓장과 돌 속에 있는 것과 같다. **《태평어람》권803.**

42. 裴令公[95]目王安豐: "眼爛爛如巖下電." **《續談助》四.**

42. 배령공[裴楷]이 왕안풍[王戎]을 보면서 "눈이 번쩍번쩍 빛나는 것이 마치 바윗돌 아래에서 벼락이 치는 것과 같다."라고 하였다. **《속담조》권4.**

43. 和嶠[96]諸弟往園中食李, 而皆計核責錢, 故嶠婦弟王濟[97]伐之也. **《世說·儉嗇篇》注.**

43. 화교의 동생들이 그의 과수원에 가서 오얏을 먹었는데, 화교가 오얏 씨앗의 개수를 헤아려 돈을 요구하였다. 이 때문에 화교 부

등의 직을 역임하였다.

95 배령공(裴令公): 배해(裴楷). 237년-291년. 자는 숙칙(叔則)이며, 하동(河東) 문희[聞喜: 지금의 산서성 문희현(聞喜縣)] 사람이다. 기주자사(冀州刺史) 배휘(裴徽)의 아들로 배수(裴秀)의 사촌 동생이다. 서진이 세워지자 진에서 시중 벼슬을 하였으며, 여남왕(汝南王) 사마량(司馬亮)과 초왕(楚王) 사마위(司馬瑋) 등과 인친 관계가 있어서 팔왕의 난 중에도 목숨을 부지하였다. 뭇 서적에 통달하고 이해가 깊었으므로 당시의 사람들이 '옥인(玉人)'이라고 불렀다.

96 화교(和嶠): ?-292년. 자는 장여(長輿)이며, 여남(汝南) 서평(西平: 하남성 서평) 사람이다. 이부상서 화유(和逌)의 아들이다. 진(晉)나라에서 황문시랑·중서령·태자소부(太子少傅)·산기상시·광록대부(光祿大夫)·소보(少保) 등의 벼슬을 역임하였다. 재주와 학식이 뛰어나 《한후서》 97권을 지었다고 한다.

97 왕제(王濟): 생졸년 미상. 자는 무자(武子)이며, 태원(太原) 진양[晉陽: 지금의 산서성 태원시(太原市)] 사람이다. 사도 왕혼(王渾)의 아들이다. 효기장군(驍騎將軍)·시중 등의 벼슬을 역임하였다. 문장이 아름답고 기예가 뛰어나서 사람들을 놀라게 하였고, 성품이 사치해서 사람의 젖으로 기른 돼지고기를 먹었다는 일화가 전한다. 당시 문장 방면에서 매형 화교 및 배해와 이름을 나란히 하였다.

인의 동생인 왕제가 그 나무를 베어버렸다. **《세설신어·검색편》주.**

44. 劉道眞[98]年十六, 在門前弄塵, 垂鼻涕至胸. **《御覽》三十七.** 洛下年少乘車從門過, 曰: "年少甚塠坰." 劉便隨車問: "為惡為善爾." **當有奪誤.** 劉曰: "令君翁亦堆坰, 母亦塠坰." **《御覽》三百八十五.**

44. 유도진[劉寶]이 나이가 16세일 때, 문 앞에서 흙장난을 하고 노는데 콧물이 가슴까지 흘렀다. **《태평어람》권37.** 낙양洛陽의 소년들이 수레를 타고 문 앞을 지나가면서 "나이는 젊은데 아주 칠칠치 못하군."이라고 하자, 유도진은 곧 수레의 뒤를 따라 가며 "나쁜 말인가, 좋은 말인가?"라고 물었다. **탈락되거나 틀린 글자가 있다.** 유도진이 "그대의 아버지 역시 칠칠치 못하시고, 그대의 어머니 역시 칠칠치 못하시겠네."라고 하였다. **《태평어람》권385.**

45. 劉道真遭亂, 自於河側牽船. 見一老嫗採桑逆旅, **四字《御覽》一引作棹櫓, 下放此.** 劉謂之曰: "女子何不調機利杼, 而採桑逆旅?" 女答曰: "丈夫何不跨馬揮鞭而牽船乎?" **《書鈔》一百三十七. 《類聚》二十五. 《御覽》四百六十六, 又七百六十九.**

45. 유도진이 난리를 만나 스스로 강가에서 배를 끌고 있었다. 객사客舍에서 뽕을 따는 **4자는 《태평어람》의 한 인용에는 '棹櫓'로 되어 있는데, 아래**

---

98 유도진(劉道眞): 유보(劉寶). ?-301년. 도진은 자이다. 산양군(山陽郡) 고평현[高平縣: 지금의 산동성 추성시(鄒城市)] 사람이다. 서진의 관리. 중서랑·하내태수(河內太守)·어사중승(御史中丞)·태자중서자(太子中庶子)·이부랑(吏部郞)·안북장군(安北將軍) 등의 벼슬을 역임하였다.

의 문장에서도 같다. 한 할머니를 보고 유도진이 "여자가 어째서 베를 짜지 않고 객사에서 뽕을 따오?"라고 물었다. 할머니가 "대장부가 어찌하여 말을 타고 말채찍을 휘두르지 않고 배를 끌고 있소?"라고 대답하였다. **《북당서초》권137. 《예문유취》권25. 《태평어람》권466·769.**

46. 道真嘗與一人共索袢草中食, 見一嫗將二兒過, 幷青衣. 調之曰: "青羊將兩羔." 嫗答曰: "兩豬共一槽." **《類聚》二十五.**

46. 유도진이 일찍이 어떤 사람과 함께 속옷 차림으로 풀 위에서 식사를 하고 있는데, 어떤 할머니가 푸른 옷을 입은 두 아이를 데리고 지나가는 것을 보았다. 유도진이 할머니를 놀리며 "푸른 양이 새끼 양 두 마리를 데리고 가네."라고 하자, 할머니가 "돼지 두 마리가 하나의 구유를 같이 쓰네."라고 대답하였다. **《예문유취》권25.**

47. 劉道真子婦始入門, 遣婦虔, 劉聊之甚苦, 婢固不從, 劉乃下地叩頭, 婢懼而從之. 明日語人曰: "手推故是神物, 一下而婢服淫." **《海錄碎事》七引, 子婦至甚苦十三字, 僅作一求字, 推作椎. 《類聚》三十五.**

47. 유도진의 며느리가 처음 시집을 왔을 때, 며느리 친정에서 보낸 시녀가 경건하여, 유도진이 억지로 따르도록 했으나, 시녀가 한사코 따르지 않자 유도진이 땅에 엎드려 절을 하니, 시녀는 두려워하며 그를 따르게 되었다. 다음 날 유도진은 사람들에게 "손으로 밀 때는 여전히 부처님 같더니, 한 번 엎드리니 시녀가 내 탐욕에 굴복하였네."라고 하였다. **《해록쇄사》권7의 인용에서는 '子婦'에서 '甚苦'까지의 13자를 겨우 '求' 자 하나로, 또 '推'는 '椎'로 되어 있다. 《예문유취》권35.**

48. 賈充[99]問孫皓曰: “何以好剝人面皮？” 皓曰: “憎其顏之厚也.” **《御覽》三百七十五, 又三六十四.**

48. 가충이 손호에게 “어째서 다른 사람의 얼굴 가죽을 벗기는 걸 좋아하시오?”물었다. 손호가 “낯짝이 두꺼운 것을 싫어하기 때문이오.”라고 대답하였다. **《태평어람》권375·364.**

49. 吳主孫皓字孫賓, 卽鍾[100]之玄孫也. 晉伐孫皓, 皓降晉, 晉武帝封皓為歸命侯[101]. 後武帝大會群臣, 時皓在座, 武帝問皓曰: “朕聞吳人好作汝語[102], 卿試為之.” 皓應聲曰: “□[103].” 因勸帝酒曰: “昔與汝為鄰, 今與汝作臣. “**闕**汝**闕**春[104].” 座眾皆失色, 帝悔不及. **《類林雜說》五.**

49. 오나라 군주 손호의 자는 손빈인데 곧 손종孫鍾의 현손이다. 진나라가 손호를 정벌하고 손호가 진나라에 항복하자 진 무제는 손

---

99 가충(賈充): 217년-282년. 자는 공여(公閭)이며, 진나라 평양(平陽) 양릉[襄陵: 지금의 산서성 양분(襄汾)] 사람이다. 위나라에서 예주자사(豫州刺史) 벼슬을 했던 부친 가규(賈逵)의 작위를 계승하고 상서랑에 임명되었다. 사마소의 신임을 받아 여러 가지 공훈을 세웠으며, 진나라가 성립되자 거기장군(車騎將軍)·산기상시·상서복야 등의 관직을 역임하였고 노군공(魯郡公)을 지냈다. 사마소가 진 무제가 되자 총애를 믿고 순욱(荀勗) 등과 함께 정치를 농단하여 조야가 모두 싫어하였다.

100 종(鍾): 손종(孫鍾). 동한 말년 오군 부춘 사람으로, 오나라 손견의 부친이자 손권의 조부이다.

101 귀명후(歸命侯): 천명에 순응하여 귀순 투항한 망국의 군주를 말한다.

102 여어(汝語): 《세설신어·배조편(排調篇)》에는 ‘이여가(爾汝歌)’로 되어 있다. 이여가는 위진 시대에 친근한 정조(情調)를 띤 일종의 민가(民歌)이다. 가사에 윗사람이 아랫사람을 부르는 친근한 호칭인 ‘爾’나 ‘汝’ 자를 넣어 불렀다고 한다.

103 □: 원문은 결여되어 있으나 전후 문맥으로 보아 응낙(應諾)하는 말이 들어갔을 것이다.

104 □汝□春: 《세설신어·배조편》에는 이 구절이 ‘上汝一杯酒, 令汝壽萬春(자네에게 술 한 잔 올려 만수무강을 빌겠네)’이라 되어 있다.

호'를 귀명후에 책봉하였다. 나중에 진 무제가 군신들을 모아놓고 크게 연회를 여는데, 당시 손호가 그 자리에 있었다. 진 무제가 그에게 "짐이 듣건대 오나라 사람들은 <이여가爾汝歌>를 잘 짓는다고 하던데 경이 한 번 지어보시오."라고 말했다. 손호가 곧바로 "□"라 하였다. 이리하여 손호는 진 무제에게 술을 권하면서 "옛날에는 그대와 이웃이었는데, 지금은 그대의 신하가 되었네. **글자가 빠져 있음** 그대의 **글자가 빠져 있음** 봄."이라고 하니 좌중의 사람들은 모두 대경실색하였고, 진 무제는 후회막급이었다. **《유림잡설》권5.**

50. 王武子與武帝圍棋, 孫皓看. 王曰: "孫歸命何以好剝人面皮?" 皓曰: "見無禮於其君者, 剝其皮." **一引作則剝之.** 乃舉棋局, 武子伸腳在局下, **《御覽》三百六十五, 又四百九十.** 故譏之. **《御覽》七百五十三.**

50. 왕무자[王濟]가 진 무제와 바둑을 두고 있는데 손호가 관전하였다. 왕무자가 "귀명후께서는 어째서 사람의 얼굴 가죽 벗기는 걸 좋아하십니까?"라고 하니, 손호가 "그 임금에게 무례하게 행동하는 자가 보이면 그의 피부를 벗겼습니다." **한 인용에서는 '則剝之'라고 되어 있다.** 라고 하였다. 이에 바둑판을 들었는데, 왕무자가 그 바둑판 아래에서 다리를 뻗고 있었다. **《태평어람》권365·490,** 그래서 손호가 고의로 그를 비꼬았던 것이다. **《태평어람》권753.**

51. 王濟字武子, 太原人, 又魏舒1[105]字陽元濟陰[106]人, 二人善射, 名重當

---

105 위서(魏舒). 209년-290년. 자는 양원(陽元), 임성(任城) 번현(樊縣: 지금의 산동 연주(兗州) 서남쪽) 사람이다. 위진 시기의 명신으로, 서진이 건국 후 관직이 사도(司徒)에까지 이르렀다.

時, 並仕晉. **《類林雜說》九.**

51. 왕제의 자는 무자이며, 태원 사람이다. 또 위서는 자가 양원이며, 제음 사람이다. 두 사람은 활쏘기에 뛰어나서 당시에 명성을 떨쳤는데 함께 진나라에 벼슬하였다. **《유림잡설》권9.**

52. 王武子性愛馬, 亦甚別之. **《蒙求注》引無此二句.** 故杜預[107]道王武子有馬癖, 和長輿有錢癖. **杜預道已下二句亦見《御覽》八百三十六引.** 武帝問杜預: "卿有何癖?"對曰: "臣有《左傳》[108]癖." **《世說·術解篇》注, 李瀚《蒙求》注, 《事類賦注》十引云, 杜預嘗謂王武子有馬癖, 和長輿有錢癖, 己有《左傳》癖.**

52. 왕무자는 원래 말을 좋아하였고 또 말을 잘 식별하였다. **《몽구주》의 인용에는 이 2구절이 없다.** 이러한 까닭에 두예가 왕무자에게는 마벽이 있고, 화장여에게는 전벽이 있다고 하였다. **'杜預道' 이하 2구절은 또한**

---

106 제음(濟陰): 지금의 산동성 하택시(荷澤市) 정도구(定陶區). 제음은 제수(濟水)의 남쪽으로, 임성 번현도 그 지역에 속한다.

107 두예(杜預): 222년-285년. 자는 원개(元凱)이며, 경조군(京兆郡) 두릉현[杜陵縣: 지금의 섬서성 서안(西安)] 사람이다. 중국 위진 때의 군사가·경학가·율학가(律學家)이다. 그는 처음에 위나라 상서랑을 역임하였는데, 후에는 권신(權臣) 사마소의 막료가 되었다. 서진 건립 후에는 하남윤(河南尹)·안서군사(安西軍司)·진주자사(秦州刺史)·탁지상서(度支尙書) 등의 직을 역임하였다. 오나라와의 전쟁에서 공을 세우고 당양현후(當陽縣侯)에 봉해졌다. 그는 경적을 깊이 연구하였는데, 저서로《춘추좌씨전집해(春秋左氏傳集解)》 및《춘추석례(春秋釋例)》 등이 있다. 명대(明代) 이전, 유일하게 문묘(文廟)와 무묘(武廟)에 동시에 들어간 인물이기도 하다.

108 좌전(左傳): 좌구명(左丘明)이 지었다고 전해진다. 편년체(編年體) 역사서로, 노(魯) 은공(隱公) 원년(기원전 722년)부터 노(魯) 애공(哀公) 27년(기원전 468년)까지의 기록이다. 이 책은 선진 산문 저작의 대표라고 할 수 있다. 원명은《좌씨춘추(左氏春秋)》였는데, 한대에는《춘추좌씨전(春秋左氏傳)》·《춘추내전(春秋內傳)》·《좌씨(左氏)》로 개칭하였다. 한나라 이후에 대부분《좌전》이라고 하였다.

《태평어람》권836의 인용에 보인다. 진 무제가 두예에게 "경에게는 무슨 벽이 있는가?"라고 물었다. 두예는 "신에게는 《좌전》벽이 있습니다."라고 대답하였다. **《세설신어·술해편》주, 이한의 《몽구》주, 《사류부주》권10의 인용에는 '두예가 일찍이 왕무자에게는 마벽이 있고, 화장여에게는 전벽이 있으며, 자신에게는 《좌전》벽이 있다'라고 하였다.**

53. 王武子葬, 孫子荊[109]哭之甚悲, 賓客莫不垂涕. 哭畢, 向靈座曰: "卿常好驢鳴, 今為君作驢鳴." 既作, 聲似真, **哭畢至此已上《世說》注引作既作驢鳴, 今依《御覽》引補.** 賓客皆笑, **《御覽》三百九十一引云弔王武子, 客正哭, 見孫子荊驢鳴, 變聲成笑.** 孫曰: "諸君不死, 而令武子死乎?" 賓客皆怒. **《世說·傷逝篇》注. 《御覽》三百八十八, 又三百八十九.** 須臾之間, 或悲, 或笑, 或怒. **《御覽》四百八十二, 又五百五十六.**

53. 왕무자의 장례를 치르는데 손자형이 아주 슬퍼하면서 통곡하니, 빈객들이 눈물을 흘리지 않는 사람이 없었다. 손자형은 곡을 하고 나서 영위靈位를 향해 "그대는 늘 당나귀의 울음소리를 좋아했으니, 이제 그대를 위해 나귀 울음소리를 내겠소."라고 하였다. 당나귀 울음소리를 냈는데 소리가 진짜 같았으므로 **'哭畢'에서 여기까지는 《세설신어》 주의 인용에는 '당나귀 울음소리를 내니'로 되어 있는데, 지금 《태평어람》의 인용에 근거하여 보충하였다.** 빈객들이 모두 웃었다. **《태평어람》권391의 인용에는 '왕무자를 조문하는데, 손님들이 막 울려고 하다가 손자형이 당나귀 울음소리를 내는 것을 보고 울음소리가**

---

109 손자형(孫子荊): 손초(孫楚). 220년-293년. 자형은 자이며, 태원(太原) 중도[中都: 지금의 산서성 평요(平遙)] 사람이다. 조위(曹魏) 때 표기장군 손자(孫資)의 손자. 서진의 문학가로 시에 뛰어난 재능을 보였고 왕무자와는 매우 친한 사이였으며, 재치 있는 청담으로 유명하였다. 관직은 진동참군(鎭東參軍)·저작좌랑(著作佐郎)·표기참군(驃騎參軍) 등을 거쳐 풍익태수(馮翊太守)까지 이르렀다.

웃음으로 바뀌었다'라고 하였다. 손자형이 "그대들은 죽지 않고 왕무자를 죽게 하였는가?"라고 하니, 빈객들은 모두 분노하였다. 《세설신어·상서편》주. 《태평어람》권388·389. 손자형은 잠깐 사이에 빈객들을 슬프게도 하고 웃게도 하고 분노하게도 하였다. 《세설신어·상서편》주. 《태평어람》권482·556.

54. 戴叔鸞母好驢鳴, 叔鸞每為驢鳴, 以樂其母. 《御覽》三百八十九.

54. 대숙란의 어머니는 나귀 울음소리를 좋아하였는데, 대숙란은 매번 나귀 울음소리를 내어 그의 어머니를 즐겁게 하였다. 《태평어람》권389.

55. 中朝方鎮還, 不與元凱共坐; 預征吳還, 獨榻, 不與賓客共也. 《世說·方正篇》注.

55. 서진西晉의 지방 사령관이 조정으로 돌아와서는 두원개[杜預]와 함께 앉지 않았다. 두예는 오나라를 정벌하고 돌아와서는 일인용 걸상에 앉아 빈객들과는 함께 앉지 않았다. 《세설신어·방정편》주.

56. 洛下[110]少林木, 炭止如粟狀, 羊琇[111]驕豪, 乃擣小炭為屑, 以物和之,

---

110 낙하(洛下): 낙양성(洛陽城)을 가리킨다.

111 양수(羊琇): 236년-282년. 자는 치서(稚舒)이며, 태산(泰山) 남성[南城: 지금의 산동성 신태시(新泰市)] 사람이다. 젊었을 때, 사마염과 동문(同門)이었다. 사마염이 태자가 되는 데 지대한 공헌을 하였다. 진 무제 사마염이 즉위한 후에 중호군(中護軍)·산기상시·전금병(典禁兵)·참예기밀(參預機密) 등을 역임하였다. 무제의 총애로 교만하고 사치스러웠다. 후에 제왕(齊王) 사마유(司馬攸)가 조정으로 복귀하여 정무를 보좌하는 것을 지지하여 진 무제의 총애를 잃었으며 벼슬이 깎이는 등, 실의 속에서 병으로 죽었다.

作獸形, 後何召之徒[112]共集, 乃以溫酒; 火爇旣猛, 獸皆開口向人, 赫然. 諸豪相矜, 皆服而效之. 《御覽》八百七十一.

56. 낙양에는 숲과 나무들이 드물어서 숯이 겨우 좁쌀 같은 모양이었다. 양수는 교만하고 사치스러웠는데 작은 숯을 찧어서 가루로 만들고 다른 물건과 섞어서 짐승 형상을 만들었다. 후에 그의 무리를 불러 함께 모여 이 숯으로 술을 데웠다. 불길이 맹렬해지자 짐승들이 모두 입을 벌리고 사람을 향해 붉게 타올랐다. 여러 부자들은 서로 과시하느라 모두 감탄하면서 그것을 모방하였다. 《태평어람》권871.

57. 羊稚舒 琇 冬月釀酒, 令人抱甕煖之, 《海錄碎事》六引至抱甕下云速得味好, 亦見《書鈔》一百四十八, 《御覽》七百五十八, 煖之並作為暖. 須臾復易其人, 酒旣速成, 味仍嘉美. 《御覽》二十七引作速成而味好 其驕豪此類. 《續談助》四.

57. 양치서 양수 가 겨울에 술을 빚는데 사람에게 술독을 안고 그것을 데우도록 하면서, 《해록잡사》권6의 인용에는 '抱甕' 다음에 '빠르게 술맛을 좋아지게 하였다'라고 하였다. 또한 《북당서초》권148, 《태평어람》권758에는 '煖之'가 모두 '爲暖'으로 되어 있다. 잠깐 사이에 또 그 사람을 바꾸곤 하였다. 이렇게 하자 술이 매우 빨리 숙성되었고 맛도 좋았다. 《태평어람》권27의 인용에는 '速成而味好'라고 하였다. 그 교만하고 사치스러움은 이와 같았다. 《속담조》권4.

58. 劉實[113]詣石崇[114], 如厠, 見有絳紗帳大床, 茵蓐甚麗, 兩婢持錦香

---

112 後何召之徒(후하소지도): 《연감류함(淵鑑類函)·화부(火部)》에는 '召其徒'라고 되어 있는데, 여기서는 이것에 의거하여 번역하였다.

113 유실(劉實): 《세설신어·태치편(汰侈篇)》 주에는 '劉寔'으로 되어 있다. 220년-310년.

囊. 實遽反走, 即謂崇曰: "向誤入卿室內." 崇曰: "是厠耳." **《世說·汰侈篇》注.** 實更往, 向乃守厠婢, 所進錦囊, 實籌[115]. **《御覽》七百四引云: 石崇厠內兩婢持錦囊, 實籌也.** 良久不得, 便行出. 謂崇曰: "貧士不得如此厠." 乃如他厠. **《御覽》一百八十六.**

58. 유실이 석숭을 방문하여 화장실에 가서 보았더니 붉은 비단 휘장과 큰 침상이 있었는데, 침상에 깔린 자리가 대단히 화려했으며, 두 명의 시녀가 비단 향주머니를 들고 시립해 있었다. 유실은 황급하게 도로 나와 즉시 석숭에게 "방금 전에 그대의 방안으로 잘못 들어갔소."라고 하자, 석숭이 "그곳이 바로 화장실이오."라고 하였다. **《세설신어·태치편》주.** 유실이 다시 들어가니 방금 전 화장실을 지키던 시녀들이 비단 주머니를 주었는데, 사실은 대변 시 사용하는 대나무 조각용이었다. **《태평어람》권704의 인용에는 '석숭의 화장실 안의 두 시녀가 비단주머니를 가지고 있었는데, 사실은 대변 시 사용하는 대나무 조각용이었다'라고 하였다.** 유실은 꽤 오래 지나도록 변을 보지 못하자 곧바로 나와서 석숭에게 "가난한 선비는 이러한 화장실에 갈 수 없소."라고 하였다. 이에 다른 화장

자는 자진(子眞)이며, 평원군(平原郡) 고당현(高唐縣: 지금의 산동성 고당) 사람이다. 삼국부터 서진까지 중신이자 학자이다. 그는 빈한(貧寒)한 집안 출신이었으나, 품성이 청렴하고 학문을 좋아하여 고금에 통달하였다. 서진 건립 후에 소부(小府)·태상(太常)·상서·국자좨주·산기상시·태자태보(太子太保)·사공·태보·태부 등의 직을 역임하였다. 저서로 《좌씨첩례(左氏牒例)》·《춘추조례(春秋條例)》·《춘추공양달의(春秋公羊達義)》 등이 있으나, 지금 모두 일실(逸失)되었다.

114 석숭(石崇): 249년-300년. 자는 계륜(季倫)이며, 발해(渤海) 남피(南皮: 지금의 하북성 남피현) 사람이다. 서진 때 대신·문학가·부호이다. 남만교위(南蠻校尉)·형주자사·서주자사(徐州刺史)·위위경(衛尉卿) 등의 직을 역임하였다. 조왕(趙王) 사마륜(司馬倫) 정변 후에 자신의 애첩 녹주(綠珠)를 사마륜의 부하인 손수(孫秀)에게 바치려 하지 않자 그는 주살되었으며, 아울러 삼족을 멸하는 형벌을 받았다.

115 주(籌): 여기서는 대변 시 사용하는 대나무 조각을 가리킨다.

실에 갔다. **《태평어람》권186.**

59. 石崇厠常有十餘婢侍列, 皆佳麗藻飾, 置甲煎[116]沈香[117], 無不畢備. **《御覽》七百十九引云石崇厠置甲煎粉沈香汁之屬.** 又與新衣, 客多羞不能著. 王敦為將軍, 年少, 往, 脫故衣, 著新衣, 氣色傲然, 群婢謂曰: "此客必能作賊!" **《御覽》一百八十六, 又五百.**

59. 석숭의 집 화장실에는 늘 10여 명의 시녀가 시중들고 있었는데, 모두 아름답고 분단장을 하였으며, 갑전분甲煎粉과 침향수沈香水 등을 놓아 두었는데 다 갖추지 않는 것이 없었다. **《태평어람》권719의 인용에는 '석숭의 화장실에는 갑전분과 침향즙 같은 것들을 놓아 두었다'라고 하였다.** 또 손님들에게 새 옷을 주었는데, 손님들 대부분이 옷을 벗는 것이 부끄러워 새 옷을 입을 수가 없었다. 왕돈이 장군이 되었을 때 나이가 젊었는데, 당시 석숭의 집 화장실에 가서 입고 있던 옷을 벗고 새 옷을 입으면서도 기색이 오만하였다. 시녀들이 "이 손님은 반드시 반란군의 우두머리가 될 것이다."라고 하였다. **《태평어람》권186·500.**

60. 石崇恆冬月得韭虀, 為客作豆粥, 咄嗟便辦. 王愷[118]乃密貨帳下都

---

116 갑전(甲煎): 향료 이름으로, 여기서는 방향(芳香) 화장품의 일종인 갑전분(甲煎粉)을 일컫는다.

117 침향(沈香): 침향목(沈香木)으로 우려내서 만든 향수의 일종. 즉, 침향수(沈香水) 또는 침향즙(沈香汁)을 일컫는다.

118 왕개(王愷): 생졸년 미상. 자는 군부(君夫)이며, 동해군(東海郡) 담현[郯縣: 지금의 산동성 담성현(郯城縣)] 사람이다. 서진 때 외척이자 부호로, 위(衛)나라 장군 왕숙(王肅)의 넷째 아들이며 진 무제 사마염의 외삼촌이다. 효기상시(驍騎常侍)·산기상시·사성교위(射聲校尉)·후군장군(後軍將軍) 등을 역임하였다. 석숭과 부를 다투었으며, 사례교위(司隸校尉) 부지(傅祗)에게 탄핵을 당했으나 황제의 사면을 받았다. 이로부터 방자하여 제멋대로 굴었다.

督[119], 云是擣韭根, 雜以麥苗耳; 豆難煮, 豫作熟豆, 以白粥投之. **《御覽》八百五十五, 又八百五十九.**

60. 석숭의 집에는 겨울에도 늘 부추가루가 있었으며, 손님을 위해 콩죽을 만들게 되면 잠깐 사이에 바로 준비되었다. 왕개가 비밀리에 석숭의 장하도독을 매수했더니, 부추의 뿌리를 빻고 보리 싹을 섞은 것이며, 콩은 삶기가 어려우므로 미리 익힌 콩을 준비하여 흰죽에 넣은 것이라고 하였다. **《태평어람》권855·859.**

61. 石崇與王愷爭豪, 窮極綺麗, 以飾車服. 晉武帝, 愷甥也, 每助愷. 以珊瑚高二尺許, 枝柯扶疏, 世間罕比. 愷以示崇, 崇視訖, 以鐵如意[120]擊之, 應手瓦碎. **《類聚》七十.** 愷聲色俱厲, 崇曰: "此不足恨." 乃命取珊瑚, 有三尺光彩溢目者六十七枚. 愷悵然自失. **《御覽》七百三.**

61. 석숭과 왕개가 호사스러움을 다투는데 모든 화려함을 다해 수레와 의복을 꾸몄다. 진 무제는 왕개의 외조카였으므로 매번 왕개를 돕곤 했다. 무제가 높이가 2척쯤 되는 산호를 왕개에게 주었는데, 가지와 줄기가 무성했으며 세상에서 그것과 비견할 만한 것이 드물었다. 왕개가 석숭에게 산호를 보여주자 석숭은 다 보고 나서 철여의로 그것을 때려 바로 박살을 내버렸다. **《예문유취》권70.** 왕개의 목소리와 얼굴색이 모두 거칠어지자, 석숭이 "이런 것은 아까워할 것도 없소."

---

119 장하도독(帳下都督): 관직명. 주장(主將)이 가까이 하고 신임하는 자로, 막하(幕下)의 호위병들을 통솔하고 주장을 시위(侍衛)한다.

120 철여의(鐵如意): 철로 만든 등 긁기 공구이다. 이른바 효자손과 유사한 모양을 지니고 있다.

라고 하더니 산호를 가져오라는 명령을 내렸는데, 높이가 3척 정도에 광채가 눈을 부시게 하는 산호가 67개나 있었다. 왕개는 망연자실하였다. **《태평어람》권703.**

62. 潘[121]石[122]同刑東市[123], 石謂潘曰: "天下殺英雄, 卿復何為?" 潘曰: "俊士填溝壑, 餘波來及人." **《世說·仇隙篇》注**

62. 반악潘岳과 석숭이 동시에서 함께 처형당하게 되었는데, 석숭이 반악에게 "천하에서 영웅들을 죽이는 판인데 그대는 또 어떻게 된 일이요?"라 하니, 반악이 "준걸들의 시체가 골짜기를 메우다 보니 그 여파가 나에게도 미친 것이오."라고 하였다. **《세설신어·구극편》주.**

63. 潘安仁至美, 每行, 老嫗以果擲之滿車; **《初學記》十九引作每行於道, 群嫗以果擲之, 嘗盈車.** 張孟陽至醜, 每行, 小兒以瓦石投之亦滿車. **《世說·容止篇》注. 《御覽》七百七十三 又七百七十七引云, 張載, 字孟陽, 甚醜, 每出, 為小兒擲瓦盈車.**

63. 반안인[潘岳]은 용모가 대단히 아름다워 외출할 때마다 할머니들이 과일을 던져 수레에 가득하였다. **《초학기》권19의 인용에는 '길을 갈**

---

121 반(潘): 반악(潘岳). 247년-300년. 자는 안인(安仁)이며, 정주(鄭州) 중모(中牟: 지금의 하남성 정주시 중모현) 사람이다. 사공태위부연(司空太尉府掾)과 급사황문시랑(給事黃門侍郎)을 역임하였다. 외모가 아름다운 것으로 유명하다. 성품이 조급하고 권세를 좋아하여 석숭과 더불어 가밀(賈謐)에게 아첨하였다. 팔왕의 난이 일어나자 석숭과 함께 제왕(齊王) 경(冏)을 옹위하는 반란을 일으키려다가 발각되어 피살되었다. <한거부(閑居賦)>·<서정부(西征賦)>·<금곡시(金谷詩)>·<추흥부(秋興賦)>·<도망시 3수(悼亡詩 三首)> 등을 지었다.

122 석(石): 석숭을 가리킨다.

123 동시(東市): 한대(漢代)에 장안(長安) 동시에서 사형수를 처결하였는데, 이때부터 형장(刑場)을 동시라 칭하였다.

때마다 뭇 할머니들이 과일을 던져 일찍이 수레에 가득 찼다'라고 하였다. 장맹양은 용모가 대단히 추해서 외출할 때마다 어린아이들이 기왓장을 던져 역시 수레에 가득하였다. **《세설신어·용지편》주. 《태평어람》권773·777의 인용에서는 '장재는 자가 맹양으로, 대단히 추하여 외출할 때마다 어린아이들이 기왓장을 던져 수레에 가득 찼다'라고 하였다.**

64. 士衡[124]在坐, 安仁來, 陸便起去. 潘曰: "清風至, 塵飛揚." 陸應聲答曰: "衆鳥集, 鳳皇翔." **《續談助》四.**

64. 육사형[陸機]이 자리에 앉아 있다가 반안인이 들어오자, 바로 일어나 나가 버렸다. 반안인이 "맑은 바람이 불어오니 먼지가 날려가네."라고 하자, 육기가 곧바로 "뭇 잡새가 모여드니 봉황새가 날아가네."라고 대답하였다. **《속담조》권4.**

65. 陸士衡在洛, 夏月忽思竹篠飲[125], 語劉實曰: "吾鄉曲之思轉深, **《事類賦注》四. 《御覽》二十一引云, 陸機夏在洛, 忽思東頭竹篠飲, 語劉寶曰, 吾思鄉轉深矣.** 今欲東歸, 恐無復相見理." 言此已, 復生三歎. **《御覽》八百六十一.**

65. 육사형이 낙양에 있을 때 여름철에 갑자기 죽소음이 생각나서

---

124 사형(士衡): 육기(陸機)이다. 261년-303년. 사형은 자이며, 오군(吳郡) 오현(吳縣) 사람이다. 오나라 승상 육손(陸遜)의 손자, 대사마 육항(陸抗)의 넷째 아들이며, 동생 육운(陸雲)과 함께 '이륙(二陸)'이라 불렸으며, 고영(顧榮)과 육운과 함께 '낙양삼준(洛陽三俊)'이라 불렸다. 서진(西晉)의 유명한 문학가이자 서예가이며, 후장군(後將軍)과 하북대도독(河北大都督) 등을 지냈다. <문부(文賦)>·<탄서부(嘆逝賦)>·<변망론(辨亡論)> 등이 전한다.

125 죽소음(竹篠飲): 남방의 대나무 음료인 죽엽즙(竹葉汁)을 일컫는데, 약으로도 쓰인다.

유실[劉寔]에게 "내가 고향에 대한 그리움이 점점 깊어져 **《사류부주》권4. 《태평어람》권21의 인용에서는 '육기가 여름에 낙양에 있을 때 갑자기 동쪽의 대나무 음료가 생각나 유실에게 내가 고향에 대한 그리움이 점점 깊어진다고 말했다'라고 하였다.** 이제 동쪽으로 돌아가고 싶지만 다시는 서로 볼 수 없을까 두렵소." 라고 말하였다. 말을 여기서 마치고 다시 세 번이나 탄식하였다. **《태평어람》권861.**

66. 陸士衡為河北都督[126], 已被間構, 内懷憂懣; 聞眾軍警角鼓吹, 二字**《類聚》引有.** 謂其司馬[127]孫拯[128] **《世說·尤悔篇》注引作陸士衡為河北都督, 聞警角之聲謂孫拯** 曰: "我今聞此, 不如華亭鶴唳." **《書鈔》一百二十一. 《類聚》六十八. 《御覽》三百三十八, 又四百六十九.**

66. 육사형이 하북도독으로 있으면서 이미 이간질을 당하게 되어 마음속에 근심과 분노를 품고 있었다. 군대 악대의 호각 부는 소리를 듣고 **두 글자는 《예문유취》의 인용에 있다.** 사마 손증에게 **《세설신어·우회편》주의 인용에는 '육사형이 하북도독으로 있으면서 호각 소리를 듣고 손증에게 말하였다'라고 하였다.** "내가 지금 이 소리를 들으니 화정에서 듣던 학 울음소리만 못 하구려."라고 하였다. **《북당서초》권121. 《예문유취》권68. 《태평어람》권338·469.**

67. 宗岱[129] **一引作宋岱.** 為青州[130]刺史, 禁淫祀, 著《無鬼論》甚精, 莫能

---

126 도독(都督): 중국 고대 군사수장을 일컫는 관직명이다.

127 사마(司馬): 위진남북조 때는 장군 바로 아래에 있는 직위로, 후세의 참모장(參謀長)에 해당한다.

128 손증(孫拯): ?-303년. 자는 현세(顯世)이며, 오군 부춘(富春) 사람이다. 서진의 관리이자 문사(文士)이다. 서진의 중국 통일 후 수령(洙令)에 임명되었다. 사람됨이 정직하며 일대(一代)의 의사(義士)가 되었다.

129 종대(宗岱): 생졸년 미상. 서진 때 형주자사. 303년, 군대를 거느리고 익주(益州)로

屈. 後有一書生葛巾修刺詣岱, 與談論, 次及《無鬼論》, 書生乃振衣而去曰: "君絕我輩血食二十餘年, 君有青牛髥奴, 所以未得相困耳, 奴已叛, 牛已死, 今日得相制矣." 言絕而失. 明日而岱亡. **《御覽》五百, 又五百九十五, 又八百八十四, 又八百九十九.**

67. 종대 **한 인용에는 '宋岱'라고 하였다.** 가 청주자사로 있으면서 무분별한 제사를 금지하였으며, 《무귀론》을 저술했는데 대단히 정밀하여 누구도 그 논리를 꺾을 수 없었다. 나중에 어떤 서생이 갈건을 쓰고 명첩을 준비하여 종대를 방문했는데, 종대와 더불어 담론을 하다가 담론이 《무귀론》에 이르자, 서생이 옷을 털며 나가면서 "그대가 우리들의 혈식을 이십여 년이나 끊었는데, 그대에게 푸른 소와 수염이 많은 노복이 있었기 때문에 궁지에 몰 수 없었소. 수염 많은 노복은 이미 그대를 배반하였고 푸른 소는 죽어 버렸으니, 오늘에야 그대를 제압할 수 있게 되었소."라고 하였다. 말을 마치고는 사라져 버렸다. 다음날 종대는 죽었다. **《태평어람》권500·595·884·899.**

68. 明帝[131]數歲, 坐元帝[132]膝上. 有人從長安[133]來, 元帝問洛下消息, 潸然流涕. 明帝問何以致泣 具以東渡意告之. 因問明帝: "汝意謂長安何如日遠?" 答曰: "日遠, 不聞人從日邊來. 居然可知." 元帝異之. 明日, 集群臣

들어가 이특(李特) 유민(流民)에게 공격당한 익주자사 나상(羅尙)을 구원하였으며, 이특을 격파하여 그를 죽였다.

130 청주(青州): 고대 구주(九州)의 하나로, 산동 반도 중부 지역을 일컫는다.

131 명제(明帝): 동진 제2대 황제 사마소(司馬紹). 299년-325년. 자는 도기(道畿)로, 진(晉) 원제(元帝)의 아들이다. 322년에 즉위하여 4년간 재위하였다.

132 원제(元帝): 동진의 개국 황제 사마예(司馬睿). 276년-323년. 자는 경문(景文)이며, 하내 온현 사람이다. 317년에 즉위하여 6년간 재위하였다.

133 장안(長安): 지금의 섬서성 서안시(西安市).

宴會, 告以此意, 更重問之, 乃答曰: "日近." 元帝失色, 曰: "爾何故異昨日之言邪?" 答曰: "舉目見日, 不見長安." **《書鈔》七引《語林》云: 答長安近日, 其文不全, 今以《世說·夙慧篇》補之.**

68. 진 명제가 몇 살배기 어린아이였을 때에 아버지 원제의 무릎 위에 앉아 있었다. 어떤 사람이 장안에서 왔으므로 원제는 낙양의 소식을 물어보고 눈물을 주르르 흘렸다. 명제가 무슨 까닭으로 우느냐고 묻자, 원제가 왕실이 동쪽으로 건너오게 된 의미를 그에게 자세히 알려주었다. 곧이어 원제가 명제에게 "너는 장안이 태양보다 멀리 있다고 생각하느냐?"라고 묻자, 명제는 "태양이 멉니다. 사람이 태양이 있는 곳에서 왔다는 말을 들은 적이 없으니, 명백히 알 수 있습니다."라고 대답하였다. 원제는 명제에게 뛰어난 자질이 있다고 여겼다. 다음 날 신하들을 소집하고 연회를 베풀면서 그 이야기를 알려주고, 명제에게 거듭 물었더니, 명제가 "태양이 가깝습니다."라고 대답하였다. 원제가 깜짝 놀라 "너는 어찌하여 어제 한 말과 다르게 말하느냐?"라고 묻자, 명제가 "눈을 들면 태양을 볼 수 있는데 장안은 볼 수 없기 때문입니다."라고 대답하였다. **《북당서초》권7에서는 《배자어림》을 인용하여 '答長安近日'이라고 하였는데, 그 문장이 완전하지 않으므로 지금 《세설신어·숙혜편》에 의해 보충하였다.**

69. 晉明帝年少不倫, 常微行, 詔喚人以衣幘迎之. 涉水過, 衣幘悉溼. 元帝已不重明帝, 忽復有此, 以為無不廢理. 既入, 幘不正, 元帝自為正之, 明帝大喜. **《御覽》六百八十七.**

69. 진 명제는 젊었을 때 자유분방하여 늘 미복微服으로 돌아다녔

으며, 사람을 불러 옷과 두건을 가지고 그를 맞이하도록 하였다. 물을 건너면서 옷과 두건이 모두 젖었다. 원제는 이미 명제를 중시하지 않았는데, 갑자기 이런 일이 있었으므로 그를 폐하지 않을 이유가 없다고 여겼다. 명제가 궁 안에 들어온 후, 두건이 바르지 않자 원제가 친히 그 두건을 올바르게 해 주었더니, 명제가 크게 기뻐하였다. **《태평어람》권687.**

70. 晉成帝[134]時, 庾后[135]臨朝. 諸庾誅南頓王宗[136], 帝問: "南頓何在?" 答曰: "黨峻[137]作亂, 已誅." 帝知非黨, 曰: "言舅作賊, 當復云何?" 庾后以牙尺打帝頭云: "兒何以作爾語!" 帝無言, 惟張目熟視諸庾甚懼. **《書鈔》七引《語林》止問南頓何在一句, 今以《困學紀聞》所引《殷芸小說》補之.**

70. 진 성제 때, 유후가 섭정을 하였다. 유씨庾氏 일족이 남돈왕 종[司馬宗]을 주살했는데, 성제가 "남돈왕은 어디에 있습니까?"라고

---

134 진성제(晉成帝): 동진의 제3대 황제 사마연(司馬衍). 321년-342년. 자는 세근(世根)이다.

135 유후(庾后): 진 명제 사마소의 황후. 297년-328년. 이름은 문군(文君)이며, 영천군(穎川郡) 언릉현(鄢陵縣: 지금의 하남성 언릉현) 사람이다. 나이 어린 성제가 즉위하자 황태후(皇太后)가 되어 섭정하였다.

136 남돈왕종(南頓王宗): 사마종(司馬宗). ?-326년. 자는 연조(延祚)이며, 하내 온현 사람이다. 진(晉) 선제(宣帝) 사마의의 손자이자 여남(汝南) 문성왕(文成王) 사마량(司馬亮)의 넷째 아들이다. 진 원제의 등극을 지지하여 동진의 개국공신이 되었다.

137 준(峻): 소준(蘇峻). ?-328년. 자는 자고(子高)이며, 장광(長廣) 액현[掖縣: 지금의 산동성 내주시(萊州市)] 사람이다. 왕돈(王敦)의 난을 평정한 후에 관군장군(冠軍將軍)·역양내사(歷陽內史)·상기상시에 제수되었으며 소릉군공(邵陵郡公)에 봉해졌다. 진 명제가 죽은 후, 외척 유량(庾亮)이 집정하자 소준의 병권을 해제하였다. 소준은 불안하여 반역의 마음이 생겼다. 328년, 반란을 일으켜 건강(建康)을 점령하고 조정을 장악하였다. 같은 해, 온교(溫嶠)·도간(陶侃)이 군사를 일으켜 토벌하니, 소준은 패하여 살해되었다.

묻자, 유후가 "소준과 작당하여 반란을 일으켰는데, 이미 주살되었습니다."라고 대답하였다. 성제는 그가 작당한 사실이 없음을 알고 "외숙이 반란의 역적이라고 말한다면 또 무어라고 말할 것입니까?"라고 하니, 유후가 상아 자로 황제의 머리를 때리면서 "아들, 어찌 그런 말씀을 하십니까?"라고 하였다. 황제는 아무 대꾸도 하지 않은 채 눈을 크게 뜨고 노려보니, 유씨 일족이 대단히 두려워하였다. **《북당서초》권7에는 《배자어림》을 인용하여 '問南頓何在'에서 그쳤으므로, 지금 《곤학기문》에 인용된 《은운소설》에 의해 보충하였다.**

71. 初溫嶠[138]奉使勸進, 晉王大集賓客見之. 溫公始入, 姿形甚陋, 合坐盡驚. 既坐, 陳說九服[139]分崩, 皇室弛絕, 晉王君臣莫不歔欷; 及言天下不可以無主, 聞者莫不踴躍, 植髮穿冠. 王丞相深相付託, 溫公既見丞相, 便游樂不住, 曰: "既見管仲[140], 天下事無復憂." **《世說·言語篇》注.**

71. 처음에 온교가 사명을 받들어 즉위를 권하자 진왕[晉元帝]은 빈객들을 크게 모아놓고 그를 만났다. 온공[溫嶠]이 처음으로 들어왔는데, 그의 자태가 누추하였으므로 좌중의 사람들이 모두 놀랐다. 온교가 자리에 앉아 국토가 분할되어 무너지고 황실이 쇠미하여 무

---

138 온교(溫嶠): 288년-329년. 자는 태진[泰(太)眞]이며, 병주(幷州) 태원군(太原郡) 기현(祁縣: 지금의 산서성 기현) 사람이다. 사공 유곤(劉琨)의 막부에 들어가 사공좌장사(司空左長史)를 역임하였다. 서진 멸망 후, 진 원제 즉위를 옹호하였다. 산기상시·시중·중서령 등의 직을 역임하였다. 왕돈(王敦)과 소준의 난을 평정하였다.

139 구복(九服): 왕도 부근의 땅을 제외한 9등(等) 지역 또는 전국 각 지역을 일컫는다.

140 관중(管仲): 기원전 723년-기원전 645년. 이름은 이오(夷吾)이며, 중(仲)은 자이다. 영상(潁上: 지금의 안휘성 영상현) 사람이다. 춘추시기 제나라 환공(桓公)의 재상으로, 환공을 보좌하여 제나라를 춘추 오패(五霸)의 패주(霸主)가 되게 하였으며, 제후들을 규합하여 천하를 통일하였다.

너질 지경임을 진술하자, 진왕과 신하들은 슬피 울지 않는 자가 없었다. 계속해서 천하에 군주가 없어서는 안 된다고 말하자, 듣는 이는 좋아서 뛰며 머리카락이 일어서서 관을 뚫지 않는 자가 없었다. 왕승상[王導]이 그에게 깊이 국사를 부탁하였는데, 온공이 왕승상을 만나본 뒤에 기쁨을 억제하지 못하고 "이미 관중을 만났으니 천하의 일은 더 이상 걱정할 것이 없습니다."라고 말하였다. **《세설신어·언어편》주.**

72. 鍾雅[141]語祖士言[142]: **《御覽》引作祖士言與鍾雅相調, 鍾語祖曰.** "我汝潁[143]之士, 利如錐; 卿燕代[144]之士, 鈍如槌." 祖曰: "以我鈍槌, 打爾利錐." 鍾曰: "自有神錐, 不可得打." 祖曰: "既有神錐, 必有神槌." **《類聚》二十五.** 鍾遂屈. **《御覽》四百六十六.**

72. 종아가 조사언에게 **《태평어람》의 인용에는 '조사언과 종아가 서로 희롱하였는데, 종아가 조사언에게 말하였다'라고 되어 있다.** "우리 여영 지방의 선비들은 예리하기가 송곳과 같고, 그대 연대 지방의 선비들은 무디기가 망치와 같네."라고 말하니, 조사언이 "나의 무딘 망치로 그대의 예리한

---

141 종아(鍾雅): ?-329년. 자는 언주(言冑)이며, 영천(潁川) 장사[長社: 지금의 하남성 장갈시(長葛市)] 사람이다. 진(晉)나라 대신(大臣)으로, 여양현령(汝陽縣令)·기실참군(記室參軍)·임회태수(臨淮太守)·진위장군(振威將軍)·산기시랑(散騎侍郎)·상서우승(尙書右丞)·북군중후(北軍中候)·상서좌승(尙書左丞)·어사중승(御史中丞) 등의 직을 역임하였다. 왕돈의 난을 평정하였으며, 아울러 소준의 난을 평정한 후 시중이 되어 목숨을 걸고 진 성제를 호위하였다.

142 조사언(祖士言): 조납(祖納). 생졸년 미상. 사언은 자이며, 범양(范陽) 주[遒: 지금의 하북성 내수현(淶水縣)] 사람이다. 서진의 대신으로, 바둑에 뛰어났다. 품행이 훌륭하였고 청담에 능하였으며, 문장도 볼 만했다. 관직은 광록대부에까지 올랐다.

143 여영(汝潁): 하남성의 여수(汝水)와 영수(潁水) 유역을 가리킨다.

144 연대(燕代): 전국시기 연국(燕國)·대국(代國)의 소재지를 일컫는데, 지금의 하북성 서북부와 산서성의 동북부 지역을 가리킨다.

송곳을 치겠네."라고 하였다. 종아가 "나는 신기한 송곳을 가지고 있으니 칠 수가 없다네."라고 하니, 조사언이 "신기한 송곳이 있다면 반드시 신기한 망치도 있다네."라고 하였다. **《예문유취》권25.** 종아가 마침내 굴복하였다. **《태평어람》권466.**

73. 庾公[145]道: "王尼子非唯事事勝于人, 布置鬚眉, 亦勝人. 我輩皆出其轅下." **《御覽》三百六十六, 又三百七十四.**

73. 유공[庾亮]이 "왕니자는 일을 처리함에 다른 사람보다 뛰어날 뿐 아니라 수염과 눈썹의 정리 또한 다른 사람보다 뛰어나다. 우리 같은 무리는 모두 그의 수레 아래에서 나온다."라고 말하였다. **《태평어람》권366·374.**

74. 王平子從荊州下, 大將軍 **《書鈔》引作王敦.** 因欲殺之, 而平子左右有二十人, 甚健, 皆持楯馬鞭. 平子恆持玉枕, 以此未得發. **五字依《書鈔》引補.** 大將軍乃犒荊州文武, 二十人積飲食, 皆不能動. 乃借平子玉枕, 便持下床. 平子手引大將軍帶絕, 與力士鬭甚苦, 乃得上屋上, 久許而死. **《世說·方正篇》注. 《書鈔》一百三十五. 《御覽》八百五.**

74. 왕평자[王澄]가 형주에서 장강長江을 따라 내려오자 대장군

---

145 유공(庾公): 유량(庾亮). 289년 - 340년. 자는 원규(元規)이며, 영천군(潁川群) 언릉현(鄢陵縣) 사람이다. 명제 명목황후(明穆皇后) 유문군(庾文君)의 오빠이다. 동진의 명신(名臣)·명사(名士)이다. 원제·명제·성제 3대에 걸쳐 벼슬을 하였다. 명제가 죽은 후, 외척의 신분으로 왕도와 함께 성제를 옹립하고 정사(政事)를 결단하는 권력을 지니게 되었다. 정서장군(征西將軍)·도독칠주제군사(都督七州諸軍事) 등의 직을 역임하였다.

[王敦] **《북당서초》의 인용에는 '王敦'으로 되어 있다.** 이 그를 죽이고자 했다. 왕평자의 좌우에는 20명의 용사가 있었는데 매우 건장한데다가 모두 방패와 말채찍을 들고 있었으며, 왕평자는 호신용으로 옥 베개를 항상 가지고 있었는데, 이 때문에 대장군이 그를 죽이라는 명령을 내리지 못했다. **5자를 《북당서초》의 인용에 의거하여 보충하였다.** 대장군은 이에 형주의 문무관원들을 대접한다는 핑계로 20명의 용사에게 술과 음식을 실컷 먹여서 모두 움직일 수 없게 했다. 이어 왕평자의 옥 베개를 빌려 그것을 들고 침상에서 내려 왔다. 왕평자가 손으로 대장군의 허리띠를 당겨 끊었으며, 역사와 대단히 심하게 싸우고서 지붕위로 달아났다가 한참 뒤에 죽었다. **《세설신어·방정편주》. 《북당서초》권135. 《태평어람》권805.**

75. 顧和[146]為揚州[147]從事[148], 月旦當朝. 未入, 停車州門外, 周侯[149]飲酒已醉, 著白袷, 凭兩人來詣丞相, **已上十六字, 《世說·雅量篇》亦引有, 已醉二字据補.** 歷和車邊. 和先在車中覓虱, 夷然不動. 周始遙見, 過去, 行數步, 復又還, 指顧心問曰: "此中何所有？"顧擇虱不輟, 徐徐應曰: "此中最是難測地."

---

146 고화(顧和): 288년-351년. 자는 군효(君孝)이며, 오군 오현 사람이다. 진(晉)나라에서 산기상시·상서령 등을 역임하였다.

147 양주(揚州): 강소성에 속하며, 옛날에는 광릉(廣陵)·강도(江都)·유양(維揚)으로도 칭하였다.

148 종사(從事): 자사(刺史)의 속리(屬吏).

149 주후(周侯): 주의(周顗). 269년-322년. 자는 백인(伯仁)이며, 여남군(汝南郡) 안성현[安成縣: 지금의 하남성 여남현(汝南縣)] 사람이다. 진나라의 대신이자 명사(名士)이다. 아버지 주준(周浚)의 무성후[武城侯: 일명 성무후(成武侯)] 작위를 습봉했기 때문에 '주후'라고 불렀다. 영가(永嘉)의 난 후 안동장군 사마예를 따라 건업을 진압할 때 군자좨주를 역임하였다. 후에 영원장군(寧遠將軍)·형주자사·태자소부·이부상서·좌복야 등을 거쳤다. 영창(永昌) 원년 왕돈(王敦)의 난 때 피살되었으며, 좌광록대부(左光祿大夫)에 추증되었다.

《御覽》九百五十.

75. 고화가 양주자사의 종사가 되어 초하룻날에 관청으로 출근했다. 청사에 들어가기 전에 수레를 양주 성문 밖에 세웠다. 주후[周顗]가 술을 마시고 취하여 흰 겹옷을 입고 두 사람의 부축을 받으면서 승상[王導]을 만나러 왔다가 **이상의 16자는 《세설신어·아량편》에도 역시 인용되어 있는데, '已醉' 2자는 그것에 근거하여 보충하였다.** 고화의 수레 옆을 지나게 되었다. 고화는 앞서부터 수레에서 이를 잡고 있었는데, 태연하게 움직이지 않았다. 주후가 처음에는 멀리서 바라보고 지나쳐 몇 걸음 걷다가 다시 되돌아와서 고화의 심장을 가리키며 "이 속에는 무엇이 있소?"라고 물었다. 고화는 이 잡는 것을 멈추지 않으면서 "이 속은 가장 헤아리기 어려운 곳이지요."라고 느릿느릿 대답하였다. **《태평어람》권950.**

76. 周伯仁過江[150], 恒醉, 止有姊喪, 三日醒, 姑喪三日醒. **《御覽》四百九十七. 《世說》注引作伯仁正有姑喪三日醉, 姊喪二日醉,** 當誤. 大損資望. 每醉, 諸公常共屯守. **《世說·任誕篇》注.**

76. 주백인[周顗]은 장강長江을 건너고부터는 늘 술에 취해 있었는데, 단지 누나의 상을 당하게 되자 삼 일을 깨어 있었고, 고모의 초상을 당하게 되자 삼 일을 깨어 있었다. **《태평어람》권497. 《세설신어》주의 인용에는 '주백인은 바로 고모의 상이 있었는데 삼일을 취했고, 누나의 상이 있었는데 이틀을 취했다'라고 되어 있는데 당연히 틀렸다.** 술로 인해 가문의 명성을 손상시켰다.

---

150 강(江): 장강(長江)을 일컫는다.

주백인이 취할 때마다 여러 공公들이 늘 함께 있으며 그를 지켰다. **《세설신어·임탄편》주.**

77. 周伯仁在中朝[151], 能飮一斛[152]酒; 過江日醉, 然未嘗飮一斛, **《書鈔》一百四十八引云, 周伯仁在西彭日飮一斛, 過江未嘗飮一斛.** 以無其對也. 後有舊對忽從北來, 相得欣然, 乃出二斛酒共飮之. 既醉, 伯仁得睡, 睡覺, 問: "共飮者何在?" 曰: "西廂." 問: "得轉不?" 答: "不得轉." 伯仁曰: "異事!" 使視之, 脅腐而死. **《御覽》四百九十七.**

77. 서진 시기의 주백인은 열 말의 술을 마실 수 있었다. 장강을 건넌 뒤부터 날마다 술에 취해 있었지만 일찍이 열 말의 술을 마시지는 못했는데, **《북당서초》권148의 인용에는 '주백인이 서쪽 팽성彭城에서는 하루에 한 말의 술을 마셨는데, 양자강을 건너와서는 일찍이 한 말의 술을 마시지 못했다'라고 하였다.** 대작할 사람이 없었기 때문이다. 나중에 옛날 대작하던 사람이 홀연히 북쪽 지방에서 왔으므로 서로 만나 기뻐하면서 스무 말의 술을 내오게 해서 함께 마셨다. 술이 취해 주백인이 잠들었다가 깨어나서 "함께 술을 마시던 친구는 어디에 있는가?"라고 묻자, "서쪽 행랑채에 있습니다."라고 하였다. "돌아눕지 않았는가?"라고 묻자, "돌아눕지 않았습니다."라고 대답하였다. 주백인이 "이상한 일이군!" 하면서 하인을 시켜 그를 살펴보게 했더니 그 사람은 겨드랑 아래가 썩어 죽어 있었다. **《태평어람》권497.**

---

151 중조(中朝): 동진 혹은 남송(南宋) 때 중원(中原)에 건도(建都)하고 있었을 때의 서진 혹은 북송(北宋)을 '중조'라고도 칭하였다.

152 일곡(一斛): 열 말[斗].

78. 周伯仁被收, 經太廟, 大喚宗廟之靈, 以矛刺落地, 罵曰: "王敦小子也. **《書鈔》一百二十四.**

78. 주백인이 체포되어 태묘를 지나가다가 큰 소리로 종묘의 영령을 부르자, 병사들이 창으로 찔러 그를 땅에 쓰러뜨렸다. 주백인이 "왕돈, 이 자식!" 하고 욕을 하였다. **《북당서초》권124.**

79. 庾公乘馬有的盧[153], **此句依《世說》補.** 殷浩[154]勸公賣馬, **《世說》作或語令賣去,注引《語林》.** 庾云: "賣之, 必有買者, 即復害其主, 寧可不安己而移于他人哉?昔孫叔敖[155]殺兩頭蛇以為後人, 古之美談, 效之, 不亦達乎!" **庾云至此已上並見《世說·德行篇》.**

79. 유공[庾亮]이 타고 다니는 말에 적로가 있었는데, **이 구는 《세설신어》에 의거해 보충하였다.** 은호는 유공에게 그 말을 팔도록 권유하였다. **《세설신어》에서는 '어떤 사람이 그에게 팔아버리라고 말했다'라고 되어 있는데, 주에서는 《배**

---

153 적로(的盧): 적로는 뺨 위에 흰색 반점이 있는 말로, 옛사람들은 이러한 말을 흉마(凶馬)라 여겼다.

154 은호(殷浩): 303년-356년. 자는 연원(淵源)이며, 진군(陳郡) 장평현[長平縣: 지금의 하남성 서화현(西華縣)] 사람이다. 동진의 대신이자 청담가이다. 유량이 기실참군(記室參軍)으로 삼았으며, 중군장군(中軍將軍)·도독제군사(都督諸軍事)를 역임하였다. 대사마 환온(桓溫)의 탄핵으로 서인(庶人)이 되어 동양군(東陽郡)에 유배되었다. 그는 죽은 후에 막료 고열(顧悅)의 상서(上書)로 억울함을 풀었으며 관직이 복원되었다. 그리고 예로써 다시 장사를 지내 주었다.

155 손숙오(孫叔敖): 기원전 약 630년-기원전 593년. 미성(羋姓), 위씨(蔿氏). 이름이 오(敖)이며 자가 손숙(孫叔)이다. 위오(蔿敖)라고도 한다. 초(楚)나라 기사읍(期思邑) 사람이다. 춘추시기 초나라 영윤(令尹)으로, 치수(治水)로 유명하다. 손숙오가 어렸을 때, 보면 반드시 죽는다고 하는 머리 둘 달린 뱀을 보고, 다른 사람이 보지 못하도록 그 뱀을 죽여 묻었다는 이야기가 있다. 그의 품성을 미루어 짐작할 수 있는 이야기이다.

자어림》을 인용했다. 유공이 "그 말을 팔면 반드시 사는 사람이 있을 것이니, 곧 다시 새 주인을 해칠 것입니다. 어찌 자기 자신이 안락하지 않다고 해서 다른 사람에게 그것을 옮길 수 있겠습니까? 옛날 손숙오는 뒷사람을 위해 머리 둘 달린 뱀을 죽여서 옛날의 미담으로 전해지는데, 그것을 본받는 것이 또한 도량이 크지 않겠습니까?"라고 하였다. **'庾云'부터 여기까지는 《세설신어·덕행편》에서도 보인다.**

80. 庾公欲伐王公, 先書與郗公[156]曰: "老賤賊專欲輈張. **已上三句《書鈔》引作庾公與郗公書.** 殿中將軍[157], 舊用才學之士, 以廣視聽; 而頃悉用面牆之人也, **亦見《書鈔》六十四引.** 是欲蔽主之明. 便欲勒數州之眾, 以除君側之惡. 今年之舉, 蔑不濟矣." **《御覽》二百三十九.**

80. 유공은 왕공[王敦]을 토벌하고자 하여 먼저 치공[郗鑒]에게 편지를 보내 말하였다. "늙고 미천한 도적이 오로지 반란을 일으키고자 합니다. **이상의 3구는 《북당서초》의 인용에는 '유공이 치공에게 편지를 보냈다'라고 하였다.** 전중장군에 오래전부터 재학이 뛰어난 인사들을 등용하여 보고 듣는 것이 넓혀졌습니다. 요즈음은 모두 식견이 천박한 자들을 등용하여 **또한 《북당서초》권64의 인용에도 보인다.** 주상의 총명함을 가리려고 하는 것입니다. 그러므로 여러 고을의 병사를 통솔하여 임금 곁의 간

---

156 치공(郗公): 치감(郗鑒). 269년-339년. 자는 도휘(道徽)이며, 고평군(高平郡) 금향현(金鄕縣: 지금의 산동성 금향현) 사람이다. 동진의 중신이자 서예가이다. 왕돈의 난과 소준의 난 평정에 참여하였다. 영군장군(領軍將軍)·안서장군·상서령·사공·시중 등을 역임하였다.

157 전중장군(殿中將軍): 관명으로, 삼국시기 위(魏)나라 때 설치하였는데, 성원은 1명이며 6품이었다. 서진 때는 성원이 10인이며 6품이었다. 궁전 내에서 숙직과 경위를 담당하였다.

악한 자들을 제거하려 합니다. 금년의 거병은 성공하지 않을 수 없습니다." 《태평어람》권239.

81. 殷浩于佛經有所不了, 故遣人迎林公[158]. 林乃虛懷欲往, 王右軍[159]駐之曰: "深源[160]思致淵富, 既未易為敵; 且己所不解, 上人[161]未必能通; 縱復服從, 亦名不益高; 若佻脫不合, 便喪十年所保. 可不須往." 林公亦以為然, 遂止. 《世說·文學篇》注.

81. 은호가 불경에서 알 수 없는 부분이 있어서 사람을 보내어 임공[支遁]을 영접해 오도록 했다. 임공이 별생각 없이 가려고 했는데, 왕우군[王羲之]이 그를 만류하며 "심원[殷浩]은 사고하는 바가 깊고 풍부하여 쉽게 대적할 수 없습니다. 그 자신이 이해하지 못하는 것을 스님이라고 해서 반드시 통달할 수는 없을 것입니다. 설사 그를 굴복시킨다 하더라도 스님의 명성이 더 높아지는 것은 아닙니다. 만약 실수로 논리에 부합하지 않는 말이라도 하면 십 년 동안 쌓아온 명성을 잃게 될 것입니다. 갈 필요가 없습니다."라고 하였다. 임공이 역시 그

158 임공(林公): 지둔(支遁). 314년-366년. 자는 도림(道林)이며, 세간에는 지공(支公)이라 부르며 임공(林公) 혹은 지형(支硎)이라고도 한다. 진류[陳留: 지금의 하남 개봉시(開封市)] 사람이며, 혹자는 하동(河东) 임려(林慮) 사람이라고도 한다. 동진의 고승(高僧)이자 불학자이며, 문학가이기도 하다. 《성불변지론(聖不辯之論)》·《도행지귀(道行旨歸)》·《학도계(學道戒)》·《안반경주(安般經注)》 등의 작품이 있다.

159 왕우군(王右軍): 왕희지(王羲之). 303년-361년. 자는 일소(逸少)이며, 낭야(琅琊) 임기(臨沂) 사람이다. 동진의 대신이자 서예가이다. 비서랑·강주자사(江州刺史)·회계태수(會稽太守)를 비롯하여 우군장군(右軍將軍)을 역임하였는데, 사람들은 이 때문에 '왕우군(王右军)'이라고도 부른다. 그가 쓴 <난정서(蘭亭序)>는 '천하 제일 행서(行書)'가 되었다. 그는 행서뿐만 아니라 모든 서체에 뛰어나 '서성(書聖)'이라 불린다.

160 심원(深源): 은호(殷浩). 은호의 자는 본래 연원(淵源)인데 당나라에서 《진서》를 수찬할 때 이연(李淵)의 휘(諱)를 피하여 '淵'을 '深'으로 바꾸었다.

161 상인(上人): 지덕(智德)을 갖춘 승려의 높임말.

러하다고 여기고 드디어 가지 않았다. **《세설신어·문학편》주.**

82. 大將軍王敦尚武帝女, 此主特所重愛, 遣送王, 倍諸主. 主旣亡, 人就王乞, 始猶分物與之, 後乞者多, 遂指庫屋數間以施. **《御覽》四百七十七.**

82. 대장군 왕돈이 무제[司馬炎]의 딸과 결혼했는데, 이 공주는 특별히 황제의 사랑을 받았으므로 왕돈에게 보내는 예물이 여러 공주의 몇 배나 되었다. 공주가 이미 죽고 나자, 사람들이 왕돈에게 구걸하였으므로 처음에는 재물들을 나누어서 주다가, 도움을 호소하는 자들이 많아지자 곳간 여러 칸을 지정하여 나누어 주었다. **《태평어람》권477.**

83. 譙王丞[162]作湘州[163]過大將軍曰: "卿才堪廊廟, 自無閑外. **《書鈔》七十.**

83. 초민왕譙愍王 사마승司馬承이 상주자사相州刺史를 맡게 되자 대장군 왕돈을 찾아가서 "그대의 재주는 조정을 감당할 만하니, 스스로 한가롭게 바깥에서 보내지 마시오."라고 하였다. **《북당서초》권70.**

84. 王大將軍每酒後, 輒詠 "老驥伏櫪, 志在千里, 烈士暮年, 壯心不已[164]." 便以如意[165]擊珊瑚唾壺, 壺盡缺. **《書鈔》一百三十五.**

---

162 초왕승(譙王丞): 진나라 초민왕(譙愍王) 사마승(司馬承: '丞'은 '承'의 잘못). 264년-322년. 자는 경재(敬才)이며, 하내군 온현 사람이다. 유격장군(遊擊將軍)·군자좨주(軍諮祭酒)·둔기교위(屯騎校尉)·상주자사(湘州刺史) 등을 역임하였다. 상주자사는 왕돈을 방어하기 위해 맡게 된 벼슬이다. 그는 왕돈의 난을 평정하는 데 많은 공을 세웠다.

163 상주(湘州): 지금의 호남성 장사(長沙).

164 이 시구는 조조(曹操)의 악부시(樂府詩) <보출하문행(步出夏門行)>에 나오는 것이다.

165 여의(如意): 독경이나 설법을 할 때, 강사인 중이 손에 드는 불구(佛具)의 한 가지.

84. 왕대장군[王敦]은 매번 술을 마신 뒤에는 언제나 "늙은 천리마 말구유에 엎드려 있어도 그 뜻은 천 리 먼 곳에 있다네. 열사는 나이 들어도 장렬한 마음 그치지 않는다네."의 구절을 읊었다. 그리고는 여의를 가지고 산호 타구를 두드리니, 산호 타구가 모두 망가졌다. **《북당서초》권135.**

85. 晉王敦與世儒[166]議下都, 世儒以朝廷無亂, 且唱兵始, 自古所難, 諫諍甚苦. 處仲變色曰: "吾過蒙恩遇, 受任南夏[167]; 卿自同奸邪, 阻遏義舉. 王法焉得相私!" 因目左右令進. 世儒正色曰: "君昔歲害兄, 今又殺弟. 自古多士, 豈有如此舉動?" 言畢流涕, 敦意乃止. **《御覽》四百二十八.**

85. 진나라의 왕돈이 왕세유와 도성[建康]으로 공격해 내려가는 일을 논의하였는데, 왕세유는 조정에 어지러움이 없으며 또한 군대를 일으킨 처음은 옛날부터 어려운 바라고 하여 매우 심하게 간쟁하였다. 왕처중[王敦]이 얼굴색이 변하면서 "나는 과분하게 은혜를 입어 중국 남방을 책임지고 있다. 그대는 스스로 간사한 무리들과 함께 하여 의로운 거병을 막고자 한다. 왕법에 어찌 사사로움이 있겠는가?"라고 하였다. 이어 좌우에 있는 부하들에게 눈짓하여 들어오도

뼈·뿔·나무·대나무·옥·돌·구리·철 따위로 만든 막대인데, 끝이 갈고리처럼 꼬부라져 있다. 손가락형·영지(靈芝)형·구름형 등이 있다. 등 긁기와 방신(防身)용으로도 쓰인다.

166 세유(世儒): 왕빈(王彬). 278년-336년. 세유는 자로, 낭야 임기 사람이다. 왕돈의 난 때 강정(剛正)하여 반역에 부화하지 않고 예장태수·강주자사(江州刺史)를 역임하였으며, 평정된 후에는 광록훈에 제수되었으며, 후에는 또 탁지상서(度支尚書)도 역임하였다. 소준의 난이 평정된 후에는 장작대장(將作大匠)에 제수되어 신궁(新宮) 개축의 책임을 졌다. 또 후에는 상서우복야도 역임하였다.

167 남하(南夏): 중국 남부를 가리킨다.

록 했다. 왕세유가 정색하면서 "그대는 예전에 제 사촌형[王稜]을 살해하더니 이제 또 동생인 저를 살해하려고 합니다. 옛날부터 많은 선비 중에 어찌 이와 같은 경거망동을 하는 자가 있었겠습니까?"라고 하였다. 말을 마치고 눈물을 흘리면서 슬피 우니, 왕돈은 그를 죽이려는 생각을 그만두었다. **《태평어람》권428.**

86. 大將軍丞相諸人在此時[168], 閉戶共為謀身之計. 王曠世宏[169]來, 在戶外, 諸人不容之, 曠乃剔壁窺之曰: "天下大亂, 諸君欲何所圖謀？將欲告官." 遽而納之, 遂建江左之策[170]. **《御覽》一百八十四.**

86. 대장군[王敦]과 승상[王導] 등 여러 사람들이 이때 문을 닫아걸고 함께 보신의 계책을 모의하였다. 왕광이 찾아와서 문밖에 있었는데 사람들이 그를 용납하지 않았다. 왕광이 이에 벽을 뚫고 엿보면서 "천하가 크게 어지러워지는데 여러분들은 무엇을 도모하려고 하는가? 관청에 고발해야겠네."라고 말했다. 여러 사람이 급히 그를 받아들였으며, 마침내 동진東晉을 세우는 계책이 수립되었다. **《태평어람》권184.**

87. 大將軍收周侯, 至石頭[171], 坐南門石盤上, 將戮之, 送己褥與周. **《御**

---

168 차지(此時): 서진이 멸망한 때를 가리킨다.

169 왕광세굉(王曠世宏): 왕광. 274년-?. 세굉은 왕광의 자이다. 낭야 임기 사람이다. 왕희지의 아버지이며 왕도·왕돈과 사촌 형제간이다. 단양태수(丹陽太守)·회남내사(淮南內史)·회남태수(淮南太守)를 역임하였다. 예서(隸書)와 행서(行書)를 잘 썼다.

170 강좌지책(江左之策): 강좌는 장강 동쪽 지역을 말하는데, '강동(江東)'이라고도 한다. 동진의 통치 지역이 대부분 강동에 있다. 그래서 동진을 '강좌'라고 대신 칭하기도 한다. 여기서 말하는 강좌지책은 곧 동진 건립 계책을 일컫는다.

171 석두(石頭): 석두성(石頭城)을 가리키는데, 도성 건강(建康)의 서쪽에 있었다. 건강은 지금의 남경(南京)으로, 석두성도 남경의 별칭으로 쓰인다.

覽》七百八.

87. 대장군[王敦]이 주후[周顗]를 체포하여 석두성石頭城에 이르러 남문의 평평한 바윗돌 위에 앉히고 장차 죽이려고 할 때 자신의 이불을 주후에게 보냈다. 《태평어람》권708.

88. 大將軍刑周伯仁, 以步障[172]繞之, 經日已具, 王曰: "周伯仁子弟癡, 何以不知取其翁屍?" 周家然後收之. 《御覽》七百一.

88. 대장군[王敦]이 주백인[周顗]을 처형하고 가리개로 그 시체를 둘러쳐 놓았는데, 하루가 완전히 지나자, 왕 대장군이 "주백인의 자식들은 어리석구나. 어째서 그 아비의 시체를 거둘 줄 모르는가?"라고 하였다. 그 후에 주백인의 집안에서 시체를 거두었다. 《태평어람》권701.

89. 簡文帝[173]為撫軍[174]時, 所坐床上塵不令左右拂; 見鼠行之跡, 視以為佳. 已上五句《御覽》七百六. 又九百十一亦引有, 時字及視以二字据補. 《書鈔》一百三十三引同, 又十二引坐床生塵句. 參軍[175]見鼠白日行, 以手版[176]打殺之, 意不悅. 門下起

---

172 보장(步障): 고대에 귀족들이 출행할 때 바람·먼지 그리고 다른 사람의 시선을 막기 위해 사용하던 이동식 가리개.

173 간문제(簡文帝): 사마욱(司馬昱). 320년-372년. 자는 도만(道萬)으로, 원적이 하내군 온현이다. 동진 제8대 황제(372년 1월 6일-9월 12일 재위)로, 진 원제 사마예(司馬睿)의 막내아들이다.

174 무군(撫軍): 장군의 칭호로, 무군장군(撫軍將軍)의 약칭이다.

175 참군(參軍): 군사 참모를 가리킨다. 진(晉)나라 때는 군부(軍府)에 관원(官員)으로 참군을 두었다. 남북조시대(南北朝時代)에는 관장하는 일에 따라 자의참군(諮議參軍)·중병참군(中兵參軍) 등이 있었는데, 또한 참군·참군사(參軍事)라고 칭하였다.

176 수판(手版): 홀판(笏板)·옥판(玉板)·조판(朝板)이라고도 하는데, 옛날에 문무대신이 임금을 알현할 때 임금의 말을 잊어버리지 않도록 그 위에다 기록한다.

彈, 辭曰: "鼠被害, 尚不能忘懷; 今復以鼠損人, **已上七句《御覽》二百三十九引作有參軍見鼠, 以手板格煞之, 撫軍謂曰.** 無乃不可乎?" **《續談助》四.**

89. 간문제가 무군의 직무를 맡고 있을 때, 앉아 있는 의자 위로 먼지가 있어도 좌우의 측근들이 털지 못하게 했으며, 쥐가 먼지 위로 지나간 흔적을 보고 좋은 일이라고 여겼다. **이상의 5구는 《태평어람》권706·911에도 역시 인용되어 있는데, '時'자와 '視以' 2자를 그것에 근거하여 보충하였다. 《북당서초》권133의 인용은 같으며, 또 권12에는 '坐床生塵'구를 인용하였다.** 어떤 참군이 대낮에 쥐가 지나가는 것을 보고 수판으로 쥐를 때려죽이니, 간문제가 불쾌하게 여겼다. 아랫사람들이 그 참군을 탄핵하자, 간문제가 "쥐가 죽게 된 것도 오히려 잊을 수 없는 일이거늘, 이제 다시 쥐 때문에 사람을 다치게 한다면, **이상의 7구는 《태평어람》권239의 인용에는 '어떤 참군이 쥐를 보고 수판으로 쥐를 때려죽이니 무군이 말하였다'라고 되어 있다.** 옳지 않은 일이 아니겠는가?"라고 하였다. **《속담조》권4.**

90. 許玄度[177]出都, 詣劉真長[178], 先不識, 至便造之. 一面留連, 摽劉貴略無造謁, 遂九日十一詣許. 語曰: "卿為不去, 家將成輕薄京尹[179]." **《類聚》五十又五十五引云: 劉真長謂許玄度曰: "卿為不去, 我將成輕薄京尹." 《世說·寵禮篇》注引作玄度出都, 真長九日十一詣之, 謂曰: "卿尚不去, 使我成薄德二千石."**

---

177 허현도(許玄度): 허순(許詢). 생졸년 미상. 자는 현도, 어릴 때 자는 아눌(阿訥)이며, 회계 산음 사람으로, 회계내사(會稽內史) 허귀(許皈)의 차남이다. 동진의 문학가이며, 동진 현언시(玄言詩)의 대표 인물이다. 어릴 때부터 총명하여 신동으로 명망이 높았고 청담에 능하여 많은 선비들이 그를 존중하였다. 왕희지·손작(孫綽)·지둔(支遁) 등과 글로써 세상을 뒤흔들었다. 문집 3권과 《수서(隋書)·경적지(經籍志)》·《양당서(兩唐書)·경적지》를 남겼다.

178 유진장(劉眞長): 유담(劉惔). 유회(劉恢)라고도 한다. 생졸년 미상. 진장은 자로, 패국 상현[相縣: 지금의 안휘성 숙주시(宿州市) 주선장진(朱仙莊鎭)] 사람이다. 진릉태수

90. 허현도[許詢]가 도성에 가서 유진장[劉惔]을 방문했는데, 예전에 알지 못한 사이면서도 도착하자 곧바로 그를 만나러 갔다. 유진장은 한 번 만나고 그를 좋아하게 되어, 자신은 귀한 신분으로 거의 다른 사람을 방문하지 않는 원칙을 깨고 드디어 9일 동안 열한 번이나 허현도를 찾아갔다. 유진장이 "그대가 도성을 떠나지 않는다면 나는 직무를 게을리하는 경조윤이 될 것이오."라고 말하였다. **《예문유취》 권50·55의 인용에서는 "유진장이 허현도에게 '그대가 떠나지 않는다면, 나는 직무를 게을리하는 경조윤이 될 거요.'라고 하였다"고 하였다. 《세설신어·총례편》주의 인용에는 "허현도가 도성에 이른 후에 유진장이 9일 동안 11번이나 그를 만나러 가서 '그대가 떠나지 않는다면, 나를 덕이 얕은 2천 석의 관리로 만들 것이오.'라고 하였다"라고 되어 있다.**

91. 許玄度將弟出都婚, 諸人聞玄度弟, 朝野欽遲之; 既見, 乃甚癡, 便欲嘲弄之. 玄度為之解紛, 諸人遂不能犯. **《御覽》引有此句, 一引作玄度為解而獲免. 《類聚》引作玄度為之作賓主相對.** 真長歎曰: "許玄度為弟婚, 施十重鐵步障也." **《書鈔》一百三十一. 《類聚》二十五. 《御覽》七百一又八百十三.**

91. 허현도가 동생을 데리고 도성에 가서 결혼시키려고 하니, 조야의 사람들이 현도의 동생이라는 말을 듣고 그를 흠모하였다. 현도의 동생을 보고 대단히 멍청하였기에 바로 그를 조롱하려고 하였다. 허현도가 동생을 위해 분란을 해결하니 사람들이 드디어 범접하지 못

(晉陵太守) 유탐(劉耽)의 아들이다. 젊은 시절부터 명성이 있었으며, 진 명제의 부마가 되었다. 왕희지와 교유가 있었다. 관직은 사도좌장사(司徒左長史)·시중·단양윤(丹陽尹)을 역임하였으며, 청담가이다. 《당회요(唐會要)》에서는 '위진팔군자(魏晉八君子)' 중의 한 사람이라고 하였다.

179 경윤(京尹): 경조윤(京兆尹)을 말한다. 도성의 행정 장관을 말하는데, 지금의 수도(首都) 시장(市長)에 해당한다.

하였다. 《태평어람》의 인용에는 이 구절이 있는데, 다른 한 인용에는 '현도가 해결하니 동생이 조롱받는 일이 없었다'라고 하였다. 《예문유취》의 인용에는 '현도가 동생을 위해 손님과 주인으로서 상대하였다'라고 되어 있다. 유진장은 탄식하며 "허현도가 동생의 결혼을 위해 열 겹의 쇠 가리개를 둘러쌌구나."라고 하였다. 《북당서초》권131. 《예문유취》권25. 《태평어람》권701·813.

92. 劉道生與真長言, 一時有名譽者皆宗真長. 《書鈔》九十八.

92. 유도생이 유진장과 담론을 나누었더니, 일시에 명망 있는 자들이 모두 유진장을 존숭尊崇하게 되었다. 《북당서초》권98.

93. 仲祖[180]語真長曰: "卿近大進." 劉曰: "卿仰看邪?" 王問何意? 劉曰: "不爾, 何由測天之高也!" 《世說·言語篇》注.

93. 왕중조[王濛]가 유진장에게 "그대는 최근에 크게 진보했군요."라고 하자, 유진장이 "그대는 위를 쳐다보는 것이오?"라고 했다. 왕중조가 무슨 뜻인지 물었다. 유진장이 "그렇게 하지 않으면 어떻게 하늘의 높이를 헤아릴 수 있겠소?"라고 하였다. 《세설신어·언어편》주.

94. 劉真長與桓宣武[181]共聽講《禮記[182]》, 桓公云: "時有入心處, 便咫尺

---

180 중조(仲祖): 왕몽(王濛). 309년-347년. 자는 중조, 어릴 때의 자는 아노(阿奴)이며, 태원군(太原郡) 진양현[晉陽縣: 지금의 산서성(山西省) 태원)] 사람이다. 동진의 명사(名士)이며, 외척대신(外戚大臣)이다. 중서랑(中書郎), 사도좌장사(司徒左長史) 등을 역임하였으며, 39세로 죽은 후, 광록대부(光祿大夫)로 추증되었다. 딸 왕목지(王穆之)와 손녀 왕법혜(王法慧)는 모두 황후이다.

181 환선무(桓宣武): 환온(桓溫). 312년-373년. 자는 원자(元子)이며, 선무는 시호(謚號)이다. 초국(譙國) 용항현[龍亢縣: 지금의 안휘성 회원현(懷遠縣) 용항진(龍亢鎭)] 사

玄門.”《類聚》五十.《御覽》六百十五.

94. 유진장과 환선무[桓溫]가 함께 《예기》 강론을 들었는데, 환선무가 “때때로 마음에 부합하는 곳이 있으면 곧 높고 깊은 경계境界가 지척인 듯하오.”라고 하였다. 《예문유취》권50. 《태평어람》권615.

95. 劉尹見桓公每嬉戲, 必取勝, 謂曰: “卿乃爾好利, 何不焦頭.”《世說·識鑒篇》注.

95. 유윤[劉惔]은 환공[桓溫]이 유희를 할 때마다 반드시 이기는 것을 보고 “그대가 이렇게 이기는 것을 좋아하니 어찌 피곤하지 않겠소?”라고 하였다. 《세설신어·식감편》주.

96. 宣武征還, 劉尹數十里迎之. 桓都不語, 直云: “垂長衣, 談清言, 竟是誰功？” 劉答曰: “晉德靈長, 功豈在爾？”《世說·排調篇》注.

람이다. 동진의 정치가·군사가·서예가·권신이다. 진 명제 사마소의 사위로, 명제의 딸 남강공주(南康公主)가 그의 부인이다. 낭야태수(琅琊太守)·서주자사(徐州刺史)를 역임하였다. 형주도독(荆州都督)을 하면서 장강 상류 지역의 병권을 장악하였다. 장강을 거슬러 올라가 성한(成漢)을 멸망시키고 정서대장군(征西大將軍)·개부의동삼사(開府儀同三司)에 제수되었으며, 임하군공(臨賀郡公)에 책봉됨으로써 명성을 크게 떨쳤다. 대사마가 되어 권력을 장악했을 때, 붕당을 억제하고 민간의 질고에 대해 관심을 두었으며 교육을 개선하였다. 평생 세 차례나 북벌에 나섰으나, 모두 실패하였다. 병사 후 승상에 추증되었다.

182 예기(禮記): 《소대예기(小戴禮記)》·《소대기(小戴記)》라고도 불린다. 한대에 이루어진 책으로, 서한의 예학가(禮學家) 대성(戴聖)이 편찬하였다. 이 책은 중국 고대의 중요한 전장제도의 선집(選集)으로, 모두 20권 49편으로 되어 있다. 그 내용은 주로 선진시기(先秦時期) 예의제도이다.

96. 환선무가 원정에서 돌아오자 유윤이 수십 리 밖에서 그를 영접했다. 환선무는 아무 말도 하지 않다가 다만 "긴 옷깃을 드리우고 청담을 이야기할 수 있는 것은 결국 누구의 공이요?"라고 하였다. 유윤이 "진나라의 덕이 오랫동안 유지되는 것, 그 공이 어찌 그대에게만 있겠소?"라고 대답하였다. **《세설신어·배조편》주.**

97. 劉真長始 **《御覽》引有始字**. 見王丞相, 王公不與語. 時大熱, 以腹熨石局[183], **《類聚》五**. 曰: "何乃渹？" **吳人以冷爲渹**. 劉既出, 人問: "見王公如何？" **《御覽》三十四**. 真長云: "丞相何奇, 止能作吳語及細唾也." **《世說·排調篇》注. 《御覽》引作劉曰: "未見他異, 唯聞作吳語耳."**

97. 유진장[劉惔]이 처음으로 **《태평어람》의 인용에 '始' 자가 있다**. 왕승상[王導]을 만났는데, 왕승상은 그와 말을 나누지 않았다. 당시는 매우 더운 날씨였는데, 왕승상이 배를 돌 바둑판에 갖다 대면서 **《예문유취》권5**. "어쩌면 이렇게 차가울까?"라고 하였다. **오나라 사람들은 '冷'을 '渹'이라고 한다**. 유진장이 나왔더니, 다른 사람이 "왕공을 만나보니 어떻습니까?"라고 물었다. **《태평어람》권34**. 유진장이 "왕승상이 뭐가 그리 특별하오. 단지 오어를 할 수 있고 음성이 작고 부드러울 뿐이오."라고 하였다. **《세설신어·배조편》주. 《태평어람》의 인용에는 "유진장이 '그의 특이한 것은 보지 못했고, 오직 오어를 하는 것을 들었을 뿐이오.'라고 하였다"고 되어 있다.**

98. 劉真長與丞相不相得, 每曰: "阿奴[184]比丞相條達清長." **《世說·品藻篇》注.**

---

183 석국(石局): 석기반(石棋盤) 중 돌 바둑판을 일컫는다.

184 아노(阿奴): 여기서는 형이 동생을 친근감 있게 부르는 호칭으로, 육조시대에 널리 사용된 것이다.

98. 유진장은 왕승상[王導]과는 서로 뜻이 맞지 않았는데, 매번 "동생[王濛]이 형인 왕승상보다 조리에 통달하며 맑고 뛰어나다."라고 하였다. **《세설신어·품조편》주.**

99. 劉真長病積時, 公主[185]毀悴. 將終, 喚主; 主既見其如此, 乃舉手指之云: "君危篤, 何以自脩飾？" 劉便牽被覆面, 背之不忍視. **《御覽》三百六十五.**

99. 유진장이 오랫동안 병이 들어 있자, 그의 아내인 공주가 초췌해졌다. 임종할 무렵이 되자 공주를 불렀다. 공주가 그의 위중한 모습을 보고 손을 들어 그를 가리키며 "당신이 위독한데 저 혼자 어찌 치장을 하겠습니까?"라고 하였다. 유진장은 곧바로 이불을 끌어당겨 얼굴을 덮으며 등을 돌리고 차마 보지 못했다. **《태평어람》권365.**

100. 孔坦[186]為侍中[187], 密啟成帝不宜往拜曹夫人[188]. 丞相聞之曰: "王茂弘駑痾耳！若卞望之[189]之巖巖, 刁玄亮[190]之察察, 戴若思[191]之峰距, 當取爾

---

185 공주(公主): 진 명제 사마소의 딸 여릉공주(廬陵公主: ?-357년)로, 유진장의 아내이다.

186 공탄(孔坦): 285년-335년. 자는 군평(君平)으로 회계에서 살았다. 공자 제26대손이다. 세자문학(世子文學)·태자사인(太子舍人)·상서랑·오군태수(吳郡太守)를 역임하였다. 후에 형법을 관장하는 정위(廷尉)가 되었는데, 이 때문에 공정위(孔廷尉)라 칭하였다.

187 시중(侍中): 황제를 보좌하는 황제 신변의 고문에 해당한다. 이것은 정규 관직 범위 내에 있지 않다. 위진 이후에는 사실상 재상에 상당하였다.

188 조부인(曹夫人): 왕도(王導)의 부인 조숙(曹淑)을 가리킨다.

189 변망지(卞望之): 변곤(卞壼). 281년-328년. 망지는 자로, 제음군(濟陰郡) 원구현[冤句縣: 지금의 산동성 하택(荷澤) 변장(卞莊)] 사람이다. 동진의 명신이며 서예가이다. 동진 건립 후, 태자중서자·산기상시에 임명되어 태자 사마소(司馬紹)를 가르쳤다. 명제 즉위 후, 이부상서가 되었다. 왕돈의 난을 평정하고 건흥현공(建興縣公)에 봉해졌다. 성제 즉위 후, 상서령이 되어 외척 유량과 연합하여 국가 기밀을 장악하였다. 예법지사(禮法之士)로 자처하였다. 그리고 당시 사회의 불합리함을 바로 잡았으며 강권(强權)을 두려워하지 않았다. 군대를 끌고 가 소준의 난을 평정하면서 순국

不？”《世說·賞譽篇》注.

100. 공탄이 시중을 맡고 있으면서 은밀하게 성제[司馬衍]에게 글을 올려 성제가 조부인[王導의 처]에게 가서 절을 하지 말았어야 했다고 하였다. 왕승상이 그 이야기를 듣고 말하였다. “나 왕무홍[王導]이 노둔하기 때문이다. 만약 나에게 변망지의 엄숙함과 조현량의 명찰함과 대약사의 존엄함이 있었다면 응당 이렇게 할 수 있었겠는가?” 《세설신어·상예편》주.

101. 蘇峻新平, 溫庾諸公以朝庭初復, 京兆宜得望實, 唯孔君平可以處之. 已上亦見《書鈔》七十六. 孔固辭, 二公逼諭甚苦. 孔敖然曰: “先帝大漸, 卿輩身侍御床, 口行詔令; 孔坦爾時正瑮臣耳, 何與國家事？不可今日喪亂, 而猥見逼迫; 吾俎豆上腐肉, 任人截割邪？” 庾愧不能荅.《御覽》二百五十二.

하였다. 중국 역사상 절의충효(節義忠孝)의 대표적인 인물 중의 한 사람이다.

190 대약사(戴若思): 대엄(戴儼) 또는 대연(戴淵). 269년-322년. 약사는 자로, 광릉군(廣陵郡: 지금의 강소성 양주시) 사람이다. 명사(名士) 육기(陸機)의 추천으로 심수현령(沁水縣令)이 되었다. 팔왕의 난 때, 동해왕 사마월에 의탁하고 군자좨주에 제수되었고 예장태수·산기시랑 등을 역임하였으며 말릉후(秣陵侯)에 봉해졌다. 영가 초년에 낭야왕 사마예에게 의탁하고 진동우사마(鎭東右司馬)·상서(尙書)·중호군(中護軍) 등의 관직을 역임하였다. 진 원제 사마예의 신임을 두텁게 받았다. 왕돈의 난 때, 표기장군에 임명되어 군대를 이끌고 왕돈을 도우다 패하고 살해당했다.

191 조현량(刁玄亮): 조협(刁協). ?-322년. 자는 현량(玄亮)이며 원량(元亮)이라고도 한다. 발해군 요안현[饒安縣: 지금의 하북성 염산(鹽山)] 사람이다. 서진에서 태상박사(太常博士)를 역임하였다. 팔왕의 난 기간에는 여러 왕의 막부에 들어갔는데, 관직은 영천태수(潁川太守)에 이르렀다. 영가(永嘉)의 난 때, 진 원제 사마예의 막부에 들어가 승상좌장사(丞相左長史) 등을 역임하면서 사마예의 심복이 되었다. 그는 사마예를 보좌하여 동진을 건립하고, 좌복야·상서령의 직을 지내면서 조정의 전장제도를 제정하는 데 참여하였다. 영창(永昌) 원년(322), 왕돈이 유외(劉隗) 토벌을 명의로 반란을 일으켜 국도 건강을 공격하였으며 동시에 조협의 죄상을 열거하였다. 그 해 3월에 석두성을 점령하였다. 조협은 반격을 조직하였으나 반란군에 패하여 건강에서 쫓겨났는데, 도중에 수행원에게 살해당했다.

101. 소준의 난이 막 평정되어 온교溫嶠·유량庾亮 등 여러 사람들이 조정을 처음으로 회복하였으므로, 경조윤京兆尹은 마땅히 신망과 실력이 있는 인사라야 하는데, 오직 공군평만이 그 자리를 맡을 만했다. **이상은 《북당서초》권76에도 보인다.** 공군평은 한사코 그 자리를 사양하였지만, 온교와 유량 두 사람이 대단히 힘들게 강요하고 권유하자, 공군평이 거만하게 말하였다. "선제[明帝]께서 병이 위중하실 때, 그대들은 직접 어상 옆에서 임금을 모시면서 입으로 조령을 행하였소. 나는 그 당시에 바로 보잘것없는 신하였을 뿐이니 어찌 국사에 참여할 수 있었겠소? 지금 어려움에 처했다고 하여 외람되게 관직을 맡으라고 강요당할 수는 없소. 내가 제기 위의 썩은 고기일지라도 다른 사람들이 멋대로 자를 수 있겠소?" 유량은 부끄러워 대답할 수 없었다. **《태평어람》권252.**

102. 孔君平病困, 庾司空[192]為會稽, 省之; 聞訊甚至, 為之流涕. 孔慨然曰: "丈夫將終不問安國寧家之術, 而反作兒女相問?" 庾聞, 迴還謝之, 請其語言. **《御覽》七百三十九.**

102. 공군평[孔坦]의 병이 심하였는데 회계내사會稽內史를 맡고 있던 유사공[庾氷]이 그를 방문하였다. 유사공의 병문안이 대단히 지극하였는데, 공탄을 위해 눈물을 흘렸다. 공탄이 탄식하며 말하였다. "대장부가 임종하려 하는데 국가를 안녕하게 할 방법은 묻지도 않고 도리어 아녀자처럼 위문이나 하는가?" 유사공이 그 말을 듣고 되돌

---

192 유사공(庾司空): 유빙(庾氷). 생졸년 미상. 자는 계견(季堅)으로, 유량의 동생이다. 진위장군·회계내사(會稽內史) 등의 관직을 역임하였다. 평소 모범적인 행동을 하였으며 형제들 모두 예의를 중시하였다. 사공은 관직명이다.

아와서 사과하고 그의 말을 듣기를 청하였다. **《태평어람》권737**

103. 陶侃[193], 字士行, 丹陽[194]人也. 鄱陽[195]孝廉[196]范逵宿侃舍, 侃家貧, 母為截髮為髲待之; 無薪, 伐屋柱炊飯. 斬薦以供馬. 逵感之, 乃為侃立聲譽, 於是顯名. 侃仕至大 **闕**[197]晉時人. **《類林雜說》八. 案: 首末幷王朋壽語.**

103. 도간은 자가 사행으로 단양 사람이다. 파양의 효렴인 범규가 도간의 집에 숙박하게 되었는데, 도간은 집안이 가난해서 그의 어머니가 머리를 잘라 가발을 만들어 팔아 범규를 대접하였다. 또 땔감이 없어서 집안의 기둥을 베어 밥을 지었다. 짚자리를 썰어서 범규의 말에게 먹이로 주었다. 범규는 이 일에 감동하여 도간을 위해 남에게 칭찬하였다. 그래서 도간의 이름이 드러나게 되었다. 도간은 벼슬이 대사마大司馬까지 올랐으며, **빠진 글자들이 있음** 진나라 때 인물이다. **《유림잡설》권8. 안: 처음과 끝은 모두 왕붕수의 말이다.**

---

193 도간(陶侃): 259년-334년. 자는 사행[士行: 사형(士衡)이라고도 함]으로, 본래 파양군(鄱陽郡) 효양현[梟陽縣: 지금의 강서성 도창현(都昌縣)] 사람이다. 동진 때의 명장(名將)이다. 형주자사·시중·태위·도독팔주제군사(都督八州諸軍事) 등의 관직을 역임하였으며, 죽은 후에 대사마에 추증되었다. 《전진문(全晉文)》에 그의 문장이 수록되어 있으며, 전원시인 도연명(陶淵明)이 그의 증손이다. 도간은 진민(陳敏)·두도(杜弢)·장창(張昌) 기의(起義)를 평정하였으며, 또한 연합군 주요 장수로서 소준의 난을 평정함으로써 진나라 정권의 안정을 위해 혁혁한 전공(戰功)을 세웠다.

194 단양(丹陽): 강소성에 위치하는데, 지금은 현급시(縣級市)에 속한다.

195 파양(鄱陽): 지금은 파양현(鄱陽縣)으로, 강서성에 위치한다.

196 효렴(孝廉): 한 무제 때 설립한 찰거제(察擧制) 시험으로, 관리를 임용하는 일종의 과목(科目)이다.

197 대(大): 대사마(大司馬). 도간은 사후에 대사마에 추증되었기 때문에 여기서 '大'는 '大司馬'가 맞을 것 같다. 양진(兩晉) 때, 대사마는 무관(武官) 중에 가장 높은 직위로 상공(上公)의 하나이며 삼공(三公)의 위에 위치한다. 제일품(第一品)에 속한다.

104. 陶太尉既作廣州[198], 優游無事. 常朝自運甓 **磚也** 於齋外, 暮運於齋內. 人問之, 陶曰: "吾方致力中原, 恐為爾優游, 不復堪事." **《御覽》七百六十七.**

104. 도태위[陶侃]가 광주자사廣州刺史를 맡은 뒤에 별다른 일이 없고 무료하여, 늘 아침이면 스스로 벽돌 **'甓'은 벽돌이란 뜻이다** 을 서재 밖으로 운반했다가 저녁이면 서재 안으로 옮겼다. 사람들이 그 이유를 물으니, 도태위가 "나는 바야흐로 중원지방에 힘을 쏟고자 하는데 이렇게 한가하게 지내니 다시는 그 일을 감당할 수 없을 것 같아 두려워서 그렇소."라고 하였다. **《태평어람》권767.**

105. 康法暢[199]造庾公, 捉麈尾[200]至彼. 公曰: "麈尾過麗, 何以得在?" 答曰: "廉者不求, 貪者不與, 故得在耳." **《御覽》七百**三.

105. 강법창이 유공[庾亮]을 만나러 가면서 주미를 잡고 그곳에 이르렀다. 유공이 "주미가 대단히 멋진데 어떻게 그대에게 있는 것이오?"라고 물으니, 강법창이 "청렴한 자는 구하려고 하지 않고, 탐욕스러운 자에게는 주지 않기 때문에 저에게 있는 것이지요."라고 대답하였다. **《태평어람》권703.**

---

198 광주(廣州): 지금의 광동성(廣東省) 성회(省會).

199 강법창(康法暢): 진대의 승려이다.《고승전(高僧傳)》권4에 <강승연전(康僧淵傳)>이 실려 있다. 주요 작품으로《인물시의론(人物始義論)》등이 있다.

200 주미(麈尾): 승려나 청담가들이 담론할 때 벌레를 쫓거나 먼지를 털 때 사용하는 일종의 도구.

106. 庾翼[201]為荊州都督, 以毛扇上成帝. 帝疑是故物, 侍中劉劭[202]曰: "柏梁[203]雲構, 工匠先居其下; 管絃繁奏, 夔牙[204]先聆其音; 翼之上扇, 以好不以新." **《類聚》六十九.** 季恭[205]聞之曰: "此人宜在帝左右." **《御覽》七百二.**

106. 유익이 형주도독을 맡고 있을 때, 새깃 부채를 성제에게 헌상하였다. 성제가 낡은 부채라고 의심하자 시중 유소가 말했다. "백량대柏梁臺가 구름같이 높아도 장인이 먼저 그 아래에 있었으며, 관현악의 성대한 연주도 악관 백아伯牙가 먼저 그 음률을 들었습니다. 유익이 부채를 헌상한 것은 그 부채가 좋기 때문이지 새것이기 때문이 아닙니다." **《예문유취》권67.** 계공[庾翼]이 그 이야기를 듣고 "이 사람은 마땅히 황제의 좌우에 두어야 한다."라고 하였다. **《태평어람》권702.**

107. 王□為諸人談, 有時或排擯高禿[206], 以如意注林公云: "阿柱, 汝憶

---

201 유익(庾翼): 305년-345년. 자는 치공(稚恭)으로, 영천(潁川) 언릉(鄢陵: 지금의 하남성 언릉현) 사람이다. 동진 중기의 장령(將領)·외척·서예가이다. 유량과 진 명제 황후의 동생이다. 유익은 외모가 준수하였으며 젊었을 때부터 경세대략(經世大略)을 지니고 있었다. 소준의 난 때, 평민의 신분으로 석두성을 수비하였으며, 또한 유량을 따라 온교에게 도망쳤다. 관직은 번양·남군(南郡)·형주자사·안서장군(安西將軍)·정서장군(征西將軍) 등을 역임하였다. 문집 22권이 남아 있으며,《당회요(唐會要)》에서는 유익을 '위진팔군자(魏晉八君子)' 중의 한 사람이라고 하였다.

202 유소(劉劭): ?-352년. 자는 언조(彦祖). 팽성(彭城) 총정리[叢亭里: 지금의 강소성 서주시(徐州市)] 사람이다. 동진의 대신이며, 권신 유외(劉隗)의 종질(從侄)이다. 관직은 어사중승·시중·상서·예장태수를 역임하였다.

203 백양(栢梁): 백양대(栢梁臺). 한 무제 때 세운 누대로, 한나라 장안성 건장궁(建章宮) 북쪽에 있었다. 지금의 섬서성 서안 미앙구(未央區)에 있었다.

204 기아(夔牙): 기는 순(舜) 임금에 의해 발탁된 악관(樂官)이며, 악무(樂舞)의 일을 주관하였다. 아는 백아(伯牙)로, 춘추전국시기 초나라 영도(郢都) 사람이다. 비록 초나라 사람이지만 진(晉)나라 상대부(上大夫)를 역임하였다. 거문고[琴]의 명인이었다.

205 계공(季恭): 유익의 자는 '稚恭'인데, 여기서는 '季恭'으로 되어 있다. 글자 모양이 비슷하여 나온 오자(誤字)인 것 같다.

206 독(禿): 승려를 일컫는다.

搖櫓時不?" 阿柱乃林公小名. 《書鈔》一百三十五.

107. 왕□이 여러 사람과 담론을 하는데 어떤 때는 고명한 승려를 물리치기도 했는데, 여의를 임공[支遁]에게 던지면서 "아주, 그대는 노를 젓던 때를 기억하는가?"라고 말하였다. '아주'는 곧 임공의 어릴 때 이름이다. 《북당서초》권135.

108. 諸人嘗要阮光祿[207]共詣林公, 阮曰: "欲聞其言, 惡見其面." 《世說·容止篇》注.

108. 여러 사람들이 일찍이 완광록[阮裕]에게 임공[支遁]을 함께 찾아가자고 하였더니, 완광록이 "그의 말은 듣고 싶으나 그의 얼굴은 보고 싶지 않소."라고 하였다. 《세설신어·용지》주.

109. 林公云: "文度[208]著膩顏[209], 挾《左傳》, 逐鄭康成, 自為高足弟子; 篤而論之, 不離塵垢囊[210]也." 《世說·輕詆篇》注.

---

207 완광록(阮光祿): 완유(阮裕). 생졸년 미상. 자는 사광(思曠)으로, 진류(陳留) 사람이다. 동진의 철학가이다. 관직은 임해태수(臨海太守)·동양태수(東陽太守)·산기상시·국자좨주·금자광록대부(金紫光祿大夫)·시중을 역임하였다. 완적(阮籍)의 족제(族弟)이다. 그는 성격이 호쾌하고 사심이 없는 것으로 유명했다. 초임은 왕돈의 주부(主簿)였다.

208 문도(文度): 왕탄지(王坦之). 330년-375년. 문도는 자로, 태원 진양 사람이다. 동진의 명신·서예가이다. 동진 상서령 왕술(王述)의 아들이다. 사안(謝安) 등과 연합하여 대사마 환온에게 대항하였다. 관직은 시중·좌위장군(左衛將軍)·중서령·단양윤(丹陽尹)·북중낭장(北中郎將)·서연이주자사(徐兗二州刺史) 등을 역임하였다. 작품으로《废庄论》등이 있다.

209 안(顏): 안갑(顏帢). 고대 모자의 일종으로, 모양은 갓[皮弁]과 유사하며 비단으로 만든다.

210 진구낭(塵垢囊): 먼지와 때가 가득한 주머니의 뜻으로 학식과 재능이 없는 사람을

109. 임공[支道林]이 말하였다. "왕문도[王坦之]는 때가 낀 모자를 쓰고 《좌전》을 끼고 정강성[鄭玄]을 좇아 다니면서 스스로 수제자로 여기고 있다. 확실하게 따져 보면 속세를 벗어나지 못한다." **《세설신어·경저편》주.**

110. 謝興在中朝, 恆游宴, 還家甚少. 過江不復宿行, 后一宿行, 家遣之, 乃自歎曰: "不復作樂曰分, 在朝, 與阮千里[211]總章[212]重聽一典, 六日亡歸, 今一宿行而家業紙也." **《書鈔》一百五. 案: 家遣之已下有訛奪字, 《唐類函》引作謝興在中朝, 恆游宴, 還家甚少. 偶與阮千里總章中聽一典, 六日亡歸. 亦臆改.**

110. 사흥이 서진에 있을 때, 늘 연회를 즐기느라 집에 돌아가는 날이 매우 적었다. 장강長江을 건너온 후에는 다시 밤을 새지 않았는데, 후에 한 번 밤을 샜더니 집에서 그를 좇아내자, 스스로 탄식하면서 "다시는 즐기지 못하는 것이 운명이구나. 옛날 서진의 조정에서는 완천리[阮瞻]와 더불어 총장에서 전례典禮 음악을 거듭 듣는 바람에 엿새나 집에 돌아가지 못했는데, 이제는 한 번 밤을 샜는데도 가도家道가 종이처럼 얇아졌구나."라고 하였다. **《북당서초》권105. 안: '家遣之' 이하에 틀렸거나 빠진 글자가 있다. 《당류함》의 인용에는 사흥이 서진에 있을 때, 항상 연회를 즐기느라 집에 돌아가는 날이 매우 적었다. 우연히 완천리와 더불어 총장에서 전례 음악을 듣는 바람에 엿새나 집에 돌아가지 못하였다고 되어 있다. 이 역시 억측으로 문장을 바꾼 것이다.**

비유한다. 또한 세속을 일컫기도 한다.

211 완천리(阮千里): 완첨(阮瞻), 천리는 자로, 진류 위씨(尉氏) 사람이다. 죽림칠현 중의 한 사람인 완함(阮咸)의 아들이다. 태자사인을 역임하였다.

212 총장(總章): 천자가 조회를 행하던 정전(正殿)의 서쪽을 향한 당(堂).

111. 謝尚[213]字仁祖, 酒後為鴝鵒舞[214], 一坐傾笑.《六帖》九十五.

111. 사상의 자는 인조로, 술을 마신 후에 구욕무를 추니 좌중의 사람들이 폭소를 터뜨렸다.《백공육첩》권95.

112. 謝鎮西著紫羅襦, 乃據胡床[215], 在大市佛圖門樓上,《書鈔》引無此句. 彈琵琶, 作《大道曲》[216].《書鈔》一百二十九.《類聚》四十四又七十.《御覽》五百八十三又六百九十五.

112. 사진서[謝尙]는 자주빛 비단 저고리를 입고 호상에 걸터앉아 큰 시장의 불사佛寺 문루에서《북당서초》의 인용에는 이 구절이 없다. 비파를 타면서 <대도곡>을 지었다.《북당서초》권129.《예문유취》권44·70.《태평어람》권583·695.

113. 謝公[217]云: "小時在殿廷, 會見丞相, 便覺清風來拂人."《世說·容止篇》注.

---

213 사상(謝尙): 308년-357년. 어릴 적 이름은 견석(堅石)이다. 진군(陳郡) 양하[陽夏: 지금의 하남성 태강현(太康縣)] 사람이다. 동진의 명사·장령이다. 예장태수 사곤(謝鯤)의 아들이며, 태부 사안의 종형(從兄)이다. 어렸을 때부터 재능과 지혜가 뛰어났으며 음률에 정통하였고 춤을 잘 추었다. 또한 서법과 청담에도 뛰어났다. 관직은 회계왕우(會稽王友)·급사황문시랑·강하상(江夏相)·강주자사·상서복야·진서장군(鎭西將軍) 등의 직을 역임하였다.

214 구욕무(鸜鵒舞): 진대의 춤 이름으로, 구욕의 동작을 모방한 춤. 구욕은 구관조(九官鳥)의 일종.

215 호상(胡床): 접을 수 있는 작은 의자. 사람이 앉는 면은 나무가 아니고 접을 수 있는 천 등을 사용하며, 양쪽의 다리는 합칠 수 있다.

216 대도곡(大道曲): 사상의 오언고시로, 그 시는 다음과 같다. "봄날 2·3월은 버드나무 푸르고 복숭아 꽃 다시 붉어지네. 수레 끄는 말들은 서로 알지 못하고 모든 음악은 누런 먼지 속에 사라지네.(青陽二三月, 柳青桃復紅. 車馬不相識, 音落黃埃中.)"

217 사공(謝公): 사안(謝安). 320년-385년. 자는 안석(安石), 진군(陳郡) 양하[陽夏: 지금

113. 사공[謝安]이 말하였다. "어렸을 때 궁정에서 왕승상[王導]을 만났는데, 맑은 바람이 사람에게 불어오는 것을 바로 느꼈다." **《세설신어·용지편》주.**

114. 謝安謂裴啟[218]云: "乃可不惡, 何得為復飲酒." **《世說·輕詆篇》.**

114. 사안이 배계에게 말하였다. "그대는 본래 성품이 나쁘지 않은데, 어떻게 다시 술을 마시고 명사名士인 척하는가?" **《세설신어·경저편》.**

115. 謝安目支道林如九方皋[219]之相馬, 略其玄黃, 取其俊逸. **《世說·輕詆篇》.**

115. 사안이 지도림을 품평한 것은 구방고가 말을 살펴보는 것과 같아서 말의 검고 누런 빛깔은 살피지 않고 말의 준일함을 취하였다. **《세설신어·경저편》.**

의 하남성 태강현(太康縣)] 사람으로, 동진의 정치가이며, 청담으로 유명하다. 간문제(簡文帝) 사후에 왕탄지와 환온의 찬탈 의도를 물리쳤다. 환온이 죽은 후 왕표지(王彪之) 등과 정권을 보좌하였다. 비수(淝水) 싸움에서 8만 명의 병력으로 백만의 전진(前秦) 군대를 물리치고 진나라의 명맥을 잇게 했다. 관직은 정서대장군사마(征西大將軍司馬)·오흥태수(吳興太守)·시중·이부상서·중호군(中護軍) 등의 직을 역임하였다. 병사 후, 태부·여릉군공(廬陵郡公)에 추증되었다.

218 배계(裴啓): 배계 또는 배영(裴榮). 생졸년 미상. 자는 영기(榮期)로, 하동[河東: 산서성 운성(運城) 동쪽] 사람이다.《어림(語林)》한 부로 문단에 이름을 날렸다.

219 구방고(九方皐): 구방인(九方歅·九方堙)이라고도 한다. 생졸년 미상. 춘추시대 말의 생김새를 보고 그 말의 좋고 나쁨을 감정하는 상마가(相馬家). 그는 백락(伯樂)의 추천을 받아 진(秦) 목공(穆公)을 위해 3개월 동안 말을 봐줬다. 그는 말을 보면서 외형을 중시하지 않고 본질에 치중하였다.

116. 謝太傅問諸子姪曰: "子弟何豫人事, 而正欲使其佳?" 諸人莫有言者. 車騎[220]答曰: "譬如芝蘭[221]玉樹[222], 欲其生於庭階也." **《類聚》八十一, 又六十四. 《初學記》二十七.**

116. 사태부[謝安]가 여러 자제와 조카에게 물었다. "너희들은 어떻게 다른 사람의 일에 참여하여 바로 그 사람을 잘 되게 하려고 하는가?" 여러 사람이 아무도 대답을 못 했는데, 사거기[謝玄]가 대답하였다. "비유하자면 지란과 옥수를 그들의 뜰과 섬돌에서 자라게 하려는 것과 같습니다." **《예문유취》권81·64. 《초학기》권27.**

117. 有人詣謝公別, 謝公流涕, 人了不悲. 既去, 左右曰: "客殊自密雲." 謝公曰: "非徒密雲, 乃自旱雷." **《御覽》四百八十九.**

117. 어떤 사람이 사공[謝安]을 만나고 작별하였는데, 사공은 눈물을 흘렸으나 그 사람은 전혀 슬퍼하지 않았다. 그 사람이 가자 좌우의 사람들이 "이 손님은 특별한데 본래 짙은 구름인 것 같습니다."라고 하니, 사공이 "짙은 구름일 뿐만 아니라 본래 마른벼락인 것 같구나."라고 하였다. **《태평어람》권489.**

---

220 거기(車騎): 거기는 거기장군(車騎將軍)을 일컫는다. 여기서 거기는 사거기(謝車騎)로, 동진의 명장(名將)인 사현(謝玄)을 말한다. 343년-388년. 자는 유도(幼度)로, 진군 양하 사람이다. 예주자사 사혁(謝奕)의 아들이며, 태부 사안의 조카이다. 건무장군(建武將軍)·연주자사·광릉상(廣陵相)·서주자사 등을 역임하였다. 비수의 싸움에서 사안과 더불어 대승을 거두었다. 병사 후, 거기장군·개부의동삼사에 추증되었다. 거기장군은 중국 고대의 고위급 장군. 동한(東漢) 말부터 상설된 장군 관직명으로, 당(唐)나라 이후에 폐지되었다.

221 지란(芝蘭): 영지(靈芝)와 난초(蘭草)로, 모두 향초(香草)이다.

222 옥수(玉樹): 전설 중의 선수(仙樹).

118. 羊驎因酒醉, 撫謝左軍謂太傅曰: "此家詎復後鎮西?" 太傅曰: "汝阿見子敬[223], 便沐浴為論兄輩." **《世說·賞譽篇》注.**

118. 양린이 술에 취해 사좌군[謝玄]을 어루만지면서 태부[謝安]에게 "이 사람이 어찌 또한 진서장군[謝尙]보다 뒤지겠습니까?"라고 하자, 태부가 "너는 자경[王獻之]을 아부하는 자세로 만나고서도 바로 은혜를 입은 듯이 선배로 여기더군."이라고 하였다. **《세설신어·상예편》주.**

119. 太傅[224]府有三才: 裴邈[225]清才, 潘陽仲[226]大才, 劉慶孫[227]長才. **《御**

---

223 자경(子敬): 왕헌지(王獻之). 344년-386년. 자가 자경이며 아명은 관노(官奴)이다. 낭야 임기 사람이다. 동진의 관원·서예가·화가·시인이다. 왕희지의 아들이며, 간문제 사마욱의 사위이자 안제(安帝) 사마덕종(司馬德宗)의 장인이다. 관직은 비서랑·사도좌장사·오흥태수·중서령 등을 역임하였다. 서예사에서 왕희지와 더불어 '이왕(二王)'이라 병칭되고 있다.

224 태부(太傅): 사마월(司馬越). ?-311년. 자는 원초(元超)로, 하내 온현 사람이다. 진 무제 사마염의 종형제. 서진의 종친(宗親)이자, 진(晉) 혜제(惠帝)에서 진(晉) 회제(懷帝) 시기까지의 권신이다. 팔왕의 난에 참여하였다. 관직은 산기시랑·시중·보국장군(輔國將軍)·상서우복야·중서령·사공겸중서감(司空兼中書監) 등을 역임하였으며, 동해왕 작위를 받았다. 팔왕의 난 후기에 그는 장사왕(長沙王) 사마예·성도왕 사마영·하간왕(河間王) 사마옹(司馬顒) 등의 세력을 격파한 후 서진의 정권을 장악하기 시작하였다. 아울러 진 혜제 사후, 혜제의 동생인 사마치(司馬熾)를 황제로 옹립하였는데, 바로 진 회제이다. 사마월은 태부로 자임하고 조정을 보좌하면서 전권을 휘둘렀다.

225 배막(裴邈): 대략 기원전 310년 전후 생존. 자는 경성(景聲)으로, 하동군(河東郡) 문희현(聞喜縣: 지금의 산서성 문희현) 사람이다. 진의 대신이자 서예가이다. 관직은 태부종사중랑(太傅從事中郎)·좌사마(左司馬) 등을 역임하였다.

226 반양중(潘陽仲): 반도(潘滔). ?-영가(永嘉: 307년-312년) 말년. 양중은 자이며, 형양(滎陽) 중모(中牟: 하남성 중모현) 사람이다. 서진의 대신이다. 동해왕 사마월에 의해 장사(長史)가 되었으며, 유여(劉輿)·배막과 함께 '월부삼재(越府三才: 사마월 막부의 세 인재)'로 불렸다. 관직은 황문랑(黃門郎)·산기시랑·하남윤을 역임하였다.

227 유경손(劉慶孫): 유여(劉輿). 265년-311년. 경손은 자로, 중산군(中山郡) 위창현[魏昌

覽》二百六.

119. 태부[司馬越]의 막부幕府에는 세 사람의 인재가 있었다. 배막은 품행이 고결한 청재요, 반양중[潘滔]은 학식이 높은 대재이며, 유경손[劉輿]은 재능이 특출한 장재였다. **《태평어람》권206.**

120. 王太保[228]作荊州, **三字《御覽》引有.** 有二兒亡, 一兒欲還葬舊塋, 一兒欲留葬, 太保乃垂涕曰: "念故鄉, 仁也; 不戀本土, 達也; 唯仁與達, 吾二子其有焉." **《書鈔》九十二. 《御覽》三百八十七又五百五十六.**

120. 왕태보[王祥]가 형주자사로 있을 때 **3자는 《태평어람》의 인용에는 있다.** 두 아들이 죽었는데, 한 아들은 돌아가 선영에 묻히고자 하였고, 다른 아들은 남아서 형주에 묻히고자 하였다. 왕태보는 눈물을 흘리면서 "고향을 그리워하는 것은 '인仁'이요, 태어난 땅에 연연하지 않는 것은 '달達'이다. 오직 '인'과 '달'이 나의 두 아들에게 있구나."라고 하였다. **《북당서초》권92. 《태평어람》권387·556.**

縣: 지금의 하북성 무극(無極)]사람이다. 서진의 대신으로, 중서시랑·영천태수·정로장군(征虜將軍)·위군태수(魏郡太守)·사도좌장사 등을 역임하였다. 사후, 표기장군으로 추증되었다.

228 왕태보(王太保): 왕상(王祥). 184년(또는 180년)-268년. 자는 휴징(休徵)으로, 낭야 임기 사람이다. 위진(魏晉) 및 서진의 대신이다. 조위(曹魏)에서 현령·대사농·사공·태위 등을 역임하였다. 서진 건립 후에는 태보가 되었다. 태보는 삼공의 하나로, 그 직위가 태부·태사 아래에 있었으며, 임금을 보좌하는 관리이다. 서진 때에 설치한 태자태보는 태자를 보좌하는 직책이다.

121. 雷有寵, 生恬[229]·洽[230]. **《世說·惑溺篇》云: 王丞相有幸妾姓雷, 頗預政事, 納貨, 蔡公謂之"雷尚書". 注引《語林》云云.**

121. 왕승상[王導]에게는 총애하는 뇌씨雷氏가 있었는데, 그녀는 왕념王恬과 왕흡王洽을 낳았다. **《세설신어·혹닉편》에는 "왕승상에게는 뇌씨 성을 가진 총애하는 첩이 있었는데, 자못 정사에 간여하고 뇌물을 받았으니, 채공이 그녀를 '뇌상서'라고 불렀다."라고 하였는데, 주에서 《어림》을 인용하였다.**

122. 蘇峻新平, 帑藏空, 猶餘數千端麤練. 王公謂諸公曰: "國家凋敝, 貢御不致; 但恐賣練不售, 吾當與諸賢各製練服之." 月日間賣遂大售, 端至一金[231]. **《御覽》八百二十八.**

122. 소준의 난이 막 평정되었으나, 국고는 텅 비어 있고 다만 수천 단의 조잡한 베만 남아 있었다. 왕공[王導]이 여러 신하들에게 "국가가 쇠미해지니 지방에서 바치는 공물貢物도 오지 못하고 있소. 베를 팔고자 해도 팔지 못할까 두려우니, 나는 마땅히 여러분과 함께 각기 옷을 지어야만 하겠소."라고 말하였다. 한 달 사이에 그 옷들이 많이 팔렸는데, 한 단의 가격이 일 금에 이르렀다. **《태평어람》권828.**

123. 王丞相拜揚州, 賓客數百人, 並加霑接, 人人有悅色. 唯有臨海[232]一

---

229 염(恬): 왕념(王恬). 314년-349년. 자는 경예(敬豫)로, 낭야 임기 사람이다. 동진의 대신이며 서예가로, 승상 왕도의 차남이다.

230 흡(洽): 왕흡(王洽). 323년-358년. 자는 경화(敬和)로, 낭야 임기 사람이다. 승상 왕도의 셋째 아들이다. 서예가로서는 왕도의 아들 중에서 가장 유명하였다. 관직으로는 중서랑·사도좌장사·오군태수·영군장군을 역임하였다.

231 일금(一金): 옛날 화폐 수량의 명칭. 20량(兩) 혹은 한 근(斤)을 일 금이라고 한다.

232 임해(臨海): 진(晉)나라 당시 임해군(臨海郡)으로, 지금은 절강성의 현급시(縣級市)

客, 姓任 **已上依《世說·政事篇》補.** 名顒, 時官在都, 預王公坐, **《世說》注引《語林》.** 及數胡人為未洽. 公因便還到, 過任邊云: "君出, 臨海便無復人." 任大喜悅, 因過胡人前彈指云: "蘭闍[233]! 蘭闍!" 群胡同笑, 四坐並懽. **及數胡人至此已上並依《世說》補.**

123. 왕승상[王導]이 양주자사가 되었을 때, 빈객 수백 명이 융숭한 대접을 받아 모두 기뻐하였다. 오직 임해에서 온 빈객 한 사람이 있었는데, 성이 임씨이고 **이상은 《세설신어·정사편》에 의거해 보충하였다.** 이름이 옹이었는데, 당시 도성에서 관리로 근무하다가 왕공의 축하 자리에 참석했다. **《세설신어》주에서 《어림》을 인용하였다.** 이 사람과 몇몇 호인만이 흡족해하지 않았다. 왕공이 소변 보러 갔다가 돌아오면서 임옹의 곁을 지나가면서 "그대가 떠나왔으니 임해에는 더 이상 사람이 없겠군요."라고 하니, 임옹은 크게 기뻐하였다. 또한 호인들의 앞을 지나가면서 손가락을 튕기며 "난사! 난사!"라고 하니, 호인들이 함께 웃었고 모든 손님들이 함께 즐거워했다. **'及數胡人'에서 이 이상까지는 《세설신어》에 의거해 보충하였다.**

124. 丞相拜司空, 諸葛道明[234]在公坐, 指冠冕曰: "君當復著此乎?" **《世說·識鑒篇》注. 《御覽》六百八十四有乎字.**

이다.

233 난사(蘭闍): '蘭奢'라고도 한다. 범어(梵語) 혹은 이란어의 음역으로, 칭찬하기 위해 사용하는 단어이다.

234 제갈도명(諸葛道明): 제갈회(諸葛恢). 284년-345년. 도명은 자이며, 낭야 양도[陽都: 지금의 산동성 기남현(沂南縣)] 사람이다. 동진 때 중신이자 명사이다. 중서령·회계태수·시중·좌민상서(左民尚書)·무릉왕사(武陵王師)·산기상시·이부상서·우복야·상서령 등의 관직을 역임하였다. 순개[荀闓: 荀道明]·채모[蔡謨: 蔡道明]와 더불어 '중흥삼명(中興三明)'이라 불렸다. 문집 5권이 남아 있다.

124. 승상[王導]이 사공 벼슬을 받았을 때, 제갈도명이 왕공과 함께 자리를 하고 있었는데, 왕공이 자신의 모자를 가리키며 "그대도 마땅히 이것을 쓸 것이오."라고 하였다. **《세설신어·식감편》주. 《태평어람》권684에는 '乎'자가 있다.**

125. 明帝函封與庾公信, 誤致與王公. 王公開詔, 末云: "勿使冶城公知道." 既視, 表答曰: "伏讀明詔, 似不在臣. 臣開臣閉, 無有見者." 明帝甚愧, 數月不能出見王公. **《書鈔》一百三. 《御覽》四百九十一, 又五百九十三.**

125. 진 명제가 유공[庾亮]에게 상자에 넣어 봉한 편지를 보내다가 잘못하여 왕공[王導]에게 보내졌다. 왕공이 편지를 열어 보니 끝부분에 "야성공[王導]이 알게 하지 마시오."라는 구절이 있었다. 왕공은 다 보고서 표문을 올려 "엎드려 영명永明한 조서詔書를 읽었사온데, 아마 신에게 보내신 것이 아닌 듯합니다. 소신이 개봉하고 소신이 봉하였으니 달리 본 사람은 없습니다."라고 답하였다. 명제는 몹시 부끄러워서 몇 달 동안 왕공을 접견할 수 없었다. **《북당서초》권103. 《태평어람》권491·593.**

126. 何公[235]為揚州, 有葬親者, 乞數萬錢, 而帳下無有. 揚州常有檛 **胡恩**

235 하공(何公): 하충(何充). 292년-346년. 자는 차도(次道)이며, 여강군(廬江郡) 첨현[灊縣: 지금의 안휘성 곽산현(霍山縣)] 사람이다. 동진의 중신이다. 동진 시기 중신으로, 위나라 때 광록대부(光祿大夫) 하정(何楨)의 증손이며 안풍태수(安豐太守) 하예(何睿)의 아들이다. 명목황후(明穆皇后) 유씨(庾氏)의 여동생에게 장가들었다. 소준의 난을 평정한 공훈이 있다. 진(晉) 강제(康帝)와 진(晉) 목제(穆帝)를 보좌하였으며, 산기상시·동양태수·회계태수·단양윤·이부상서·표기장군·녹상서사·중서령 등의 관직을 역임하였다.

切. 一引作糲. 米[236], 以賑孤寡, 乃有萬餘斛[237]. 虞存為治中[238], 面見, 道: "帳下空素, 求粲[239] 一引作糶. 此米." 何公曰: "何次道義不與孤寡爭粒." 《御覽》二百五十八又四百二十六. 《書鈔》三十八引無葬親二句, 末云何名宏, 字以道, 蓋永興注.

126. 하공[何充]이 양주자사로 있을 때, 부모 장례를 치르려는 어떤 사람이 수만 전의 돈을 빌리고자 했는데 관아에는 돈이 없었다. 양주에는 항상 현미가 **槝: 호은절. 한 인용에는 '糲'로 되어 있다.** 있어서 고아와 과부들을 구휼하였는데, 그것이 만여 곡이나 되었다. 우존이 치중을 맡고 있었는데, 하공을 만나보고 "관아의 창고는 텅 비어 있으니, 이 쌀을 내다 팔기를 **한 인용에는 '糶'로 되어 있다.** 요청드립니다."라고 말하니, 하공이 "나 하차도는 도의상 고아와 과부들과 쌀을 다투지 못하네."라고 하였다. **《태평어람》권258·426. 《북당서초》권38의 인용에는 '葬親' 2구가 없는데, 끝에 '하는 이름이 굉이며, 자는 이도이다'라고 하였는데, 대개 영흥의 주이다.**

127. 阮光祿聞何次道為宰相, 歎曰: "我當何處生活?" 《世說·品藻篇》注.

127. 완광록[阮裕]은 하차도가 재상이 되었다는 말을 듣고, 탄식하며 "나는 마땅히 어느 곳에 살아야 한단 말인가?"라고 하였다. **《세설신어·품조편》주.**

---

236 오미(槝米): 어떤 쌀인지 불분명하다. 여기서는 주에 의거하여 '여미(糲米)' 즉 '현미'로 번역하였다.

237 곡(斛): 옛날 용적(容積) 단위. 10말의 용량.

238 치중(治中): 치중종사사(治中從事史) 또는 치중종사(治中從事). 주자사(州刺史)의 고급 보좌관으로, 여러 관서의 문서를 주관한다.

239 찬(粲): 정미(精米)의 뜻으로, 질이 좋은 상등미(上等米)를 가리킨다. 그러나 여기서는 주에 의거하여 '조(糶)' 자로 보고 '곡물을 내다 팔다'라는 의미로 번역하였다.

128. 王仲祖有好儀形, **《御覽》引作少有三達**. 每覽鏡自照曰: "王文開[240] 那生如馨[241]兒?" **《御覽》引作王開山那得此兒**. 時人謂之達也. **《世說·容止篇》注**. 又酷貧, 帽敗; 自以形美, 乃入帽肆就帽嫗戲, 乃得新帽. **《御覽》八百二十八**.

128. 왕중조[王濛]는 의용儀容이 뛰어났는데, **《태평어람》의 인용에는 '젊어서부터 지智·인仁·용勇이 있었다'라고 되어 있다**. 매번 거울에 자신을 비추어 보면서 "왕문개[王訥]는 어떻게 이런 아들을 낳았을까?"라고 말하곤 했다. **《태평어람》의 인용에는 '왕개산은 어떻게 이런 아들을 얻었을까'로 되어 있다**. 당시 사람들은 그를 방달放達하다고 했다. **《세설신어·용지편》주**. 또 몹시 가난하였는데, 모자가 떨어지자 스스로 용모가 아름답다고 여겨, 모자 가게에 들어가 모자 가게 노파에게 농을 걸어 새 모자를 얻었다. **《태평어람》권828**.

129. 王仲祖病, 劉真長為稱藥, 荀令則[242]為量水矣. **《御覽》七百三十九**.

129. 왕중조가 병이 들자, 유진장[劉惔]은 약을 저울에 달고, 순영칙은 탕약 물의 양을 재었다. **《태평어람》권739**.

240 왕문개(王文開): 왕눌(王訥). 생졸년 미상. 문개는 자이다. 왕몽의 아버지이자, 왕돈의 사촌 동생이다. 왕돈에 의해 형주자사에 임명되었다.

241 여형(如馨): 육조시대 구어로, '如此(이와 같다)'와 같은 뜻이다.

242 순영칙(荀令則): 순이(荀羡). 322년-359년. 영칙은 자로, 영천군(潁川郡) 영음현[潁陰縣: 지금의 하남성 허창시(許昌市)] 사람이다. 동진의 장령(將領)이다. 위진 명문 '영천 순씨' 출신으로, 진 원제 사마예의 딸 심양공주(尋陽公主)에게 장가들어 부마도위에 제수되었다. 관직은 건위장군(建威將軍)·오국내사(吳國內史)·북중랑장(北中郎將)·서주자사 등을 역임하였다. 영화(永和) 5년에 서주자사에 임명되었는데, 동진 건국 이래 가장 젊은 자사였다. 그의 형 순유(荀蕤)와 더불어 '이옥(二玉)'이라 불렸다.

130. 桓宣武外甥, 恆在坐鼓琵琶. 宣武醉後, 指琵琶曰: "名士固亦操斯器." 《御覽》五百八十三.

130. 환선무[桓溫]의 외조카는 늘 자리에서 비파를 연주하였다. 환선무는 술이 취하면 비파를 가리키며 "명사라면 진실로 또한 이러한 악기를 다룰 수 있어야 한다."라고 하였다. 《태평어람》권583.

131. 桓宣武性儉, 著故褌, 上馬不調, 裩敗, 五形遂露. 《御覽》六百九十六.

131. 환선무는 성품이 검소하여 오래된 잠방이를 입었는데, 말을 타면서 몸의 균형을 잡지 못해 잠방이가 찢어져 신체가 노출되어 버렸다. 《태평어람》권696.

132. 桓宣武與殷·劉談, 不知其不堪; 五字《御覽》引作不如甚. 喚左右取黃皮褲褶, 上馬持矛數迴, 《書鈔》一百二十四. 或向劉, 或擬殷, 意氣始得雄王. 《御覽》三百五十四.

132. 환선무가 은호·유담 등과 청담을 나누다가 뜻밖에도 그들을 감당할 수 없게 되자 5자는 《태평어람》의 인용에는 '不如甚'으로 되어 있다. 좌우의 부하들을 불러 누런 가죽 바지를 가져오게 하고, 말에 올라 창을 잡고 몇 바퀴 돌면서 《북당서초》권124. 유담에게 향하기도 하고 은호에게 겨누기도 하였는데, 그의 의기가 비로소 양양揚揚할 수 있었다. 《태평어람》권354.

133. 桓溫自以雄姿風氣, 是司馬宣王劉越石[243]一輩器, 有以比王大將軍者, 意大不平. 征苻犍[244]還, 於北方得一巧作老婢, 乃是劉越石妓女. 一見溫入, 潸然而泣. 溫問其故, 答曰: "官家甚似劉司空." 溫大悅, 即出外. 脩整衣冠, 又入, 呼問: "我何處似司空?" 婢答曰: "眼甚似, 恨小; 面甚似, 恨薄; 鬚甚似, 恨赤; 形甚似, 恨短; 聲甚似, 恨雌." 宣武於是弛冠解帶, 不覺惛然而睡, 不怡者數日. 《御覽》三百九十六.

133. 환온은 자신의 사내다운 자태와 풍도로써 사마선왕[司馬懿]과 유월석[劉琨] 등의 무리와 그릇이 같다고 여겼는데, 어떤 사람이 자신을 왕대장군[王敦]과 비교하자 크게 불만을 가졌다. 부건을 원정하고 돌아오면서 북방에서 우연히 나이가 든 여인을 얻게 되었는데, 바로 유월석의 기녀였다. 그녀는 환온이 들어오는 것을 보자마자 눈물을 흘리며 울었다. 환온이 그 이유를 물었더니, "나리께서는 유사공[劉琨]과 대단히 닮았기 때문입니다."라고 대답하였다. 환온은 크게 기뻐하며 곧 밖으로 나갔다. 의관을 정제하고 다시 들어와 그녀를 불러서 "나의 어디가 유사공과 닮았소?"라고 물었다. 그녀가 "눈은

---

243 유월석(劉越石): 유곤(劉琨). 271년-318년. 월석은 자로, 중산(中山) 위창[魏昌: 지금의 하북성 무극현(無極縣)] 사람이다. 서진 시기 걸출한 정치가·문학가·음악가·군사가이다. 금곡(金谷) '이십사우(二十四友)'의 주요 구성원이다. 병주자사(幷州刺史)·사공·대장군·도독병기유제군사(都督幷冀幽諸軍事) 등의 관직을 역임하였다. 병주가 석륵(石勒)에 함락된 후에 유주자사 단필제(段匹磾)에게 투항하고 그와 형제가 되기로 약속하였으나, 처참하게 살해당했다. 문학에 뛰어나고 음률에 정통하였다. 시가는 대부분 변경 생활을 묘사하였다. 명대 장부(張溥)가 《유중산집(劉中山集)》을 편찬하였다.

244 부건(苻犍): 부건(苻健). 317년-355년. 자는 건업(建業)으로, 약양군(略陽郡) 임위현[臨渭縣: 지금의 감숙성 진안현(秦安縣)] 사람이다. 저족(氐族)으로, 전진(前秦) 개국 황제이다. 정치가·군사가이며, 혜무제(惠武帝) 부홍(苻洪)의 아들이다. 시호는 명제(明帝)로, 그 뒤를 부견(符堅)이 계승하였다.

대단히 비슷한데 작은 것이 흠이고, 얼굴도 대단히 비슷한데 윤곽이 얇은 것이 흠이고, 수염도 대단히 비슷한데 붉은색이 흠이고, 체형도 대단히 비슷한데 작은 것이 흠이고, 목소리도 대단히 비슷한데 여자 같은 게 흠입니다."라고 대답하였다. 환선무는 이에 모자를 벗고 허리띠를 풀더니 자신도 모르게 혼미昏迷하여 잠들어 버렸는데, 며칠 동안 불쾌해하였다. **《태평어람》권396.**

134. 羅含[245]在桓宣武坐, 人介與他人相識, 含正容曰: "所識已多, 不煩復爾." **《御覽》四百九十八.**

134. 나함이 환선무가 마련한 자리에 있었는데, 사람들이 서로 알도록 다른 사람들에게 소개하자, 나함이 정색하면서 "아는 사람이 이미 많으니 번거롭게 더 이상 이러지 마십시오."라고 하였다. **《태평어람》권498.**

135. 袁真[246]為監軍[247], 范玄平[248]作吏部尚書[249], 一坐語袁: "卿此選還不

245 나함(羅含): 292년-372년. 자는 군장(君章), 호는 부화(富和)이며, 형양군(衡陽郡) 뇌양현(耒陽縣: 지금의 호남성 뇌양시) 사람이다. 사상가·철학가·문학가·지리학자이며, 중국 산수산문(山水散文) 창작의 선구자이다. 관직은 상서랑·산기시랑·정위·시중·장사상(長沙相) 등을 역임하였으며, 중산대부에 봉해졌다. 대표작품으로는《상중기(湘中記)》3권 등이 있다.

246 원진(袁眞): ?-370년. 진군(陳郡) 양하현[陽夏縣: 지금의 하남성 태강현(太康縣)] 사람이다. 동진의 장령이다. 대사마 환온을 따라 북벌에 나섰으나 실패하였다. 관직은 여강태수(廬江太守)·서중랑장(西中郎將)·예주자사 등을 역임하였다.

247 감군(監軍): 군대를 감독하는 관원.

248 범현평(范玄平): 범왕(范汪). 308년-372년. 현평은 자이며, 남양(南陽) 순양[順陽: 지금의 하남성 석천현(淅川縣)] 사람이다. 동진의 정치가·의학자이다. 일찍이 동양태수를 역임하여 범동양(范東陽)이라 부른다. 중령군(中領軍)·안북장군(安北將軍)·서연이주자사 등의 관직을 역임하였다. 차남 범녕(范寧)은 동진의 대유(大儒) 중의 한

失護軍[250].” 袁曰: “卿何事人中作市井?”《類聚》四十八. 《御覽》二百十五.

135. 원진이 감군을 맡고 있을 때 범현평은 이부상서가 되었는데, 어떤 한 자리에서 원진에게 “그대는 이번 인선人選에서 여전히 호군의 자리를 잃지 않을 것이오.”라고 하니, 원진이 “그대는 무슨 일로 사람들 한가운데에서 시장바닥을 만드는 것이오?”라고 하였다. **《예문유취》권48. 《태평어람》권215.**

136. 丞相嘗曰: “堅石挈腳枕琵琶, 故自有天際想.” **《世說·容止篇》注.**

136. 왕승상[王導]이 일찍이 “견석[謝尙]이 다리를 내리고 무릎 위에 비파를 누이면, 천계天界에서 상념에 잠긴 듯하다.”라고 하였다. **《세설신어·용지편》주.**

137. 劉承胤[251]少有淹雅之度, 王·庾·溫公皆素與周旋, 聞其至, 共載看之, 劉倚被囊, 了不與王公言, 神味亦不相酬. 俄頃賓退, 王·庾甚怪此意未能解, 溫曰: “承允好賄, 被下必有珍寶, 當有市井事.” 令人視之, 果見向囊

사람이다.

249 이부상서(吏部尙書): 이전의 상서이부랑(尙書吏部郎)을 서진 건립 후 이부상서로 바꾸었는데, 당시에는 주로 하급관원을 선발하는 책임을 졌다.

250 호군(護軍): 일반적으로 중호군(中護軍)을 가리키는데, 고급 군사장관의 관명이다. 무관(武官)을 선발하고 여러 무장(武將)을 감독·관할하였다.

251 유승윤(劉承胤): 유윤(劉胤). 281년-330년. 승윤은 자로, 동래(東萊) 액현[掖縣: 지금의 산동성 내주(萊州)] 사람이다. 진(晉)나라의 관원·장령이다. 용모가 준수하고 성격이 활달하였으며, 호걸들과 교제를 잘하여 선비들의 추앙을 깊게 받았다. 상서이부랑·평남장군(平南將軍)·산기상시·도독강주제군사·강주자사 등의 관직을 역임하였다. 관직의 지위가 점점 오르자, 날로 교만해지고 음주에 빠져 정사(政事)는 돌보지 않고 크게 재산을 긁어모았다. 결국 장군 곽묵(郭黙)에게 살해당했다.

皆珍玩, 正與胡父譜賈. **譜賈, 賣鬻.《御覽》七百四.**

137. 유승윤이 젊을 때부터 박학하고 고아한 풍도風度를 지니고 있었으므로 왕도·유량·온교 등은 모두 평소에 그와 교유하였는데, 유승윤이 왔다는 말을 듣고 모두 수레를 타고 보러 갔더니, 유승윤은 이불 보따리에 기대어 왕도 일행과 전혀 말을 나누지 않았으며, 표정조차도 응대하려 하지 않았다. 잠시 후에 손님들이 물러가자, 왕도와 유량은 그것을 매우 괴이하게 여겼으나 아무리 생각해도 이해할 수가 없었는데, 온교가 "유승윤은 뇌물을 좋아하니 이불 밑에는 반드시 진귀한 보물이 있었을 것이며, 마땅히 장사를 했을 것이오."라고 하였다. 사람을 시켜 보게 했더니, 과연 방금 그 보따리 안에는 모두 진귀한 물품들이 있었는데, 바로 호상胡商에게 파는 것들이었다. **'譜賈'는 판다는 뜻이다.《태평어람》권704.**

138. 謝萬[252]就安乞裘, 云畏寒. 答曰: "君妄語, 正欲以為豪具耳 ! 若畏寒, 無復勝綿者." 以三千 **一引作十.** 斤綿與謝. **《御覽》六百九十四又八百十九.**

138. 사만이 사안謝安에게 갖옷을 구하면서 추위가 걱정되어서라고 하였다. 사안이 "그대는 터무니없는 말을 하는군. 바로 호사스러운 물건을 갖고 싶을 따름이지! 만약 추위가 걱정된다면 솜보다 더

252 사만(謝萬): 320년-361년. 자는 만석(萬石)으로, 진군(陳郡) 양하[陽夏: 지금의 하남성 태강현(太康縣)] 사람이다. 동진의 대신이자 명사이며, 태상경(太常卿) 사부(謝裒)의 아들이며 태보 사안의 동생으로, 청담에 능하였다. 서중랑장·예주자사·회남태수 등을 역임하였다. 대사마 환온이 집정할 때 치담(郗曇)을 따라 전연(前燕)을 치러 갔다. 왕희지의 권고를 듣지 않고 대패하여 돌아와 예주 대부분을 잃고 죄를 받아 서민이 되었다.

좋은 게 없지."라고 대답하더니, 3천 **한 인용에서는 '十'으로 되어 있다.** 근의 솜을 사만에게 주었다. **《태평어람》권694·819.**

139. 王藍田[253]食雞子, 以箸刺之不得, 便大怒, **王述也.** 投於地. **《御覽》七百六十.**

139. 왕남전[王述]이 계란을 먹는데 젓가락으로 계란을 집지 못하자 그는 크게 화를 내며 **왕술이다.** 계란을 땅에 던져버렸다. **《태평어람》권760.**

140. 王藍田少有癡稱, 王丞相以門第辟之. 既見, 他無所問, 問來時米幾價? 藍田不答, 直張目視王公. 王公云: "王掾[254]不癡, 何以云癡?" **《御覽》二百四十九, 又四百九十.**

140. 왕남전은 어릴 때 어리석은 사람으로 불렸다. 왕승상[王導]은 가문 중에서 한 사람을 선발하여 관직을 주려고 하였다. 왕승상이 왕남전을 만나게 되자 다른 것은 묻지도 않고 "요즘 쌀값은 얼마인가?"라고 물으니, 왕남전은 아무 말도 없이 곧바로 눈을 크게 뜨고 왕공을 쳐다보았다. 왕공이 "왕연[王藍田]은 어리석지 않거늘 어째서 어리석다고 하는가?"라고 말하였다. **《태평어람》권249·490.**

---

253 왕남전(王藍田): 왕술(王述). 303년-368년. 자는 회조(懷祖)이며, 태원 진양 사람이다. 동진의 관원이며 동해태수(東海太守) 왕승(王承)의 아들이며, 왕탄지(王坦之)의 아버지이다. 왕술은 어려서 아버지를 여의고 남전후(藍田侯)에 봉해졌다. 관직은 양주도독(揚州都督)·상서령·산기상시 등을 역임하였다. 남전(藍田)은 섬서성 서안시에 소속된 지역으로, 지금은 남전현(藍田縣)으로 되어 있다.

254 연(掾): '掾'은 고대 속관의 의미이다.

141. 王藍田作會稽, 外自請諱, 答曰: “惟祖惟考, 四海所知, 過此無所復諱.” **《書鈔》九十四. 《御覽》五百六十二.**

141. 왕남전이 회계태수를 맡게 되자 밖에서 선친의 이름을 알려달라는 요청이 있었다. 왕남전이 대답하였다. “조부님과 부친은 천하에서 모두 알고 있으니, 여기에서 더 피휘할 것이 없습니다.” **《북당서초》권94. 《태평어람》권562.**

142. 孫興公[255]作永嘉郡, 郡人甚輕之. 桓公後遣傳教, 令作敬夫人[256]碑, 郡人云: “故當有才! 不爾, 桓公那得令作碑?” 於此重之. **《御覽》五百八十九.**

142. 손흥공[孫綽]이 영가군을 다스리게 되었는데, 군의 백성들이 그를 가볍게 여겼다. 환공[桓溫]이 후에 전교를 보내 어머니 경부인의 비문을 짓게 하자 군의 백성들은 “진실로 재주를 가졌나 보군! 그렇지 않고서야 환공이 어떻게 비문을 짓게 한단 말인가?”라고 하였다. 이때부터 그를 대단하게 여겼다. **《태평어람》권589.**

143. 褚公[257]與孫綽游曲阿後湖, 狂風忽起, 舫欲傾. 褚公已醉, 乃曰: “此

---

255 손흥공(孫興公): 손작(孫綽). 314년-371년. 흥공은 자로, 태원(太原) 중도[中都: 지금의 산서(山西) 평요(平遙)] 사람이다. 동진의 대신이자 문학가이며 현언시파(玄言詩派)의 대표 인물이다. 태학박사(太學博士)부터 시작하여 상서랑·우군장사(右軍長史)·영가태수(永嘉太守)·산기상시·저작랑 등을 역임하였다. 왕희지의 난정수계(蘭亭修禊)에 참여한 시인이자 서예가이다. <표애(表哀)>·<증온교(贈溫嶠)>·<증사안(贈謝安)>·<난정시 2수(蘭亭詩 二首)> 등의 시 작품이 있다.

256 경부인(敬夫人): 환온의 어머니 공(孔)씨가 죽자 조정에서 환온의 어머니를 임하태부인(臨賀太夫人) 인수(印綬)를 내리고 ‘敬’이라는 시호를 내렸다.

257 저공(褚公): 저부(褚裒). 303년-350년. 자는 계야(季野)이며, 남양군(河南群郡) 양적[陽翟: 지금의 하남성(河南省) 우주시(禹州市)] 사람이다. 동진(東晉)의 명사이며, 강

舫人, 皆無可以招天譴者, 唯興公多塵滓, 正當以厭天欲耳." 便欲捉擲水中. 孫遽無計, 唯大啼曰: "季野, 卿念我." **《類聚》九. 《寰宇記》八十九. 《御覽》六十六引有注云, 褚公, 褚彦回; 季野, 褚公字也.**

143. 저공[褚裒]이 손작과 곡아후호에서 놀고 있는데 홀연 광풍이 일더니 배가 전복되려 하였다. 이미 술에 취해 있던 저공이 말하였다. "이 배에 있는 사람은 모두 하늘의 책망을 받을 만한 사람이 없거늘, 오직 손흥공만이 세속의 먼지와 찌꺼기가 많으니 바로 이 사람으로써 하늘이 원하는 바를 만족시켜 줘야 합니다." 그리고는 손흥공을 붙잡고 강물 속에 빠뜨리려 하였다. 손흥공은 갑자기 아무 꾀도 생각나지 않자, 다만 "계야[褚裒], 그대는 나를 좀 봐 주시오."라며 크게 울부짖었다. **《예문유취》권9. 《태평환우기》권89. 《태평어람》권66의 인용에 주가 있는데, '저공은 저언회이며, 계야는 저공의 자이다'라고 하였다.**

144. 王太尉問孫興公[258]曰: "郭象[259]何如人?" 答曰: "其辭清雅, 奕奕有餘, 吐章陳文, 如懸河瀉水, 注而不竭." **《書鈔》九十八, 又一百.**

헌황후(康獻皇后) 저산자(褚蒜子)의 아버지이다. 강주자사·중서령·연주자사·낭야내사(琅邪內史)·위장군(衛將軍)·정북대장군(征北大將軍) 등을 지냈다.

258 손흥공(孫興公): 《진서》의 기록(다음 주 참조)과 왕연(256년-311년)·곽상(252년-312년)의 생졸연도를 볼 때 두 사람은 동시대 인물임이 틀림이 없으나, 손흥공(314년-371년)은 시기적으로 볼 때 두 사람과 맞지 않는다. 손흥공은 아마 작자 배계(裴啓)가 잘못 내세운 인물인 것 같다.

259 곽상(郭象): 252년-312년. 자는 자현(子玄)으로, 하남(河南) 낙양(洛陽) 사람이다. 서진(西眞)의 현학가. 《노자(老子)》와 《장자(莊子)》를 좋아하였으며, 청담에 능하였다. 사도연(司徒掾)·황문시랑·태부주부(太傅主簿)를 역임하였다. 《진서 권50(晉書 卷五十)·열전 제20(列傳 第二十)》에 "태위 왕연은 매번 '곽상의 담론은 마치 폭포수에서 물이 쏟아지는 것처럼 끊임없이 흘러 마르는 법이 없습니다.'라고 말하곤 하였다.(太尉王衍每云 : "聽象語 , 如懸河瀉水 , 注而不竭)."라는 기록이 있다.

144. 왕태위[王衍]가 손흥공에게 "곽상은 인물이 어떠합니까?"라고 묻자, 손흥공이 대답하였다. "그의 언사는 맑고 전아하며 빛나고 뛰어나서 여유가 넘칩니다. 그가 말을 하거나 문장을 짓는 것은 마치 폭포수에서 물이 쏟아지는 것처럼 끊임없이 흘러 마르는 법이 없습니다." **《북당서초》권98·100.**

145. 王長史語林道人曰: "真長可謂金石滿堂." 林公以語孫興公. 興公曰: "語不得爾, 選擇正可得少碎珠耳." **《御覽》八百三.**

145. 왕장사[王濛]가 임도인[支遁]에게 말하였다. "진장[劉惔]의 말은 금과 옥돌이 집안에 가득한 것이라고 하겠습니다." 지도림이 손흥공에게 이 말을 하자, 손흥공은 "유진장의 말이 그 정도는 아닙니다. 골라보면 부스러기 옥을 조금 얻을 수 있을 따름입니다."라고 하였다. **《태평어람》권803.**

146. 晉孝武[260]好與虞嘯父[261]飲酒, 不醉不出. 後臨出拜, 殆不復能起, 帝呼人上殿扶虞侍中. 嘯父答曰: "臣位未及扶, 醉未及亂, 非分之賜, 所不敢當." 帝美之, 敕左右疏取其語. 於是為風俗, 人相嘲調, 輒云: "好語疏取."

---

260 진효무(晉孝武): 사마요(司馬曜). 362년-396년. 자는 창명(昌明), 동진 제9대 황제로 372년부터 396년까지 재위하였다. 4세 때 회계왕(會稽王)에 봉해졌으며, 함안(咸安) 2년(372년)에 진(晉) 간문제(簡文帝)가 붕어하자 11세 나이로 황제에 즉위하였다. 재위 기간에 전진(前秦)의 부견(苻堅: 338년-385년)이 대군을 이끌고 남하했으나 사현(謝玄)의 북부군(北府軍)이 비수(淝水)에서 이를 격퇴, 남북조(南北朝)의 대치 국면을 열었다. 묘호는 열종(烈宗), 시호는 효무황제(孝武皇帝)이다.

261 우소보(虞嘯父): 생졸년 미상. 회계(會稽) 여요[餘姚: 지금의 절강성 영파시(寧波市)] 사람이다. 위장군(衛將軍) 우담(虞潭)의 손자이며, 우장군사마(右將軍司馬) 우흘(虞仡)의 아들이다. 관직이 시중에 이르렀다.

《類聚》四十八, 又二十五.《御覽》二百十九.

146. 진 효무제[司馬曜]는 우소보와 술을 마실 때 우소보가 취하지 않으면 궁중에서 내보내지 않았다. 나중에 우소보가 출궁하려고 황제 앞에서 작별인사를 하려는데 거의 몸을 일으킬 수 없었으므로 황제는 사람을 불러 우시중[虞嘯父]을 부축하라고 하였다. 우소보가 대답하였다. "소신은 아직 부축받을 만한 지위도 아니고, 정신이 어지러울 정도로 취하지도 않았으니 분에 넘치게 폐하의 시종을 하사하심은 감히 감당할 수 없사옵니다." 황제는 그의 대답이 훌륭하다 여기고 좌우의 신하들에게 그 말을 기록하게 하였는데, 그리하여 이 일은 하나의 풍속이 되었다. 당시의 사람들은 서로를 조소할 때 툭하면 "좋은 말이니 기록하도록 하라."라고 말하곤 했다. **《예문유취》권25·48.《태평어람》권219.**

147. 毛伯成[262]負其才氣, 常稱: "寧為蘭摧玉折, 不作蒲芬 **《御覽》引作蕭芳** 艾榮." **《文選》顏延年《祭屈原文》注.《御覽》九百八十三.**

147. 모백성[毛玄]이 자신의 재주를 자부하며 늘 말하였다. "차라리 난초가 되어 꺾이거나 옥이 되어 부서질지언정 향기로운 부들 **《태평어람》의 인용에는 '蕭芳'으로 되어 있다.** 이 되거나 무성한 쑥이 되지는 않겠다." **《문선》 안연년 <제굴원문> 주.《태평어람》권983.**

---

262 모백성(毛伯成): 모현(毛玄). 생졸년 미상. 자가 백성이다. 동진(東晉) 영천[潁川: 지금의 하남성 허창(許昌)] 사람이며, 정서행군참군(征西行軍參軍)을 지낸 적이 있다.

148. 王中郎以圍棋為手談, 故其在哀制中, 祥[263]後客來, 方幅會戲. **《世說·巧藝篇》注. 《水經注》二十二引云, 王中郎以圍棋為坐隱, 或亦謂之手談, 又謂之為棋聖. 《類聚》七十四引云: 王中郎以圍棋是坐隱, 支公以棋為手談. 《御覽》七百五十三引云, 王中郎以圍棋為坐隱, 亦以為手談. 《海錄碎事》十四引, 略同《水經注》, 或亦謂之作支公以圍棋為.**

148. 왕중랑[王坦之]은 바둑을 손으로 하는 청담으로 여겼는데, 이 때문에 상중일 때도 제사를 마친 후 손님이 찾아오면 바둑판을 꺼내어 바둑을 두었다. **《세설신어·교예편》주. 《수경주》권22의 인용에 '왕중랑은 바둑을 앉아서 하는 은거, 혹은 손으로 하는 청담이라고 하며, 또는 이를 기성이라고도 한다'라고 하였다. 《예문유취》권74의 인용에 '왕중랑은 바둑을 앉아서 하는 은거라고 하였으며, 지공[支遁]은 바둑을 손으로 하는 청담이다'라고 하였다. 《태평어람》권753의 인용에는 '왕중랑은 바둑을 앉아서 하는 은거, 또는 손으로 나누는 청담이다'라고 하였다. 《해록쇄사》권14의 인용은 《수경주》와 대략 같은데, '或亦謂之'를 '支公以圍棋為'라고 하였다.**

149. 桓野王[264]善解音, 晉孝武祖宴西堂, 樂闋酒闌, 將詔桓野王箏歌; 野王辭以須笛, 於是詔其吹笛奴碩, **《初學記》十六云, 古之善吹笛者, 桓子野及奴碩. 注見《語林》·《六帖》六十二同.** 賜姓曰張, 加四品將軍, 引使上殿. 張碩意氣激揚,

263 상(祥): 소상(小祥)과 대상(大祥)을 함께 이르는 말로, 소상은 고대 부모의 상(喪) 이후 1주년이 되는 제사를 말하며, 대상은 2주년이 되는 제례를 말한다.

264 환야왕(桓野王): 환이(桓伊). 생졸년 미상. 자는 숙하(叔夏)이며, 아명은 자야(子野)·야왕(野王)이다. 초국(譙國) 질현[銍縣: 지금의 안휘성(安徽省) 수계현(濉溪縣) 임환진(臨涣鎮)] 사람이다. 동진의 장군·명사·음악가이며, 단양윤 환경(桓景)의 아들이다. 비수(淝水) 전쟁에서 전진(前秦)의 왕 부견(苻坚)을 대파한 후 영수현후(永修縣侯)에 봉해졌다. 강주자사·호군장군(護軍將軍) 등을 거쳤고, 사후에 우장군·산기상시에 추증되었다. 생전에 피리를 잘 불어 '적성(笛聖)'이라고 불렸으며, 《매화삼농(梅花三弄)》 피리 악보의 최초 창시자이며, 환이가 부른 만가(挽歌)와 양담(羊曇)이 부른 악가(乐歌), 원산송(袁山松)이 부른 《행로난(行路难)》 사(辞)를 당시 사람들은 '삼절(三绝)'이라 하였다.

吹破三笛, 末取睹腳笛[265], 然後乃理調成曲. **《類聚》四十四.**

149. 환야왕[桓伊]은 음율에 뛰어났다. 진의 효무제가 서당에서 주연을 베풀었는데, 음악이 한 단락 끝나고 술이 무르익자 환야왕을 불러 쟁을 타고 노래하도록 했더니, 환야왕이 사양하면서 피리가 있어야 한다고 하자, 이에 효무제는 환야왕의 피리 부는 노예 석에게 **《초학기》권16에 '고대에 피리를 잘 부는 자로 환자야와 노예 석이 있다'라고 하였다. 주에 《어림》·《백공육첩》권62도 같다고 하였다.** 장씨 성을 하사하고 사품장군의 벼슬을 내려 대전에 들도록 했다. 장석은 의기가 양양해져서 피리를 세 개 불다가 망가뜨리더니 마지막에 도각적으로 분 후에야 곡조가 순조롭게 완성되었다. **《예문유취》권44.**

150. 晉孝武祖宴[266]西堂, 詔桓子野彈箏, 桓乃撫箏而歌<怨詩>[267]; 悲厲

---

265 도각적(睹腳笛): 채옹(蔡邕)이 대나무 서까래의 끝부분[腳]을 보고 그것이 좋은 재료임을 알고 만든 피리를 말한다. 여가석(余嘉錫)의 《세설신어전소(世說新語箋疏)》<경저편(輕詆篇)> 참조.

266 조연(祖宴): 송별연을 베풀다.

267 원시(怨詩): 조식[曹植, 자는 자건(子建)]의 <원가행(怨歌行)>을 말하는데, 그 시는 다음과 같다. "임금 노릇 쉽지 않거니와 신하 노릇 진실로 유독 어렵기만 하네. 충성과 믿음의 일이 드러나지 않으면 도리어 의심받는 우환이 있게 되네. 주공이 문왕과 무왕을 보좌하여 금 궤짝에 담긴 글의 공로는 말살할 수 없네. 충심으로 왕실을 보좌하였건만 관숙(管叔)과 채숙(蔡叔)은 도리어 유언비어 퍼뜨렸네. 처벌을 기다리며 동쪽 지방에 살 때 눈물이 늘 끊임 없이 흘러내렸다네. 하느님이 큰 재난 일으키시니 우레 치고 바람 불고 날씨 차가웠네. 나무를 뽑아버리고 가을 농작물 다 쓰러뜨려 버리니 하늘의 위엄은 범할 수가 없었네. 성왕(成王)이 흰옷을 입고 금 궤짝을 열었다가 비로소 깨달으며 일의 경위를 조사하게 되었네. 주공이 일이 이미 드러나자 성왕은 슬퍼하며 탄식하였네. 내 이 노래를 마치려고 하니 이 노래 슬프고도 길도다. 오늘 즐거움을 서로 즐기며 이별한 뒤라도 서로 잊지 맙시다.(為君既不易 , 為臣良獨難. 忠信事不顯, 乃有見疑患. 周公佐成王, 金縢功不刊. 推心輔王室, 二叔反流言. 待罪居東國, 泣涕常流連. 皇靈大動變, 震雷風且寒. 拔樹偃秋稼, 天威不可干. 素服開<金縢>, 感悟求其端. 公旦事既顯, 成王乃哀歎. 吾欲竟此曲, 此曲悲且長. 今日樂相

之響, 一堂流涕[268]. 《書鈔》一百十一.

150. 진의 효무제가 서당에서 송별연을 베풀었을 때, 환자야[桓伊]를 불러 쟁을 연주하게 하였다. 환자야는 쟁을 연주하면서 <원가행怨歌行>을 불렀는데 그 슬프고도 엄숙한 음조에 온 연회 자리가 눈물바다가 되었다. **《북당서초》권111.**

151. 向世闌歌桓子野一聞而洞歌. **《書鈔》一百六. 案: 有譌奪.**

151. [번역 불가] **《북당서초》권106. 안: 잘못되거나 빠진 글자가 있다.**

152. 張湛[269]好於齋前種松柏, **《世說》注引無柏字.** 養鴝鵒; 袁山松[270]出游, 好令左右作挽歌. **二字《書鈔》引作<行路難辭>.** 時人謂: "張屋下陳屍, 袁道上行殯." **《世說·任誕篇》注. 《書鈔》九十二. 御覽三百八十九, 又五百五十二.**

樂, 別後莫相忘.)"

268 일당유체(一堂流涕): 이 이야기는 진 효무제와 사안 간의 이야기를 배경으로 하고 있다. 사안의 사위 왕국보(王國寶)가 권력을 휘두르는 것을 사안이 못마땅해하자 왕국보가 사안을 싫어하여 왕과 사안 사이를 이간질해 둘 사이의 갈등이 심해졌다. 진 효무제가 주연에 환이를 부르고 사안 등이 참석하였다. 환이가 부른 <원시>는 완곡하면서도 처량하였다. 황제의 의심을 받아 근심과 울분에 쌓인 조자건[曹植]의 처지가 당시 사안의 처지와 닮아 있었는데, 감개무량해진 사안이 흐느끼며 우니 소매가 다 젖을 지경이었다.

269 장담(張湛): 생졸년 미상. 자는 처도(處度)로, 고평군 금향 사람이다. 동진의 학자이자 현학가이며 양생학가(養生學家)이다. 관직이 중서시랑과 광록훈에 이르렀다. 주요 작품으로 《열자주(列子注)》가 있다.

270 원산송(袁山松): 주로 원숭(袁崧)이라 한다. ?-401년. 자는 교손(橋孫)으로, 진군 양하 사람이다. 동진의 대신이자 문학가이다. 박학다식하고 문장을 잘 지었으며 음악에도 능하였다. 관직이 오군태수에 이르렀으며, 주요 작품으로 《행로난(行路難)》이 있다.

152. 장담은 서재 앞에 소나무와 잣나무를 심고 **《세설신어》주의 인용에는 '柏'자가 없다.** 구관조 기르는 것을 좋아하였다. 원산송은 외출을 나갈 때면 사람들에게 만가를 부르게 하는 것을 좋아하였다. **'挽歌' 2자를 《북당서초》의 인용에는 <행로난사>라고 하였다.** 당시 사람들은 장담은 집 아래에 시체를 늘어놓고, 원산송은 길거리에 장례 행렬을 데리고 다닌다고 하였다. **《세설신어·임탄편》주. 《북당서초》권92. 《태평어람》권389·352.**

153. 有人目杜弘治[271]標鮮甚淸令, 初若熙, 怡容無韻[272], 盛德之風, 可樂詠也. **《世說·賞譽篇》注.**

153. 어떤 사람이 두홍치를 품평하였는데, 그의 준수한 외모가 매우 맑고 깨끗하여 처음에는 마치 빛나는 것 같아 온화한 얼굴이 운치가 없는 듯하나, 그 성덕의 풍모는 즐겁게 읊조릴 만하다고 하였다. **《세설신어·상예편》주.**

154. 王敬仁[273]有異才, 時賢皆重之. 王右軍在郡迎敬仁, 叔仁[274]輒同車,

271 두홍치(杜弘治): 두예(杜乂). 자는 홍리(弘理)와 홍치(弘治)로, 경조(京兆) 두릉(杜陵) 사람이다. 동진의 외척대신으로, 성공황후(成恭皇后)의 아버지, 진남장군(鎭南將軍) 두예(杜豫)의 손자이며, 상서좌승 두석(杜錫)의 아들이다. 공부연(公府掾)·단양승(丹陽丞)을 거쳤으며, 금자광록대부에 추증되었다.

272 앞뒤 구절 연결이 어색한데, '怡容無韻' 구절에 탈자가 있는 듯하다.

273 왕경인(王敬仁): 왕수(王修). 334년-357년. 자는 경인, 아명은 구자(苟子)이며, 태원 진양 사람으로, 사도좌장사(司徒左長史) 왕몽(王濛)의 아들이다. 예서(隶書)와 행서(行書)에 뛰어났으며, 왕희지(王羲之)와 허순(許詢)과 교류하였다.

274 숙인(叔仁): 왕온(王蘊). 329년-384년. 숙인(叔仁)은 자로, 태원 진양 사람이다. 동진의 외척대신. 사도좌장사 왕몽(王濛)의 셋째 아들이자, 왕수의 동생이며, 효무정(孝武定) 황후 왕법혜(王法慧)의 아버지이다. 산기상시·진군장군·회계태수·좌광록대부(左光禄大夫) 등을 지냈다.

常惡其遲; 後以馬迎敬仁, 雖復風雨, 亦不以車也. **《世說·賞譽篇》注.**

154. 왕경인은 뛰어난 재주가 있어서 당시의 현자들이 모두 그를 존중했다. 왕우군[王羲之]이 회계군에 있을 때 왕경인을 맞이하는데, 왕숙인[王蘊]이 자주 수레를 함께 타고 와서 늘 왕경인이 더디게 오는 것을 싫어하였다. 나중에는 말을 보내 왕경인을 맞이하였는데, 비록 비바람이 치더라도 다시는 수레를 내지 않았다. **《세설신어·상예편》주.**

155. 右軍年十三, 嘗謁周顗[275], 四字依《晉書》補. 時絕重牛心炙, **《書鈔》一百四十五引《語林》.** 坐客未噉, 顗先割啖羲之, 於是始知名. **坐客至此已上, 並依《晉書》補.**

155. 왕우군이 13살 때 일찍이 주의를 방문한 적이 있었다. **'嘗謁周顗' 4자는 《진서》에 근거하여 보충하였다.** 당시에는 소의 심장을 구워서 먹는 것을 매우 귀중하게 여겼는데, **《북당서초》권145는 《배자어림》을 인용하였다.** 좌중의 손님들이 아직 먹기도 전에 주의는 먼저 소 심장을 베어 왕희지에게 먹게 하였다. 이리하여 비로소 왕희지의 이름이 알려졌다. **'坐客' 구절에서 여기까지는 모두 《진서》에 의거하여 보충하였다.**

156. 王右軍少嘗患癲, 一二年輒發動. 後答許掾[276]詩, 忽復惡中, 得二十字云: "取歡仁智樂, 寄暢山水陰, 清泠澗下瀨, 歷落松竹林." 既醒, 左右誦之; 讀竟, 乃歎曰: "癲, 何預盛德事邪?" **《御覽》七百三十九.**

---

275 주의(周顗): 269년-322년. 자는 백인(伯仁)이다. 《배자어림》 주 참조.

276 허연(許掾): 허순(許詢). 생졸년 미상. 자는 현도(玄度)이며, 사도연(司徒掾)을 지낸 적이 있어서 허연(許掾)이라 하였다. 앞의 주 참조.

156. 왕우군은 젊을 때 간질을 앓았는데, 일·이년 동안 자주 발작을 일으켰다. 나중에 허연의 시에 화답하다가 갑자기 또 병이 발작한 가운데 20자의 시구를 얻었다. "인자함과 지혜의 즐거움으로 기쁨을 취하고, 산수의 녹음에 화창한 마음 의탁하네. 맑고 차가운 시냇물 아래의 여울, 소나무와 대나무 엇섞인 숲이라네." 깨어난 뒤, 좌우에 있던 사람들이 그가 지은 시를 읽어 주었다. 다 읽고 나자 왕희지는 탄식하며 말했다. "간질이 어찌 성덕을 이루는 일에 간여한단 말인가?" **《태평어람》권739.**

157. 王右軍目杜弘治, 歎 **《御覽》引有歎字** 曰: "面如凝脂, 眼如點漆, 此神仙中人!" **《初學記》十九. 《御覽》三百六十五, 又三百六十六, 又三百七十九.**

157. 왕우군이 두홍치[杜乂]를 보고 감탄하여 말했다. **《태평어람》의 인용에는 '歎'자가 있다.** "얼굴은 기름이 응고된 듯 희고 매끄러우며, 눈은 옻칠처럼 새까마니 이 사람은 신선 속에 있던 사람일세!" **《초학기》권19. 《태평어람》권365·366·379.**

158. 王右軍為會稽令, 謝公就乞牋紙[277]; 檢校 **二字《類聚》引有** 庫中, 有九萬枚, 悉以付之. **《類聚》五十八引作有九萬牋紙, 悉以乞謝公. 《書鈔》一百四引作謝公就王右軍乞牋紙, 檢有九百萬, 悉與謝公.** 桓宣武曰: "逸少不節." **《初學記》二十一. 《御覽》六百五.**

158. 왕우군이 회계령이 되었을 때 사공[謝安]이 종이를 요청하였다. 창고 안을 점검하자 **'檢校' 2자는 《예문유취》의 인용에는 있다.** 종이 9만 장

277 전지(牋紙): 편지를 쓰거나 시를 적기 위해 특별히 제작한 종이.

이 있었는데 모두 사공에게 보냈다. **《예문유취》권58의 인용에는 '9만 장의 종이가 있어 모두 사공의 요청대로 했다'라고 하였고, 《북당서초》권104에는 '사공이 왕희지에게 종이를 요청했는데 검사해 보니 900만 장이 있었으므로 모두 사공에게 주었다'라고 하였다.** 환선무[桓溫]는 "일소[王羲之]는 절약할 줄을 모른다."라고 하였다. **《초학기》권21. 《태평어람》권605.**

159. 王子猷[278]嘗暫寄人空宅住, 使令種竹. 或問: "暫住何煩爾？" 嘯咏良久, 直指竹曰: "何可一日無此君?" **《御覽》三百八十九.**

159. 왕자유[王徽之]는 일찍이 다른 사람이 빌려준 빈집에 잠시 머문 적이 있는데 사람을 시켜 대나무를 심게 하였다. 어떤 사람이 물었다. "잠시 머물면서 어찌 이처럼 번거롭게 하십니까?" 왕자유는 한동안 휘파람을 불더니 똑바로 대나무를 가리키며 말했다. "어찌 하루라도 이 친구가 없을 수 있겠습니까?" **《태평어람》권389.**

160. 王子猷居山陰, 大雪夜眠覺; 開室酌酒, 四望皎然, 因起徬徨, 詠左思[279]《招隱詩》[280]. 忽憶戴安道[281], 時戴在剡溪, 即便夜乘輕船就戴, 經宿方

---

278 왕자유(王子猷): 왕휘지(王徽之). 338년-386년. 자유는 자로, 낭야 임기 사람이다. 동진(東晉) 시기의 명사·서예가. 우군장군 왕희지의 다섯째 아들. 서주기조참군(徐州騎曹参軍)·황문시랑 등을 역임했다.

279 좌사(左思): 약 250년-305년. 자는 태충(泰冲)이며, 제(齊)나라 임치(臨淄) 사람으로 서진(西晉)의 유명한 문학가이다. 대표작으로 《삼도부(三都賦)》와 《咏史》詩 가 있다. 당시 낙양 사람들이 앞 다투어 좌사의 《삼도부(三都賦)》를 베껴 쓰자 "낙양의 종이 값이 비싸졌다(洛陽紙貴)."는 일은 유명하다. 또 다른 작품으로 《초은(招隱)》시 두 수가 있다.

280 초은시(招隱詩): 좌사의 5언율시로 그 시는 다음과 같다. "죽장 짚고 은사를 찾아가는데, 오래도록 방치되어 길도 황폐하네. 바위굴로 거처를 짓지도 않았는데 언덕에서 거문고 소리 들린다. 흰 구름 북쪽 산등성이에 멈춰 있고, 붉은 꽃 남녘 숲에

至, 既造門, 不前便返; 人問其故, 曰: "吾本乘興而來; 興盡而返, 何必見戴." **《類聚》二. 《初學記》二. 《御覽》十二. 《事類賦注》三. 《草堂詩箋》十八節引.**

160. 왕자유는 산의 북쪽에 살았는데, 큰 눈이 내리던 밤에 잠을 깨 방문을 열고 술을 마셨다. 사방이 달빛으로 새하얗고 밝게 보여서, 일어나 주위를 거닐면서 좌사의 〈초은〉시를 읊었다. 갑자기 대안도가 생각났는데 그때 대안도는 섬계에 살고 있었으므로 바로 밤중에 작은 배를 타고 대안도에게 갔다. 하룻밤이 지나 비로소 도착하여 대안도의 집 문에 이르렀으나 들어가지 않고 곧바로 되돌아왔다. 사람들이 그 까닭을 묻자 대답하였다. "나는 본래 흥에 따라 배를 타고 갔으나 흥이 다하여 되돌아온 것이니 굳이 대안도를 볼 필요가 있겠는가?" **《예문유취》권2. 《초학기》권2. 《태평어람》권12. 《사류부주》권3. 《초당시전》권18 단락 인용.**

161. 王子敬在齋中臥, 偷入齋取物, 㵼裝, 一室之內, 略無不盡. 子敬臥而不動, 偷遂復登廚, 欲有所覓. 子敬因呼曰: "偷兒, 石漆 **二字《書鈔》引有** 青氈, 是我家舊物, 可特置不?" 於是群賊始知其不眠, 悉置物驚走. **《御覽》三百九十三, 又七百八. 《書鈔》一百三十四. 《六帖》九十一.**

서 빛난다. 돌 틈의 샘물은 옥돌을 씻고, 고운 비늘 물고기가 가끔씩 떴다 가라앉는다. 꼭 거문고와 피리 아니라도 산수가 맑은 소리 지니고 있으니, 어찌 휘파람 노랫소리를 기다리랴. 키 작은 나무 절로 슬피 읊조리는데 가을 국화로 겸해 양식 삼고, 난초로 겹옷의 사이에 넣으리. 배회한들 지칠 뿐이니 우선 내 비녀를 뽑아버리리라.(杖策招隱士, 荒涂横古今. 岩穴無結構, 丘中有鳴琴. 白云停陰冈, 丹葩曜陽林. 石泉漱瓊瑤, 纖鱗或浮沉. 非必絲與竹, 山水有清音. 何事待嘯歌, 灌木自悲吟.)"

281 대안도(戴安道): 대규(戴逵). 326년-396년. 자는 안도(安道)로, 초군(譙郡) 질현[銍縣: 지금의 안휘성 수계현(濉溪縣) 임환진(臨渙鎮)] 사람이다. 동진 시기의 미술가, 조각가이다. 유명한 유학자 범의(范宣)를 스승으로 모셨으며, 박학다식하고 재능이 많고 거문고를 잘 탔으며, 평생 벼슬길에 나아가지 않았다. 저작으로 《대규집(戴逵集)》 9卷이 있으나 지금은 전하지 않는다.

161. 왕자경[王獻之]이 서재에 누워 있는데 도둑이 서재로 들어와 물건을 훔쳤다. 두건을 쓴 복장이었는데 한 방 안에 있는 물건을 거의 다 챙기는 것이었다. 왕자경이 누운 채로 꼼짝도 하지 않으니 마침내 도둑이 다시 주방으로 들어가 물건을 찾으려 하였다. 왕자경이 외쳤다. "도둑 양반, 석칠을 한 **'石漆' 2자는 《북당서초》의 인용에는 있다.** 푸른 양탄자는 우리 집의 오래된 물건이니 특별히 남겨주지 않겠소?" 이에 도둑들은 비로소 그가 잠들지 않은 것을 알고 놀라서 물건을 놓아둔 채 달아났다. **《태평어람》권36·708. 《북당서초》권134. 《백공육첩》권91.**

162. 王子敬疾篤, 兄弟勸令首罪, 答曰: "無所應首, 唯遣郗家女, 以為恨." **《御覽》六百四十一.**

162. 왕자경이 병이 위독해지자 형제들은 가장 큰 죄를 고백하라고 권했다. 자경이 대답하였다. "큰 죄라 할 것은 없으나 다만 치가의 딸을 내보낸 게 유감스럽다." **《태평어람》권641.**

163. 殷洪喬[282]作豫章郡守, 臨去, 郡下人因附書百餘函. 至石頭, 悉擲水中; **《書鈔》一百三.** 因呪之曰: "沈者自沈, 浮者自浮, 殷洪喬不能作達書郵." **《類聚》五十八. 《御覽》五百九十五.**

163. 은홍교[殷羨]가 예장군수가 되었다가 이임하게 되었는데 예장군의 백성들이 부치는 편지가 백여 통에 이르렀다. 그는 석두에 이

---

282 은홍교(殷洪喬): 은선(殷羨). 생졸년 미상, 홍교는 자로, 진군(陳郡) 장평현(長平縣) 사람이다. 동진의 관원, 양주자사 은호(殷浩)의 아버지. 소준의 난을 평정한 공으로 예장태수에 제수되었으며 , 광록훈(光祿勳)까지 올랐다.

르자 모조리 물속에 던져 넣고는 **《북당서초》권103.** 주문을 외면서 말하였다. "가라앉을 것은 스스로 가라앉고 떠오를 것은 스스로 떠오르게 하소서. 은홍교는 편지 배달부 노릇은 할 수 없습니다." **《예문유취》권58. 《태평어람》권595.**

164. 殷公北征, 朝士出送之, 軍容甚盛, 儀止可觀; 陳說經略攻取之宜, 眾皆謂必能平中原. 將別, 忽馳逞才, 自槊馬, 遂墜地. 士以是知其必敗. **《御覽》四百八十九.**

164. 은공[殷浩]이 북방을 정벌하는데 조정의 대신들이 나와서 전송을 하였다. 군대의 진용이 성대하였고 의용과 행동거지는 볼 만했다. 은공이 나라를 경영하고 공략하여 취하는 일의 정당성을 설명하니, 모든 신하는 반드시 중원을 평정할 것이라고 말하였다. 장차 전별하는데 갑자기 재주를 뽐내며 급히 달리다가 반마가 땅에 거꾸러졌다. 신하들은 이 일로 인해 그가 반드시 패하리라고 짐작하였다. **《태평어람》권489.**

165. 桓玄[283]不立忌日, 止立 **《御覽》引作政有.** 忌時; **《世說·任誕篇》注.** 每至日, 絃歌不廢. **《書鈔》九十四. 《御覽》五百六十二.**

165. 환현은 제사 일을 지키지 않고 단지 **《태평어람》의 인용에는 '政有'라**

283 환현(桓玄): 369년-404년. 자는 경도(敬道) 혹은 영보(靈寶)이며, 초국(譙國) 용항현[龍亢縣] 사람이다. 동진의 권신(權臣)이자 대사마 환온의 아들이며, 문장을 잘 지었다. 세습 봉작 남군공(南郡公)을 이어받아 세간에서는 환남군(桓南郡)이라 칭하였다. 시중·승상·양주목(揚州牧)·대장군 등을 역임했으며, 초왕(楚王)에 봉해졌다. 저작으로《환현집(桓玄集)》20권이 있다.

고 하였다. 제사 시간만 지켰다. **《세설·임탄편》주.** 매번 기일이 되어도 거문고와 노래 부르기를 폐하지 않았다. **《북당서초》권94. 《태평어람》권562.**

166. 桓玄字信迺, 沛國[284]龍亢[285]人也. 晉時為部公[286], 與荊州刺史殷仲堪[287]語次, 二人遂相為嘲, 玄曰: "火燎平原無遺燎." 堪曰: "投魚深泉放飛鳥." 次復危言, 玄曰: "矛頭淅米劍頭炊, 百歲老翁攀枯枝." 堪曰: "井上轆轤臥小兒." 晉末安帝[288]時人. **《類林雜說》五, 案: 首尾皆王朋壽語.**

166. 환현은 자가 신내이고 패국 용항 사람이다. 동진 때 군공郡公이 되었는데, 형주자사 은중감과 이야기하다가 두 사람은 드디어 서로 해학적인 말을 나누었다. 환현이 "들불이 평원을 태워 남은 불씨가 없구나."라고 하니, 은중감이 대답했다. "물고기를 깊은 샘에 던지고 나는 새를 놓아 주었네." 다음으로 위태로운 이야기를 하자고 하여 환현이 먼저 말했다. "창끝으로 쌀을 씻고 칼끝으로 불 피워 밥을 짓고, 백세 늙은이가 메마른 나뭇가지를 기어오르네." 은중감이 대답

---

284 패국(沛國): 지금의 안휘성 회북시(淮北市).

285 용항(龍亢): 용항현으로, 지금의 안휘성 회원현(懷遠縣) 용항진(龍亢鎭).

286 부공(部公): 여기 '部公'은 '郡公'의 잘못이다. 《진서·환현전(桓玄傳)》에 "(환온이) 임종할 때, 환현을 계승자로 삼으라고 명령하고 남군공(南郡公) 작위를 물려주었다(臨終, 命以爲嗣, 襲爵南郡公)."라고 되어 있다. '部'와 '郡'의 자형(字形)이 비슷하여 일어난 잘못이다. 군공은 중국 고대 작위의 일종으로, 조위(曹魏) 시기에 두기 시작하여 명(明)나라 초까지 이어졌다.

287 은중감(殷仲堪): ?-399년. 자는 중감(仲堪)이며, 진군(陳郡) 장평(長平) 사람이다. 동진 말년의 중요 장령이자 대신이며, 청담 명사이기도 하다. 저작좌랑·장군장사·진릉태수·태자서자·형주자사 등의 관직을 역임하였다. 왕공(王恭)·환현 및 양전기(楊佺期)의 기병을 각각 지지하였다. 결국 환현의 습격을 받아 군대는 패하고 피살되었다.

288 안제(安帝): 사마덕종(司馬德宗). 382년-419년. 자는 덕종이다. 진 효무제 사마요(司馬曜)의 장자이며, 동진의 열 번째 황제이다. 즉위 후, 내란이 빈번하여 국세가 날로 쇠락하였다. 유유(劉裕)에게 피살되었다. 396년부터 419년까지 재위하였다.

하였다. "우물 위 도르래에 어린아이를 눕혀놓았네." 은중감은 동진 말 안제 때 사람이다. **《유림잡설》권5, 안: 앞과 뒤는 모두 왕붕수의 말이다.**

167. 祖約少[289]好財, 阮遙集[290]好屐, 併常自經營; 同是一累, 而未判其得失. 有詣祖, 見料視財物, 客至, 幷當不盡, 餘兩小簏, 以置背後, 傾身障之, 意未能平. 或有詣阮, 正見自蠟屐, 因歎曰: "未知一生當著幾量屐?" 神甚閑暢. 於是勝負始分也. **《御覽》三百八十九.**

167. 조사소[祖約]는 재물을 좋아하였고 완요집[阮孚]은 나막신을 좋아하였다. 두 사람은 늘 자신들이 좋아하는 것을 열심히 모았다. 똑같이 한결같이 열심히 모았으므로 그 우열을 가리지 못하였다. 어떤 사람이 조사소를 찾아가자 그는 재물을 살펴보고 있었다. 손님이 이르자 재물을 미처 다 감추지 못하고 나머지 두 개의 조그만 상자를 등 뒤에 놓고 몸을 기울여 그것을 가렸는데 마음이 편안할 수는 없었다. 또 어떤 사람이 완요집을 찾아갔는데 마침 그는 몸소 밀랍을 나

---

289 조약소(祖約少): 조약(祖約). ?-330년. 자는 사소(士少), 범양군(范陽郡) 주현[遒縣: 지금의 하북성 내수현(涞水縣)] 사람이다. 동진의 장수이며, 예주자사 조적(祖逖)의 배다른 동생이다. 형을 따라 사마예(司馬睿)에 귀의한 후 승상종사중랑(丞相從事中郎)에 제수되어 인재 선발 일을 맡았다. 조적 사후에 예주자사를 계승하였다. 왕돈(王敦)의 반란 평정에 참여하였으며 진서장군에 임명되었다. 327년 반란을 일으켰다가 패하여 후조(後趙)에 투항하였으나 330년 후조의 석륵(石勒)에게 죽임을 당하였다. 조약(祖約)의 자는 '士少'이므로 '祖士少'로 해야 한다. 조사소와 완부(阮孚)와 관련된 전고 '조재완극(祖財阮屐: 조약의 재물과 완부의 나막신)'가 있다.

290 완요집(阮遙集): 완부(阮孚). 생졸년 미상. 요집(遥集)은 자이며, 하남성 위씨현(尉氏縣) 사람이다. 진나라의 대신, 시평태수(始平太守) 완함(阮咸)의 아들이다. 황문시랑·산기상시·시중 등을 역임하였으며, 왕돈의 난을 평정한 공으로 남안현후(南安縣侯)를 하사받고 이부상서로 옮겼다. 진(晉) 성제(成帝) 즉위 후 단양윤에 제수되었다. 술을 좋아하였으며, 음주 역사상 '연주팔백(兗州八伯)' 중 한 명이다. '완부납극(阮孚蜡屐: 완부가 나막신에 밀랍을 칠하다)' 전고가 있다.

막신에 칠하면서 "평생에 나막신을 몇 켤레 신을 수 있을지 모르겠군!"이라며 탄식하며 말하는데, 안색이 매우 여유가 있고 온화했다. 이리하여 비로소 승부가 가려지게 되었다. **《태평어람》권389.**

168. 范啟[291]云: "韓康伯[292]似肉鴨." **《世說·輕詆篇》注. 《海錄碎事》八引末六字, 首作《說林》云.**

168. 범계가 "한강백[韓伯]은 살찐 오리 같다."라고 하였다. **《세설신어·경저편》주. 《해록쇄사》권8에서 끝 6자를 인용하였는데, 그 앞에 '《說林》云'이라고 하였다.**

169. 任元褒[293]為光祿勳, 孫馮翊[294]往詣之, 見門吏憑几視之, 孫入語任曰: "吏憑几對客, 不為禮." **已上十字《御覽》引有.** 任便推之. 吏答曰: "得罰體痛, 以橫木扶持, 非憑几也." 任曰: "直木橫施, 植其兩足, 便為憑几; 何必孤鵠蟠膝, 曲木抱要也." **《書鈔》一百三十三. 《御覽》七百十. 《事類賦注》十四.**

---

291 범계(范啟): 생졸년 미상. 자는 영기(榮期). 남양군 순양[順陽: 지금의 하남 내향현(內鄉縣)] 사람이다. 동진의 대신이며, 상서우승(尚書右丞) 범견(范堅)의 아들이다. 청담지사 유화(庾龢), 한백, 원굉(袁宏) 등과 교유하였다. 비서랑에서 시작하여 황문시랑에까지 이르렀다. 저작으로 문집 4권이 있다.

292 한강백(韓康伯): 한백(韓伯). 332년?-380년? 강백(康伯)은 자로, 영천(潁川) 장사[長社: 지금의 하남성 장갈시(長葛市)] 사람이다. 동진의 현학가이자 훈고학자이다. 예장태수·단양윤·이부상서·영군장군 등을 역임했다.

293 임원포(任元褒): 임개(任愷). 223년-284년. 임포는 자이며, 낙안군(樂安郡) 박창현[博昌縣: 지금의 산동 박흥(博興)] 사람이다. 위·진시기 관원으로, 조위(曹魏) 때 태상경(太常卿) 임호(任昊)의 아들이며, 위 명제 조예의 딸 제장공주(齊長公主)와 결혼했다. 관직이 이부상서·봉거도위(奉車都尉) 등에 올랐다. 당시 조정은 임개와 가충 두 무리로 나뉘어 서로 싸웠다. 임개는 하남윤(河南尹)으로 있을 때 적시에 강도를 잡지 못했다는 이유로 파면되었다가 뒤에 다시 광록훈으로 기용되었다.

294 손풍익(孫馮翊): 손초(孫楚). 220년-293년. 자는 자형(子荊). 진(晉) 혜제(惠帝) 즉위 후 죽을 때까지 풍익태수(馮翊太守)를 지냈으므로 손풍익이라 하였다. 풍익은 지금의 섬서성 관중평원(關中平原) 동부지역을 일컫는다. 앞의 '손자형(孫子荊)' 주 참조.

169. 임원포[任愷]가 광록훈이 되었는데 손풍익[孫楚]이 그를 방문하였다. 문지기가 책상에 기댄 채 자신을 살펴보았으므로 손풍익은 들어가서 임원포에게 그 이야기를 하였다. "문지기가 책상에 기댄 채 손님을 접대하는 것은 예가 아닙니다." **이상의 10자는 《태평어람》의 인용에는 있다.** 임원포가 바로 문지기를 추궁하였다. 문지기가 "벌을 받고 있어 몸이 아파 가로목으로 지탱한 것이지, 책상에 기댄 것이 아닙니다."라고 대답하였다. 이에 임원포가 말하였다. "직목을 가로로 놓고 그 두 발로 버티었다면 바로 책상에 의지한 것이다. 구태여 외로운 기러기가 무릎을 감싸듯이 굽은 나무를 안을 필요가 있느냐?" **《북당서초》권133. 《태평어람》권710. 《사류부주》권14.**

170. 范信[295] **《書鈔》, 《事類賦注》, 《御覽》引並作范汪.** 能噉梅, 人常致一斛奩, 留信食之, 須臾而盡. **《類聚》八十六. 《御覽》七百十七, 又九百七十. 《事類賦注》二十六. 《書鈔》一百三十五引云, 范汪至能噉散梅, 人致一斛奩, 留信待嚴, 噉還奩之.**

170. 범신은 **《북당서초》·《사류부주》·《태평어람》의 인용에는 모두 '范汪'으로 되어 있다.** 매실을 잘 먹었는데, 사람들이 종종 열 말[한 곡]의 매실 상자를 준비하여 범신에게 보내어 그것을 먹게 하면 잠깐 만에 다 먹어치웠다. **《예문유취》권86, 《태평어람》권717·970. 《사류부주》권26. 《북당서초》권135의 인용에는 '범왕은 매실을 지극히 잘 먹었는데, 사람들이 열 말의 상자에 담아 보내어 범왕에게 매실을 먹게 하고 지켜보았더니, 그는 매실을 다 먹고 상자를 돌려주었다'라고 하였다.**

---

295 범신(范信): 범왕(范汪)의 잘못이다. 308년-372년. 범왕의 자는 현평(玄平)이며, 남양 순양 사람으로, 동진의 정치가이며 의학가이다. 일찍이 동양태수를 역임하였으므로 범동양(范東陽)이라고 하기도 한다. 관직이 안북장군(安北將軍)·서연이주자사 등을 거쳤으며, 죽은 후 산기상시에 추증되었다. 차남 범영(范寧)은 동진의 대유(大儒) 중 한 명이다.

171. 王東亭[296]作《經王公酒壚下賦》. **《世說·文學篇》云, 裴郎作《語林》, 載王東亭作《經王公酒壚下賦》, 甚有才情. 賦佚不傳, 今存其目.**

171. 왕동정[王珣]이 〈왕공의 주막 아래를 지나며 지은 부〉를 지었다. **《세설신어·문학편》에서, 배계가 《어림》을 지어 왕동정의 〈왕공의 주막 아래를 지나며 지은 부〉를 실려 있는데 대단한 재기와 정취가 있다고 하였다. 부는 산일되어 전하지 않고, 지금은 그 제목만 전한다.**

172. 諸阮以大盆盛酒, 木杓數枚也. **《御覽》七百六十二.**

172. 여러 완씨가 큰 대야에 술을 풍성하게 준비했는데 나무 국자만 여러 개가 있었다. **《태평어람》권762.**

173. 董仲道[297]常在客宿, 與王孫隔共, 語同行人曰: "此人行必為亂." 後果為亂階. **《御覽》三百八十八.**

---

296 왕동정(王東亭): 왕순(王珣). 349년-400년. 자는 원림(元琳), 아명은 법호이며, 법호(法護) 혹은 왕동정(王東亭)이라고도 한다. 낭야 임치 사람이다. 동진의 대신이자 서예가이며, 왕도의 손자이다. 봉작이 동정후(東亭侯)이며, 처음에 대사마 환온의 주부)를 시작으로, 좌복야·상서령·산기상시 등을 역임하였다. 문집 11권이 있다.

297 동중도(董仲道): 동양(董養). 생졸년 미상. 《진서·동양전(董養傳)》에 의하면 자는 중도, 진류 준의(浚儀) 사람으로, 진 무제 연간인 태시(泰始: 265년-274년) 초에 낙양에 정착하였다. 회제(懷帝) 영가(永嘉: 307년-311년)에 낙양성 동북쪽 보광리(步廣里)의 땅이 꺼졌는데 그 자리에서 고니 한 쌍이 나왔다. 회백색 고니는 날아가고 흰 고니는 날지 못했다. 이 말을 들은 동양은 탄식하며, 옛날 주나라 때 회맹했던 적천(狄泉)이 바로 이곳이며, 지금 고니 두 마리 중 회백색은 오랑캐의 상(象)이고 흰 고니는 국가의 상이라고 말했다. 그리고는 사곤(謝鯤)과 완부(阮孚)에게 숨으라고 말하고, 자신은 아내와 촉(蜀) 지방으로 간 후 종적이 끊겼다.

173. 동중도[董養]는 일찍이 객숙에서 왕손과 벽을 사이에 두고 묵었는데, 그가 동행한 사람들에게 말하였다. "이 사람의 행동으로 보아 반드시 난을 일으킬 것입니다." 나중에 과연 그는 화근이 되었다. **《태평어람》권388.**

174. 賢者國之紀, 人之望, 自古帝王皆以之安危, 故《書》曰: "惟后非賢不乂, 惟賢非后不食." 昔者周公體大聖之德, 而勤於吐握, 由是天下之士爭歸之. 向使周公驕而且吝, 士亦當高翔遠去, 所至寡矣. **《初學記》十七. 《御覽》四百二.**

174. 현자는 나라의 벼리이고 사람들의 소망이다. 예부터 제왕들은 모두 현자로써 나라의 안위를 삼았다. 이 때문에 《서경》에서는 "임금은 어진 이를 구하지 못하면 나라를 다스릴 수 없고, 현자는 임금을 구하지 못하면 식록을 얻을 수 없다."라고 하였다. 옛날 주공이 큰 성인의 덕을 갖추었으나 현자를 맞이하려고 열심히 먹던 밥도 뱉었으며, 이리하여 천하의 선비들이 다투어 주공에게 갔다. 만약 주공이 교만하고 인색했다면 천하의 선비들 또한 멀리 달아났을 것이고 오는 자가 드물었을 것이다. **《초학기》권17. 《태평어람》권402.**

175. 淮北[298]滎[299]南河[300]濟[301]之間, 有千樹梨, 其人與千戶侯等. **《事類賦**

298 회북(淮北): 회는 회수(淮水) 또는 회하(淮河). 하남성 동백산(桐柏山)에서 발원하여 안휘성·강소성을 거쳐 황해(黃海)로 흘러든다. 회북이란 안휘 북부를 가리킨다.

299 형(滎): 형수(滎水). 옛날 강 이름.

300 하(河): 황하. 청해성(青海省) 청장고원(青藏高原)에서 발원하여 사천성·감숙성(甘肅省)·영하자치구(寧夏自治區)·내몽고자치구(內蒙古自治區)·섬서성·산서성·하남성·산동성을 거쳐 황해로 흘러든다. 중국에서 두 번째로 긴 강이다.

301 제(濟): 제수(濟水). 하남성에 있었던 옛 강 이름.

注》二十七.

175. 회수淮水의 북쪽과 형수滎水의 남쪽·황하黃河와 제수濟水 사이에서 천 그루의 배나무를 가진 사람들에게 천호후를 내렸다. **《사류부주》권27.**

176. 大夫[302]向闈而立. **《廣韻》二十四鹽注.**

176. 대부가 사당 문을 향해 섰다. **《광운》권24 '염' 주.**

177. 報至尊. **《書鈔》二十二. 太子.**

177. 지존에게 알리다. **《북당서초》권22. 태자.**

178. 魏張魯[303]有十子, 時人語曰: "張氏十龍, 儒雅溫恭." **《小學紺珠》七.**

178. 위나라의 장노에게 열 명의 아들이 있었는데, 당시 사람들이 "장씨의 열 마리 용은 의젓하고 전아하며, 온유하고 공손하다."라고 하였다. **《소학감주》권7.**

---

302 대부(大夫): 고대의 관직으로, 서주(西周) 이후 선진 제후국에서 국군(國君) 아래에 경(卿)·대부·사(士)라는 3급(級)을 설치하였다. 진한(秦漢) 이후에는 간의대부(諫議大夫)·중대부(中大夫)·광록대부 등의 관직이 있었다.

303 장노(張魯): ?-216년(일설 245년). 자는 공기(公祺)[《후한서(後漢書)》에서는 공기(公旗)라고 하였음]이며, 패국(沛國) 풍현(豐縣: 지금의 강소성 풍현) 사람이다. 동한(東漢) 말년 한중(漢中) 일대에 할거했던 군벌이며, 오두미도(五斗米道) 제3대 천사(天師)이다. 한중에서 30년 가까이 할거하다 후에 조조(曹操)에게 투항하고 진남장군에 제수되었다. 또한 낭중후(閬中侯)에 봉해졌으며 식읍(食邑)이 만호(萬戶)가 되었다.

179. 茶博士. 王楙《野客叢書》二十九云茶博士見《語林》.

179. 차박사. 왕무의 《야객총서》권29에서 '차박사, 《어림》에서 보인다'라고 하였다.

《어림語林》〔일명 《배계어림裴啓語林》〕

진대晉代의 지인志人소설. 동진東晉의 배계裴啓가 찬하였다. 이 책은 《수서·경적지》 소설류에 10권으로 저록되어 있는데, 원주에서 "동진의 처사 배계가 찬하였는데, 이미 망일亡逸되었다(東晉處士裴啓撰, 亡)."라고 하였다. 여기서 이 책은 당대唐代에 이미 망일되었음을 알 수 있다. 배계는 정사正史에 전傳이 없다. 《세설신어世說新語·문학文學》 유효표주劉孝標注에서 <배씨가전裴氏家傳>을 인용하여 "배영은 자字가 영기로, 하동 사람이다. 그의 아버지는 배치인데, 풍성령을 역임하였다. 영기는 어려서부터 풍채와 재기가 있었으며, 고금의 인물 에 대해 논하기를 좋아하였으니, 《어림》 수권을 찬하였다. 호를 배자라 하였다(裴榮, 字榮期, 河東人, 父稚, 豐城令, 榮期少有風姿才氣, 好論古今人物, 撰《語林》數卷, 號曰裴子)."라고 하였다. 《세설신어·경저輕詆》 유주劉注에서 《속진양추續晉陽秋》를 인용하여 "진 융화 연간에 하동의 배계가 한위 이래 지금(晉代)까지의 언어 응대 중 일컬을 만한 것들을 찬하였으니, 그것을 《어림》이라고 했다(晉隆和中, 河東裴啓撰漢魏以來迄今時言語應對之可稱者, 謂之《語林》)."라고 하였다. 또한 《세설신어·문학》 유주에서 《중흥서中興書》를 인용하여 "범계는 자가 영기이며, 신양 사람이다(范啓字榮期, 愼陽人).”라고 하였다. 응당 ‘啓’가 맞다. ‘榮’은 아마 ‘啓’의 잘못인 것 같다. 《속진양추》에 근거하면, 이 책은 진 융화(362—363) 연간에 이루어졌는데, 책이 이루어진 후에 한 시기를 성행하였다. 유의경劉義慶의 《세설신어》는 대부분 이 책을 채용하였으며, 유주 및 당송唐宋 유서類書에서도 이 책을 광범위하게 인용하였다. 청淸 마국한馬國翰의 《옥함산방집일서玉函山房輯佚書》, 왕인준王仁俊의 《옥함산방집일서보편玉函山房輯佚書補編》에서 모두 이 책을 집록輯錄하였다. 루쉰의 《고소설구침》에 180조를 수록하였는데, 간혹 빠진 것도 있다. 금인今人 저우렁자周楞伽의 《배계어림》 집주본輯注本(문화예술출판사文化藝術出版社, 1988)이 있다. 이 집주본에서는 전인前人들이 빠뜨린 몇 조의 일문을 보충하였으며, 또한 일문들을 시대 순으로 배열하여 5권으로 나누었는데, 현재까지 가장 편리하고 완비된 집본이라고 할 수 있다. 현존하는 일문을 《세설신어》와 비교하면, 우수한 부분은 이미 대부분 《세설신어》에 실려 있음을 볼 수 있다. 《세설신어》에 수록되지 않은 이 책의 일문 중에도 가작佳作이 적지 않다. 이로부터 이 책의 특색을 파악할 수 있다. 이 책의 이야기들은 주로 당시 상층사회의 대화를 위주로 삼고 있다. 이 책의 문장 스타일 및 언어에 대한 정제는 모두 지인소설의 기풍을 개척하였다고 할 수 있다.

3. 《곽자郭子》

1. 魏明帝[1]世, 使后弟毛曾[2]與夏侯太初[3]共坐, 時人謂: "蒹葭倚玉樹" **《御覽》四百四十七.**

1. 위 명제 때, 황제가 황후의 동생 모증에게 하후태초[夏侯玄]와 함께 앉도록 하였더니, 당시 사람들이 "갈대가 옥나무에 기대어 있는 것 같다."라고 하였다. **《태평어람》권447.**

2. 時目夏侯太初: 朗如明月入懷. **《御覽》四百四十七.**

2. 당시에 하후태초를 본 사람들이, "밝은 달을 가슴에 품고 있는 것처럼 빛난다."라고 하였다. **《태평어람》권447.**

3. 許允[4]婦是阮德如妹, 奇醜, 交禮竟, 許永無復入理. 桓範勸之曰: "阮嫁醜女與卿, 故當有意, 宜察之." 許便入, 見婦即出, 提裙裾待之. 許謂婦曰; "婦有四德, 卿有幾?" 荅曰: "新婦所乏唯容, 士有百行, 君有其幾?"

---

1 위명제(魏明帝): 조예(曹叡). 206년?-239년. 자는 원중(元仲)으로, 패국(沛國) 초현(譙縣) 사람이다. 조위(曹魏)의 두 번째 황제로, 위(魏) 문제(文帝) 조비(曹丕)의 장자(長子)이다.

2 모증(毛曾): 모증은 모황후(毛皇后)의 동생으로, 아버지는 모가(毛嘉)이다. 모황후는 위 명제 태화(太和) 원년(227년)에 황후가 되었으며, 모증은 낭중(郎中)의 직을 제수받았다.

3 하후태초(夏侯太初): 하후현(夏侯玄). 209년-254년. 《배자어림》 주 참조.

4 허윤(許允): ? -254년. 자는 사종(嗣宗)이며, 위나라 고양[高陽: 지금의 하북성(河北省) 고양] 사람이다. 대대로 내려온 귀족 집안으로 위 명제 때 상서선조랑(尚書選曹郎)이 되었다가 옥사에 연루되어 잠시 투옥되었고 그 후 군수(郡守)로 나갔다가 시중(侍中), 상서(尚書), 중령군(中領軍) 등의 직위에 올랐다. 이풍(李豐)·하후현(夏侯玄) 등과 친교가 있었으며 진북장군(鎭北將軍)으로 영전한 지 얼마 안 되어 옥사에 연루되어 귀양 가는 길에 사망하였다.

許曰: "皆備." 婦曰: "君好色, 不好德, 何謂皆備?" 許有慚色, 遂雅相重. **《初學記》十九. 《六帖》二十一. 《御覽》三百八十二.**

3. 허윤의 부인은 완덕여의 동생인데, 용모가 추하였으므로 예식이 끝나자 허윤은 더 이상 신방에 발을 들이지 않으려 했다. 환범이 권유하며 말하였다. "완덕여가 추한 여인을 자네에게 시집보낸 것은 반드시 이유가 있을 것이니 그녀를 잘 살펴보게." 허윤이 신방으로 들어갔다가 부인을 보고는 바로 방을 나오려는데, 부인이 옷자락을 붙잡고 기다리게 했다. 허윤이 부인에게 말했다. "아내 된 자에게는 네 가지 덕이 있다는데, 그대는 몇 가지가 있소?" 부인이 "저에게 부족한 것은 용모뿐입니다. 선비는 백 가지 품행을 갖추어야 한다는데, 그대는 몇 가지를 갖추셨는지요?"라고 말하자, 허윤이 "모두 갖추고 있소"라고 대답하였다. 부인이 "그대는 여색을 좋아하고, 덕행을 좋아하지 않는데 어째서 모두 갖추었다고 하십니까?"라고 반문하자 허윤은 부끄러워하면서 그녀를 존중하게 되었다. **《초학기》권19. 《백공육첩》권21. 《태평어람》권382.**

4. 許允為吏部郎, 多用其鄉里, 帝遣虎賁[5]收允, 婦出閤戒允曰:"明主可以理奪, 難以情求." 允至, 明帝核之, 允荅曰: "舉爾所知, 臣之鄉人, 臣所知也, 願陛下檢校, 為稱職與否? 若不稱職, 臣宜受其罪." 既檢校, 皆官得**二字《書鈔》引有.** 其人, 於是乃釋允. 舊服敗壞, 詔賜新衣. 初被收, 舉家號哭,

---

5 호분(虎賁):《주례(周禮)》의 기록에 따르면 하(夏)나라 때의 관원에 호분씨(虎賁氏)가 있었으며, 주(周)나라 때의 관제에도 호분씨(虎賁氏) 직책이 있었으며, 한나라 때에는 호분중랑장(虎賁中郎将), 호분랑(虎賁郎)이 있었다. 역대로 계속 사용되다가 당나라 때에 이르러 폐지되었다. 고대에는 궁정 금위군(禁衛軍)의 장군을 호분이라 했으며, 용사(勇士)도 호분이라 하였다.

允新婦自云: "無憂, 尋還." 作粟粥待之. 須臾允至. **《類聚》四十八. 《書鈔》六十又一百四 十四. 《御覽》八百五十九.**

4. 허윤이 이부랑이 되자 고향 사람을 많이 등용하였는데 위 명제가 호분을 파견하여 허윤을 잡아오게 하였다. 허윤의 부인이 집 밖으로 나와 허윤에게 권유하였다. "현명한 군주는 이치로 따질 수는 있지만, 인정으로 호소하는 것은 어렵습니다." 허윤이 잡혀오자 위 명제가 그를 심문하였다. 허윤이 대답하였다. "'소신이 잘 알고 있는 사람을 천거하라'라고 했습니다. 소신의 고향 사람은 소신이 잘 알고 있사옵니다. 바라건대 폐하께서는 그들이 그 직책에 어울리는지 여부를 조사해 주십시오. 만약 그 직책에 어울리지 않는다면 소신이 당연히 그 죄를 받을 것입니다." 조사해 보았더니 모두 관직을 얻을 만한 사람이었으므로 **2자는 《북당서초》의 인용에는 있다.** 허윤을 석방하였다. 또 입고 있던 옷이 해어져서 새 옷을 하사하였다. 처음에 허윤이 잡혀가자 온 집안사람들이 통곡하였다. 허윤의 부인은 "근심하지 마세요, 곧 돌아올 겁니다."라고 하면서 죽을 끓여 준비하고 기다렸다. 잠시 후에 허윤이 집에 도착하였다. **《예문유취》권48. 《북당서초》권60·144. 《태평어람》권859.**

5. 孫秀[6]降晉, 武帝厚存寵之, 妻以姨妹蒯氏[7], 室家甚穆. **《御覽》引有此句.**

---

6 손수(孫秀): ? -301년. 자는 언재(彦才)이며, 오군(吳郡) 부춘현[富春縣: 지금의 절강성(浙江省) 항주시(杭州市) 부양구(富陽區)] 사람이다. 삼국 시기 오정후(烏程侯) 손광(孫匡)의 손자이며, 손권의 증손이다. 오나라 사람이었으나 오나라의 왕 손호(孫晧)가 그를 시기하였으므로 이를 근심하다가 진 무제에게 귀순하였으며, 진 무제에게 여러 가지 책략을 올려서 무제의 천하통일을 크게 도왔다.

7 괴씨(蒯氏): 형주(荊州) 양양군(襄陽郡) 사람. 부친 괴균(蒯鈞)은 남양태수(南陽太守)를 지냈다. 괴씨의 언니가 진 무제의 부인이다.

蒯嘗妒, 乃罵秀為"貉子"[8], 秀大不平之, 遂出, 不復入. 蒯氏自悔責, 請救於武帝. 時大赦, 群臣咸見, 既出, 帝獨留秀, 從容言曰: "天下曠蕩, 蒯夫人可得從其例不?" 秀免冠謝, 遂為夫婦如初. **《類聚》五十二又三十五, 《御覽》六百五十二.**

5. 손수가 진나라에 항복하자 진 무제[司馬炎]가 그를 총애하여 처제인 괴씨와 결혼시켰는데, 부부가 대단히 화목하였다. **《태평어람》의 인용에는 이 구절이 있다.** 괴씨는 일찍이 질투심 때문에 손수에게 '너구리 같은 자식'이라고 욕하였으므로 손수는 그녀에게 불만을 품고 신방을 나가 다시는 들어가지 않았다. 괴씨는 후회하고 자책하면서 진 무제에게 도움을 청하였다. 당시 천하에 크게 사면령이 내려져 신하들이 모두 무제를 알현하러 왔다가 퇴청하였는데, 무제는 손수만을 자리에 남게 하고는 조용히 말하였다. "넓디넓은 천하에 국가가 대사면령을 내렸으니, 괴부인의 경우도 사면의 예를 따르게 하는 것이 어떻소?" 손수는 모자를 벗고 황제에게 사죄하였으며, 부부관계가 처음과 같이 되었다. **《예문유취》권35·52. 《태평어람》권652.**

6. 賈公閭[9]女悅韓壽[10], 問婢識否? 一婢云是其故主. 女內懷存想. 婢後

---

8 맥자(貉子): 너구리. 북방인이 남방인을 멸시하여 부르는 말. 손수는 남방 사람이다.

9 가공여(賈公閭): 가충(賈充). 217년-282년. 공여는 자이며, 서진(西晉)의 평양(平陽) 양릉[襄陵: 지금의 산서성(山西省) 양분(襄汾)] 사람이다. 사마소(司馬昭)의 심복으로 태자사인(太子舍人) 성제(成濟)를 조종하여 조모(曹髦)를 죽임으로써 위나라를 대신해 진(晉)나라가 들어서는 데 결정적인 공훈을 세웠다. 거기장군(車騎將軍), 시중(侍中) 등의 벼슬을 하였다. 딸 가남풍(賈南風)이 혜제(惠帝)의 황비(皇妃)이다.

10 한수(韓壽): ? -300년. 자는 덕진(德眞)이며, 서진(西晉)의 남양(南陽) 도양(堵陽) 사람이다. 용모가 뛰어나서 가충이 사공연(司空掾: 司空의 보조원)으로 삼았는데, 나중에 가충의 딸과 결혼했다고 한다. 관직이 산기시랑(散騎侍郎), 하남윤(河南尹)에 이르렀다.

往壽家說如此, 壽乃令婢通己意, 女大喜, 遂與通.《御覽》五百. 與韓壽通者乃是陳騫[11]女.《世說·惑溺篇》注. 騫以韓壽為掾, 每會, 聞壽有異香氣, 是外國所貢, 一著衣, 歷日不歇. 騫計武帝唯賜己及賈充, 他家理無此香; 嫌壽與己女通, 考問左右, 婢具以實對, 騫即以女妻壽.《御覽》九百八十一. 未婚而女亡, 壽因娶賈氏, 故世因傳賈充女.《世說·惑溺篇》注. 案: 二說不同, 蓋前一說是世俗所傳, 後一說則郭氏論斷也.

6. 가공여의 딸이 한수를 좋아하게 되어 시녀들에게 그를 알고 있는지를 묻자 한 시녀가 자신의 옛 주인이라고 하였다. 그녀는 마음속으로 그리워하게 되었다. 시녀가 나중에 한수의 집으로 가서 이러한 이야기를 하자, 한수는 시녀에게 자신의 뜻을 전하도록 했고, 가공여의 딸은 크게 기뻐하더니 드디어 한수와 통정하였다. 《태평어람》권500. 한수와 사통한 여인은 진건의 딸이라고도 한다. 《세설신어·혹닉편》주. 진건은 한수를 부관으로 삼았는데, 매번 만날 때면 한수에게서 진귀한 향내가 났다. 이것은 외국에서 바친 것으로 한 번 옷에 묻으면 며칠 동안 사라지지 않는 것이었다. 진건은 진 문제가 자기와 가충에게만 이 향을 하사했으므로 다른 집에 이 향이 있을 수 없다고 여겼다. 그는 한수와 자신의 딸이 사통한다고 의심하면서 딸의 하녀들에게 캐물었더니 한 시녀가 사실대로 이야기하였으므로 진건은 자신의 딸을 한수와 결혼시키려 했다. 《태평어람》권981. 아직 결혼이 성사되기도 전

11 진건(陳騫): 201년-281년. 자는 휴연(休淵)이며, 서진의 임회(臨淮) 동양[東陽: 지금의 안휘성(安徽省) 천장(天长)] 사람이다. 제갈탄의 촉나라 군대를 수춘(壽春)에서 평정하여 관직이 도독회북제군사(都督淮北諸軍事) 겸 안동장군(安東將軍)에 이르렀고, 후에 도독형주제군사(都督荊州諸軍事)·정남대장군(征南大將軍)에 올랐다. 함녕(咸寧) 연간 초에 태위(太尉)가 되었다가 대사마(大司馬)에 올랐다. 가충(賈充)·석창(石蒼) 등과 당파를 이루어 서진의 정치를 좌우하였다.

에 진건의 딸이 죽었으므로 한수는 가씨[賈午]와 결혼하였는데, 이 때문에 세상에서는 사통한 여인은 가공여의 딸이라는 말이 전해졌다. **《세설신어·혹닉편》주. 안: 두 설이 다른데, 대개 앞의 설은 세속에서 전하는 것이고, 뒤의 설은 곽씨가 논단한 것이다.**

7. 王汝南[12]少無婚處, 自求郝普女. **郝氏, 襄城人, 父匡, 字仲時, 一名普, 洛陽太守.** 司空[13]以為癡, **司空昶也.** 會無往婚對其音樂[14], 便許之. **《御覽》四百九十.**

7. 왕여남[王湛]은 젊은 시절 결혼할 상대가 없었는데, 스스로 학보의 딸과 결혼하고자 했다. **학씨는 양성 사람이며, 부친인 학광은 자가 중시이며 학보郝普라고도 하는데, 낙양태수를 지냈다.** 아버지인 사공 왕창은 **사공 벼슬을 한 왕창이다.** 왕여남이 바보 같아서 혼처를 구하지 못할 것이라고 여기고 그의 뜻에 따라 이 결혼을 허락하였다. **《태평어람》490.**

8. 王東海[15]初過江, **王承, 字安期, 東海內史.** 登琅邪山[16], 歎曰: "我由來不愁, 今日直欲愁." **《類聚》三十五.** 太傅云: "當爾時, 形神俱往." **《御覽》四百六十九.**

---

12 왕여남(王汝南): 왕담(王湛). 249년-295년. 자는 처중(處中)이며, 태원(太原) 진양[晉陽: 지금의 산서성(山西省) 태원] 사람으로, 성품이 조용하여 세상 사람과 교유를 즐기지 않았고 품은 뜻이 컸으며 《주역(周易)》에 밝았다. 관직이 태자세마(太子洗馬)와 상서랑(尙書郎)을 거쳐 여남내사(汝南內史)에 이르렀다.

13 사공(司空): 일찍이 사공 벼슬을 지낸 왕창(王昶)을 말한다. 왕여남의 아버지.

14 기음악(其音樂):《세설신어·현원편(賢媛篇)》에는 '任其意'로 되어 있는데 이것이 타당해 보인다.

15 왕동해(王東海): 왕승(王承). 약273년-318년. 자는 안기(安期)이며, 태원 진양 사람이다. 조위(曹魏) 왕창의 손자이며, 서진(西晉)의 왕담의 아들이다. 어려서부터 명성이 있었고 사공종사중랑(司空從事中郎)과 동해태수(東海太守)를 지냈다. 서진(西晉) 말에 진동부종사중랑(鎭東府從事中郎)을 지내면서 훗날 동진을 중흥시킨 왕도(王導), 위개(衛玠), 주의(周顗), 유량(庾亮) 등 중신들을 모두 길렀다.

8. 왕동해[王承]가 처음으로 양자강을 건너 **왕승은 자가 안기로 동해내사를 역임하였다.** 낭야산에 올라서 탄식하며 말하였다. "나는 옛날에는 근심하지 않았는데, 오늘에야 곧바로 근심이 일어나는구나." **《예문유취》권35.** 태부가 말했다. "이러한 때를 당하면 형체와 정신이 함께 나가버리지." **《태평어람》권469.**

9. 王安期為東海太守, 小吏盜池中魚, 綱紀[17]推之, 王曰: "與衆共之, 魚何足吝." **《御覽》四百九十九.**

9. 왕안기[王承]가 동해태수가 되었을 때, 어떤 하급 관리가 연못의 물고기를 훔쳐서 주부가 그 사건을 추궁하였다. 왕안기가 "모두 함께 누리는 것인데 물고기를 어찌 아까워할 것인가?"라고 하였다. **《태평어람》권499.**

10. 潘安仁[18], 夏侯湛[19]並有美容貌, 嘗同行, 人謂之連璧[20]. **《初學記》十九. 《御覽》三百八十.**

---

16 낭야산(琅邪山): '琅琊山' 또는 '瑯琊山'이라고도 하는데, 산동성 동부 교남현(膠南縣) 남쪽 경계에 있으며, 동해(東海)에 면에 있다. 기원전 219년에 진시황(秦始皇)이 동쪽으로 유람하면서 이 산에 올랐다.

17 강기(綱紀): 고대 관공서의 주부.

18 반안인(潘安仁): 반악(潘岳). 247년-300년. 서진 시기의 문학가. 일반적으로 반안(潘安)이라고 한다. 안인은 자이며, 형양군(滎陽郡) 중모현(지금의 하남성 중모현) 사람이다. 사공태위부연(司空太尉府掾)과 급사황문시랑(給事黃門侍郎)을 역임. 외모가 아름다운 것으로 유명하다. 성품이 조급하고 권세를 좋아하여 석숭과 더불어 가밀(賈謐)에게 아첨하였다. 팔왕의 난이 일어나자 석숭과 함께 제왕경(齊王冏)을 옹위하는 반란을 일으키려다가 발각되어 피살됨. <한거부(閑居賦)>·<서정부(西征賦)>·<금곡시(金谷詩)>·<추흥부(秋興賦)>·<도망시 3수(悼亡詩 三首)> 등을 지었다.

10. 반안인과 하후담은 용모가 빼어났다. 일찍이 함께 길을 가니 사람들이 '한 쌍의 옥'이라고 불렀다. **《초학기》권19. 《태평어람》권380.**

11. 冀州刺史楊準[21]二子, 喬字國彥, 髦字士彥, 清平有識, **一引誤作楊淮字彥淸.** 俱總角為成器. 準與裴頠樂廣友善, 遣見之. 頠謂準曰: "喬當及卿, 髦小減也." 廣謂準曰: "喬自及卿, 髦尤精出." 準笑曰: "我二兒之優劣, 乃裴樂之優劣." 論者皆許之. **《御覽》四百九又四百四十四.**

11. 기주자사 양준의 두 아들 중 양교楊喬는 자가 국언이고, 양모楊髦는 자가 사언이었는데, 성품이 맑고 뛰어나며 식견이 있었고, **한 인용에는 양회楊淮의 자가 언청彥淸이라고 잘못되어 있다.** 모두 소년의 몸으로 큰 그릇이 되었다. 양준은 배위·악광과 친교가 있었는데 두 아들을 보내어 살펴보도록 했다. 배위가 양준에게 말했다. "양교는 그대에게 미칠만한데, 양모는 조금 떨어집니다." 악광이 양준에게 말했다. "양교는 그대에게 미칠 만한데, 양모는 더욱 뛰어납니다." 양준이 웃으며 "우리 두 아이의 우열은 배위와 악광의 우열과 마찬가지입니다." 라고 하니 논자들이 모두 수긍하였다. **《태평어람》권409·444 .**

---

19 하후담(夏侯湛): 243년-291년. 자는 효약(孝若). 초국(譙國)의 초[譙: 지금의 안휘 박주(亳州)] 사람이다. 문장에 뛰어났으며 낭중(郎中)과 산기상시(散騎常侍) 등을 역임하였다.

20 연벽(連璧): 한 쌍의 옥. 두 사람이 똑같이 재주와 풍모가 뛰어남을 형용하는 말.

21 양준(楊準): 《삼국지》〈진사왕전(陳思王傳)〉의 배송지(裴松之) 주에 양수(楊脩)의 후손을 언급하면서 양수의 아들을 양효(楊囂)라 하였고, 양효의 아들을 양준(楊準)이라 하였다. 배송지는 양준에 대해 "양준의 자는 시구(始丘)로, 혜제 말엽에 기주자사가 되었다.(準字始丘, 惠帝末爲冀州刺史.)"라고 기록하였다.

12. 王渾[22]與婦鍾氏共坐, 見武子[23]從庭前過, 渾謂婦曰: "生兒如是, 足慰人意." 婦笑曰: "若使新婦[24]得配參軍[25], 生兒故可不翅如此." 參軍是渾中弟, 名淪, 字太沖, 為晉文王大將軍, 從征壽春, 遇疾亡, 時人惜焉. **《御覽》三百九十一**

12. 왕혼과 부인 종씨가 함께 앉아 있는데, 왕무자가 뜰 앞을 지나가는 것을 보고 왕혼이 부인에게 말했다. "이 같은 아들을 낳아서 내 마음이 족히 위로됩니다." 부인이 웃으면서 말하였다. "만약 제가 참군[王淪]을 배필로 했다면 아이를 낳아도 이런 아이에 그치지 않았을 것입니다." 참군은 왕혼의 동생으로 이름은 왕윤, 자는 태충으로 진 문왕 때 대장군이 되어 수춘성 정벌에 종군하였으나 병으로 세상을 떠났으므로 당시 사람들이 안타깝게 여겼다. **《태평어람》권391.**

13. 王渾妻鍾, 生女甚賢明, 令武子為妹擇佳婿, 而未有其人. 兵家子有才, 欲以妻之, 獨與母議, 初不告, 事定乃白. 母曰: "誠是地也, 自可貴, 要

---

22 왕혼(王渾): 223년-297년. 자는 현충(玄冲)으로 태원 진양 사람이다. 위나라 사공 왕창(王昶)의 아들로 사마소에 의탁하여 산기상시의 벼슬을 하였으며, 진 무제 때 오나라 평정의 공로로 정동대장군(征東大將軍)에 임명되고 봉후가 되었다. 후에 시중 및 녹상서사(錄尚書事)의 벼슬까지 하였다.

23 무자(武子): 왕제(王濟). 생졸년 미상. 무자는 자이며, 왕혼의 아들이다. 문사가 뛰어나 당시에 명성을 떨쳤으며 관직이 시중과 태복(太僕)에 이르렀다. 진 무제의 딸 상산공주(常山公主)를 아내로 맞이하였으며, 성품이 사치스러웠는데 사람의 젖으로 기른 돼지고기를 즐겨 먹었다는 일화가 전해진다.

24 신부(新婦): 신부는 종씨 자신을 일컫는 말로 결혼한 부인이라는 뜻.

25 참군(參軍): 왕윤(王淪). 233년 - 257년. 자는 태충(太冲)으로 왕창의 셋째 아들이며 왕혼의 동생이다. 스물이 넘어 효렴(孝廉)으로 천거된 후 뒤에 대장군참군(大將軍參軍)에 임명되었다. 257년 제갈탄(諸葛誕)이 사마씨에게 불만을 품어 왕위를 찬탈하고자 수춘(壽春)에서 기의하자 왕윤은 사마소(司馬昭)를 따라 정벌하러 갔다가 전염병에 걸려 25살로 죽었다.

當令我見之.” 於是武子令此兵與群小雜處, 使母微察之. 母曰: “刑衣者汝可拔乎?” 武子曰: “是.” 母曰: “此才足以拔萃, 然地寒, 非長年不足展其才用. 觀其形骨, 恐不可與婚.” 數年, 果死. **《御覽》四百四十四.**

13. 왕혼의 아내 종씨가 매우 현명한 딸을 낳았다. 왕무자[王濟]가 누이동생을 위해 훌륭한 짝을 찾도록 했으나, 그런 사람을 찾지 못했다. 어떤 군인의 아들이 뛰어난 재주가 있어 왕무자의 누이를 아내로 맞이하고자 하여 어머니 종씨와 더불어 상의하고자 했는데, 왕무자는 처음에는 알려주지 않고 일이 정해지고 나서 어머니에게 알렸다. 어머니 종씨가 말했다. “진실로 가문이 좋다면 저절로 귀하게 보일 것이니, 나에게 그를 보여다오.” 그래서 왕무자는 군인의 아들을 여러 사람과 섞이도록 하고 어머니 종씨에게 그를 살펴보게 하였다. 어머니가 말하였다. “형체와 옷이 이러한 자가 네가 고른 사람이더냐?” 라고 묻자 왕무자가 “그렇습니다”라고 대답하였다. 어머니가 “이 사람의 재능은 충분히 뛰어나지만, 문벌이 한미하니 오래 살지 못한다면 그 재능을 충분히 펼 수 없을 것이야. 그의 자태와 골상을 보니 아마 오래 살 수 없을 것 같으니 결혼시켜서는 안 될 것 같구나.”라고 하였다. 몇 년이 지나자 과연 그 남자는 죽었다. **《태평어람》권444.**

14. 王武子, 衛玠[26]之舅也, 語人曰: “昨與吾外甥並坐, 炯然若明珠之在我側, 朗然來映人.” 後卒, 人謂之看殺. **《初學記》十九.**

---

26 위개(衛玠) : 왕제의 외조카. 어린 시절부터 용모가 뛰어나 사람들이 ‘옥 같은 사람(璧人)’으로 불렸다고 하며, 용모와 자태가 뛰어났으나 몸이 병약하였다. 이 때문에 위개가 죽고 나서, 평소에 사람들이 몰려서 그의 자태를 구경하러 왔기 때문에 너무 “쳐다보아 죽었다.(看殺)”는 소문이 퍼졌다.

14. 왕무자는 위개의 외삼촌인데 다른 사람들에게 말하였다. “어제 나의 외조카와 함께 앉아 있었는데, 마치 밝은 구슬이 내 곁에 있는 것처럼 빛났으며, 밝게 사람을 비추는 듯했소.” 나중에 위개가 죽자 사람들은 남들이 위개를 많이 쳐다보아서 죽었다고 하였다. **《초학기》권19.**

15. 孫子荊[27]上品狀[28], 王武子時為大中正[29], 謂: “訪聞此人, 非卿能拔.” 自為之目 **已上十八字依《御覽》引補** 曰: “天下英博, 亮拔不群.” **《文選》任昉《齊竟陵文宣王行狀》注. 《御覽》二百六十五又四百四十七.**

15. 손자형이 품장을 만들어 올리자, 당시의 대중정인 왕무자가 말하였다. “이 사람에 대해 알아봤는데 그대가 아니라도 뽑을 수 있습니다.” 그리고는 스스로 그를 품평하여 **이상의 18자는 《태평어람》에 의거하여 보충하였다.** “천하 영재의 박학다식함이 일반인을 월등히 뛰어넘습니다.”라고 말하였다. **《문선》 중 임방의 《제경릉문선왕행장》주. 《태평어람》권265·447.**

16. 王夷甫[30]雅尚玄遠, 又疾其婦貪, 口未嘗言錢. 婦欲試之, 夜令婢以錢遶床, 不得行. 夷甫晨起, 見錢閡之, 令婢舉阿堵物[31]. **《類聚》六十六.**

---

27 손자형(孫子荊): 손초(孫楚). 220년-293년. 《배자어림》 주 참조.

28 품장(品狀): 인재에 대해 품평한 글.

29 대중정(大中正): 위나라 이래 관리의 선발은 지방에서 명성이 있는 선비를 중정관(中正官)으로 임명하여 그의 천거를 받아 관리를 선발하였는데, 이 때문에 처음의 의도와 달리 호족들이 점차 관직을 독점하게 된다. 대중정(大中正)은 비교적 큰 고을의 중정관을 말한다.

30 왕이보(王夷甫): 왕연(王衍). 256년-311년. 《배자어림》 주 참조.

31 아도물(阿堵物): 육조시기에 '阿堵'는 '이 물건' 정도의 뜻이었으며, 왕연 이후 '阿堵

16. 왕이보[王衍]는 고상하면서 세속을 멀리하였으며 그의 부인이 탐욕스러운 것을 싫어하여, 일찍이 입으로 돈이라는 말을 꺼낸 적이 없었다. 부인은 그를 시험해 보려고 한밤중에 시녀로 하여금 돈으로 침상 위를 빙 둘러싸게 해서 지나갈 수 없도록 했다. 왕이보가 아침에 일어나서 돈으로 자신을 막아놓은 것을 보고 시녀로 하여금 이 물건을 치우라고 하였다. **《예문유취》권66.**

17. 王夷甫婦[32], 郭太寧女, 才拙而性剛, 聚斂無厭. 夷甫患之, **以上四句亦見《御覽》四百九十二.** 而不能禁. 時其鄉人幽州刺史李陽[33]景都[34]大俠, 猶漢之樓護, **護字君卿.** 郭氏甚憚之. 夷甫驟諫之, 乃云: "非但我言卿不可, 李陽景亦謂不可." 郭氏乃為少損. **《御覽》六百二十七.**

17. 왕이보의 부인은 곽태녕의 딸인데 재주가 졸렬하면서 성품은 괴팍하여 재물을 긁어모으는 데 조금도 싫증을 내지 않았다. 왕이보가 그것을 걱정하였으나 **이상 4구절은 《태평어람》권492에도 보인다.** 금지시킬 수 없었다. 당시에 왕이보의 고향 사람인 유주자사 이양은 도성의 큰 협객으로 한漢나라 때의 **누호 같은 사람으로 누호의 자는 군경이다.** 부인 곽씨가 대단히 꺼려하였다. 왕이보는 부인에게 여러 번 충고하면서 다음과 같이 말하였다. "나만 그대가 옳지 않다고 말할 뿐 아니라, 이양

物'은 돈의 별칭이 되었다.

32 왕이보부(王夷甫婦) : 왕연(王衍)의 처 곽씨(郭氏)는 진 혜제의 왕후 가씨(賈氏)의 이종 자매가 되는데, 황실의 세력을 믿고 제멋대로 일을 처리하며 예사로 사람을 무시하였다.

33 이양(李陽) : 자는 경조(景祖)이고, 서진(西晉) 고평국(高平國) 사람이다. 진 무제 때 유주자사(幽州刺史)가 되었다.

34 경도(景都):《세설신어》에는 '京都'로 되어 있다. 도성.

또한 그대가 옳지 않다고 말합니다." 부인 곽씨는 이에 뇌물을 덜 받았다. **《태평어람》권627.**

18. 杜預[35]拜鎭南將軍[36], 朝士悉至, 皆坐連榻[37]; 羊稚舒[38]後至, 曰: "杜元凱乃復以連榻坐客?" 不坐而去. **《書鈔》一百三十三. 《御覽》七百六.**

18. 두예가 진남장군에 제수되자 조정의 관료들이 모두 왔는데, 모두 긴 의자에 함께 앉았다. 양치서[羊琇]가 나중에 도착하였는데 "두원개는 또 긴 의자에 손님들을 앉히시오?"라고 하더니 앉지도 않고 가 버렸다. **《북당서초》권133. 《태평어람》권706.**

19. 陸士衡[39]初入洛, 張公云: "宜詣劉眞長[40]." 於是二陸既往, 劉尚在哀制, 性嗜酒, 禮畢, 初無他言, 唯問: "東吳有長柄壺盧, **《齊民要術》十引此句作長柄瓠.** 卿得種不?" 陸兄弟殊失望, 乃云悔往. **《御覽》三百八十九.**

---

35 두예(杜預): 222년-284년. 자는 원개(元凱). 경조군(京兆郡) 두릉현[杜陵縣: 지금의 섬서성(陝西省) 서안(西安)] 사람이다. 위진 시기의 군사가이자 경학가이며, 조위(曹魏) 때 산기상시 두서(杜恕)의 아들이다. 진남대장군(鎭南大將軍) 등을 역임하였다.

36 진남대장군(鎭南大將軍): 진남장군은 한나라 때 설치된 관직으로 정벌전쟁을 주로 주관하는 장군으로 2품 벼슬이었다. 이 진남장군 중에서 자질과 경력을 갖춘 사람이 진남대장군을 맡는데, 정벌군의 총사령관 격으로 독자적인 관청을 설치하고 속하의 관리들을 둘 수 있었다.

37 연탑(連榻): 길게 이어진 의자.

38 양치서(羊稚舒): 양수(羊琇). 236년-282년. 자는 치서이며, 태산(泰山) 남성[南城: 지금의 산동성 신태시(新泰市)] 사람이다. 종회(鍾會)를 따라 촉나라의 정벌 전쟁에 참가하여 봉후의 지위를 얻었다. 사마염(司馬炎)이 태자가 되는데 지대한 공헌을 하였고, 사마염이 진 무제가 되자 중호군(中護軍)과 산기상시 등을 역임하며 큰 신임을 받았다. 후에 제왕(齊王) 사마유(司馬攸)가 진장(鎭將)으로 나가서 막부를 설립하는 것에 반대하여 진 무제의 총애를 잃었으며, 벼슬이 깎이는 등 실의(失意) 속에서 죽었다.

39 육사형(陸士衡): 육기(陸機). 261년-303년. 사형은 자이다. 《배자어림》 주 참조.

40 유진장(劉眞長): 유담(劉惔). 생졸년 미상. 진장은 자이다. 《배자어림》 주 참조.

19. 육사형이 처음으로 낙양에 갔을 때 장공[張華]이 말하였다. "그대는 유진장을 찾아가셔야 합니다."라고 하였다. 그래서 육기 형제가 찾아갔더니 유진장은 아직 상중喪中이었다. 그는 본래 술을 즐겼는데, 인사를 마치자 초면임에도 다른 말을 하지 않고 "동오 지방에는 목이 긴 호로박이 있는데 **《제민요술》권10의 인용에는 이 구절을 '長柄瓠'라고 하였다.** 그대에게 씨를 얻을 수 있겠소?"라고 물었다. 육기 형제는 대단히 실망하여 찾아간 것을 후회하면서 돌아왔다. **《태평어람》권389.**

20. 陸士衡詣王武子, 武子有數斛羊酪, 指示陸機曰: "卿東吳[41]何以敵此？" 機曰: "千里蓴羹, 未下鹽豉[42]." **《御覽》八百六十一又八百五十八. 《書鈔》一百三十五.**

20. 육사형이 왕무자를 찾아갔더니 왕무자는 몇 곡이나 되는 양타락죽을 내놓고 손으로 가리키며 육사형에게 물었다. "그대의 고향 동오에서는 어떤 것이 이것과 대적할 만합니까?" 육기가 대답하였다. "천리호千里湖의 순채국은 소금 넣은 콩을 넣지 않아도 맛이 뛰어납니다." **《태평어람》권858·861. 《북당서초》권135.**

21. 盧志[43]於衆中問陸士衡: "陸抗是卿何物？[44]" 答曰: "如卿於盧

---

41 동오(東吳): 일반적으로 삼국 중 손권(孫權)이 중국 동남부 지역에 수립한 정권을 '오'라고 하며, 통치 지역이 삼국 시기 동쪽에 있어서 '동오'라고 칭한다.

42 염시(鹽豉): 잘 익은 콩을 발효시킨 후 소금을 넣어 만든 음식으로 조미료로 쓰인다.

43 노지(卢志): ? -312년. 자는 자도(子道)이며, 범양(范陽) 탁현[涿縣: 자금의 하북(河北) 탁주(涿州)] 사람이다. 서진의 관원이며, 성도왕(成都王) 사마영(司馬穎)의 심복 모사이다. 동한(東漢) 북중랑장(北中郎將) 노식(卢植)의 증손이며, 조위(曹魏) 노육(盧毓)의 손자이며, 노정(卢珽)의 아들이다.

44 육항시경하물(陸抗是卿何物)': "육항은 그대와 어떤 관계요?" 육항은 육기의 부친이

毓."[45] 士龍[46]失色, 既出戶, 謂兄曰: "何至於此！彼或有不知." 士衡正色曰: "我祖父名播海內, 寧有不知?" 識者疑兩陸優劣, 謝安[47]以此定之. **《御覽》三百八十八.**

21. 노지가 여러 사람 있는 곳에서 육사형에게 물었다. "육항은 그대와 어떤 관계요?" 육사형이 "그대와 노육의 관계와 같소."라고 대답하였다. 육사룡[陸雲]은 얼굴색이 변하더니 그 집을 나오게 되자 형 육사형에게 물었다. "어째서 이렇게까지 하오! 그가 혹 몰랐을 수도 있는데." 육사형이 정색하고 대답하였다. "우리 조부님의 명성은 천하에 퍼져 있거늘, 어찌 알지 못하겠느냐?" 당시의 식자들은 두 육씨의 우열에 대해 의심했는데 사안이 이 일로써 판정을 지었다. **《태평어람》권388.**

22. 滿奮字武秋, 高平人, 畏風. 在武帝坐, 北窗作琉璃扉, 實密似疏. 奮有難色, 帝問之, **一引作帝乃笑之**. 對曰: "臣若吳牛, 見月而喘." **《御覽》一百八十八又八百九十九.**

22. 만분의 자는 무추인데 고평 사람으로 바람을 두려워하였다. 진

다. 옛날에는 남의 어른 이름을 직접 부르는 일이 없었으므로, 육기는 무례한 노지에게 그대와 그대의 부친 노정의 관계와 같다고 대답한 것이다. 육운이 놀란 것은 육기가 남의 어른 이름을 직접 불렀기 때문이다.

45 노육(盧毓): 183년-257년. 자는 자가(子家), 동한의 유학자 노식(盧植)의 아들이다.

46 사룡(士龍): 육운(陸雲). 262년-303년. 자는 사룡이며, 오군 오현 사람이다. 육항의 다섯째 아들이자 육기의 동생이며, 동오 말기부터 서진(西晉) 초까지의 문학가이자 관원이다. 태자사인(太子舍人)과 청하내사(淸河內史)를 지냈으므로 '육청하(陸淸河)'라고도 한다. 저서로 《육운집(陸雲集)》이 있다.

47 사안(謝安): 320년-385년. 자는 안석(安石)이다. 《배자어림》 주 참조.

무제와 함께 앉아 있는데, 북쪽 창이 유리 병풍으로 되어 있어서 실제로 꽉 막혀 있는데도 성글어 보였다. 만분이 난처한 기색을 보이자 진 무제가 그에게 연유를 물었다. **한 인용에서는 '진 무제가 웃었다'라고 되어 있다.** 만분이 대답하였다. "소신은 마치 더위를 타는 오나라의 물소 같아서, 달만 보아도 해인 줄 알고 숨을 헐떡거리는 것입니다." **《태평어람》권188·899.**

23. 劉道真 **劉寶字道真, 高平人, 安北將軍** 少時, 漁釣而憊於草澤, 善歌嘯, 聞之者無不留連. 有一老嫗, 識其非常人, 甚樂其歌嘯, 乃殺豚進之. 道真食豚盡, 了不謝. **已上亦見《御覽》三百九十二.** 嫗見其不飽, 又進一豚, 又食半, 餘半還之. 後道真為吏部郎, 嫗兒為小令史, 道真乃超用之. 兒不知所由, 問母而後知之, 于是齎牛酒以詣道真. 道真笑曰: "去去! 無可復相報者." **《類聚》九十四又十九. 《六帖》六十二. 《御覽》二百十九.**

23. 유도진은 **유보의 자는 도진이고, 고평 사람으로, 안북장군이 되었다.** 젊을 때 낚시질을 하면서 초택에서 곤궁하게 지냈는데 휘파람을 잘 불었으므로 듣는 자들이 걸음을 멈추고 머뭇거렸다. 어떤 노파가 그가 보통 사람이 아님을 알아보았고 또 그의 휘파람 소리를 좋아했으므로 새끼 돼지를 잡아서 그에게 올렸다. 유도진은 돼지 한 마리를 다 먹고 나서도 고맙다는 말을 하지 않았다. **이상은 《태평어람》권392에도 보인다.** 노파는 그가 배부르지 않은 것이라 여기고 새끼 돼지 한 마리를 더 주었는데 그는 절반만 먹고 남은 절반은 돌려주었다. 나중에 유도진이 이부랑이 되면서 노파의 아들이 소령사로 기용되었는데, 유도진이 특별히 그를 채용한 것이다. 노파의 아들은 연유를 몰랐다가 그 어머니에게 이야기를 듣고서야 알게 되었다. 이리하여 소고기와 술을 가

지고 유도진을 찾아갔다. 유도진이 웃으면서 “돌아가게! 돌아가게! 더 이상 서로 갚을 것이 없다네.”라고 하였다. **《예문유취》권19·94. 《백공육첩》권62. 《태평어람》권219.**

24. 劉道真嘗為徒, 扶風王駿[48]以五百疋布贖之, 既而用為從事中郎. **《書鈔》六十八.** 當時以為美談. **《御覽》六百四十二又八百二十.**

24. 유도진은 일찍이 죄수였는데, 부풍왕 사마준司馬駿이 5백 필의 베를 내어 그의 죄를 대속하였다. 얼마 지나지 않아 부풍왕은 유도진을 종사중랑으로 기용하였다. **《북당서초》권68.** 당시 사람들이 이를 미담으로 여겼다. **《태평어람》권642·820.**

25. 周叔治[49]為晉陵, **謨字叔治, 光群大夫西平貞侯顗弟** 周侯[50], 仲智[51]送之. **周侯名顗, 字伯仁, 仲智名嵩, 次弟也.** 叔治將別, 泣涕不止, 仲智恚之曰: “困人及婦人別, 惟知啼.” 便捨去. 周侯獨留, 與飲酒言語, 臨別留涕, 撫其背曰: “阿

---

48 사마준(司馬駿): 232년-286년. 자는 자장(子臧), 하내군(河内郡) 온현(温縣) 사람. 사마의의 일곱 번째 아들이며, 진 무제가 등극하자 부풍왕(扶風王)에 봉해져 관중 지방을 다스렸는데 정치를 잘하여 명성이 높았다고 한다. 여음왕(汝陰王)의 봉작을 받았으며 관직이 표기장군(驃騎將軍)에 이르렀다.

49 주숙치(周叔治): 주모(周謨). 숙치는 자이며, 여남(汝南) 안성(安城)사람이다. 주준(周浚)의 아들이며, 주의(周顗)와 주숭(周嵩)의 동생으로, 관직이 후군장군(後軍將軍), 단양윤(丹杨尹), 시중(侍中), 중후군(中後軍) 등에 이르렀으며, 서평후(西平侯)에 봉해졌다.

50 주후(周侯): 주의(周顗). 269년-322년. 자는 백인(伯仁)이다.

51 중지(仲智): 주숭(周嵩). ? -324년. 중지는 자로, 주의의 첫째 동생이다. 성품이 솔직 과감하며, 왕돈(王敦)이 큰형 주의를 죽이자 문상을 하지 않았다. 왕돈이 그 까닭을 묻자 “나의 형은 천하에서 가장 의로운 사람인데, 천하에서 가장 불의(不義)한 사람에게 피살되었거늘 또 어디로 문상간단 말이오?”라고 하였다. 왕돈은 그의 입을 막기 위해 종사중랑(從事中郎)의 벼슬을 주었다가 나중에 구실을 걸어 살해하였다고 한다.

挈自愛." 《御覽》四百八十九.

25. 주숙치[周謨]가 진릉태수로 부임하려 하자 **주모의 자는 숙치이고, 광군대부서평정후 주의의 동생이다.** 주후[周顗]와 주중지가 그를 전송하였다. **주후의 이름은 의, 자는 백인이며, 주중지의 이름은 숭, 주의의 둘째 동생이다.** 주숙치가 이별할 즈음에 눈물을 끊임없이 흘리자 주중지가 성을 내며 말했다. "어리석은 사람이라 여인네가 이별하는 것처럼 오직 울 줄만 아는구나." 그리고는 떠나갔다. 주후가 혼자 남아서 동생 숙치와 술을 마시며 이야기를 나누다가 이별할 때가 되자 눈물을 흘리며 동생의 등을 어루만지면서 "얘야, 자중자애해야 한다."라고 하였다. **《태평어람》권489.**

26. 周伯仁道桓茂倫[52] "欽奇歷落, 可笑之人也." 或云是謝幼輿[53]言. **《御覽》四百四十七.**

26. 주백인이 환무륜에 대해 "환무륜은 재주가 뛰어나고 진솔하지만 보통 사람이라면 비웃을 사람이다."라고 하였다. 혹자는 이런 말을 한 사람이 사유여라고 하였다. **《태평어람》권447.**

27. 將軍王敦起事, 丞相導率諸兄弟詣闕請罪, 值周侯將入見. 諸王甚有憂色. 丞相呼周侯曰: "伯仁, **二字《御覽》引有.** 以百口賴卿." 周侯直過不應.

---

52 환무륜(桓茂倫): 환이(桓彝). 276년-328년. 무륜은 자이며, 환온(桓溫)의 아버지이다. 동진 초국(譙國) 용항[龍亢: 지금의 안휘성 회원현(懷遠縣) 용항진(龍亢鎭)] 사람이다. 어려서 고아가 되었으나 사람을 보는 눈이 뛰어났다. 중서시랑(中書侍郎)·상서이부랑(尙書吏部郞)을 역임하였으며, 강남지역으로 내려간 뒤에는 산기상시 벼슬까지 올랐다. 죽은 후에는 정위(廷尉)로 추증되었다. 그래서 환정위(桓廷尉)라고도 불린다.

53 사유여(謝幼輿): 사곤(谢鯤). 281년-324년. 진군 양하 사람으로, 진(晉)나라 때의 명사이다.

苦相申救, 既許, 周大悅, 飮酒. 及出, 諸王猶在門, 又呼顗, 顗不與言, 顧左右曰: "今年 **已上十三字《書鈔》引止作一曰字, 此依《御覽》.** 殺諸賊奴, 當取一金印如斗大繫肘." **《書鈔》一百三十一. 《御覽》六百八十二.**

27. 장군 왕돈이 반란을 일으키자 승상 왕도王導가 형제들을 이끌고 와서 대궐로 가서 죄에 대한 처벌을 청하였다. 주후가 조정에 들어가다가 이들과 마주쳤는데 왕씨 일가는 대단히 걱정스러워하는 낯빛이었다. 승상 왕도가 주후를 불러 "백인, **2자는 《태평어람》의 인용에는 있다.** 온 식구의 목숨을 그대에게 맡기겠소."라고 하였다. 주후는 곧바로 지나가며 대답을 하지 않았다. 주후는 입궁하여 왕도 일가를 구하려고 애를 썼으며, 윤허를 받게 되자 크게 기뻐하며 술을 마셨다. 주후가 조정을 나오는데 왕씨들이 여전히 궁문에 있었다. 왕도가 또 주의를 불렀으나 주의는 그들과 말을 나누지 않고, 좌우를 둘러보며 다음과 같이 말했다. "금년에는 **이상 13자는 《북당서초》의 인용에는 단지 '曰'[54] 1자로 되어 있는데, 여기서는 《태평어람》에 근거하였다.** 도적들을 다 없애고 마땅히 국자만 한 황금 도장을 팔뚝에 차야지." **《북당서초》권131. 《태평어람》권682.**

28. 郗太尉[55]晩節絕好談論, 既非所經, 而甚矜之. **《書鈔》九八十.**

28. 치태위[郗鑒]는 만년에 담론을 즐겼는데 그가 겪은 것은 아니었지만 스스로는 대단한 것으로 여겼다. **《북당서초》권980.**

---

54 《북당서초》에는 실제로 '周曰'로 되어 있다.

55 치태위(郗太尉): 치감(郗鑒). 269년-339년. 자는 도휘(道徽)이며, 고평군 금향현 사람이다. 《배자어림》 주 참조.

29. 王丞相性儉節, 帳下甘果盈溢不散, 入春爛敗. **已上亦見《御覽》九百六十四.** 都督白之, 公令拾去, 敕云: "不可使大郎[56]知!" 大郎名悅, 字長豫. **案: 二句是注. 《御覽》四百三十一.**

29. 왕승상[王導]은 성품이 인색하여 장막 뒤의 단 과일이 넘칠 정도로 많더라도 나누어 주지 않았으므로 봄이 되자 썩어버릴 지경이었다. **이상은 《태평어람》권964에도 보인다.** 한 도독이 그 일을 알렸더니 왕도는 그에게 그것을 주워서 내다 버리도록 하면서 다음과 같이 당부했다. "큰아들이 알지 못하도록 하게!" 큰아들은 이름이 왕열이고 자는 장예이다. **안: 2구절은 주석이다. 《태평어람》권431.**

30. 王丞相云: "雒下[57]論以我比安期千里[58], **王承字安期, 阮瞻字千里.** 我亦不推此二人, 唯共推王太尉夷甫也." **《御覽》四百四十七.**

30. 왕승상이 말하였다. "낙양에서는 나를 왕안기와 완천리에 비견하는데, **왕승의 자는 안기이며, 완첨의 자는 천리이다.** 나는 이 두 사람과 거론되고 싶지 않으며 오직 왕태위 이보[王衍]와 함께 거론되고 싶다." **《태평어람》권447.**

31. 王丞相治揚州廨舍, 案行而言: "我正為次道[59]理此耳." 何次道少為王公所知重, 故有此歎. **《御覽》二百五十五.**

---

56 대랑(大郎): 큰아들. 왕도(王導)의 큰아들인 왕열(王悅)을 말한다. 왕열은 어릴 때부터 신중하고 효성스러워서 명망이 높았고 관직이 중서시랑(中書侍郎)에 이르렀다.

57 낙하(雒下): 낙양(洛陽).

58 천리(千里): 완첨(阮瞻). 천리는 자이다. 《배자어림》 주 참조.

59 차도(次道): 하충(何充). 292년-346년. 차도는 자이다. 《배자어림》 주 참조.

31. 왕승상이 양주의 관청을 수리하면서 수리하는 것을 보고 말했다. "나는 바로 하차도를 위하여 이곳을 수리하는 것이다." 하차도는 젊은 시절부터 왕승상의 중시를 받았으므로 이렇게 감탄한 것이다. **《태평어람》권255.**

32. 王丞相言: "刁元亮[60]之察察, **刁協字元亮.** 戴若思[61]之巖巖, **戴淵字若思.** 卞望之[62]峰炬, 並一見我而服也." **《御覽》四百四十七.**

32. 왕승상이 말하였다. "조원량은 정확한 판단력이 있고, **조협의 자가 원량이다.** 대약사는 산처럼 위엄이 있으며 **대연의 자는 약사이다.** 변망지는 강직한데, 모두 나를 한 번 만나고서 탄복하였다. **《태평어람》권447.**

33. 王丞相拜司空, 廷尉[63]作兩角髻, 葛裙拄杖, 臨路邊窺之, 歎曰: "人言阿龍超, **導小名赤龍.** 阿龍故自超." 不覺步至臺門. **《御覽》三百九十四.**

33. 왕승상이 사공에 임명되었는데, 환이 정위가 두 갈래 쪽머리를 한 채 갈포 치마에 지팡이를 짚고 길가에서 그를 살펴보고는 찬탄하였다. "사람들이 아룡이 뛰어나다고 하던데 **왕도의 어릴 때 이름은 赤龍이었다.** 아룡이 뛰어나다고 한 까닭이 있었구나." 그는 자기도 모르게 관부의 대문까지 따라갔다. **《태평어람》권394.**

---

60 조원량(刁元亮): 조협(刁協). ? -322년. 원량은 자인데, 현량(玄亮)이라고도 한다. 《배자어림》 주 참조.

61 대약사(戴若思): 대엄(戴儼) 또는 대연(戴淵). 269년-322년. 자는 약사이다. 《배자어림》 주 참조.

62 변망지(卞望之): 변곤(卞壼). 281년-328년. 망지는 자이다. 《배자어림》 주 참조.

63 정위(廷尉): 정위는 법률관계를 맡아보는 관리인데, 환이(桓彝)를 말한다.

34. 王公有幸妾姓雷, 頗與政事, 納貨, 蔡公謂之雷尚書. **《御覽》**二百十二.

34. 왕공[王導]이 총애하는 첩은 성이 뇌씨였는데 자주 정치에 관여하며 뇌물을 받았으므로 채공이 그녀를 뇌상서라 불렀다. **《태평어람》권212.**

35. 庾公[64]名位漸重, 足傾王公. 時庾亮在石頭[65], 王公在冶城[66], 忽風起揚塵, 王公以扇拂之曰: "元規塵汙人." **元規, 庾亮字; 王公, 王導也. 《類聚》**六. **《六帖》**三.

35. 유공[庾亮]은 명예와 지위가 점차 높아지면서 족히 왕공[王導]을 압도할 만했다. 이때 유량은 석두성에 있었고, 왕공은 남경 야성에 있었다. 갑자기 유량이 있는 쪽으로부터 바람이 불어 먼지가 휘날리자 왕공은 부채로 털어내면서 말했다. "유원규의 먼지가 사람을 더럽히는구나!" **원규는 유량의 자이며, 왕공은 왕도이다. 《예문유취》권6. 《백공육첩》권3.**

36. 王丞相未令不看事. **《書鈔》**三十六. **案: 文有訛挩.**

36. 왕승상은 명을 받지 않으면 일을 보지 않았다. **《북당서초》권36. 안**

64 유공(庾公): 유량(庾亮). 289년-340년. 자는 원규(元規)이며, 영천군(穎川群) 언릉현(鄢陵縣: 지금의 하남성 언릉현) 사람이다. 동진(東晉) 시기 유명한 대신이며, 명목황후(明穆皇后) 유문군(庾文君)의 오빠이다. 정서장군(征西將軍)·도독칠주제군사(都督七州諸軍事) 등의 관직을 역임하였다. 죽은 후에 태위(太尉)로 추증되었으며, 시호는 문강(文康)이다.

65 석두성(石頭城): 지금의 남경(南京) 부근에 해당하며 당시의 수도 건강(建康) 서쪽에 있었던 군사적 요충지. 지세가 험준하였으므로 '石頭'라고 함.

66 야성(冶城): 지금의 남경시 진회구(秦淮区) 조천궁(朝天宮) 일대이다.

: **문장에 잘못되거나 빠진 부분이 있다.**

37. 謝公在東山畜妓, 簡文[67]曰: "安石必出; 與人同樂, 亦何得不與人同憂." 謝安石也. **《書鈔》一百十二. 《初學記》十五. 《御覽》五百六十八有注.**

37. 사공[謝安]이 동산에서 기녀들을 데리고 있자, 간문제[司馬昱]가 말하였다. "사안석은 반드시 세상에 나올 것이다. 다른 사람과 즐거움을 함께한다면 또 어찌 다른 사람과 근심을 함께 하지 않겠는가?" **사공은 사안석이다. 《북당서초》권120. 《초학기》권15. 《태평어람》권568에 주가 있다.**

38. 人問謝太傅: "王子敬[68]可與先輩誰比?" 謝答曰: "阿敬近王[69]劉[70]之間." **王脩, 劉真長. 《御覽》四百四十七.**

38. 사람들이 태부 사안에게 "왕자경은 선배들 중 누구와 비교할 수 있겠습니까?"라고 묻자, 사안이 "아경[王獻之]은 왕수와 유진장의 사이에 가까울 것입니다."라고 하였다. **왕수·유진장을 말한다. 《태평어람》권447.**

---

67 간문(簡文): 간문제(簡文帝) 사마욱(司馬昱).

68 왕자경(王子敬): 왕헌지(王獻之). 344년-386년. 자경(子敬)은 자이며, 아명은 관노(官奴)이다. 《배자어림》 주 참조.

69 왕(王): 왕수(王修). 334년-357년. 자는 경인(敬仁), 아명은 구자(苟子)이다. 《배자어림》 주 참조.

70 유(劉): 유담(劉惔)을 말한다.

39. 王子敬問謝公: "嘉賓[71]何如道季[72]?" **嘉賓, 郗超小名. 庾龢小名道季.** 答云: "道季誠抄撮清悟, 嘉賓故自勝; 桓公稱云: **桓溫也.** 鏘鏘有文武. **《御覽》四百四十七.**

39. 왕자경이 사안에게 물었다. "치가빈을 유도계와 비교하면 어떻습니까?" **가빈은 치초의 아명이며, 유화의 아명은 도계이다.** 사안이 대답하였다. "유도계는 진실로 타인의 청신한 깨달음을 잘 배우는데, 치가빈의 청담은 본래부터 뛰어납니다. 그래서 환공이 **환온이다.** '문무를 다 겸비하고 있구나.'라고 칭찬하였습니다." **《태평어람》권447.**

40. 桓公問孔西陽[73]: "安石何如文度[74]?" 孔思未答, 反問公謂何如?[75]

---

71 가빈(嘉賓): 치초(郗超). 336년-378년. 자는 경흥(景興)이며, 가빈은 아명이다. 고평(高平) 금향(金鄕: 지금의 산동성 금향현) 사람이다. 동진(東晋)의 관원, 서예가이며, 태위 치감(郗鑒)의 손자, 회계내사(會稽內史)의 아들이다. 무군연(撫軍掾), 산기시랑(散騎侍郎), 중서시랑(中書侍郎), 사도좌장사(司徒左長史) 등을 역임하였다.

72 도계(道季): 유화(庾龢). 316년-?. 도계는 자이며(본문 안의 주에서는 아명이라고 하였음), 영천(潁川) 언릉(鄢陵: 지금의 하남 언릉현) 사람이다. 단양윤(丹陽尹)을 거쳤고, 태위 유량(庾亮)의 아들이며. 사상(謝尚)의 장녀가 그의 아내이다.

73 공서양(孔西陽): 공엄(孔嚴). ?-370년. 이름이 공엄(孔嚴)·공암(孔岩)이고, 자는 팽조(彭祖)이며, 공서양이라고도 한다. 회계군(會稽郡) 산음현[山陰縣: 지금의 절강성(浙江省) 소흥시(紹興市)] 사람이다. 재주와 학문이 뛰어났으며 일찍이 단양윤(丹陽尹), 상서(尙書), 서양후(西陽侯) 등을 거쳤다.

74 문도(文度): 《세설신어》에는 '仲文'으로 되어 있다. 은중문(殷仲文). ?-407년. 진군(陳郡) 장평[長平: 지금의 하남성 서화현(西華縣)] 사람이며, 동진(東晋)의 대신이자 시인. 태상(太常) 은융(殷融)의 손자이고, 오흥태수(吳興太守) 은강(殷康)의 아들이며, 은중문의 처는 환현(桓玄)의 누나이다.

75 반문공위하여(反問公謂何如): 환온(桓溫)은 당시 권력을 잡고 있었고, 제위를 찬탈할 야심까지 가지고 있었다. 다만 조정의 원로대신인 사안(謝安)이 버티고 있어서 직접 사안에게 손을 쓸 수가 없었다. 당시 은중문은 환온의 사위였으며 재능과 지위 등 모든 면에서 사안을 앞설 수 없었으나 환온은 자신의 야심을 키우기 위해 은근히 그를 띄운 것이다. 이런 사정 때문에 공서양은 은중문이 뒤떨어진다는 대답을 하지 못하고 도리어 반문한 것이다.

答曰: "安石居然不可陵踐." 《御覽》四百四十七.

40. 환온이 공서양[孔嚴]에게 물었다. "사안석을 은중문과 비교하면 어떠하오?" 공서양은 곰곰이 생각하다가 도리어 환온에게 어떠한지를 물었다. 환온이 "사안은 분명 뛰어넘을 수 없는 부분이 있지요."라고 하였다. 《태평어람》권447.

41. 何次道 **充字次道** 嘗詣王丞相, 以麈尾[76]礶床, 呼何共坐, 曰: "來來! **二字《御覽》引有.** 此是君坐[77]." **《御覽》一引作此君子坐也. 《書鈔》一百三十四. 《御覽》三百九十三有注又七百三.**

41. 하차도가 **충의 자는 차도이다.** 일찍이 왕도 승상을 방문했을 때, 왕 승상은 주미로 좌석을 가리키며 하차도에게 함께 앉자고 하며 말했다. "이리 오십시오! **2자는 《태평어람》의 인용에는 있다.** 여기가 그대의 자리입니다." **《태평어람》의 한 인용에는 '여기가 선생의 자리입니다'라고 하였다. 《북당서초》권134. 《태평어람》권393에 주가 있다. 《태평어람》권703.**

42. 王含[78]為廬江, **含字處宏, 敦兄也.** 貪強狼藉. 王敦欲護其兄, 故于眾坐

76 주미(麈尾): 사슴의 꼬리 모양으로 생긴 둥근 모양의 총채로, 위·진 시대 청담 사상가들이 담론할 때 자주 사용하였다.

77 차시군좌(此是君坐): 하충의 어머니가 왕도의 처형이다. 이러한 이유로 하충은 젊은 시절부터 왕도와 친교가 있었다. 젊은 시절부터 문리(文理)와 재기(才氣)가 뛰어나 명망이 있었으며, 왕승상은 그에게 재상의 자리를 잇게 하려고 하였다. 왕도는 이 말로써 하충이 승상의 자리를 계승할 인재임을 은근히 암시하였다.

78 왕함(王含): ?-324년. 자는 처홍(處弘)이며, 낭야 임기 사람이다. 서주자사(徐州刺史), 광록훈(光祿勳) 등의 벼슬을 했으며, 동생 왕돈이 반란을 일으키자 벼슬을 버리고 반란에 가담했다가 주살 당하였다. 이 때문에 왕도 승상은 대궐에 가서 왕씨 일족의 죄를 빌고 석고대죄하였다.

中稱: "家兄在郡, 為政定善. 廬江人咸稱之." 時何充為主簿, 在坐, 正色曰: "充即廬江人, 所聞異於此." 敦默然. 傍人為之反側, 充神意自若. **《御覽》四百九十二又四百二十八.**

42. 왕함이 여강의 태수가 되었는데 **왕함의 자는 처굉으로 왕돈의 형이다.** 몹시 탐욕스러웠다. 왕돈은 그의 형을 옹호하려고 많은 사람이 모인 자리에서 칭찬하며 말했다. "형님이 여강군을 맡고 있는데 정치를 잘함이 분명합니다. 여강 사람들이 모두 형님을 칭찬한다 합니다." 이 당시 하충은 왕돈의 주부였으며, 좌석에 있었는데 엄숙한 얼굴로 말했다. "제가 바로 여강 사람인데 들은 소문이 이와는 다릅니다." 왕돈은 침묵하였으며, 주위 사람들은 그를 생각하여 불안해했으나 하충은 평소처럼 안색이 태연자약하였다. **《태평광기》권492·428.**

43. 劉真長云: "見何幼道[79]飲酒, 人傾家釀." **何唯[80], 字幼道也. 《書鈔》一百四十八.**

43. 유진장이 말하였다. "하유도가 술을 마시는 것을 보면 집안에 빚어 놓은 술을 다 그에게 주고 싶다." **하준은 자가 유도이다. 《북당서초》권148.**

44. 劉尹道桓溫: "鬚如反蝟毛, 眼如紫石稜, 自是孫仲謀[81]一流人也."

---

79 하유도(何幼道): 하준(何準). 유도는 자이다. 하충의 다섯째 동생이고, 목장황후(穆章皇后)의 아버지이며, 벼슬에는 나아가지 않았다.

80 유(唯): '準'의 잘못으로 보인다.

81 손중모(孫仲謀): 손권(孫權). 182년-252년. 자는 중모(仲謀)이며, 오군(吳郡) 부춘현[富春縣]: 지금의 절강성(浙江省) 항주시(杭州市) 부양구(富陽區)] 사람으로, 손견(孫堅)의 차남. 그의 형 손책(孫策)이 암살되자 손책의 뒤를 이어 강동(江東) 지방을 다스렸고 건안(建安) 13년(208년), 유비와 연합하여 적벽(赤壁)에서 조조(曹操)의 군대를 격

《御覽》三百六十八.

44. 유윤[劉惔]이 환온에 대해 말하였다. "수염은 마치 고슴도치의 털과 같고, 눈은 자석영처럼 위엄이 있으니, 손권 같은 부류의 인물이로다. **《태평어람》권368.**

45. 琅邪諸葛亡名面病鼠瘻, 劉真長視之, 歎曰: "鼠乃復窟穴人面乎?" **《書鈔》一百五十八. 《御覽》三百六十五.**

45. 낭야의 제갈망명의 얼굴에 연주창이 생겼다. 유진장이 그를 보고 탄식하며 말했다. "쥐가 사람의 얼굴에도 굴을 파는가?" **《북당서초》권158. 《태평어람》권365.**

46. 王右軍道劉真長: "樹雲柯而不扶疏." **《御覽》四百四十七.**

46. 왕우군[王羲之]이 유진장에 대해 평하였다. "기세가 하늘을 찌를 듯한 나무인데 나뭇가지와 잎이 번잡하고 무성하지 않다." **《태평어람》권447.**

47. 許侍郎[82]顧司空[83]俱作王丞相從事[84], 嘗夜在丞相許戲, 二人歡極, 丞

파하였으며 황룡(黃龍) 원년(229년) 무창(武昌)에서 제위(帝位)에 올라 국호를 오(吳)라 하고, 건업(建業)을 도읍으로 하여 위·촉 두 나라와 나란히 경쟁하였다.

82 허시랑(許侍郎): 허조(許璪). 자가 사문(思文)이며, 관직이 이부시랑(吏部侍郎)에 이르렀다.

83 고사공(顧司空): 고화(顧和). 288년—351년. 자는 군효(君孝)이며, 오군 오현 사람이다. 산기상시와 상서령 등을 역임했다.

84 종사(從事): 여기서는 승상의 속리(屬吏).

相便使入己帳中眠. 顧至曉猶展轉不得熟寐, 許上床便大鼾. 丞相語諸客曰: "此中亦難眠處耳." **《御覽》六百九十九又三百九十三.**

47. 허조 시랑과 고화 사공은 함께 왕도 승상의 종사 벼슬을 하였다. 일찍이 밤에 승상의 집의 연회에 참석하였는데, 두 사람이 신나게 놀자 왕도는 그들을 자신의 침대에서 자도록 하였다. 고화는 새벽이 되도록 몸을 뒤척이며 잠을 제대로 자지 못했는데, 허조는 침대에 올라가자마자 크게 코를 골며 잤다. 왕승상은 여러 손님들에게 말했다. "이곳도 잠을 자기 어려운 곳이군요." **《태평어람》권699·393.**

48. 時有為王遵[85]主簿, 檢校帳下, 遵說語主簿; "欲與主簿周旋, 無為知人几案間事." **《書鈔》六十九.**

48. 이 당시에 어떤 사람이 왕도의 주부가 되었는데, 막료의 사무를 검사하려 하자 왕도가 주부에게 말했다. "내가 그대와 상대하고자 하는데 다른 사람들의 탁자 위의 일을 알 필요는 없지요." **《북당서초》권69.**

49. 海西[86]時, 朝堂猶闇, 惟會稽王[87]來, 軒軒如朝霞之舉. **《書鈔》七十.**

---

85 왕준(王遵):《세설신어·아량(雅量)》 편에는 '王丞相'으로 나온다. 遵은 왕도(王導)의 '導'의 오기로 보인다.

86 해서(海西): 사마혁(司馬奕). 342년-386년. 자는 연령(延齡). 하내군河內郡) 온현(溫縣) 사람. 동진(東晉) 제7대 황제(365년-372년 재위)이며, 진 성제 사마연(司馬衍)의 차남. 함안(咸安) 2년(372년)에 해서공(海西公)으로 강등되었다.

87 회계왕(會稽王): 사마욱(司马昱). 320년-372년. 자는 도만(道萬). 동진 제8대 왕(372년 1월6일-9월12일)으로, 진 원제 사마예(司馬睿)의 아들이며. 회계왕에 봉해졌고, 시호가 간문황제(簡文皇帝)이다.

49. 해서공 사마혁이 황제일 때, 대신들과 조회를 해도 조당이 여전히 어두웠는데, 오직 회계왕 사마욱이 오면 기상이 씩씩하여 아침노을이 떠오르는 것 같았다. **《북당서초》권70.**

50. 初熒惑入太微[88], 尋廢海西; 簡文既登祚, 復入太微, 帝惡之. 時郗超為中書郎, 在直, 引超入曰: "天命修短, 故非所計, 當無復近日事不?" 超曰: "大司馬方外固封疆, 內鎮社稷, 必無若斯之慮. 臣為陛下保之." 簡文因誦庾仲初[89]詩曰: "士痛朝危, 臣哀主辱." 其聲甚悽愴. 郗受假還東, 帝曰: "致意尊公, **超父愔, 字方回.** 家國之事, 遂至於此, 由身不能以道匡衡, 思患豫防. 愧歎之深, 言何能譬!" 因泣下. **《御覽》四百六十九.**

50. 처음에 화성이 태미의 구역으로 들어가자 얼마 후에 해서공이 폐위되었다. 간문제 사마욱이 등극하자 화성이 다시 태미원으로 들어갔으므로 간문제가 그것을 싫어하였다. 당시에 치초는 중서랑의 벼슬을 하면서 숙직하고 있었다. 간문제는 치초를 불러서 물었다. "천명이 길고 짧은지의 여부는 헤아릴 수 있는 바가 아니지만, 최근의 사건(해서공이 폐위된 일) 같은 일이 다시 일어나지 않겠소?" 치초가 대답하였다. "대사마 환온이 밖으로는 국경을 공고히 지키고 안으로는 사직을 진정시키니 반드시 이러한 우려는 없을 것입니다. 소신이 폐하께 보증하겠습니다." 이에 간문제는 유천庾闡의 종정시從

---

88 초형혹입태미(初熒惑入太微): 형혹성은 지금의 화성에 해당하는 별자리로 전쟁이나 재앙을 상징한다. 태미(太微)는 천구의 중앙에 위치한 북극성과 주위의 별로 구성되어 있는 자리로 태미원(太微垣)이라고도 하며 천자의 자리를 상징한다. 이 별자리를 다른 별이 침범했다는 것은 커다란 정치적 변동을 의미한다.

89 유중초(庾仲初): 유천(庾闡). 자는 중초, 영천 언릉 사람. 동진 시기의 문학가이자 관원이며, 《양도부(扬都赋)》 등이 있다.

征詩를 외웠다. "뜻있는 선비는 조정의 위난을 가슴 아파하고, 충성스러운 신하는 임금의 치욕을 슬퍼한다네." 시를 읊는 그의 목소리가 몹시 처량하였다. 치초가 휴가를 얻어 동쪽 지방으로 돌아가게 되자 간문제는 그에게 다음과 같이 말했다. "부친께 마음을 전해주시오. **바로 치초의 아버지 치음, 자는 방회이다.** 왕조의 일이 드디어 이런 지경에 이른 것은 이 몸이 올바른 말로써 나라를 바로 잡지 못하고, 환난이 이를 것임을 생각하고 방비하지 못했기 때문입니다. 깊은 부끄러움과 한탄스러움을 어찌 말로 다 하겠습니까?" 그리고는 슬피 울었다. **《태평어람》권469.**

51. 簡文云: "謝安南[90] **名奉, 字宏道** 清泠如其弟[91], **弟名躬, 字宏遠.** 學藝不如孔嚴." **嚴字彭祖. 《御覽》四百四十七.**

51. 간문제가 말하였다. "사안남[謝奉]은 **이름은 봉, 자는 굉도이다.** 풍채가 수려함이 그의 동생과 비슷하며, **동생의 이름은 궁, 자는 굉원이다.** 학문의 재주는 공엄에게 미치지 못합니다. **공엄의 자는 팽조이다. 《태평어람》권447.**

52. 晉撫軍[92]云: "何平叔[93]巧累於理, 嵇叔夜[94]雋傷其道[95]." **《續談助》四.**

---

90 사안남(謝安南): 사봉(謝奉). 316년-379년. 자는 홍도[弘道: 본문 안의 주에서는 宏道(굉도)라고 하였음]이며, 회계 산음 사람으로, 안남장군(安南將軍)·광주자사(廣州刺史)·이부상서(吏部尚書) 등을 역임하였다.

91 기제(其弟): 사봉의 동생은 사빙(謝聘)으로, 자는 홍원(弘遠)이며, 역시중(歷侍中)과 연위경(廷尉卿)을 지냈다. 이름을 '躬'이라 한 것은 오기로 보인다.

92 진무군(晉撫軍): 관직. 사마욱은 진(晉) 목제(穆帝) 때 무군대장군(撫軍大將軍)에 오른 적이 있다.

93 하평숙(何平叔): 하안(何晏): ?-249년. 평숙은 자이며, 남양군(南陽郡) 완현(宛縣: 지금의 하남성 남양시) 사람이다. 대장군이었던 하진(何進)의 손자이며, 그 어머니 윤씨(尹氏)가 조조의 궁중에 들어가면서 궁중에서 컸다. 조조의 딸과 결혼하였으므로 모

52. 진의 무군대장군 사마욱이 말했다. "하평숙의 교묘한 언사는 그가 말한 이치에 장애가 되었고, 혜숙야의 뛰어난 재주는 그의 도를 손상시켰다." **《속담조》권4.**

53. 佛經以為祛治神明, 則聖可致. 簡文云: "不知便可登峰造極, 然陶冶之功, 故不可□[96]." **《續談助》四.**

53. 불경에, 잡념을 없애고 지혜를 수련하면 깨달음의 경지에 이를 수 있다고 하였다. 간문제는 이에 대해 "최고의 경지에 이를 수 있는지는 모르겠지만, 정신 수양의 효과가 있다는 점은 진실로 부정할 수 없을 것이다."라고 하였다. **《속담조》권4.**

든 사람들이 그를 부마도위(駙馬都尉)로 존중하였고, 청담(淸淡)과 노장(老莊)의 학설을 중시하였다. 조상(曹爽)의 모사(謀士)로 활약하여 조상이 권력을 잡고 있을 때 상서(尙書) 벼슬을 하였으나, 사마의가 정변을 일으켜 조상을 살해할 때, 그도 연루되어 죽었다.

94 혜숙야(嵇叔夜): 혜강(嵇康). 224년-263년. 숙야는 자이며, 초국(譙國) 질현[銍縣: 지금의 안휘성 소호시(巢湖市)·무위(無爲)·함산현(含山縣) 경계 지역] 사람이다. 죽림칠현(竹林七賢) 중의 한 사람. 위나라 사상가·문학가·음악가이자 죽림칠현의 정신적 영수이다. 위 무제의 증손녀인 장락정주(長樂亭主)와 결혼하여 부마가 되었고 중산대부(中散大夫)에 임명되었으므로 흔히 혜중산으로 부르기도 한다. 그는 노장사상에 깊은 관심을 보였고 문학에도 뛰어났다. 그러나 위·진 교체기에 태어났으므로 부마라는 그의 신분은 자연 진나라의 건설을 꾀하는 무리들에게 경계의 대상이 아닐 수 없었다. 마침내 사마소(司馬昭)는 종회(鍾會)의 진언에 따라 혜강을 처형하였고, 혜강의 명곡 <광릉산(廣陵散)>도 전수자가 끊어지게 되었다. 그의 문집인《혜강집(嵇康集)》이 남아 있다.

95 하안과 혜강은 현학과 청담에 뛰어났지만 불행히도 위·진 정권 교체기에 살았기 때문에 이들의 뛰어난 재주가 도리어 사마씨(司馬氏) 일가에게는 장애가 되어 이들은 피살되었다. 이 이야기는 간문제 자신의 이야기 같기도 하다. 사실 간문제 자신도 뛰어난 재주를 가지고 있었지만, 환온이 권세를 쥔 까닭에 허수아비 제왕으로 살다가 병으로 죽었다.

96 고불가□(故不可□):《세설신어·문학(文學)》 편에는 이 구절이 '尚不可誣'라고 되어 있다.

54. 王長史[97]求東陽, **王濛字仲祖.** 撫軍不肯用. **晉太宗簡文皇帝先為撫軍大將軍.** 王後疾篤, 臨終, 撫軍哀歎曰: "吾將負仲祖!" 於此乃命用之. 長史曰: "人言會稽王癡, 真癡也." **會稽王, 簡文先封也. 《御覽》七百三十九又四百九十.**

54. 왕장사[王濛]가 동양 태수직을 청했으나 **왕몽의 자는 중조이다.** 무군장군 진 문제가 그를 임용하지 않았다. **진 태종 간문제는 일찍이 무군대장군을 역임하였다.** 왕몽이 나중에 심한 병에 걸려 임종을 앞두자, 무군장군이 슬프게 탄식하며 말했다. "내가 왕중조의 뜻을 저버릴 것 같구나!" 그리고는 곧 왕몽을 임명하라는 명을 내렸다. 왕몽이 말하였다. "사람들이 회계왕을 바보 같다고 하더니 정말 바보 같구나." **간문제는 일찍이 회계왕에 봉해졌다. 《태평어람》권739·490.**

55. 王仲祖, 謝仁祖[98]同為王公掾, 在坐, 長史云: "謝仁祖能作異舞." 王公命為之, **《書鈔》一百七.** 謝便起舞, 神意甚暇. 王公熟視, 謂諸客曰: "令人思安豐[99]." **安豐, 王戎封也. 《御覽》二百四十九.**

55. 왕중조와 사인조는 함께 왕도의 관리가 되었는데, 연회 자리에서 왕몽이 말했다. "사인조는 특이한 춤을 출 줄 압니다." 왕도가 그에게 춤을 추도록 했더니 **《북당서초》권107.** 사인조가 바로 일어나 춤을 추었는데 그 정신이 대단히 여유로웠다. 왕도가 유심히 지켜보더니

---

97 왕장사(王長史): 왕몽(王濛). 309년-347년. 자는 중조(仲祖)이다. 《배자어림》 주 참조.

98 사인조(謝仁祖): 사상(謝尙). 308년-357년. 자는 인조(仁祖)이며, 진군 양하 사람이다. 동진(東晉) 시기의 명사이자 장군이며, 예장태수 사곤(謝鯤)의 아들이며 태부 사안의 종형이며, 강주자사(江州刺史)·상서복야·예주자사(豫州刺史)·진서장군 등을 역임하였다.

99 안풍(安豐): 왕융(王戎). 234년-305년. 자는 준충(濬冲)이다. 《배자어림》 주 참조.

여러 손님에게 말했다. "사람으로 하여금 안풍[王戎]을 생각나게 하는구려." **왕융은 안풍현후安豐縣侯에 봉해졌다. 《태평어람》권249.**

56. 王仲祖酒酣起舞, 劉真長曰: "阿奴[100]今日不復減向子期[101]." **《書鈔》一百七.**

56. 왕중조가 술기운이 거나하게 돌아 일어나서 춤을 추었더니 유진장이 말하였다. "아노[王濛]가 오늘은 상자기에 필적할 만하구려." 라고 하였다. **《북당서초》권107.**

57. 王仲祖云: "真長知我, 勝我自知." **《御覽》四百四十四.**

57. 왕중조가 말하였다. "유진장이 나에 대해 알고 있는 것은 내가 나 자신을 아는 것보다 더 낫다." **《태평어람》권444.**

58. 人有問王長史 **王仲祖也.** 江霦[102]群從兄弟者, 王答云: "諸江皆能自生活." **《御覽》四百四十七.**

58. 어떤 사람이 왕장사[王濛]에게 **왕중조이다.** 강빈 형제와 여러 종

---

100 아노(阿奴): '阿奴'는 왕몽의 어릴 때의 자로, 유담이 왕몽을 친근하게 부른 표현이다.

101 상자기(向子期): 227년-272년. 상수(向秀)라고도 한다. 자기는 자이고, 하내(河內) 회현[懷縣, 지금의 하남 무척(武陟)] 사람이다. 황문시랑과 산기상시를 지냈다. 위진시기 문학가이며 죽림칠현의 한 사람으로, 꾸밈없고 솔직하기로 유명하였다. 유진장의 이 말은 왕중조의 꾸밈없는 솔직한 태도를 극찬한 것이다.

102 강빈(江霦): ? -약368년. 주로 강반(江虨)이라고 부른다. 자는 사현(思玄)이며, 연주(兗州) 진류군(陳留郡) 어현[圉縣, 지금의 하남성 개봉시 기현(杞縣) 어진(圉鎭)] 사람이다. 동진(東晉)의 관원으로 박학다식하며 바둑에도 능했다.

형제에 대해 물었다. 왕몽이 "강씨 일족은 모두 스스로 능히 살아갈 만합니다."라고 대답하였다. **《태평광기》권447.**

59. 劉王共在旂南[103]酣宴, 謝鎭西往尚書[104]墓還, 是葬後三日. 諸人欲要之, 真長云: "仁祖應來." 便遣要之, 果即迴駕; 諸人迎之, 把臂便下; 裁得脫幘, 酣宴半坐, 乃覺未得脫衰. **《御覽》五百四十七.**

59. 유담과 왕몽이 오의항에서 주연을 베풀었다. 사진서[謝尙] 장군이 사상서[謝裒]의 묘소에 갔다가 돌아왔다. 이날은 장례 후 3일째 되는 날이었다. 여러 사람들이 그를 초빙하려고 하니 유진장이 말하였다. "사인조는 반드시 올 것입니다." 곧바로 사람을 보내어 초빙했더니 과연 곧바로 집으로 가는 수레를 되돌렸다. 사람들이 그를 맞이하며 팔을 붙잡고 수레에서 내리게 했다. 두건만 겨우 벗고서 마음껏 주연을 즐기다가 주연 절반쯤 지나 비로소 아직 상복을 벗지 않은 것을 알았다. **《태평어람》권547.**

60. 王長史病已篤, **王仲祖也.** 寢臥, 燈下轉麈尾而視之, 歎曰: "如此人, 曾不得滿四十!" 及亡, 劉尹臨殯, 以犀柄麈尾著棺中, **《御覽》一引作以璧柄麈尾置柩中.** 因慟絕. **《御覽》三百九十三又七百三. 《書鈔》一百三十四.**

60. 왕장사가 병이 심해져서 **왕중조이다.** 침대에 누워 등불 아래에

---

103 기남(旂南): 《세설신어》에는 항남(杭南)으로 되어 있는데 항남(航南)을 말한다. 즉 주작교(朱雀桥) 남쪽으로, 오의항(烏衣巷)을 말한다. 오의항은 지금의 남경시 동남쪽으로, 동진 시기 명문귀족인 왕도와 사안 가문의 주거지였다고 한다.

104 상서(尙書): 사부(謝裒). 282년-347년. 본명은 사비(谢鮏), 자는 유유(幼儒)이며, 진군 양하현 사람이다. 산기상사 사형(謝衡)의 아들이며, 태보(太保) 사안의 아버지이다.

서 주미를 돌리며 살펴보더니 탄식하며 말했다. "이런 사람이 40세도 넘기지 못하다니!" 왕장사가 세상을 떠나고 출관 때 유윤[劉惔]이 물소 뿔 자루가 달린 주미를 관속에 넣고는 **《태평어람》의 한 인용에는 '벽옥으로 만든 자루 달린 주미를 관 속에 넣었다'라고 하였다.** 통곡하다가 혼절하였다. **《태평어람》권393·703. 《북당서초》권134.**

61. 范玄平[105] **汪字玄平.** 在簡文坐, 談欲屈, 引王長史 **王仲祖也.** 曰: "卿助我!" **三字《類聚》引有.** 王曰: "此非拔山之力所能救." **《書鈔》九十八. 《類聚》五十五. 《御覽》六百十七.**

61. 범현평이 **범왕의 자는 현평이다.** 간문제의 집에서 손님으로 앉아 있었는데 담론에서 지려고 하자 왕장사를 **왕중조이다.** 잡아당기며 말했다. "그대는 나를 좀 도와주시구려." **3자는 《예문유취》의 인용에는 있다.** 왕장사가 대답했다. "이것은 산을 뽑을 힘으로도 도와줄 수 없는 일입니다." **《북당서초》권98. 《예문유취》권55. 《태평어람》권617.**

62. 張憑[106]舉孝廉, 出京, 負其才氣, 謂必參時彥. 欲詣劉真長, 鄉里及同舉者咸共哂之. 張遂徑往詣劉, 既前, 處之下坐, 通寒暑而已. 真長方洗濯料事, 神意不接, 良久, 張欲自發, 而未有其端. 頃之, 王長史諸賢來詣, 言各有隔而不通處, 張忽遙於末坐判之, 言約旨遠, 便足以暢彼我之懷. 舉坐

---

105 범현평(范玄平): 범왕(范汪). 308년-372년. 자는 현평이며, 남양(南陽) 순양[順陽, 지금의 하남성 석천현(淅川縣)] 사람이다. 동진의 대신이며 저명한 의학가이다. 동양태수(東陽太守)를 역임한 적이 있어 범동양(范東陽)이라고도 한다.

106 장빙(張憑): 생졸년 미상. 자는 장종(長宗), 진(晉)의 오군(吳郡) 사람. 의기가 있어서 향리에서 소문이 자자하였고 학문이 뛰어나며 민첩하고 총명하였다. 효렴에 천거된 뒤 유진장의 추천을 받아 태상박사가 되었다가 이부랑(吏部郎)·어사중승(御史中丞) 등을 역임하였다. 《당서(唐書)·경적지(經籍志)》에 기록되어 있다.

皆驚, 真長延之上坐. 遂清言彌日, 因留宿, 遂復至曉. 張退, 劉曰: “卿且前去, 我正爾往取卿, 共詣撫軍.” **撫軍, 簡文.** 張既還船, 同侶笑之曰: “卿何許宿還?” 張笑而不答. 須臾, 真長至, 遣教覓張孝廉船, 同侶惋愕. 既同載, 俱詣撫軍. 至門, 劉前進, 謂撫軍曰: “下官今日為公得一太常博士妙選.” 既前, 撫軍與之語, 咨嗟稱善, 數日乃止, 曰: “張憑勁粹, **《御覽》一引作勃窣.** 為理之窟.” 即用為太常博士. **《御覽》六百十七又二百二十九. 《書鈔》六十七. 《類聚》四十六.**

62. 장빙이 효렴으로 천거된 후 도성으로 떠나면서 자신의 재주에 의지하면 반드시 당시 명사의 대열에 들어갈 수 있을 것이라고 여겼다. 그래서 유진장을 만나보려고 하였더니 고향 사람들과, 함께 효렴에 천거된 사람들이 모두 그를 비웃었다. 장빙이 드디어 유진장을 만나러 가서 앞으로 나아갔더니 유진장이 그를 끝자리에 앉게 하고는 인사말만 할 뿐이었다. 유진장은 물건을 닦거나 사무를 보면서 장빙에게 마음을 쓰지 않았다. 한참 동안 장방은 스스로 의견을 피력하려 하였으나 그럴 기회를 잡지 못했다. 얼마 후 왕장사와 여러 명사가 찾아왔는데 서로 주장하는 바가 달라 의견이 소통되지 않았다. 장빙이 멀리 말석에 앉아 있으면서 그것을 판정해 주었는데, 말이 간결하면서도 뜻이 심원하여 피차의 생각을 충분히 나타낼 수 있어서 자리에 있던 모든 사람들이 놀랐다. 유진장은 그를 상석에 앉도록 하고는 드디어 하루 종일 청담을 나누게 되어 하룻밤을 머물게 되었으며, 다시 새벽에 이르기까지 청담이 이어졌다. 장빙이 작별하고 나오려 하자, 유진장이 말하였다. “그대는 잠시 먼저 가십시오. 내가 곧바로 그대를 모시러 가겠소. 그리고 함께 무군장군을 뵈러 갑시다.” **무군장군은 곧 간문제이다.** 장빙이 배로 돌아오자 동료들은 그를 비웃으며 “그대는

어디에서 자고 왔소?"라고 물었으나 장빙은 웃으면서 대답하지 않았다. 잠시 후에 유진장이 도착해 사람을 시켜 장효렴이 탄 배를 찾게 하자 동료들이 놀랐다. 함께 마차를 타고 무군장군을 방문하였다. 대문에 이르러 유진장이 먼저 들어가서 무군장군에게 아뢰었다. "소관이 오늘 공을 위해서 태상박사 감을 한 명 얻었습니다." 장빙이 무군장군 앞에 이르자, 무군장군은 그와 이야기를 나누고서 훌륭하다고 감탄하기를 며칠 동안이나 하고서야 그쳤다. 무군장군은 "장빙은 재주가 넘쳐나고 **《태평어람》의 한 인용에는 '재기才氣가 넘친다'라고 하였다.** 이치가 가득 담겨있는 동굴 같구려."라고 하였다. 곧이어 그를 태상박사로 기용하였다. **《태평어람》권617·229. 《북당서초》권67. 《예문유취》권46.**

63. 許玄度[107]在西州講, 韓王[108]諸人並在坐. 林公[109]每欲小屈, 孫興公[110]曰: "法師今日如著敝絮, 在荊棘間行, 觸地挂礙." **《書鈔》九十八.**

63. 허현도가 서주[揚州]에서 지둔 법사와 강론을 하는데, 한백·왕탄지 등 여러 사람이 함께 자리를 하였다. 임공[支遁]이 매번 담론에서 수세에 몰리자 손흥공이 말하였다. "법사께서 오늘은 마치 해진 솜옷을 입고 가시나무 사이를 지나가는 것처럼 닿는 곳마다 걸리는 군요." **《북당서초》98.**

---

107 허현도(許玄度): 이름은 허순(許詢). 생졸년 미상. 현도는 자로, 어릴 때 자는 아눌(阿訥)이다. 《배자어림》 주 참조.

108 한왕(韓王): 한백(韓伯)과 왕탄지(王坦之)를 이른다. 한백은 자가 강백(康伯)이며, 왕탄지는 자가 문도이다. 《배자어림》 주 참조.

109 임공(林公): 지둔(支遁). 314년-366년. 자는 도림(道林)이며, 세간에는 지공(支公)이라 부르며 임공(林公) 혹은 지형(支硎)이라고도 한다. 《배자어림》 주 참조.

110 손흥공(孫興公): 손작(孫綽). 314년-371년. 자는 흥공(興公)이다. 《배자어림》 주 참조.

64. 梁國楊氏子, 年九歲, 甚聰慧, 孔君平[111]詣其父, 父不在, 乃呼兒出. 為設果, 有楊梅, 孔指示兒曰: "此貴君家果." 兒應聲荅曰: "未聞孔雀是夫子家禽." **《類聚》九十一又八十七. 《六帖》二十又九十九. 《御覽》三百八十五又四百六十七又五百十八又九百二十四. 案: 《御覽》四百六十四引作楊修字德祖, 孔君平作孔文舉, 《金樓子》又以為楊周七歲時事.**

64. 양나라 양씨의 아들은 나이 9세 때 대단히 총명하였다. 공군평이 그 아이의 아버지를 만나러 갔는데 그 아버지가 없었으므로 아이를 불렀다. 손님에게 과일을 차려 내었는데, 양매가 있어서 공탄이 아이를 가리키며 말했다. "이것은 너희 집안의 과일이로군."이라고 하였더니, 아이가 "공작이 공자님 집안의 가금이라는 이야기는 들어본 일이 없습니다."라고 하였다. **《예문유취》권87·91. 《백공육첩》권20·99. 《태평어람》권385·467·518·924. 안:《태평어람》권464의 인용에는 '양수의 자는 덕조라고 하고, 공군평은 공문거이다'라고 하였으며, 《금루자》에서는 또 양주의 7세 때 일이라고 여겼다.**

65. 孫安國[112] **盛字安國** 往殷中軍[113]許共語, **殷名浩也**. 往反精苦, 賓主無間. 左右進食, 冷而復暖者數四. 彼我奮擲麈尾, 毛悉墮落, 滿飡飯中. 賓主遂至暮忘飡. **《書鈔》一百三十四. 《御覽》七百三.** 殷方語孫卿曰: "公勿作強口馬, 我當併卿控." 孫亦曰: "卿勿作穴鼻牛, 我當穿卿頰." **《御覽》三百九十.**

---

111 공군평(孔君平): 공탄(孔坦). 285년-335년. 자는 군평(君平)이다. 《배자어림》 주 참조.

112 손안국(孫安國): 손성(孫盛). 생졸년 미상. 자는 안국. 태원군 중도(中都) 사람. 장사태수(長沙太守)와 오창현후(吳昌縣侯) 등을 거쳤으며, 만년에 비서감(秘書監)과 급사중(給事中)을 거쳤는데, '손감(孫監)'이라고도 한다. 저서로 《위씨춘추(魏氏春秋)》·《위씨춘추이동(魏氏春秋異同)》·《진양추(晉陽秋)》 등이 있다.

113 은중군(殷中軍): 은호(殷浩). 303년-356년. 자는 연원(淵源)이며, 진군(陳郡) 장평현[長平縣: 지금의 하남성 서화현(西華縣)] 사람이다. 동진의 대신이자 청담가이며, 양주자사와 중군장군(中軍將軍) 등을 역임하였다.

65. 손안국이 **손성의 자는 안국이다.** 은중군[殷浩]이 있는 곳으로 가서 함께 담론하는데, **은중군의 이름은 호이다.** 서로 논박을 주고받음이 매우 격렬하여 손님과 주인의 구별이 없을 정도였다. 시중드는 사람들이 음식을 올렸지만 담론 때문에 먹지 않아 식어서 다시 데우기를 서너 차례 하였다. 서로 힘차게 주미를 휘둘렀으므로 털이 모두 떨어져서 음식에 가득하였다. 손님과 주인은 저녁이 될 때까지도 밥 먹는 것을 잊었다. **《북당서초》권134. 《태평어람》권703.** 은중군은 드디어 손안국에게 "그대는 고집 센 말처럼 행동하지 마시오. 나는 마땅히 그대를 제어할 것이오."라고 말하였다. 손안국 역시 "그대는 코 뚫린 소처럼 행동하지 마시오. 내가 그대의 볼을 뚫을 것이오."라고 응수하였다. **《태평어람》권390.**

66. 殷浩作揚州, 尹行, **《御覽》引作殷浩好作揚州劉君行.** 日小暮, 便命左右取被幞; 人問其故, 答曰: "刺史嚴, 不敢夜行." **《類聚》七十. 《御覽》七百七.**

66. 은호가 양주자사가 되었는데 단양윤[劉惔]이 찾아갔다. **《태평어람》의 인용에는 '은호가 양주자사 유군을 좋아하여 찾아갔다'라고 하였다.** 날이 조금 어두워지자 유담은 곧바로 좌우의 시종들에게 침구를 가져오게 하였다. 사람들이 그 까닭을 물으니 단양윤이 대답하였다. "양주자사께서 몹시 엄격하시니 감히 한밤중에 갈 수가 없구나." **《예문유취》권70. 《태평어람》권707.**

67. 殷中軍廢[114]後, 恨簡文曰: "上人著百尺樓上, 擔梯將去." **《初學記》**

---

114 은중군폐(殷中軍廢): 은호(殷浩)는 항복한 오랑캐 장수 요양(姚襄)이 죄를 짓자 그를 주살하려다가 도리어 패배했다. 이때 은호의 뛰어난 재주를 꺼리던 환온은 자신이

二十四.

67. 은중군이 파면된 후에 간문제를 원망하며 말하였다. "사람을 백 척이나 되는 누각 위에 올라가게 해 놓고는 사다리를 메고 가 버리는구나." **《초학기》권24.**

68. 陶公[115]自上流來, **陶侃字士行也.** 赴蘇峻之亂, 含怒於庾公; 庾公謂必戮己 , 進退無計. 溫公[116]乃勸詣陶公: "卿但徑拜, 必無他, 我為卿保之." 庾殊未了, 而不得不往, 乃從溫言詣陶. **已上六句見《御覽》引.** 至便拜, 庾風姿雅潤, 陶見拜, 不覺自起止之曰: "庾元規何緣拜陶士行." **《書鈔》八十五. 《御覽》五百四十二.**

68. 도공[陶侃]이 형주荊州에서 내려와 **도간의 자는 사행이다.** 소준의 반란을 진압하러 왔는데, 유공[庾亮]에게 몹시 화가 나 있었다. 유공은 도공이 반드시 자신을 죽일 것이라고 여겨 나아가지도 물러가지도 못하였다. 온공[溫嶠]이 유량에게 도간을 만나보라고 권유하였다. "그대는 단지 곧바로 가서 절만 하시오. 반드시 아무 일이 없을 것임을 제가 그대에게 보증하지요." 유공은 달리 방법이 없었으므로 가지

조정의 실권을 잡고 있음을 기회로 간문제에게 주청하여 은호의 파면을 건의하였다. 간문제는 환온의 뜻을 거역하면 문제가 될까 걱정하여 자신의 수족과 같은 신하인 은호를 파면하였다.

115 도공(陶公): 도간(陶侃). 259년-334년. 자는 사행(士行)이며, 본래는 파양군(鄱陽郡) 효양현[梟陽縣: 지금의 강서성(江西省) 도창현(都昌縣)] 사람이었으나 후에 여강군(廬江郡) 심양현[尋陽縣: 지금의 강서성 구강시(九江市)]로 이사하였다. 동진 시기 명장. 형주자사(荊州刺史)와 형강이주자사(荊江二州刺史)와 도독팔주제군사) 등을 거쳤다. 증손자가 유명한 전원시인인 도연명(陶淵明)이다.

116 온공(溫公): 온교(溫嶠). 288년-329년. 자는 태진[泰(太)眞]. 태원군 기현[祁縣: 지금의 산서성(山西省) 기현] 사람이다. 동진의 명장이며, 청담에 능하였다.

않을 수가 없어 온교의 의견을 따라 도공을 방문하였다. **이상의 6구는 《태평어람》의 인용에 보인다.** 도착하자 곧바로 가서 절을 했는데 유공의 풍채가 고상하고 온화했다. 도공은 유공이 절하는 것을 보고는 자신도 모르게 그를 제지하며 말했다. "유원규께서는 어찌 저 도사행에게 절을 하십니까?" **《북당서초》권85. 《태평어람》권542**

69. 庾公為護軍, 屬桓廷尉為索一柱吏. 桓後遇見徐寧而知之, **寧字安期, 東海人.** 致與庾公而稱云: "是海內清士." **《御覽》四百二十六.**

69. 유공[庾亮]이 호군장군이 되었을 때 환정위[桓彝]에게 뛰어난 관리 한 사람을 찾아 달라고 부탁했다. 환이는 나중에 서녕을 만나고 그를 알게 되자 **서녕의 자는 안기, 동해 사람이다.** 유공에게 추천하면서 칭찬하여 말하였다. "그는 천하의 청렴한 인물입니다." **《태평어람》권426.**

70. 世中稱庾文康為豐年玉, 庾稚恭為荒年穀. **《御覽》四百四十七.**

70. 세간에서 유문강[庾亮]은 풍년이 들었을 때의 옥이고, 유치공[庾翼]은 흉년이 들었을 때의 곡식이라고 칭송하였다. **《태평어람》권447.**

71. 庾道季云: "藺相如雖千載死人, 凜凜恆如有生氣; 曹蜍李志[117]雖見在, 厭厭如在九泉下." **《類聚》二十二. 《御覽》四百四十七.**

---

117 조여이지(曹蜍李志): 조무지(曹茂之)와 이지(李志). 조여(曹蜍)는 조무지(曹茂之)를 말하며, 자는 영세(永世)이고, 어릴 때의 자가 여(蜍)이다. 팽성[彭城: 지금의 강소성 서주(徐州)] 사람으로, 동장군사마(東將軍司馬)를 지냈다. 이지(李志)는 자가 온조(溫祖), 동진 강하(江夏) 종무[鍾武: 지금의 형양(衡陽)] 사람으로, 원외상시(員外常侍)를 거쳤다. 조여이지는 뛰어나지 않은 평범한 사람의 대명사이다.

71. 유도계가 말하였다. "인상여는 비록 천 년 전에 죽은 사람이지만 늠름하여 언제나 생기가 있다. 조여와 이지는 비록 현재를 살고 있지만 미미하여 구천 아래에 있는 죽은 사람이나 마찬가지이다." **《예문유취》권22. 《태평어람》권447.**

72. 畢茂世[118]云: "一手持蟹螯, 一手持盃, 拍浮酒池中, 可了一生哉!" **《御覽》九百四十二.**

72. 필무세가 말하였다. "한 손에 게 집게발 들고 한 손에 술잔 들고서 술 연못에서 헤엄치며 떠다닐 수 있다면 일생을 만족하게 살았다 할 만하다." **《태평어람》권942.**

73. 桓公[119] **宣武也.** 年少至貧, 嘗樗蒱[120]失數百斛米, 齒既惡, 意亦沮; 自審不復 振, 乃請救於袁彥道[121]. 桓具以情告, **已上《世說》注引作桓公樗蒲失數百斛米, 求救於袁耽.** 袁在艱中, 欣然無忤; 便云: "大快, **《御覽》引有欣然句, 次作便即俱去出門云.** 我不但拔卿, 要為卿破之. 我必作快齒, 卿但快喚." **已上四句《世說》注引作我必作采, 卿但大喚.** 即脫其衰, 共出門去. 覺頭上有巾帽, 擲去, 著小帽. **已**

---

118 필무세(畢茂世): 필탁(畢卓). 생졸년 미상. 자는 무세이며, 신채군(新蔡郡) 동양현[鮦陽縣: 지금의 안휘 임천(臨泉) 동성(鮦城)] 사람, 동진 시기의 관원이다. 중서랑을 지낸 필담(畢湛)이 그의 아버지이다. 이부랑 강주장사(江州長史)를 지냈다.

119 환공(桓公): 환온(桓溫). 312년-373년. 자는 원자(元子)이다. 《배자어림》 주 참조.

120 저포(樗蒲): 저포는 한말에 성행한 고대의 놀이이다. 처음에는 던지는 나무를 '樗'木(저목: 가죽나무)으로 만들었으며, 나무로 만든 도구 다섯 개가 한 세트여서 오목(五木) 놀이라고도 하였다. 오목 주사위를 '치(齒)'라고도 하였으며, 던진 패[采] 이름을 '치채(齒采)'라고 하였다. 10종의 채(采) 중에서 노(盧)가 가장 점수가 많고 그 다음이 치(雉)이다.

121 원언도(袁彥道): 원탐(袁耽), 생졸년 미상. 자는 언도. 진군 양하 사람이다. 동한 말 낭중령(郎中令) 원환(袁渙)의 증손자로, 동진의 관원. 역양태수(歷陽太守) 등을 지냈다.

上五句《世說》注引有之. 旣戲, 袁形勢呼咀 音恆咀相呼. 慨牡, 二字《御覽》引有. 擲必盧雉; 二人齊叫, 敵家震懼喪氣, 俄傾獲數百萬. 已上二句《世說》注引作敵家頃刻失數百萬也. 《世說·任誕篇》注. 《御覽》七百五十四.

73. 환공[桓溫]이 환선무 장군이다. 젊었을 때 대단히 가난하였다. 일찍이 저포 노름을 하다가 쌀 수백 곡을 잃게 되었는데 패가 나쁜데다가 의기마저 또 꺾였다. 스스로 생각해보고 다시 이길 수 없으리라고 여기고 원언도에게 구원을 청하였다. 환온이 자신의 사정을 모두 알리자 이상 《세설신어》 주의 인용에는 '환공이 저포 노름을 하다가 쌀 수백 곡을 잃게 되어 원탐에게 구원을 청하였다'라고 하였다. 원언도는 생활이 아주 힘들었는데 거절하지 않고 흔쾌히 받아들이며 곧바로 대답했다. "통쾌하구려. 《태평어람》의 인용에는 '欣然' 구가 있으며, 다음에는 '곧 모두 문을 나가서 말하였다'라고 하였다. 내가 그대의 고민을 없앨 뿐 아니라 그대를 위해 그자를 이기겠소. 내가 반드시 빨리 치[采] 패를 만들 테니 그대는 다만 큰소리로 외치기만 하시오." 이상의 4구절은 《세설신어》 주의 인용에는 '我必作采, 卿但大喚'(원문과 의미가 같아 번역하지 않았음)이라고 하였다. 원언도는 도롱이를 벗고 함께 집을 나갔다. 원언도는 머리 위에 두건을 썼음을 생각하고는 벗어던지고 작은 모자를 썼다. 이상의 5구는 《세설신어》 주의 인용에 있다. 노름이 시작되자 원언도가 기세가 당당하게 소리 지르니 음은 '恆'이며, '咀'는 서로 부르다는 뜻이다 수컷이 분노하는 것 같았다. 2자는 《태평어람》의 인용에 있다. 저포를 던지면 반드시 귀한 노와 치가 나왔다. 두 사람이 함께 고함을 질렀으므로 상대방은 놀라서 기가 꺾였으며 잠깐만에 수백만 전을 벌었다. 이상의 2구는 《세설신어》 주의 인용에 '상대방은 잠깐 만에 수백만 전을 잃었다'라고 하였다. 《세설신어·임탄편》주. 《태평어람》권754.

74. 桓大司馬病篤, **桓溫字元子也**. 謝公省病, **謝安字安石也**. 從東門入, 桓遙矚而歎曰: "吾門中不久復見如此客." **《御覽》四百五.**

74. 환온 대사마가 병이 위독해지자 **환온의 자는 원자이다.** 사공[謝安]이 병문안을 왔다. **사안의 자는 안석이다.** 사안이 동문으로 들어오는 것을 환온이 멀리서 보고는 감탄하며 말했다. "우리 집안에서 오랫동안 이런 손님을 다시 보지 못했구나." **《태평어람》권405.**

75. 衛晨為桓公長史, 溫公甚重之. 每宴, 率爾提酒脯以就衛相對也. **《書鈔》一百四十四.**

75. 위신이 환공[桓溫]의 장사를 맡았을 때 환공이 그를 귀중하게 여겼다. 매번 연회가 열리면 친히 술과 육포를 들고서 위신에게 가서 그와 마주하고 술을 마셨다. **《북당서초》권144.**

76. 孫興公道曹輔佐[122]云: "才如白地明光錦, 裁為負版[123]褲; 非無文綵, 然酷無裁製." **《書鈔》一百二十九. 《御覽》六百九十五.**

76. 손흥공이 조보좌에 대해 평하였다. "그의 문학적 재능은 마치 새하얀 바탕에 명광금 비단을 깔아 놓고 재단하여 짐꾼이 입는 바지

---

122 조보좌(曹輔佐): 조비(曹毗). 생졸년 미상. 동진 문학가이다. 보좌는 자이며. 초국[譙國: 지금의 안휘성 박주시(亳州市)] 사람으로, 동진 때 태학박사(太學博士), 상서랑, 하비태수(下邳太守) 등을 지냈다. 사와 부에 능했으며, 현존하는 작품으로 <섭강부(涉江賦)>·<추흥부(秋興賦)>·<공후부(箜篌賦)> 등이 《예문유취(藝文類聚)》와 《초학기(初學記)》에 수록되어 있다.

123 부판(負版): 나라의 지적도와 호적을 짊어지는 사람. 짐꾼.

를 만드는 것과 같다. 그래서 화려한 무늬가 없는 것은 아니지만, 재단한 솜씨가 너무 없다." 《북당서초》권129. 《태평어람》권695.

77. 祖士少[124]道右軍[125]: "王家阿菟, 菟, 羲之小名吾菟. 何緣復減處仲[126]?" 右軍道祖士少: "風領毛骨, 恐沒世不復見如此人." 王子猷[127]說: "世目士少為清邁, 我家亦以為澈朗." 《御覽》四百四十七.

77. 조사소가 왕우군[王羲之]에 대해 평하였다. "왕씨 집안의 아토[王羲之]가 토는 왕희지의 아명으로 오토라 하였다. 어찌 왕처중王處仲에게 뒤떨어지겠는가?" 왕우군이 조사소에 대해 다음과 같이 평하였다. "조사소는 풍모가 뛰어난데 그가 죽고 나면 아마도 세상에서 이런 사람을 다시 볼 수 없을 것이다. 왕자유는 "세상에서 조약이 맑고 호매하다고 하는데, 나 역시 그를 맑고 통쾌한 인물로 생각한다."라고 하였다. 《태평어람》권447.

78. 承指辟王藍田[128]為掾, 庾公問丞相: "藍田何似?" 王曰: 《書鈔》六十八. "真獨簡貴, 不減父祖; 然曠澹處故當不如爾." 三句原挩, 今依《世說·品藻篇》補.

78. 승상[王導]이 왕남전[王述]을 속하의 관리로 삼자, 유공[庾亮]

124 조사소(祖士少): 조약(祖約). ?-330년. 사소는 자이다. 《배자어림》 주 참조.

125 우군(右軍): 왕우군(王右軍) 즉 왕희지(王羲之). 303년-361년. 자는 일소(逸少)이다. 《배자어림》 주 참조.

126 처중(處仲): 왕돈(王敦). 266년-324년. 처중은 자이다. 《배자어림》 주 참조.

127 왕자유(王子猷): 왕휘지(王徽之). 338년-386년. 자는 자유이다. 《배자어림》 주 참조.

128 왕남전(王藍田): 왕술(王述). 303년-368년. 자는 회조(懷祖)이다. 왕술은 어려서 아버지를 여의고 남전후(藍田侯)에 봉해졌다. 《배자어림》 주 참조.

이 왕승상에게 물었다. "왕남전은 어떤 인물입니까?" 왕승상이 대답하였다. 《북당서초》권68. "진솔하고 뛰어나며 간결하고 고상한 성품은 부친[王承]과 조부[王湛]에게 뒤떨어지지 않으나, 마음이 넓고 담백한 점에서는 부친과 조부만 못합니다." 3구절은 원래 탈락되었으나 지금 《세설신어·품조편》에 의거하여 보충하였다.

79. 光祿王蘊[129]指廳前擗曰: "我嘗在下得殘盤冷炙." 《書鈔》一百四十五. 《御覽》七百五十八引云王光祿曰: "正得殘槃冷炙."

79. 광록대부 왕온은 관청 앞에서 손으로 가리키며 가슴을 치며 말하였다. "내가 일찍이 낮은 자리에 있을 때는 남은 찬밥을 데워 먹었다." 《북당서초》권145. 《태평어람》권758의 인용에는 "왕광록이 '바로 남은 찬밥을 데워 먹었다.'라고 하였다"라고 하였다.

80. 殷仲堪[130]云: "三日不讀《道德經》, 便覺舌本間強." 《類聚》十七. 《御覽》三百六十七.

80. 은중감이 말하였다. "사흘 동안 《도덕경》을 읽지 않으면 혀뿌리가 굳어지는 것 같다." 《예문유취》권17. 《태평어람》권367.

81. 王佛大曰: "三日不飮酒, 覺形神不復相和親也. 酒自引人入勝地耳."

---

129 왕온(王蘊): 329년-384년. 자는 숙인(叔仁)이다. 《배자어림》 주 참조.

130 은중감(殷仲堪): ?-399년. 중감은 자이며, 진군(陳郡) 장평[長平: 지금의 하남성 서화현(西華縣)] 사람이다. 동진 말년의 장령(將領)·대신이며, 진릉태수(晉陵太守) 은사(殷師)의 아들이다. 저작좌랑(著作佐郎)·진릉태수·태자중서자(太子中庶子)·형주자사 등을 역임하였다. 환현(桓玄)의 습격을 받아 패하고 피살되었다.

《書鈔》一百四十八.

81. 왕불대가 말하였다. "사흘 동안 술을 마시지 않으면 육체와 정신이 더 이상 서로 의지하지 않게 느껴진다. 술은 저절로 사람을 뛰어난 경지로 인도하느니." **《북당서초》권148.**

82. 謝萬嘗詣王恬, 既至, 坐少時, 恬便入內. 謝殊有喜色, 謂必厚供待. 良久, **已上三句《類聚》引有.** 沐頭散髮而出; 既亦不復坐, 乃倨坐於胡床, 在中庭曬髮, 神色傲上, 了無慚怍相對, **《類聚》引作了無酬對意.** 於是而退. **《書鈔》一百三十五. 《類聚》七十.**

82. 사만이 일찍이 왕염을 방문했는데 도착하여 잠시 앉았을 때 왕염이 바로 내실로 들어갔다. 사만은 대단히 기뻐하면서 반드시 후하게 대접받을 것이라 여겼다. 한참 후 **이상의 3구절은 《예문유취》에서 인용하였다.** 왕염은 목욕을 하고 머리를 산발한 채로 나왔다. 나온 다음에도 같이 앉아 있지 않고 거만하게 의자에 앉아 정원에서 머리카락을 말리는데, 표정이 거만하고 상대방에게 조금도 부끄러워하지 않았으므로 **《예문유취》의 인용에는 '조금도 응대할 뜻이 없다'라고 하였다.** 사만은 이에 그곳을 나왔다. **《북당서초》권135. 《예문유취》권70.**

83. 謝哲[131]字穎豫, 陳郡人也. 美風儀, 擧止蘊藉, 而襟懷豁然, 為士君子所重. **《御覽》三百八十.**

---

131 사철(謝哲): 509년-567년. 자는 영예(穎豫), 진군 양하현 사람이다. 소연명(蕭淵明)이 즉위 후 사철을 통직산기상시(通直散騎常侍)에 봉하고 동궁(東宮)을 보필하게 했다.

83. 사철의 자는 영예로 진군 사람이다. 풍채가 아름답고 행동거지가 여유 있으며 흉금이 탁 트였으므로 선비와 군자들의 존경을 받았다. **《태평어람》권380.**

84. 萍之依水, 猶卉植地, 靡見其布, 漠爾鱗被; 物有常託, 孰知所自. **《御覽》一千. 案: 文是郭景純萍贊, 疑《御覽》誤題也.**

84. 개구리밥이 물에 의지하여 살아가는 있는 것은 마치 식물이 땅에 심어져 있는 것과 같아서 그것이 무성하기가 비늘이 덮고 있는 것처럼 아득해서 어디까지 퍼져 있는지 알 수가 없다. 사물이 늘 의탁하는 것은 이와 같으니 누가 스스로 알 것인가? **《태평어람》권1000. 안: 이 문장은 곽경순의 《평찬》으로, 아마 《태평어람》이 잘못 기재한 것 같다.**

《곽자郭子》

진대晉代의 지인소설. 동진의 곽징지郭澄之가 찬하였다. 이 책은 《수서·경적지》 소설류에 3권으로 저록되어 있는데, 주注에서 "동진의 중랑 곽징지가 찬하였다(東晉中郞郭澄之撰)."라고 하였다. 《제서齊書·가연전賈淵傳》에 의거하면, 송宋 효무제孝武帝가 일찍이 가연에게 《곽자》에 주를 달도록 명령하였는데, 그 주본注本 은 《구당서舊唐書·경적지》에 이미 저록되어 있다. 이 책은 송대宋代 이후의 서목書目에는 실려 있지 않은 것으로 보아 송대에 망일되었음을 알 수 있다. 당송 유서 등의 문헌 중에도 인용문이 있다. 현재 《무일시재총초無一

是齋叢鈔》·《옥함산방집일서》 집본輯本이 있으며, 루쉰의《고소설구침》이 비교적 완벽하게 수록하고 있다.《어림》과 비교하면,《곽자》의 현존 일문은 고사성故事性이 결핍되어 있거나 괴이함과 관련된 이야기가 거의 존재하지 않는다. 이는 그만큼 소설 개념이 분명해지고 진보되었음을 설명하고 있다. 책 중에는 양진兩晉 명사名士들의 청담풍상淸談風尙 중의 각종 현언묘태玄言妙態를 광범위하게 기술하고 있어 감상 가치가 비교적 높다. 그 중에서 위진魏晉 풍도風度를 구현할 수 있는 부녀 제재題材의 이야기는 더욱 두드러진다고 할 수 있다. 전체 이야기들은 대부분 편폭이 짧으나, 인물 묘사에서는 오히려 종종 그 기교가 뛰어나다. 그 언어는 간략하고 함축적이며, 필치는 청신淸新하고 의미심장하다. 초창기 지인소설만이 가진 생동감 넘치는 운치를 여기서 어느 정도 볼 수가 있다. 이 책은《어림》의 뒤를 이어 지인소설의 계승과 발전에 중요한 역할을 하였다. 이 책은 소설 관념, 이야기 제재, 창작 기교 등 방면에서 모두《세설신어》를 위해 준비를 했다고 할 수 있다. 현존 84조 일문 중 70여 조가《세설신어》에 수록되었는데, 이는 양자의 연원淵源관계를 충분히 보여주고 있다. 곽징지는 자字가 중정仲靜이며, 태원太原 양곡(陽曲: 지금의 산서山西 태원시太原市 북쪽) 사람이다. 그는 먼저 상서랑尙書郞이 되었으며 또한 남강상南康相에 임명되었다. 후에 유유劉裕를 따라 먼저 상국참군相國參軍이 되었다. 관직이 상국종사중랑相國從事中郞에 이르렀으며, 남풍후南豐侯에 봉해졌다.《진서晉書》에 그의 전이 있다.

4. 《투기妬記》〔일명 《투부기妬婦記》〕

1. 桓[1]大司馬平蜀, 以李勢[2]女爲妾. 桓妻南郡主[3]兇妬, 不即知之; 後知, 乃拔刀率數十婢往李所, 因欲斫之. 見李在窗前梳頭, 髮垂委地, 姿貌絕麗; 乃徐下地結髮, 歛手向主曰: "國破家亡, 無心以至今日; 若能見殺, 實猶生之年." 神色閒正, 辭氣悽惋. 主乃擲刀, 前抱之曰: "阿姊見汝, 不能不憐, **《世說》注引作阿子我見汝亦憐. 《六帖》引作我見猶憐.** 何況老奴." 遂善遇之. **《類聚》十八. 《世說·賢媛篇》注. 《六帖》十七.**

1. 환[桓溫] 대사마가 촉을 평정하고 이세의 여동생을 첩으로 삼았다. 환의 아내인 남군주[司馬興男]는 흉악하고 투기가 심하였는데, 그 사실을 즉시 알지 못하다가 뒤에 알고서는 곧 칼을 들고 노비 수십 명과 함께 이씨李氏의 처소로 가서 그녀를 베려고 하였다. 그때 이씨가 창문 앞에서 머리를 빗고 있었는데, 머리카락을 땅에 드리우고 있었으며 자태는 대단히 아름다웠다. 그녀는 천천히 땅으로 내려와 머리를 묶고 나서 손을 모은 채 남군주에게 "나라와 집이 망한 저로서 오늘의 이 지경에 이르게 된 것은 본의가 아닙니다. 만약 죽임을 당한다면 실제로 그것은 태어나는 것과 같습니다."라고 하였다.

---

1 환(桓): 환선무(桓宣武) 즉 환온(桓溫)을 가리킨다. 동진(東晉) 영화(永和) 3년(347)에 환온이 성도(成都)로 진격하여 성한왕(成漢王) 이세(李勢)의 군대를 대파하여 성한[成漢 즉, 후촉(後蜀)]을 멸망시켰다. 《배자어림》 주 참조.

2 이세(李勢): 후촉의 마지막 군주로서, 자(字)는 자인(子仁)이다. 교만하고 음탕하여 국사를 돌보지 않다가 환온에게 망하였다.

3 남군주(南郡主): 여기서 '郡主'는 군의 공주(공주 중에서 군에 봉해진 자를 일컬음)를 말한다. 즉, 남강(南康)의 장공주(長公主: 천자의 자매, 또는 특별히 공주를 존대할 때 쓰는 호칭)이다. 사마흥남(司馬興男). 생졸년 미상. 동진 명제(明帝)의 적장자이고 어머니가 명목황후 유문군이며, 환온의 정처(正妻)이다.

그녀의 기색은 여유가 있고 흐트러짐이 없었으며, 말투는 비통하였다. 남군주는 곧 칼을 던지고 앞으로 나아가 그녀를 안으면서 "언니가 자네를 보니 연민의 정을 느끼지 않을 수 없는데, **《세설신어》주의 인용에는 '동생, 내가 자네를 보니 또한 연민의 정을 느끼는데'라고 하였다. 《백공육첩》의 인용에는 '내가 보니 오히려 연민의 정을 느끼는데'라고 하였다.** 하물며 그 놈(환온)이야 오죽하겠느냐!"라고 하였다. 남군주는 마침내 그녀를 잘 대우해 주었다. **《예문유취》권18. 《세설신어·현원》주. 《백공육첩》권17.**

2. 王丞相[4]曹夫人, 性甚忌, 禁制丞相不得有侍御, 乃至左右小人, 亦被檢簡, 時有姸妙, 皆加誚責. 王公不能久堪, 乃密營別館, 眾妾羅列, 兒女成行. 後元會日, 夫人於青疏臺[5]中, 望見兩三兒騎羊, 皆端正可念. 夫人遙見, 甚憐愛之. 語婢云: "汝出問, 此是誰家兒？奇可念." **三字依《類聚》引補.** 給使不達旨, 乃答云: "是第四五等諸郎." 曹氏聞驚愕, 大恚, 不能自忍, **《類聚》引有此句.** 乃命車駕, 將黃門[6]及婢二十人, 人持食刀, 自出尋討. 王公亦遽命駕, 飛轡出門. 猶患牛遲, 乃左手攀車闌, 右手捉麈尾[7], 以柄助御者打牛, 狼狽奔馳, 方得先至. 蔡司徒[8]聞而笑之. 乃故詣王公, 謂曰: "朝廷欲加公

---

4 왕승상(王丞相): 왕도(王導)를 가리킨다. 왕도는 자가 무홍(茂弘)이며 낭야 사람이다. 《배자어림》 참조.

5 청소대(青疏臺): 푸른 격자창(格子窓)이 달린 누대를 가리킨다.

6 황문(黃門): 원래는 궁중의 금문(禁門)을 가리키는 말이었으나, 후에 환관을 지칭하는 칭호로 바뀌었다. 황제의 시종(侍從), 문서(文書)의 전달, 내외 연락, 의식의 진행, 후비와 공주의 위문 등 궁정내의 사무를 주관하였다. 황제를 곁에서 모시어 한 번 신임을 받으면 권세가 커지게 되었다. 동한(東漢) 때 황문시랑·소황문(小黃門)·황문령(黃門令)·황문서장(黃門署長)·중황문용종복야(中黃門冗從僕射)·중황문(中黃門)의 관리로 환관을 임용했기 때문에 나중에 종종 환관이란 뜻으로 쓰였던 것이다.

7 주미(麈尾): 먼지떨이를 가리킨다. 고라니의 꼬리는 먼지가 잘 떨린다 하여, 이 고라니의 꼬리털로 만든 먼지떨이는 청담(淸談)을 하던 사람들이 많이 가졌으며, 후에는 불도(佛徒)들도 많이 가지고 다녔다.

8 채사도(蔡司徒): 채모(蔡謨). 281년-356년. 자가 도명(道明)이며, 진류(陳留) 고성[考

九錫[9], 公知不？" 王謂信然, 自敘謙志. 蔡曰: "不聞餘物, 唯聞有短轅犢車, 長柄麈尾爾." 王大愧. 後貶蔡曰: "吾昔與安期[10]千里[11]共在洛水[12]集處, 不聞天下有蔡充[13]兒." 正忿蔡前戲言耳. **《世說·輕詆篇》注. 《類聚》三十五.**

2. 왕승상[王導]의 조부인은 성격이 투기가 심하여 승상이 시첩을 두지 못하도록 금하였는데, 좌우의 소인들도 단속하여 때때로 예쁜 여자가 있으면 모두 야단을 쳤다. 왕공은 오래 참을 수가 없어서 몰래 별채를 마련하여 첩들을 함께 살게 하고 아이들도 키우게 했다. 그 후 원단元旦의 조회 때, 부인이 청소대에서 바라보니, 두세 명의 아이들이 양을 타고 있었는데, 모두 단정하고 사랑스러웠다. 부인이 멀리서 보라보다가 대단히 사랑스럽다고 여겨 시녀에게 "너는 나가서 누구의 집 아이인지 물어 봐라. 너무나 사랑스럽구나." **3자는 《예**

城: 지금의 하남성 민권(民權) 동쪽] 사람이다. 강남으로 피난 간 뒤 좌광록(左光祿)·녹상서사(錄尙書事)·양주자사를 역임하였다. 죽은 뒤 사공에 추증되었다. 《진서(晉書)》 권77에 <채모전(蔡謨傳)>이 있다. 사도는 관직명으로, 삼공(三公)의 하나이다. 서한(西漢) 애제(哀帝) 때에 승상을 대사도(大司徒)로 삼아 국가의 토지와 백성을 관장하게 하였다. 동한의 삼공은 실질적인 직분과 권한이 없었으나, 사도만은 지위와 인망이 높은 대신(大臣)이었다. 부서(府署)를 설치하였고, 속관으로는 장사(長史)·여러 부서의 보좌관(列曹掾屬)·영사(令史) 등이 있었다. 삼국시대(三國時代)에는 속관이 더 증가하여 태위(太尉)와 같았다.

9 구석(九錫): 공훈을 세운 제후에게 하사하는 아홉 가지 물품을 가리키는데, 즉 거마(車馬)·의복·악기·주호(朱戶)·납폐(納陛)·호분(虎賁)·부월(鈇鉞)·궁시(弓矢)·거창(秬鬯)이 바로 그것이다. 이것을 하사하는 것은 천자의 지위를 넘겨준다는 것을 전제로 하고 있다.

10 안기(安期): 왕승(王承). 안기는 그의 자이다. 《곽자》 주 참조.

11 천리(千里): 완첨(阮瞻). 천리는 그의 자이다. 《배자어림》 주 참조.

12 낙수(洛水): 낙하(洛河)라고도 하는데, 지금의 섬서성(陝西省)에서 발원하여 동남쪽으로 흘러간다. 낙양성(洛陽城) 남쪽을 지나면서 이수(伊水)와 합류한 뒤, 지금의 하남성(河南省) 공현(鞏縣)에서 황하(黃河)로 들어간다. 전체 길이가 420km이다.

13 채충(蔡充): 채극(蔡克) 또는 채충. ?-307. 자는 자니(子尼)이며, 진류 고성(지금의 하남성 민권 동쪽) 사람이다. 채모의 아버지이다.

문유취》의 인용에 의거해 보충한 것이다. 라고 말하였다. 시녀가 분위기를 파악하지 못하고 곧 "넷째 다섯째 댁의 도련님들입니다."라고 대답했다. 조씨가 그 말을 듣고서 경악하고 크게 화를 내니 스스로 참을 수가 없었다. **《예문유취》의 인용에는 이 구절이 있다.** 그녀는 곧 수레를 준비토록 명하고 환관宦官과 시녀 20명을 데리고 사람들에게는 식칼을 들게 하고 사실을 규명하러 찾아 나섰다. 왕공 역시 황급히 수레를 준비토록 명하고 고삐를 휘날리며 문을 나섰는데, 소가 느리게 가는 것을 걱정하여 왼손으로는 수레 난간을 붙잡고 오른손으로는 주미를 잡고, 그 자루로 수레 모는 자의 채찍질을 도우면서 허겁지겁 내달려 부인보다 먼저 이르렀다. 채사도[蔡謨]가 그 얘기를 듣고 웃으면서, 일부러 왕공에게 가 "조정에서 공에게 구석을 내리려고 하는데, 공은 알고 있습니까?"라고 말하였다. 왕공은 정말인 줄 알고 스스로 겸양의 뜻을 피력하였다. 채사도가 "다른 물건에 대해서는 듣지 못했으나, 오로지 짧은 끌채의 소 수레와 긴 자루의 주미에 대해서만 들었습니다."라고 하자, 왕공은 크게 부끄러워하였다. 후에 왕공이 채사도를 깎아내리며 "내가 옛날에 왕안기·완천리와 함께 낙수에서 모였을 때에는 천하에 채충의 아들이 있었다는 말을 들어보지 못했다."라고 했다. 이 말은 바로 채사도가 이전에 한 농담에 분풀이한 것이다. **《세설신어·경저》주. 《예문유취》주35.**

3. 謝太傅[14]劉夫人[15], 不令公有別房寵. 公既深好聲樂, 不能令節, **《御覽》引有此句.** 後遂頗欲立妓妾. 兄子及外生等微達此旨, 共問訊劉夫人; 因方

---

14 사태부(謝太傅): 사안(謝安). 320년-385년. 자가 안석(安石)이며, 사혁(謝奕)의 동생이다. 《배자어림》 주 참조.

15 유부인(劉夫人): 패국(沛國) 유탐(劉耽)의 딸.

便稱"關雎"[16]"螽斯"[17]有不忌之德. 夫人知以諷己, 乃問: "誰撰此詩?" 答云: "周公." 夫人曰: "周公是男子, 乃相爲爾; 若使周姥撰詩, 當無此語也." **《類聚》三十五. 《御覽》五百二十一.**

3. 사태부[謝安]의 유부인은 남편으로 하여금 애첩을 두지 못하도록 하였다. 공이 이미 성색聲色을 심히 좋아하여 절조를 지킬 수가 없었는데, **《태평어람》의 인용에는 이 구절이 있다.** 후에 드디어 기첩을 매우 두고 싶어 하였다. 형제·자식 및 외생外甥 등이 그 뜻을 완곡하게 전하기로 하고, 함께 유부인에게 물었다. 그들은 편의상 <관저>·<종사>편의 투기하지 않는 덕을 칭송하였다. 부인이 자신을 풍자하는 것을 알고, 곧 "누가 이 시를 지었는가?"라고 묻자, "주공입니다."라고 대답하였다. 부인이 "주공이 남자여서 그렇게 했지, 만약 주공의 부인이 이 시를 지었다면 그런 말은 응당 없었을 것이다."라고 하였다. **《예문유취》권35. 《태평어람》권521.**

4. 武歷陽女嫁阮宣子[18], 無道妬忌, 禁婢: 甌覆槃蓋, 不得相合. **《御覽》七百五十八.** 家有一株桃樹, 華葉灼耀, 宣歎美之, 即便大怒, 使婢取刀斫樹, 摧折其華. **《類聚》八十六. 《御覽》九百六十七. 《事類賦注》二十六.**

4. 무력양의 딸이 완선자에게 시집갔는데, 무도하고 투기하여 시비를 구속하였으니, 그들은 마치 사발 덮개와 쟁반 덮개처럼 서로 어

---

16 관저(關雎): 시경(詩經)의 편명.

17 종사(螽斯): 시경의 편명.

18 완선자(阮宣子): 완수(阮修). 약270년-311년. 선자는 그의 자이며, 진류 위씨현(尉氏縣) 사람이다. 서진의 名士이자 현학가이다.

울리지 못하였다. **《태평어람》권758.** 집에 복숭아나무 한 그루가 있었는데, 꽃과 잎이 빛이 날 정도로 아름다워 완선자가 찬탄하니, 그녀는 곧 크게 화를 내면서 시비로 하여금 칼로 나무를 베고 그 꽃을 꺾어 버리게 하였다. **《예문유취》권86. 《태평어람》권967. 《사류부주》권26.**

5. 京邑有士人婦, 大妬忌; 於夫小則罵詈, 大必捶打. 常以長繩繫夫脚, 且喚, 便牽繩. 士人密與巫嫗爲計: 因婦眠, 士人入廁, 以繩繫羊, 士人緣牆走避. 婦覺, 牽繩而羊至, 大驚怪, 召問巫. 巫曰: “娘積惡, 先人怪責, 故郎君變成羊. 若能改悔, 乃可祈請.”婦因悲號, 抱羊慟哭, 自咎悔誓. 師嫗乃令七日齋, 擧家大小悉避於室中, 祭鬼神, 師祝羊還復本形. 婿徐徐還, 婦見婿啼問曰: “多日作羊, 不乃辛苦耶?” 婿曰: “猶憶噉草不美, 腹中痛爾.” 婦愈悲哀. 後復妬忌, 婿因伏地作羊鳴; 婦驚起, 徒跣, 呼先人爲誓, 不復敢爾. 於此不復妬忌. **《類聚》三十五.**

5. 경읍에 한 선비 부인이 있었는데, 투기가 심하여, 그 남편을 작게는 욕하며 꾸짖었으며 크게는 때리기까지 하였다. 항상 긴 끈으로 남편의 다리를 묶었으며, 또 부를 때에는 그 끈을 당겼다. 선비가 몰래 무당과 계략을 꾸몄는데, 부인이 잠든 틈에 선비가 우리에 들어가 그 끈으로 양을 묶어놓고 담장을 따라 도망쳤다. 부인이 잠에서 깨어 끈을 당기니 양이 들어오자 크게 놀라 무당을 불러 물었다. 무당이 “마님께서 악덕을 쌓아 조상님들이 책망을 하시는 겁니다. 그래서 부군께서 양으로 변하셨습니다. 만약 회개를 하신다면 제가 빌어 부군을 청해 올 수 있습니다.”라고 하였다. 그러자 부인이 양을 끌어안고 슬피 통곡을 하면서 스스로의 잘못을 뉘우쳤다. 무당이 곧 부인으로 하여금 7일 동안 재계齋戒하게 하였으며, 온 집안의 어른과 아이 모

두 방안에 피하도록 하고서, 귀신에게 제사를 지내 양이 본래의 모습으로 돌아오도록 빌었다. 남편이 천천히 돌아오는데, 부인이 남편이 우는 것을 보고 "여러 날 동안 양이 되었었는데, 고생되지 않았습니까?"라고 묻자, 남편이 "좋지 않은 풀을 먹어 배가 아팠던 기억만 납니다."라고 했다. 그러자 부인이 더욱 슬퍼하였다. 후에 부인이 다시 투기를 하면, 남편은 땅에 엎드려 양의 우는 모습을 하였는데, 그러면 부인이 놀라 일어나 맨발로 뛰어가 조상을 불러 다시는 감히 그렇게 하지 않겠다고 맹서를 하였다. 이로부터 다시는 투기하지 않았다.
《예문유취》권35.

6. 泰元[19]中, 有人姓荀, 婦庾氏, 大妬忌. 荀嘗宿行, 遂殺二兒. 爲屋不立齋室, 唯有廳事, 不作後壁, 令在堂上冷然望見外事. 凡無鬚人, 不得入門; 送書之人, 若以手近荀手, 無不痛打; 客若共牀坐, 亦賓主俱敗. 鄰近有年少徑突前詣荀, 接膝共坐, 便聞大罵, 推求刀杖. 荀謂客曰: "僕狂婦行, 君之所聞; 君不去, 必誤君事." 客曰: "僕不畏此." 乃前捉荀手, 婦便持杖直前向客, 客既大健, 又有短杖在衣裏, 便與手, 婦老嫗, 無力, 即倒地, 客打垂死. 荀走叛不敢還. 婦密令覓荀, 云: "近遭狂人, 非君之過, 君便可還." 荀然後敢出. 婦兄來就荀, 共方牀臥, 而婦不知, 便來捉兄頭, 曳著地欲殺, 方知是兄, 慙懼入內. 兄稱父命, 與杖數百, 亦無改悔. **《類聚》三十五.**

6. 태원 연간에 순씨 성을 가진 사람이 있었는데, 그의 부인 유씨가 투기를 심하게 하였다. 순씨가 한 번은 외박을 하자 그녀는 두 아들을 죽여 버렸다. 집을 짓는데 재실은 세우지 않고 오로지 마루만을

19 태원(泰元): 즉 '太元'으로, 동진 효무제(孝武帝: 373년-396년)의 두 번째 연호(376년-396년)이다.

지었으며, 뒷벽을 만들지 않고 당 위에서 바깥일을 환히 바라볼 수 있게 하였다. 무릇 수염 없는 사람들은 문안으로 들어올 수 없게 하였으며, 편지를 전해주는 사람의 손이 순씨 손에 가까이 가기만 하면 그를 사정없이 때렸다. 손님이 만약 순씨와 함께 침대에 앉으면, 손님과 주인 모두에게 해를 입혔다. 인근에 사는 한 젊은이가 갑자기 순씨에게 이르러 무릎을 맞대고 함께 앉으니, 곧 크게 꾸짖는 소리가 들리면서 그녀가 칼과 몽둥이를 찾았다. 순씨가 손님에게 "제 미친 아내의 행동에 대해 들으신 적이 있을 겁니다. 떠나지 않으시면 반드시 일을 그르치실 겁니다."라고 하자, 손님이 "저는 그녀를 두려워하지 않습니다."라고 하였다. 그러면서 앞으로 나아가 순씨의 손을 잡자, 부인이 몽둥이를 들고 손님을 향해 곧장 앞으로 나아갔다. 손님은 건장하기도 하였고 또 단장을 옷 속에 넣고 있었기에 곧바로 손을 쓸 수 있었다. 부인은 늙은 할머니라 힘이 없어 즉시 땅에 넘어졌는데, 손님이 그녀를 때려 거의 죽게 하였다. 순씨는 도망쳐 감히 돌아오지 못했다. 부인이 몰래 순씨를 찾도록 하면서, "근래에 미친 사람을 만난 것은 당신의 잘못이 아닙니다. 곧 돌아오십시오."라고 하였다. 그러자 순씨가 감히 나타났다. 부인의 오빠가 순씨에게 와 둘이 함께 침대에 누웠다. 부인이 그가 오빠인 줄 모르고 그의 머리를 잡고 땅에 끌면서 그를 죽이려고 했다. 자신의 오빠인 줄 알고서는 부끄럽고 두려워 안으로 들어갔다. 오빠가 아버지의 명령이라 말하고 그녀에게 매 수백 대를 때렸으나 여전히 잘못을 뉘우치지 않았다.
《예문유취》권35.

7. 諸葛元直妻劉氏, 大妬忌; 恆與元直杖. 與杖之法, 大罪十, 小罪五, 然得手摩, 不得一一受也. 常行杖小重, 元直不勝痛, 纔得一兩, 仍以手摸, 婦誤打指節腫. 從此作制: 每與杖, 輒令兩手各捉綖跗. 元直遇見婦捉綖跗, 欲成衣; 謂當與己杖, 失色怖. 婦曰: "不也, 捉此自欲成衣耳." 乃欣然. **《類聚》三十五.**

7. 제갈원직의 아내 유씨가 투기를 심하게 하였는데, 항상 원직에게 매를 때렸다. 매를 때리는 법으로 큰 죄는 열 대, 작은 죄는 다섯 대로 하였다. 그러나 손이 마비되면 일일이 다 맞지는 않았다. 항상 매를 때릴 때 약간 세게 때리면 원직이 아픔을 이기지 못하니, 비로소 한두 대만 맞게 되었다. 그러나 그는 여전히 손으로 문질렀는데, 부인이 그의 손마디 부은 곳을 잘못 때린 것이다. 이로부터 매 때리는 것을 자제하였는데, 매번 매를 때릴 때마다 두 손으로 각각 바늘 등을 잡았다. 원직이 우연히 아내가 바늘 등을 잡고 옷을 지으려고 하는 것을 보고, 자신에게 매를 때릴 때마다 놀라고 두렵다고 하자, 부인이 "아닙니다. 이것을 잡은 것은 스스로 옷을 지으려는 것일 뿐입니다."라고 했다. 이에 원직은 기뻐했다. **《예문유취》권35.**

《투기妬記》〔일명 《투부기妬婦記》〕

남조南朝의 지인소설. 송宋의 우통지虞通之가 찬하였다. 《수서·경적지》 잡전류에 2권으로 저록되어 있다. 송대 이후의 서목에 저록되지 않은 것으로 보아, 응당 송대에 망일되었을 것이다. 《세설신어》 유효표 주 및 당송 유서에 인용한 일문이 있는데, 루쉰이 《고소설구침》에 집록하여 넣었다. 우통지는 회계會稽 여요余姚(지금의 절강성浙江省에 있음) 사람이다. 그는 《주역周易》학에 통달하였으며, 문명文名이 나 있었다. 그의 벼슬은 황문시랑黃門侍郎·보병교위步兵校尉에 이르렀다. 그의 사적은 《남사南史·구거원전丘巨源傳》에 붙어 있다. 《송서宋書·후비전后妃傳》에 "근신 우통지로 하여금 《투부기》를 짓게 하였다(使近臣虞通之撰《妬婦記》)."라는 언급이 있는데, 여기서 《투부기》는 아마 이 책일 것이다. 이 책은 모두 양진兩晉 시기 여자의 투기에 관한 이야기로, 그 의향은 여자에게 경계를 하게 하기 위해서이지만, 여전히 남자 및 부권夫權 중심의 봉건관념에서 벗어나지 못하고 있다. 그러나 많은 이야기들은 객관 상에서 오히려 봉건 부권에 대한 여자들의 항쟁정신을 표현하고 있다. 또한 일부 이야기들은 호색남자들의 여러 가지 추태를 묘사하고 있으며, 아울러 조소와 풍자를 하고 있다. 이러한 내용들은 실제로 불합리한 혼인제도의 기형적인 산물이라 할 수 있다. 이 책은 세부묘사로써 이야기를 부각시키며 형상을 두드러지게 하는 데에 뛰어나다.

5. 《이문기異聞記》

1. 郡人張廣定者, **《意林》引作同郡人張廣**. 遭亂避地. 有女年四歲, 不能步涉, 又不可擔負. 計棄之固當餓死, 不欲令其骸骨之露; 邨口有古大冢, 上顚先有穿穴, 乃以器盛縋之, 下此女於冢中, 以數月許乾飯及水漿與之, 而捨去. 候世平定, 其間三年, 廣定得還鄉里, 欲收冢中所棄女骨, 更殯埋之. 廣定往視, 女故坐冢中, 見其父母, 猶識之, 喜甚. 而父母初疑其鬼也, 入就之, 乃知其不死. 問從何得食. 女言, 糧初盡時甚飢, 見冢角有一物, 伸頸呑氣, 試效之, 轉不復饑, 日月爲之, 以至於今. 父母去時所留衣被, 自在冢中, 不往來, 衣服不敗, 故不寒凍. 廣定索女所言物, 乃是一大龜耳. 女出食穀, 初小腹痛, 嘔逆, 久許乃習. **《抱朴子·內篇》**三.

1. 군의 장광정이라는 사람이 **《의림》의 인용에는 '같은 군 사람 장광'이라고 했다.** 동란을 만나 피난을 갔다. 네 살 난 딸이 있었는데, 먼 거리를 걸을 수도 없었으며, 또 메고 질 수도 없었다. 그는 딸을 버리고 그녀가 굶어 죽도록 계략을 꾸몄는데, 그녀의 시체가 노출되는 것은 원하지 않았다. 마을 입구에 오래된 큰 무덤이 있었는데, 그 꼭대기에는 원래 구멍이 뚫려 있었다. 그는 딸을 용기容器에 넣어 끈으로 그것을 묶어 무덤 안으로 내렸다. 그는 수개월 여 동안 먹을 마른 양식과 음료수를 딸에게 주고, 그녀를 버리고 가 버렸다. 동란이 평정되기를 기다려, 3년이나 지난 시간에야 광정은 비로소 고향으로 돌아갈 수 있게 되었다. 그는 무덤 안에 버린 딸의 뼈를 수습하여 다시 묻어 주려고 하였다. 광정이 가서 보니, 딸은 이전처럼 여전히 무덤 안에 앉아 있었으며 자신의 부모를 보자 알아보고 매우 기뻐하였다. 그러나 부모는 처음에 딸이 귀신인 줄 의심하였는데, 무덤에 들어가 그

녀에게 다가가 보니 죽지 않았음을 알게 되었다. 그는 딸에게 어디에서 먹을 것을 얻었느냐고 물었다. 딸이 처음 양식을 다 먹었을 때에는 배가 몹시 고팠으나, 무덤 한 구석에 목을 펴고 공기를 들이마시는 동물 한 마리가 있는 것을 보고 그것을 따라하니 다시는 배가 고프지 않아 날마다 달마다 그렇게 하면서 지금에 이르렀다고 말하였다. 부모가 떠날 때 남겨둔 옷과 이불은 여전히 무덤 안에 있었고, 돌아다니지 않은 관계로 옷도 해지지 않아 추위도 타지 않았다. 광정은 딸이 말한 그 동물을 찾았는데, 곧 큰 거북이였다. 딸이 무덤에서 나와 곡물을 먹었는데, 처음에는 배가 약간 아프고 구토를 하였으나, 오랜 시간이 지나자 곧 습관이 되었다. **《포박자내편》권3.**

2. 東城池有王餘魚[1], 池決, 魚不得去, 將死. 或以鏡照之, 魚看影, 謂其有雙, 於是比目而去. **《北戶錄》一.**

2. 동쪽 성의 연못에 '왕여어'가 있었는데, 연못이 터져 고기가 다닐 수 없어 장차 죽게 되었다. 어떤 사람이 거울로 그것을 비추었더니, 고기가 그 그림자를 보고 짝인 줄 알고 나란히 갔다. **《북호록》권1.**

---

1 왕여어(王餘魚): 고기 이름으로, 넙치를 일컫는다. 《문선(文選)》 좌사(左思)의 <오도부(吳都賦)>에 "짝을 이루면 비목(比目)이라 하고, 한 마리이면 왕여라 한다(雙則比目, 片則王餘)."라고 하였는데, 유규(劉逵)의 주에 "왕여어는 그 몸이 반으로 되어 있다. 민간에서 월왕(越王)이 생선을 먹다가 다 먹지 못하고, 남은 반을 물속에 버리자 고기가 되었는데, 그 고기는 한 면이 없었다. 이 때문에 왕여라고 하였다는 이야기가 있다(王餘魚, 其身半也. 俗云: 越王鱠魚未盡, 因以殘半棄水中, 爲魚, 遂無其一面, 故曰王餘也)."라고 하였다.

《이문기異聞記》

한대의 지괴소설. 동한東漢의 진식陳寔: 104–187이 찬하였다. 저록된 책이나 전본傳本이 보이지 않는다. 《포박자抱朴子·대속편對俗篇》, 당唐 이용李冗의 《독이지獨異志》 권하卷下와 단공로段公路의 《북호록北戶錄》 권1에서 각각 1조씩 인용하였는데, 중복된 것을 빼면 모두 2조가 된다. 루쉰이 그것들을 《고소설구침》에 집록하여 넣었다. 《중국소설사략中國小說史略》에서는 이 책은 사지史志에 저록되어 있지 않고 갈홍의 이름을 빌린 것이라고 되어 있다. 그러나 《북호록》과 《포박자》에 인용된 것을 보면, 작자가 같고 내용이 다르다. 이 사실로부터 이 책은 마땅히 진식이 지었음을 알 수 있다. 진식은 자가 중궁仲弓으로, 영천허(潁川許: 지금의 하남성河南省 허창許昌 동쪽) 사람이다. 그는 처음에 현리縣吏가 되었다. 후에 독우督郵·정장亭長·공조功曹 등을 거쳐 태구장太丘長을 역임하였다. 시호는 문범선생文範先生이다. 《후한서》에 그의 본전이 있다. 명대 주영周嬰은 《치림卮林》에서 당대 사람이 이미 이 책을 인용하였으니, 당대에는 이 책이 응당 존재했다고 하였다. 그러나 청 후강侯康은 《보후한서예문지補後漢書藝文志》에서 사지에 기재되어 있지 않고 당송 유서에 인용되지 않은 것으로 보아 일실된 지 이미 오래되었으며, 당인소설唐人小說 혹은 다른 곳으로부터 인용한 것이라고 여겼다. 후강의 《보후한서예문지》 외에도 청 고회삼顧櫰三의 《보후한서예문지》, 요진종姚振宗의 《후한예문지後漢藝文志》, 증박曾樸

의 《보후한서예문지》에서는 모두 일문에 근거하여 소설가류에 보충하여 넣고 있다. 그 중 《포박자》와 《독이지》에 실린 이야기는 한말漢末 전란 중의 괴이한 일(장광정張廣定 이야기)을 기술하고 있는데, 이보다 앞선 지괴서志怪書 중의 신선박물류神仙博物類 제재와는 다름을 알 수 있다. 이 이야기는 또 《박물지博物志》 권10, 《유명록幽明錄》 등에도 보이는데, 문장 상에서 약간씩 다르다. 소식蘇軾도 이 이야기를 시로 읊은 적이 있으며(<화독산해경십삼수和讀山海經十三首>), 자신의 《동파지림東坡志林》 권3에 싣기도 하였다. 이 사실들로부터 이 이야기가 대단히 넓게 퍼졌음을 알 수 있다. 《북호록》에 실린 다른 한 편의 이야기는 동물의 이문異聞에 관한 것이다. 아무튼 이 책은 당시 민간에서 유전되던 각종 이문들을 두루 모아 이루어진 것으로, 지괴소설의 제재 범위를 확대시켰다고 할 수 있다.

6.《현중기玄中記》〔일명《곽씨현중기郭氏玄中記》〕

1. 伏犧[1]龍身, 女媧[2]蛇軀. **《文選·魯靈光殿賦》注.《路史後紀》二注.《路史後紀》一又引首句.**

1. 복희는 용의 몸이며, 여와는 뱀의 몸이다. **《문선·노령광전부》주.《노사·후기》2주.《노사·후기》권1에 또 첫 구를 인용하였다.**

2. 顓頊氏[3]三子俱亡, 處人宮室, 善驚小兒. 漢世以五營[4]千騎, 自端門[5]傳炬送疫, 棄洛水中. **《荊楚歲時記》注.《玉燭寶典》十二引作自端門送至洛水.**

2. 전욱씨의 세 아들이 모두 죽어 사람의 궁실에 거처하면서 어린 아이를 잘 놀라게 하였다. 한나라 때에 오영의 일천 기병騎兵으로써 단문을 통해 횃불을 전하며 온신瘟神을 쫓아 보내 낙수에 버렸다. **《형초세시기》주.《옥촉보전》권12의 인용에는 '단문으로부터 낙수까지 쫓아 보냈다'라고 하였다.**

---

1 복희(伏犧): 중국 전설 속의 제왕. 이른바 삼황(三皇) 중의 하나로, 백성에게 어렵(漁獵)·농경·목축을 가르쳤으며, 처음으로 팔괘(八卦)를 만들었다고 한다. 태호(太昊)라고도 한다.

2 여와(女媧): 신화 속에 등장하는 인물. 만물을 생육시키는 여신(女神)으로, 머리는 사람이고 몸은 뱀의 형상을 하고 있다고 한다.

3 전욱씨(顓頊氏): 중국 전설 속의 제왕. 이른바 오제(五帝) 중의 하나인 그는 황제(黃帝)의 손자라고 전해지고 있다. 그리고 처음 고양(高陽)에 나라를 세웠기 때문에 고양씨(高陽氏)라고도 불렸다.

4 오영(五營): 둔기(屯騎)·월기(越騎)·보병(步兵)·장수(長水)·사성(射聲)의 다섯 교위(校尉)가 이끄는 부대를 가리킨다.

5 단문(端門): 궁전의 정남(正南) 쪽에 있는 문을 가리킨다.

3. 刑天[6]與帝[7]爭神, 帝斷其首, 葬之常羊山[8]; 乃以乳爲目, 以齊[9]爲口. **《御覽》五百五十引《山海經》, 注云《玄中記》亦載.**

3. 형천과 천제天帝가 신의 지위를 갖고 싸웠는데, 천제가 형천의 머리를 베어 상양산에 묻었다. 머리가 잘린 형천은 유두乳頭를 눈으로 삼았으며, 배꼽을 입으로 삼았다. **《태평어람》권550에서 《산해경》을 인용하였는데, 그 주에서 '《현중기》에도 실려 있다'라고 하였다.**

4. 尹壽作鏡. **《御覽》七百十七. 《海錄碎事》五.**

4. 윤수가 거울을 만들었다. **《태평어람》권717. 《해록쇄사》권5.**

5. 旬始作冠. **《通典》五十七. 《通志略》引冠作帽.**

5. 순이 비로소 모자를 만들었다. **《통전》권57. 《통지략》의 인용에서는 '冠'을 '帽'라고 하였다.**

6. 狗封氏者: 高辛氏[10]有美女, 未嫁; 犬戎爲亂, 帝曰: "有討之者, 妻以美女, 封三百戶." 帝之狗名槃護, **《御覽》引作槃瓠.** 三月而殺犬戎, 以其首來. 帝以爲不可訓民, 乃妻以女, 流之會稽東南二萬一千里, 得海中土, 方三千

---

6 형천(刑天): 염제(炎帝) 신농씨(神農氏)의 신하로, '邢天'·'形天'이라고도 한다.

7 천제(天帝): 여기서 언급한 싸움을 신화 속에 나오는 황제(黃帝)와 염천의 싸움으로 보고, '帝'를 황제(黃帝)로 보기도 한다.

8 상양산(常羊山): 염제가 탄생한 곳.

9 제(齊): 옛날에는 '臍' 자와 통하였다.

10 고신씨(高辛氏): 오제 중의 하나인 제곡(帝嚳)으로, 황제의 증손(曾孫)이다. 신(辛) 땅에 봉해졌기 때문에 고신씨라고 불렀다.

里, **《御覽》引千作百**. 而封之. 生男爲狗, 生女爲美女. **《類聚》九十四**. 封爲狗民國[11]. **《御覽》九百五. 亦見《路史·發揮》二引, 帝以二句作帝以女妻之, 不可教訓. 流作浮, 美女作美人, 末句作是爲犬封氏.**

6. 구봉씨 : 고신씨에게 아름다운 딸이 있었는데, 아직 시집을 가지 않았다. 견융이 난을 일으키자, 고신씨가 "그를 토벌하는 자가 있으면, 내 아름다운 딸을 아내로 삼게 할 것이며, 3백 호를 봉해 주겠다." 라고 하였다. 고신씨의 반호라는 개가 **《태평어람》의 인용에는 '槃瓠'라고 하였다.** 3개월 만에 견융을 죽여 그 머리를 가지고 왔다. 고신씨는 약속을 어겨 신임을 잃으면 백성들을 훈계할 수 없다고 여겨, 곧 그 개에게 자신의 딸을 아내로 삼게 해 주고서는 회계 동남쪽 2만천 리나 되는 곳까지 띄워 보내어 바다 중의 땅을 얻게 하였으니, 사방 3천 리 **《태평어람》의 인용에는 '千'을 '百'으로 하였다.** 를 그들에게 봉해 주었다. 그들이 낳는 남자는 개로 태어났으며, 여자는 미녀가 되었다. **《예문유취》권94.** 그곳을 구민국으로 봉하였다. **《태평어람》권905. 또한 《노사·발휘》권2에서도 인용한 것이 보이는데, '帝以' 2구는 '고신씨는 그 개에게 자신의 딸을 아내로 삼게 해 주었는데, 약속을 어겨 신임을 잃으면 백성들을 교화하고 훈계할 수 없기 때문이다'라고 하였다. '流'를 '浮'로, '美女'를 '美人'으로 하였으며, 마지막 구는 '이것이 견봉씨가 되었다'라고 하였다.**

7. 丈夫民: 殷帝太戊[12], 使王英13[13]採藥於西王母[14]. 至此絕糧, 不能進,

---

11 구민국(狗民國): 구봉국(狗封國)·견융국(犬戎國)·견봉국(犬封國)이라고도 하는데, 《산해경·해내북경(海內北經)》에 나온다.

12 태무(太戊): 갑골문에는 태무, 대태무(大太戊), 천무(天戊)라 하였다. 은나라 왕으로, 태갑(太甲)의 손자, 태강(太康)의 아들이다. 그가 즉위할 때 은나라는 이미 쇠락했는데, 이척(伊陟)·무함(巫咸)·신호(臣扈) 등 현인(賢人)을 재상으로 삼아 은 왕실을 부흥시켰다. 75년 동안 재위하였다. 《사기·은본기(殷本紀)》를 참조하기 바란다.

13 왕영(王英): '王孟'이라고도 하는데, 여기서도 알 수 있듯이 장부국(丈夫國) 백성의 선

乃食木實, 衣以木皮. 終身無妻, 產子二人, 從背脇間出, 其父則死. 是爲丈夫民. 去玉門[15]二萬里.《御覽》三百六十一.

7. 장부민: 은의 제왕 태무가 왕영에게 서왕모한테 가서 약을 구해 오라고 시켰다. 이곳에 이르러 식량이 떨어져 더 이상 나아갈 수 없자, 나무 열매를 먹었으며 나무껍질로 옷을 해 입었다. 일생 동안 부인이 없었으나, 오히려 두 아들을 낳을 수 있었는데, 그 아이들은 등과 겨드랑이 사이로부터 나왔으며, 그들을 낳자마자 그 아버지는 죽어버렸다. 이들을 장부민이라 하는데, 옥문에서 2만 리 떨어져 있다. 《태평어람》권361.

8. 扶伏[16]民者: 黃帝軒轅[17]之臣曰茄豐, 有罪, 刑而放之, 扶伏而去, 後是爲扶伏民, 去玉門關二萬五千里.《御覽》七百九十七.

8. 포복민: 황제 헌원의 신하인 가풍이 죄를 짓고 형을 받아 방출될

조이다. 장부국은 《산해경》의 <대황서경(大荒西經)>과 <해외서경(海外西經)>에 나온다.

14 서왕모(西王母): 곤륜산(崑崙山)에 살면서 서방(西方)을 다스리는 신으로, 《산해경·서산경(西山經)》에 따르면 서왕모는 사람 형상에 표범 꼬리와 호랑이 이빨을 하고 풀어헤친 머리에 화승(花勝)을 썼으며 노래를 잘 불렀다고 한다. 그러나 《목천자전(穆天子傳)》에 나오는 서왕모는 훨씬 인간화되어 있다.

15 옥문(玉門): 옛 관명(關名)으로, 옥문관(玉門關)을 가리킨다. 감숙성(甘肅省) 돈황(敦煌) 부근에 있었는데, 서역(西域)으로 통하는 관문이었다.

16 포복(扶伏): '扶'가 '匍'와 같은 글자로 쓰일 때가 있다. '匍匐'·'匍伏'과 같은 의미의 단어이다.

17 황제헌원(黃帝軒轅): 황제는 중국 전설 중의 제왕으로, 이른바 삼황 중의 하나이다. 전설에 따르면, 그는 성(姓)이 공손(公孫)이며 헌원의 언덕에서 태어났기 때문에 헌원씨(軒轅氏)라고도 부른다. 유웅씨(有熊氏)·수인씨(燧人氏)라고도 불린다. 치우(蚩尤)를 물리친 후 제후들에 의하여 천자로 추대되어 신농씨(神農氏)의 뒤를 이었다.

때 포복하여 갔다. 후에 이들을 포복민이라 하는데, 옥문관에서 2만 5천 리 떨어져 있다. **《태평어람》권797.**

9. 化民, 食桑, 三七年化, 能以自裹如蠶績. 九年生翼, 十年而死. 去琅邪[18]四萬里. **《御覽》八百二十五.**

9. 화민은 뽕잎을 먹고 37년 만에 화하니, 자신을 싸는 것이 누에가 고치를 만드는 것과 같다. 9년이면 날개가 생기고, 10년이면 죽어버린다. 낭야산과 4만 리 떨어져 있다. **《태평어람》권825.**

10. 奇肱氏[19], 善奇巧[20], 能爲飛車, 從風遠行. **《御覽》七百五十二.**

10. 기굉씨는 기계 장치를 잘 만드니, 나는 수레를 만들어 바람을 따라 멀리 갈 수 있다. **《태평어람》권752.**

11. 君子之國[21], 地方千里, 多木槿之華. **《類聚》八十九.**

11. 군자국은 땅이 사방 천 리이며, 무궁화꽃이 많다. **《예문유취》권89.**

12. 伊俗與唐吾同俗, 民穴居, 去玉門一萬里. **《書鈔》一百五十八.**

---

18 낭야(琅邪): 여기서는 산 이름. 《곽자》 주 참조.

19 기굉씨(奇肱氏): 기굉국(奇肱國)에 대해서는 《산해경·해외서경》에 나온다.

20 기교(奇巧): 《산해경·해외서경》의 기굉국 부분의 곽박(郭璞) 주에서는 '機巧'라고 하였다.

21 군자지국(君子之國): 군자국에 대해서는 《산해경》의 <해외동경(海外東經)>과 <대황동경(大荒東經)>에 나온다.

12. 이속과 당오는 같은 풍습을 지니고 있으니, 백성들은 동굴에서 거주한다. 옥문에서 1만 리 떨어져 있다. **《북당서초》권158.**

13. 飛路之民, 地寒, 穴居, 食木根. **《書鈔》一百五十八.**

13. 비로지민은 그 땅이 차며, 동굴에 거주하고 나무뿌리를 먹는다. **《북당서초》권158.**

14. 丁零之民, 地寒, 穴居, 食禽鼠之肉, 民號爲名裘. **《書鈔》一百五十八.**

14. 정령지민은 그 땅이 차며, 동굴에 거주하고 날짐승과 쥐의 고기를 먹는데, 백성들은 그것을 명구라고 부른다. **《북당서초》권158.**

15. 朱梧縣: 其民服役, 依海際居. 產子, 以沙石自擁. 不食米, 止資魚以爲生氣. **《御覽》三百六十一.**

15. 주오현: 그 백성들은 노역勞役하며 해변을 따라 거주한다. 자식을 낳으면 모래와 돌로써 스스로 가린다. 쌀을 먹지 않고 오직 물고기로써 생기를 얻는다. **《태평어람》권361.**

16. 吳國[22]西有具區澤, 中有包山, 山有洞庭[23]寶室[24]. **已上亦見《初學記》八.**

---

22 오국(吳國): '오(吳)'는 원래 양자강 하류 남안(南岸) 일대 지역(중국의 동남부 지역)의 총칭으로, 작위 또는 국호로서의 명칭에 사용되었다. 삼국의 오나라가 대표적이다.

23 동정(洞庭): 강소성(江蘇省)에 있는 태호(太湖)의 별명. 또는 산 이름도 되는데, 강소성 태호 안에 있다.

入地下潛行, 通琅琊東武. **《寰宇記》九十一. 《御覽》四十六.**

16. 오국 서쪽에 구구택이 있는데, 그 중간에 포산이 있으며, 그 산에는 동정 보실이 있다. **이상은 또 《초학기》권8에서도 보인다.** 지하로 들어가면 낭야 동무로 통한다. **《태평환우기》권91. 《태평어람》권46.**

17. 蜀郡[25]有青城山[26], 有洞穴 **一引作青城有穴.** 潛行, 分道爲三, 道各通一處, **已上二句, 一引作分爲三孔.** 西北通崑崙[27]. **《御覽》五十四, 又一百六十六.**

17. 촉군에 청성산이 있다. 그 산에 동굴이 있으니 **한 인용에서는 '청성산에 동굴이 있다'라고 되어 있다.** 안으로 들어가면, 길이 세 갈래로 나누어지며, 길은 각기 한 곳으로 통하는데, **이상 2구는 한 인용에서는 '세 개의 구멍으로 나누어졌다'라고 되어 있다.** 서북쪽에는 곤륜산으로 통한다. **《태평어람》권54·166.**

18. 彭城[28]北有九里山, 有穴潛通琅琊, 又通王屋[29], 俗呼爲黃池穴. **《寰宇**

---

24 보실(寶室): 이 '寶' 자는 제왕·불교·도교 등과 관련된 사물에 쓰인다.

25 촉군(蜀郡): 사천성 성도(成都) 일대를 중심 지역으로 삼는다.

26 청성산(青城山): 지금의 사천성 성도에 위치한 산.

27 곤륜(崑崙): 고대에는 '昆侖'이라고도 했다. 신강(新疆)과 서장(西藏) 사이에 있는 산 이름으로, 서쪽으로는 네팔고원에 접해 있으며, 동쪽으로는 청해성(青海省) 경내로 이어 들어가 있다. 최고봉이 7,719m이다. 고대 신화전설에 의하면, 곤륜산 위에 요지(瑤池)·낭원(閬苑)·증성(增城)·현포(縣圃) 등의 선경(仙境)이 있다고 했다.

28 팽성(彭城): 현재 강소성 서주(徐州)의 고칭(古稱)이다.

29 왕옥(王屋): 왕옥산(王屋山)을 가리킨다. 산서성 진성시(晉城市)의 양성현(陽城縣), 운성시(運城市)의 원곡현(垣曲縣)과 하남성 제원시(济源市) 등 시와 현 사이에 위치해 있다. <우공이산(愚公移山)> 이야기의 배경이 되는 산. 중국 9대 고대 명산 중의 하나.

記》十五.《書鈔》一百五十八,《白帖》六引, 並作彭城北有黃池, 穴如洞室, 北通王屋山.

18. 팽성 북쪽에 구리산이 있다. 그 산에 동굴이 있으니 안으로 들어가면 낭야산으로로 통하며, 또 왕옥산으로 통한다. 속칭 황지혈이라 한다.《태평환우기》권15.《북당서초》권158,《백공육첩》권6의 인용에서는 모두 '팽성 북쪽에는 황지가 있으며, 동굴은 신선이 거처하는 곳과 같은데, 북쪽으로 왕옥산과 통한다'라고 되어 있다.

19. 天下之多者水也,《事類賦注》引作莫水若也. 浮天載地; 高下無所不至, 萬物無所不潤.《水經注》序.《類聚》八.《初學記》六.《白帖》六.《御覽》五十九.《文選·海賦》注, 引前二句.

19. 천하에서 가장 많은 것은 물로서,《사류부주》의 인용에서는 '물만큼 많은 것은 없다'라고 되어 있다. 하늘 위에 떠 있고 땅 위에 실려 있다. 고하를 막론하고 이르지 않는 바가 없으며, 만물을 윤택하게 하지 않는 바가 없다.《수경주》서.《예문유취》권8.《초학기》권6.《백공육첩》권6.《태평어람》권59.《문선·해부》주에 앞 2구를 인용하였다.

20. 天下之強《選》注引作大. 者, 東海之沃焦焉;《白帖》引作惡焦. 水灌之而不已. 沃焦者, 山名也, 在東海南, 方三萬里, 海水灌之而即消, 故水東南流而不盈也.《御覽》五十二, 又六十.《寰宇記》二十二.《類聚》八.《白帖》五.《文選·江賦》注.《事類賦注》六.

20. 천하에서 가장 강한 것은《문선·강부江賦》주의 인용에서는 '大'라고 하였다. 동해의 옥초로서,《백공육첩》의 인용에서는 '惡焦'라고 하였다. 그곳에 물

을 대면 멈추지 않는다. 옥초는 산 이름으로, 동해 남쪽에 있으며 사방 3만 리가 된다. 바닷물을 그곳에 대면 즉시 없어져 버린다. 그러므로 물을 동남쪽으로 흘리면 차지 않는다. **《태평어람》권52·60. 《태평환우기》권22. 《예문유취》권8. 《백공육첩》권5. 《문선·강부》주. 《사류부주》권6.**

21. 天下之弱者, 有崑崙之弱水[30]焉; 鴻毛不能起也. **《史記·匈奴傳》索隱. 《漢書·外夷傳》注. 《御覽》六十五. 《草堂詩箋》十.**

21. 천하에서 가장 약한 것은 곤륜의 약수로서, 기러기 털과 같이 아주 가벼운 것도 일으킬 수 없다. **《사기·흉노전》색은. 《한서·외이전》주. 《태평어람》권65. 《초당시전》권10.**

22. 天下之大物, 北海之蟹; 擧一螯能加於山, 身故在水中. **《御覽》九百四十二.**

22. 천하에서 가장 큰 물건은 북해의 게로서, 집게발 하나를 들어 산에 걸칠 수 있으니, 몸통은 여전히 물속에 있다. **《태평어람》권942.**

23. 東南之大者, 巨鼇焉; 以背負蓬萊山[31], 周迴千里. **《文選·思玄賦》注. 《御覽》三十八.** 巨鼇, 巨龜也. **《初學記》三十. 《文選·吳都賦》注引云, 鼇, 巨龜也.**

---

30 약수(弱手): 옛 물 이름. 옛사람들은 종종 물이 약하면 배를 띄울 수 없다고 여겼는데, 여기서 '弱水'라는 말이 나왔다. 그러므로 옛날에는 약수라고 부르는 데가 많았다. 이곳의 약수는 《산해경·대황서경》에 나오는 곳으로 곤륜산 아래에 있다고 했다.

31 봉래산(蓬萊山): 동해 가운데에 있는, 신선이 산다는 산.

23. 동남쪽에서 가장 큰 것은 거대한 자라로서, 등으로 봉래산을 지고 있으며, 그 둘레가 천 리나 된다. **《문선·사현부》주. 《태평어람》권38.** 거대한 자라는 거대한 거북이다. **《초학기》권30. 《문선·오도부》주의 인용에서는 '자라는 거대한 거북이다'라고 하였다.**

24. 東方之東海, 有大魚焉; **《廣記》引作東方之大者, 東海魚焉.** 行海者一日逢魚頭, 七日逢魚尾, 其產則三百里爲血. **《御覽》九百三十六. 《廣記》四百六十四. 成玄英《莊子·逍遙遊》疏引作產三日, 碧海爲之變紅.**

24. 동방의 동해에 큰 고기가 있는데, **《태평광기》의 인용에서는 '동방에서 가장 큰 것은 동해의 고기인데'라고 하였다.** 항해하는 사람들이 첫날에 고기의 머리를 보면 7일째에 고기 꼬리를 본다. 그 고기가 알을 낳을 때면 3백 리가 피로 물든다. **《태평어람》권936. 《태평광기》권464. 성현영 《장자·소요유》소의 인용에서는 '3일 동안 알을 낳는데 푸른 바다가 붉게 변하였다'라고 하였다.**

25. 天下之高者, 有扶桑[32]無枝木焉; 上至於天, 盤蜿而下屈, **《事類賦注》二十五引作盤屈而下.** 通三泉. **《齊民要術》十. 《御覽》九百五十五.**

25. 천하에서 가장 높은 것으로 부상의 가지 없는 나무가 있는데, 위로는 하늘에 이르고 구불구불한 것이 아래까지 구부러졌으며, **《사류부주》권25의 인용에서는 '구불구불한 것이 아래까지 이르렀다'라고 하였다.** 세 개의 샘물로 통한다. **《제민요술》권10. 《태평어람》권955.**

32 부상(扶桑): 동쪽 바다의 해 돋는 곳에 있다는 신목(神木). 또는 그 신목이 있는 곳.

26. 木子之大者, 有積石山之桃實焉; 大如十斛[33]籠. **《齊民要術》十. 《類聚》八十八. 《初學記》二十八. 《御覽》九百六十七.**

26. 나무의 과실果實로 가장 큰 것으로 적석산의 복숭아가 있는데, 그 크기가 10곡들이 바구니와 같다. **《제민요술》권10. 《예문유취》권88. 《초학기》권28. 《태평어람》권967.**

27. 東方有柴都焉, 在齊國. **《御覽》一引有此三字, 又都作渚.** 有山, 山上有泉, 如井狀, 深不測; 春夏常出雨雹, **《御覽》引作至春夏時, 雹從井中出.** 敗五穀. 人以柴木塞之, 則不出; 不柴塞, 則出也: **已上九字《御覽》引有.** 故曰柴都焉. **《書鈔》一百五十二. 《御覽》十四, 又七十. 《廣記》三百九十九.**

27. 동방에 시도라는 곳이 있는데, 제나라에 있다. **《태평어람》의 한 인용에서는 이 3자가 있으며, 또한 '都'를 '渚'라고 하였다.** 그곳에는 산이 있으며, 산 위에는 샘물이 있는데, 우물 모양을 하고 있고 그 깊이를 헤아릴 수 없다. 봄이나 여름이 되면 샘물에서 자주 우박이 나와 **《태평어람》의 인용에서는 '봄이나 여름에 이르러 우박이 샘물에서 나왔다'라고 하였다.** 오곡을 망쳐놓는다. 사람들이 땔나무로 그 샘물을 막으면 우박이 나오지 않으며, 막지 않으면 우박이 나오게 된다. **이상 9자는 《태평어람》의 인용에 있다.** 이 때문에 시도라고 불렀다. **《북당서초》권152. 《태평어람》권14·70. 《태평광기》권399.**

28. 南方有炎火山焉, **《御覽》引有火字.** 在扶南國之東, 加營國之北, 諸薄國之西. 山從四月而火生, 十二月火滅; 正月二月三月火不然, 山上但出雲

---

33 곡(斛): 1곡은 10말(斗)의 용량과 같다.

氣, 而草木生葉枝條; 至四月火然, 草木葉落, 如中國[34]寒時草木葉落也. 行人以正月二月三月行過此山下, 取柴以 《御覽》引作取此木. 爲薪, 然之無盡時, 取其皮績之, 以爲火浣布. 《類聚》八十. 《御覽》八百六十八. 《事類賦注》八.

28. 남방에 염화산이 있는데, 《태평어람》의 인용에 '火' 자가 있다. 부남국의 동쪽, 가영국의 북쪽, 제박국의 서쪽에 있다. 그 산에는 4월부터 불이 나 12월에 꺼진다. 정월·2월·3월에는 불이 나지 않고, 산 위에 단지 구름 기운만이 나타나며 초목에는 잎과 가지가 생겨난다. 4월에 이르러 불이 나면 초목의 잎이 떨어지니, 마치 중국에서 추울 때 초목의 잎이 떨어지는 것과 같다. 행인들이 정월·2월·3월에 이 산 아래를 지나가면서 땔나무를 가지고 《태평어람》의 인용에서는 '이 나무를 가지고'라고 하였다. 연료로 삼아 그것이 불에 타 완전히 없어지지 않을 때에 그 껍질을 취하여 실을 뽑아 화완포를 만들었다. 《예문유취》권80. 《태평어람》권868. 《사류뷰주》권8.

29. 北方有鍾山焉, 山上有石首如人首: 左目爲日, 右目爲月; 開左目爲晝, 開右目爲夜; 開口爲春夏, 閉口爲秋冬. 《御覽》三十八.

29. 북방에 종산이 있는데, 산 위에 사람 머리처럼 생긴 돌 머리가 있다. 왼쪽 눈이 해이고 오른쪽 눈이 달로서, 왼쪽 눈을 열면 낮이 되고 오른쪽 눈을 열면 밤이 되며, 입을 열면 봄과 여름이 되고 입을 닫

---

34 중국(中國): 상고시대(上古時代)에 화하족(華夏族)이 황하(黃河) 유역 일대에서 나라를 세우고 천하의 중앙에 처해 있다고 여겼다. 이 때문에 그 나라를 중국이라고 칭하였으며, 주위 기타 지역을 서방(西方)이라 불렀다. 후에는 중원(中原) 지역을 두루 가리켰다.

으면 가을과 겨울이 된다. **《태평어람》권38.**

30. 東南有桃都山, 上有大樹, 名曰桃都, 枝相去三千里. 上有一天雞, 日初出, 光照此木, 天雞則鳴, 群雞皆隨之鳴. **《齊民要術》六. 《類聚》九十一. 《御覽》九百十八.** 下有二神, 左名隆, 右名窔, **《玉燭寶典》一注.** 並執葦索, 伺不祥之鬼, 得而煞之. **已上三句, 以《玉燭寶典》引《括地圖》補.** 今人正朝作兩桃人立門旁, 以雄雞毛置索中, 蓋遺象也. **《御覽》二十九. 《玉燭寶典》一.**

30. 동남쪽에 도도산이 있는데, 산 위에 도도라고 하는 큰 나무가 있으니, 나무 가지가 서로 3천 리나 떨어져 있다. 그 위에는 천계 한 마리가 있는데, 해가 처음 떠서 이 나무를 비추면 그 천계가 운다. 그 천계가 울면 모든 닭들이 따라서 운다. **《제민요술》권6. 《예문유취》권91. 《태평어람》권918.** 그 아래에는 두 신이 있는데, 왼쪽은 융이라 하고 오른쪽은 돌이라 하며, **《옥촉보전》권1주.** 모두 갈대 끈을 잡고 상스럽지 못한 귀신을 지키다가 잡으면 죽인다. **이상 3구는 《옥촉보전》에서 인용한 《괄지도》에 의거하여 보충하였다.** 지금 사람들은 정월 초하루에 복숭아나무 인형 두 개를 만들어 문 옆에 세워두고 수탉의 털을 끈에다 놓아두는데, 아마도 예로부터 내려온 그 두 신의 상象인 것 같다. **《태평어람》권29. 《옥촉보전》권1.**

31. 蓬萊之東, 岱輿之山, 上有扶桑之樹. 樹高萬丈, 樹巔常有天雞, 爲巢於上. 每夜至子時, 則天雞鳴, 而日中陽烏應之; 陽烏[35]鳴, 則天下之雞皆鳴. **《古玉圖譜》二十四.**

---

35 양오(陽烏): 신화전설 속의 태양 속에 있다는 세 발 달린 새.

31. 봉래의 동쪽 대여산 위에 부상의 나무가 있는데, 나무 높이가 만 장이나 되며, 나무 꼭대기에는 늘 천계가 있었는데 위에다 둥지를 만들어 놓았다. 매일 밤 자시가 되어 천계가 울면 해 속의 양오가 따라 운다. 양오가 울면 천하의 닭들이 모두 운다. **《고옥도보》권24.**

32. 崑崙西北有山, **《御覽》引作西南山.** 周迴三萬里, 巨蛇繞之, 得三周, 蛇爲長九萬里. **已上《白帖》九十八, 《御覽》三十八亦引.** 蛇居此山, 飲食滄海. **《類聚》九十六. 《廣記》四百五十六.**

32. 곤륜 서북쪽에 산이 있는데, **《태평어람》의 인용에서는 '西南山'이라 하였다.** 둘레가 3만 리나 된다. 거대한 뱀이 이 산을 세 번 감고 있으니, 뱀의 길이는 9만 리나 된다. **이상 《백공육첩》권98, 《태평어람》권38에서도 인용하였다.** 뱀은 이 산에 살면서 창해를 마신다. **《예문유취》권96. 《태평광기》권456.**

33. 玉門之西南爲霹靂, **三字《書鈔》引有.** 羌之東, 有一國, 五六百戶, 無他事役. 國中有山, 山上有祠廟. 國人每歲出尖 **一引作碏. 《事類賦注》同, 小注云, 一作磪. 《書鈔》引作礰. 《聞見記》引作礩.** 數千枚, 輸於廟中, 名霹靂尖, 以給霹靂所用. 從春雷出而尖日減, 至秋尖盡. **《御覽》七百九十七, 又十三, 又五十二. 《書鈔》一百五十二. 《封氏聞見記》八. 《事類賦注》七.**

33. 옥문의 서남쪽은 벽력이며, **3자는 《북당서초》에서 인용하고 있다.** 강의 동쪽에는 5, 6백 호의 한 나라가 있는데, 사역할 일이 없다. 나라 안에는 산이 있으며, 산 위에는 사당이 있다. 나라 사람들이 매년 첨尖 **한 인용에서는 '石碏'이라 하였다. 《사류부》 주도 같은데, 소주에서는 '磪'이라고도 한다고 하였다. 《북당서초》의 인용에서는 '礰'이라고 하였다. 《봉씨문견기》의 인용에서는 '礩'이**

라고 하였다. 을 만들었다. 수천 매를 만들어 사당에 보내는데, 벽력첨이라고 하는 그것은 벼락 칠 때에 사용된다. 봄 천둥이 있을 때부터 첨은 날로 감소되다가 가을이 되면 없어진다. **《태평어람》권797·13·52. 《북당서초》권152. 《봉씨문견기》권8. 《사류부주》권7.**

34. 東海有蛇丘之地, 險, 多漸洳, 衆蛇居之, 無人民. 蛇或人頭而蛇身. **《類聚》九十六. 《廣記》四百五十六.**

34. 동해에 사구라는 땅이 있는데, 험하고 대부분 늪지여서 뱀들은 많이 살고 있으나 사람들은 살지 않는다. 뱀 중에는 사람의 머리에 뱀의 몸을 하고 있는 것이 있다. **《예문유취》권96. 《태평광기》권456.**

35. 員丘之上多大蛇, 以雄黃精[36]壓之. **《御覽》九百八十八.**

35. 원구 위에는 큰 뱀이 많은데, 웅황정으로 그것을 제압한다. **《태평어람》권988.**

36. 大月氏[37]及西胡[38], **三字《書鈔》引有.** 有牛名爲日反: **《書鈔》百四十五引作日**

---

36 웅황정(雄黃精): 천연적으로 계관석(鷄冠石)이 분해되어 생기는 광물을 웅황이라고 하는데, 석웅황(石雄黃)이라고도 한다.

37 대월저(大月氐): 옛 민족 이름으로, '대월지(大月氏)'를 가리킨다. 월지(月氏)의 한 지류이다. 한(漢) 문제(文帝) 초년(初年), 흉노(匈奴)의 압박 하에 원래 돈황(敦煌)과 기련(祁連) 사이에서 유목 생활을 하던 월지 사람들의 일부분이 지금의 이리하(伊犁河) 상류에 옮겨온 후에 대월지라 칭하였다. 문제 후원(後元) 3년(기원전 161) 전후, 오손(烏孫)의 공격을 받아 또 서쪽 대하(大夏: 지금의 아무다리야 상류)로 옮겼다. 대략 무제(武帝) 원삭(元朔) 원년(기원전 128)에 한나라는 장건(張騫)을 이 나라에 사신으로 파견하였다.

38 서호(西胡): 옛날 총령(葱嶺) 내외 서역(西域)에 있던 각 민족에 대한 총칭. 흉노는 그

支牛.《御覽》九百引作反牛.《通典》一百九十二引作日及.《事類賦注》二十二引作白皮牛. 今日割取其肉三四斤, 《類聚》引作一二斤. 明日其肉已復, 創即愈也.《類聚》引作明日瘡愈.《事類賦注》,《通典》引, 並同.《御覽》九百, 又一百六十六引云, 割而復生, 名曰復牛.《寰宇記》八十同, 復作及. 漢人入此國, 見牛不知, 以爲珍異. 漢人曰: "吾國有蟲, 大小如指, 名爲蠶, 食桑葉, 爲人吐絲." 外國人不復信有蠶也.《類聚》六十五.《御覽》八百二十五.

36. 대월저 및 서호에 3자는《북당서초》에서 인용하였다. 일반이라 불리는 소가 있다.《북당서초》권145의 인용에서는 '日支牛'라고 하였다.《태평어람》권900의 인용에서는 '反牛'라고 하였다.《통전》권192의 인용에서는 '日及'이라고 하였다.《사류부주》권22의 인용에서는 '白皮牛'라고 하였다. 오늘 그 소에서 고기 살 서너 근을 베어내더라도,《예문유취》의 인용에서는 '一二斤'이라고 하였다. 내일이면 그 베어낸 살이 원상회복되고 상처는 즉시 아물게 된다.《예문유취》의 인용에서는 '내일이면 상처가 아문다'라고 하였다.《사류부주》,《통전》의 인용에서는 모두 같다.《태평어람》권900·166에서의 인용에서는 '살을 베도 다시 살아나니 부우라 이름하였다'라고 하였다.《태평환우기》권80에서도 같은데, '復'을 '及'이라 하였다. 한나라 사람이 이 나라에 들어가 그 소를 보았으나 그런 사실에 대해서는 모르고 진기하다고만 여겼다. 그 한나라 사람이 "우리나라에 누에라고 하는 크기가 손가락만한 벌레가 있는데, 뽕잎을 먹고 사람들에게 실을 토해준다."라고 하였다. 외국 사람들은 누에가 있음을 더 이상 믿지 않았다.《예문유취》권65.《태평어람》권825.

중간에 있었는데, 그것을 호(胡) 혹은 북호(北胡)라고 불렀다. 오환(烏桓)·선비(鮮卑)는 흉노 동쪽에 있었는데, 그것들을 동호(東胡)라 칭하였다. 서역 각 민족은 흉노 서쪽에 있었는데, 그것들을 서호라 했다.

37. 大樹之山, 西有采華之樹, 服之則通萬國之言. 《類聚》八十八. 《御覽》九百五十.

37. 대수지산 서쪽에 꽃을 채취하는 나무가 있는데, 그것을 먹으면 만국의 언어에 통하게 된다. 《예문유취》권88. 《태평어람》권952.

38. 玄菟北有山, 山有花, 人取紡織爲布. 《御覽》八百二十.

38. 현토 북쪽의 산에 꽃이 있는데, 사람들이 그것을 취해 베로 짠다. 《태평어람》권820.

39. 東海之東, 有樹名爲白蒙, 其汁可爲脂, 色白如脂, 味甘. 《書鈔》一百四十七.

39. 동해의 동쪽에 백몽이라는 나무가 있는데, 그 즙으로 기름을 만들 수 있다. 색이 희서 비계와 같으며 맛은 달다. 《북당서초》권147.

40. 荊州[39]有樹名烏臼, 實如胡麻子, 其汁如脂, 其味亦如豬脂味也. 《書鈔》一百四十七. 《齊民要術》十引作荊陽有烏臼, 其實如雞頭, 迮之如胡麻子, 其汁味如豬脂.

40. 형주에 오구라는 나무가 있는데, 열매는 참깨와 같다. 그 즙은

39 형주(荊州): 동한(東漢)의 주명(州名). 7개 군(郡)과 117개 현(縣)을 관할하였다. 치소는 한수현(漢壽縣)이며, 지금의 호남성(湖南省) 한수현 북쪽에 있었다. 한나라 말기에 수부를 양양현(襄陽縣)으로 옮겼는데, 지금의 호북성(湖北省) 양번시(襄樊市)에 있었다. 관할지역은 지금의 호북성·호남성 등지 대부분 및 하남성(河南省)·귀주성(貴州省)·광동성(廣東省)·광서자치구(廣西自治區) 등의 일부에 해당한다.

기름과 같고 그 맛 역시 돼지비계 맛이 난다. 《북당서초》권147. 《제민요술》권10의 인용에서는 '형양에 오구라는 나무가 있는데, 그 열매는 닭 머리 같고 그것을 짜면 참깨와 같으며, 그 즙 맛은 돼지비계 맛과 같다'라고 하였다.

41. 凡梓木爲楹, 居下, 則木鳴, 謂之爭位. 《韻府》八庚.

41. 무릇 가래나무로 기둥을 만들어 그 아래에 거처하면 나무가 운다. 그것을 자리다툼이라 한다. 《운부군옥》권8 경.

42. 千歲之樹, 枝中央下, 四邊高. 《御覽》九百五十二. 百歲之樹, 其汁赤如血. 《類聚》八十八. 《珠林》二十八. 《御覽》九百五十二.

42. 천 년 나무의 가지 중앙은 낮고 사변은 높다. 《태평어람》권952. 백 년 나무의 즙 붉기가 피와 같다. 《예문유취》권88. 《법원주림》권28. 《태평어람》권952.

43. 千歲樹精爲青羊, 萬歲樹精爲青牛, 多出游人間. 《類聚》九十四, 《御覽》九百二引首句. 《初學記》二十九, 《白帖》九十六引次句. 《珠林》二十八, 《類聚》八十八引前二句. 《御覽》八百八十六引全.

43. 천 년 나무의 정령精靈은 푸른 양이고 만 년 나무의 정령은 푸른 소인데, 대부분 유인들 사이에서 나온다. 《예문유취》권94. 《태평어람》권902에서 첫 구를 인용하였다. 《초학기》권29, 《육씨백첩》권96에서 다음 구를 인용하였다. 《법원주림》권28, 《예문유취》권88에서 앞 2구를 인용하였다. 《태평어람》권886에서 전체를 인용하였다.

44. 漢桓帝[40]時, 出游河上, 忽有一青牛從河中出, 直走盪桓帝邊, 人皆驚走; **《御覽》引有此句.** 太尉何公時爲殿中將軍[41], **《御覽》一引作中尉將軍.** 爲人勇力, 走往逆之. 牛見公往, 乃反走還河. 未至河, 公及牛, 乃以手拔牛左足脫, 以右手持斧斫牛頭而殺之. 此青牛是萬年木精也. **《書鈔》六十四. 《御覽》二百三十九, 又九百. 牛見公往已下, 《書鈔》引作手攬其右足, 牛見公, 乃走還河. 案何公進. 其文頗略, 今從《御覽》.**

44. 한나라 환제가 밖으로 나가 강 위에서 노는데, 갑자기 푸른 소 한 마리가 강 속에서 나와 곧바로 환제 옆으로 다가가니, 사람들이 모두 놀라 도망쳤다. **《태평어람》의 인용에서는 이 구가 있다.** 태위 하공이 당시 전중장군이었는데, **《태평어람》의 한 인용에서는 '中尉將軍'이라 하였다.** 그는 사람됨이 용맹하고 힘이 있었으니, 걸어가서 그 소를 막으려고 했다. 소가 하공이 오는 것을 보자 곧 도로 강으로 돌아갔다. 그 소가 강에 이르기 전에 하공이 소한테 이르러 손으로 소의 왼쪽 발을 뽑아 버렸으며, 오른손에 쥐고 있던 도끼로 소의 머리를 쳐서 그 소를 죽여 버렸다. 이 푸른 소가 만 년 나무의 정령이다. **《북당서초》권64. 《태평어람》권239·900. '牛見公往' 이하를 《북당서초》의 인용에서는 '손으로 오른쪽 발을 끌어당기니 소가 하공을 보고 곧 강으로 돌아갔다. 하공을 따라 들어갔다?'라고 하였다. 그 문장이 꽤 생략되어 있어 여기서는 《태평어람》을 따랐다.**

---

40 환제(桓帝): 유지(劉志). 132년-167년. 동한의 10번째 황제. 동한 평원왕(平原王) 유익(劉翼)의 아들이다. 146년 한(漢) 질제(質帝)가 죽은 후 유지가 즉위하였다. 147년부터 167년까지 재위하였다.

41 전중장군(殿中將軍): 삼국(三國)의 위(魏)나라에서 설치하였는데, 정원은 1명이며 6품으로 금병(禁兵)을 관장하고 궁전을 지켰다. 그 휘하에 전중교위(殿中校尉)가 있다.

45. 秦文公造長安宮, 面四百里, 南至終南山[42]. 山有梓樹, **《御覽》一引作秦始皇時, 終南山有梓樹. 《珠林》引同.** 大數百圍, 蔭宮中. 公惡而伐之, 連日不尅. **《御覽》一引作始皇惡之, 興兵伐之. 《珠林》同.** 天輒大風雨, 飛沙石, 人皆疾走; 至夜瘡合. 有一人, 中風雨, 傷蹇不能去, **蹇《御覽》作寒, 依《珠林》引改.** 留宿. 夜聞有鬼來問樹, 言: "秦王凶暴相伐, 得不困耶?" 樹曰: "來即作風雨擊之, 其奈吾何." 鬼又曰: "秦王若使三百人, 被頭, 以赤絲繞樹伐汝, 得無敗乎?" 樹默然不應. **《御覽》一引作樹淡然無言, 《珠林》引淡作寞.** 明日, 人上言; 秦王依此言伐之. **《御覽》一引作疾入報秦皇, 案言伐. 《珠林》引作病人報秦王, 案言伐之.** 樹斷, 中有青牛駭逸; 逐之, 入澧水[43]. **《書鈔》, 《珠林》引, 並作有一青牛出, 迎之, 走入河. 《御覽》一引作中央有一青牛出, 逐之入水. 今依《事類賦注》.** 秦王因立旄頭騎. **《御覽》六百八十, 又九百五十八. 《珠林》六十七. 《書鈔》一百三十. 《事類賦注》二十四.**

45. 진나라 문공이 장안궁을 지었는데, 그 궁은 4백 리에 면해 있으며 남쪽으로는 종남산에 이르렀다. 그 산에는 가래나무가 있는데, **《태평어람》의 한 인용에서는 '진시황 때, 종남산에 가래나무가 있었다'라고 하였다. 《법원주림》의 인용에서도 같다.** 크기가 수백 아름이나 되어 궁중에 그늘을 지우게 하였다. 문공이 그것을 싫어하여 베려고 하였으나, 연일 베었는데 벨 수가 없었다. **《태평어람》의 한 인용에서는 '진시황이 그것을 싫어하여 병사를 일으켜 베었다'라고 하였다. 《법원주림》에서도 같다.** 하늘에서 갑자기 큰 바람이 불고 큰비가 내리며 모래와 돌이 날리자, 사람들은 모두 재빨리 도망쳤다. 밤이 되자 나무의 벤 상처가 아물었다. 어떤 한 사람이 바람과 비

---

42 종남산(終南山): 일명 남산(南山)이라고도 하는데, 진령(秦嶺)의 주요 봉우리 중의 하나이다. 지금의 섬서성(陝西省) 서안(西安) 남쪽에 있는 산이다.

43 풍수(澧水): 옛 물 이름. 섬서성 장안현(長安縣) 서남쪽 진령 산중(山中)에서 발원하여 북쪽으로 서안 서북쪽까지 흘러 위수(渭水)로 들어간다.

를 맞아 상처를 입고 발을 절뚝거려 갈 수 없자, **《태평어람》에서는 '蹇'을 '寒'이라 하였다. 《법원주림》에 의거하여 고쳤다.** 유숙하게 되었다. 밤에 어떤 귀신이 와서 나무에게 물어보는 말이 들렸는데, 귀신이 "진나라 왕이 흉포하여 너를 베었는데, 어찌 무사할 수가 있었느냐?"라고 말하자, 나무가 "베려고 오면 즉시 바람과 비를 일으켜 물리쳤으니, 나를 어찌 하겠는가?"라고 했다. 귀신이 또 "진나라 왕이 만약 사람 3백 명으로 하여금 머리를 풀어헤치고 나무에 붉은 실을 둘러 너를 베게 한다면 무사할 수 있겠는가?"라고 하자, 나무는 묵묵부답이었다. **《태평어람》의 한 인용에서는 '나무는 태연하게 말이 없었다'라고 하였는데, 《법원주림》의 인용에서는 '淡'을 '寞'이라고 하였다.** 다음날 그 사람이 들은 사실을 아뢰니, 진나라 왕은 그의 말에 따라 나무를 베었다. **《태평어람》의 한 인용에서는 '병자가 진시황에게 아뢰자, 진시황이 그 말을 따라 나무를 베었다'라고 하였다. 《법원주림》의 인용에서는 '병자가 진왕에게 아뢰자, 진왕이 그 말을 따라 나무를 베었다'라고 하였다.** 나무가 잘리자 그 안에 있던 푸른 소가 놀라 도망쳤다. 그 소를 좇으니, 소는 풍수로 들어가 버렸다. **《북당서초》, 《법원주림》의 인용에서는 '모두 푸른 소 한 마리가 나와서 그 소를 맞이하니 강으로 걸어 들어갔다'라고 하였다. 《태평어람》의 한 인용에서는 '중앙에 푸른 소 한 마리가 나왔는데, 그 소를 좇으니 물속으로 들어갔다'라고 하였다. 여기서는 《사류부주》에 의거하여 고쳤다.** 진나라 왕이 이 때문에 모두기를 설치하였다. **《태평어람》권680·958. 《법원주림》권67. 《북당서초》권130. 《사류부주》권24.**

46. 姑獲鳥夜飛晝藏, 蓋鬼神類. 衣毛爲飛鳥, 脫毛爲女人. **二句《北戶錄》引, 在豫章男子句上.** 一名天帝少女, 一名夜行游女, **《御覽》引作名日帝少女, 一名夜游. 今依《北戶錄》引補.** 一名鉤星, **《御覽》一引作釣星.** 一名隱飛. 鳥無子, 喜取人子養之, 以爲子. 今時小兒之衣不欲夜露者, 爲此物愛以血點其衣爲誌, 即取小兒也. **今時至此已上, 《荊楚歲時記》注引作有小兒之家, 即以血點其衣爲誌. 《御覽》引作人養小兒, 不可露其衣, 此鳥度, 即取兒也. 《經史證類·本草》十九引作今時人小兒衣, 不欲夜露者, 爲此也. 今依《北戶錄》引補.** 故世人名爲鬼鳥, **《荊楚歲時記》注引有此句.** 荊州爲多. 昔豫章[44]男子, 見田中有六七女人, 不知是鳥, 匍匐往, 先得其毛衣, 取藏之, 即往就諸鳥. 諸鳥各去就毛衣, 衣之飛去. 一鳥獨不得去, 男子取以爲婦. 生三女. 其母後使女問父, 知衣在積稻下, 得之, 衣而飛去. 後以衣迎三女, 三女兒得衣亦飛去. 今謂之鬼車. **《御覽》八百八十三, 又九百二十七有末句. 又十三. 《北戶錄》一. 《水經注》三十五引云, 陽新男子于水次得之, 遂與共居, 生二女, 悉衣羽而去. 豫章間養兒不露其衣, 言是鳥落塵于兒衣中, 則令兒病. 故亦謂之夜飛游女矣. 朱翌猗《覺寮雜記》下引, 與《水經注》同.**

46. 고획조는 밤에 날아다니고 낮에 숨어드는데, 대개 귀신류이다. 털이 옷이 되면 새가 되고, 털이 빠지면 여자가 된다. **2구는 《북호록》에서 인용하였는데, '豫章男子' 구 위에 있다.** 일명 천제소녀, 일명 야행유녀, **《태평어람》의 인용에서는 '제소녀라고 이름하며 일명 야유라고 한다'라고 하였다. 여기서는 《북호록》의 인용에 의거하여 보충하였다.** 일명 구성, **《태평어람》의 한 인용에서는 '釣星'이라고 하였다.** 일명 은비라고 한다. 이 새에게는 자식이 없는데, 다른 사람의 자식을 데려와 길러서 자신의 자식으로 삼기를 좋아한다. 지금 어린아이의 옷을 밤에 노출시키기를 원치 않음은 이 새가 어린아이의 옷에 피를 찍고 그것을 표지로 삼아 아이를 데려가는 것을 좋아하기 때문이다. **'今時'에서 여기까지를 《형초세시기》주의 인용에서는 '어린아이가 있는 집이 있는데, 옷에 피를 찍어 그것을 표지로 삼는다'라고 하였다. 《태평어람》의 인용에서는 '사**

---

44 예장(豫章): 고대의 군명(郡名). 처음으로 한(漢) 고제(高帝) 초년(기원전 약 202년)에 강서(江西)가 건설된 후의 첫 번째 명칭이 예장군[豫章郡: 치소는 남창(南昌)]이다. 후에 동한과 삼국시기와 위진시기 및 남조시기의 예장군·예장국(豫章國)은 대체로 강서성 북부[길안(吉安) 북부] 지역의 지리 단위였다.

람들이 어린아이를 키우면서 그 옷을 노출할 수 없는 것은 이 새가 짐작하고 아이를 데려가기 때문이다'라고 하였다. 《경사증류·본초》권19의 인용에서는 '지금 사람들이 어린아이 옷을 밤에 노출시키기를 원하지 않음은 이 때문이다'라고 하였다. 여기서는 《북호록》의 인용에 의거해 보충하였다. 그래서 세상 사람들은 이 새를 귀조라고 하는데, 《형초세시기》주의 인용에서는 이 구가 있다. 형주에 많다. 옛날 예장의 한 남자가 밭에 있는 6-7명의 여자를 보았는데, 이 새인 줄 모른 채 포복하여 가 먼저 이 새의 털옷을 가져와 숨겨버리고 즉시 다른 여러 새들에게 갔다. 다른 여러 새들은 각기 털옷 있는 데에 가서 그것을 입고 날아가 버렸다. 그 남자는 날 수 없는 한 마리의 새를 아내로 삼아 세 딸을 낳았다. 그 어머니가 후에 딸을 시켜 아버지에게 물어보게 하였는데, 벼 쌓아 놓은 곳 아래에 옷이 있음을 알고 그것을 찾아 입고서 날아가 버렸다. 후에 옷으로 세 딸을 맞이하였으니, 세 딸은 옷을 얻은 후 역시 날아가 버렸다. 지금 그것을 귀거라고 한다. 《태평어람》권883. 또한 《태평어람》권927에는 끝구가 있다. 《태평어람》권13. 《북호록》권1. 《수경주》권35의 인용에서는 '양신의 한 남자가 물가에서 이 새를 얻어 함께 살면서 두 딸을 낳았는데, 모두 날개가 자라 날아가 버렸다. 예장 일대에서는 아이를 키우면서 아이 옷을 노출하지 않는 것은 이 새가 아이 옷에다 티끌을 떨어뜨리면 아이가 병이 들기 때문이라고 말한다. 그래서 또한 이 새를 아비유녀라고 한다'라고 하였다. 주익의의 《각료잡기》하에 인용하였는데, 《수경주》와 같다.

47. 狐五十歲能變化爲婦人. 百歲爲美女, 二句《初學記》二十九亦引, 首句作千歲之狐爲淫婦. 爲神巫; 三句《御覽》九百九亦引, 首句作五十歲之狐爲淫婦, 末句作又爲巫神. 或爲丈夫, 與女人交接; 能知千里外事, 善蠱魅, 使人迷惑失智. 千歲即與天通, 爲天狐. 《廣記》四百四十七.

47. 여우는 50세가 되면 부녀자로 변할 수 있다. 백 살이 되면 미인이 되고, **2구를 《초학기》권29에서도 인용하였는데, 첫째 구를 '천 년 묵은 여우가 음부가 되었다'라고 하였다.** 신무가 될 수 있다. **3구를 《태평어람》권909에서도 인용하였는데, 첫째 구를 '50세 여우가 음부가 되었다'라고 하였으며, 마지막 구를 '또 무신이 되었다'라고 하였다.** 혹은 남자가 되어 여인과 잠을 잘 수 있다. 그리고 천리 바깥의 일을 알 수 있으며, 사람을 홀리는 것을 잘하여 사람의 정신을 미혹케 하가나 이성을 잃어버리게 한다. 천 살이 되면 하늘과 통하게 되어 천호가 된다. **《태평광기》권447.**

48. 百歲鼠化爲神. **《御覽》九百十一.**

48. 백 살 된 쥐는 변하여 신이 된다. **《태평어람》권911.**

49. 百歲之鼠, 化爲蝙蝠. **《初學記》二十九. 《白帖》九十八. 《御覽》九百十一.**

49. 백 살 된 쥐는 변하여 박쥐가 된다. **《초학기》권29. 《백공육첩》권98. 《태평어람》권911.**

50. 百歲伏翼, 其色赤, 止則倒縣; 得而服之, 使人神仙. **二句依《水經注》三十七引補.** 千歲伏翼, 色白; 得食之, 壽萬歲. **《類聚》九十七. 《御覽》九百四十六.**

50. 백 살 된 박쥐는 그 색이 붉으며, 정지하면 거꾸로 매달려 있는데, 사람이 그것을 잡아서 먹으면 신선이 된다. **2구는 《수경주》권37의 인용에 의거해 보충하였다.** 천 살 된 박쥐는 흰색으로, 그것을 잡아서 먹으면 만 살까지 살 수 있다. **《예문유취》권97. 《태평어람》권946.**

51. 千歲之鶴, 隨時鳴. **敦煌石室所出唐寫本類書殘卷.**

51. 천 살 된 학은 수시로 운다. **돈황 석실에서 나온 당 필사본 유서 잔권.**

52. 千歲之燕, 戶北向. **《類聚》九十二. 《酉陽雜俎續》八 .**

52. 천 살이 된 제비는 집을 북향으로 짓는다. **《예문유취》권92. 《유양잡조속》권8.**

53. 千歲之黿, 能與人語. **《春秋左傳》文四年《正義》引《玄中要記》.**

53. 천 살 된 자라는 사람과 말을 할 수 있다. **《춘추좌전》문 4년 《정의》에서 《현중요기》를 인용하였다.**

54. 千歲之龜, 能與人語. **《初學記》三十.**

54. 천 살 된 거북이는 사람과 말을 할 수 있다. **《초학기》권30.**

55. 千歲蟾蜍, 頭生角; 得而食之, 壽千歲. **已上二句, 《玉燭寶典》五, 《廣韻》二十四鹽亦引.** 又能食山精. **《御覽》九百四十九.**

55. 천 살 된 두꺼비는 머리에 뿔이 생기며, 그것을 잡아서 먹으면 천 살까지 살 수 있다. **이상 2구는 《옥촉보전》권5, 《광운》권24 염에서도 인용하였다.** 또한 그것은 산의 정령精靈을 먹을 수 있다. **《태평어람》권949.**

56. 山精如人, 一足長三四尺, 食山蟹, 夜出晝藏, 人不能見, 夜聞其聲; 千歲蟾蜍食之. **《御覽》八百八十六. 《草堂詩箋》三.**

56. 산의 정령은 사람과 같은데, 발 하나의 길이가 3, 4척이며 산山 게를 먹는다. 밤에는 나오고 낮에는 숨어들어 사람들이 볼 수 없으며, 밤에 그 소리를 듣는다. 천 살 된 두꺼비가 그것을 먹는다. **《태평어람》권886. 《초당시전》권3.**

57. 蜮[45]長三四寸, 蟾蜍·鸑鷟·鴛鴦悉食之. **《廣韻》二十五德.**

57. 역은 길이가 3, 4촌으로, 두꺼비·봉황·원앙이 모두 그것을 먹는다. **《광운》권25 덕.**

58. 水狐者, 視其形蟲也, 其氣乃鬼也. 長三四寸, 其色黑, 廣寸許. 背上有甲, 厚三分許. 其頭有物, 向前如角狀. 見人則氣射人. 去二三步即射; 人中, 十人六七人死. **《御覽》九百五十. 《廣記》四百七十三題《感應經》引《玄中記》云, 蜮以氣射人, 去人三十步, 即射中其影; 中人, 死十六七. 《經史證類本草》二十二引云, 水狐, 蟲也, 長四寸, 其色黑, 背上有甲, 其口有角, 向前如弩, 以氣射人, 江淮間謂之短狐·射工, 通爲溪病, 此既其蟲, 故能相壓伏也.**

58. 물여우는 그 형체를 보면 벌레이고, 그 기를 보면 귀신이다. 길이는 3, 4촌이며, 그 색은 검고, 폭은 1촌 여가 된다. 등 위에 껍질이

---

45 역(蜮): 고대 중국 신화전설 속 사람을 해친다는 벌레. 단호(短狐)·수호(水狐)·수노(水弩)·사공(射工)이라고도 부른다. 게 형상이며 다리가 셋이다. 또한 모래를 뿌려 사람을 헤치는 함사사인(含沙射人) 동물도 있다.

있는데, 두께가 3푼分 여가 된다. 그 머리에 물체가 있는데, 뿔 모양과 같이 앞으로 향해 있다. 사람을 보면 그에게 기를 쏜다. 2, 3보 거리에서 쏘아, 사람이 맞으면 10명 중에서 6, 7명은 죽는다. **《태평어람》권950. 《태평광기》권473의 《감응경》에서 《현중기》를 인용하였는데, '물여우가 기로 사람을 쏘는데 30보 거리에 있는 사람의 그림자를 맞추며, 사람이 맞으면 10명 중에 6, 7명은 죽는다'라고 하였다. 《경사증류본초》권22의 인용에서는 '물여우는 벌레이다. 길이는 4촌이고 그 색은 검으며 등 위에 껍질이 있다. 그 입에 뿔이 나 있는데 쇠뇌처럼 앞을 향해 사람에게 기를 쏜다. 강회 일대에서는 그것을 단호·사공이라고 하는데, 통틀어 계병이라 한다. 이는 이미 그 벌레가 일으킨 병임을 아니, 함께 제압할 수 있다'라고 하였다.**

59. 越燕, 斑胸, 聲小; 胡燕, 紅襟, 聲大. **《丹鉛總錄》.**

59. 월연은 가슴이 얼룩얼룩하며 소리가 작다. 호연은 가슴이 붉으며 소리가 크다. **《단연총록》.**

60. 玉精爲白虎. 金精爲車馬. 銅精爲僮奴. **《御覽》八百十三引作奴婢.** 鉛精爲老婦. **《御覽》八百八十六. 《廣韻》二十三錫引云, 鉛錫之精爲婢. 《御覽》八百十二引作爲老婢, 又九百十二引作爲狐狸.**

60. 옥의 정령은 백호이다. 금의 정령은 거마이다. 동의 정령은 노비이다. **《태평어람》권813의 인용에서는 '奴婢'라고 하였다.** 연의 정령은 늙은 여자이다. **《태평어람》권886. 《광운》권23 석의 인용에서는 '연과 주석의 정령은 노비'라고 하였다. 《태평어람》권812의 인용에서는 '늙은 노비'라고 하였으며, 또 권912의 인용에서는 '여우'라고 하였다.**

61. 松脂淪入地中, 千歲爲茯苓[46], 伏神. **《初學記》二十八. 《類聚》八十八. 《廣韻》三鍾. 《御覽》九百五十三. 《事類賦注》二十四, 有末二字.**

61. 송진松津이 땅속으로 들어가 천 년이 지나면 복령이 되는데, 그곳에 신이 숨어 있다. **《초학기》권28. 《예문유취》권88. 《광운》권3 종. 《태평어람》권953. 《사류부주》권24에서는 끝 2자가 있다.**

62. 楓脂淪入地中, 千秋爲虎珀. **《御覽》八百八. 《酉陽雜俎》十一引云, 楓脂入地爲琥珀.**

62. 단풍나무 진津이 땅 속으로 들어가 천 년이 지나면 호박이 된다. **《태평어람》권808. 《유양잡조》권11의 인용에서는 '단풍나무 진이 땅 속으로 들어가 호박이 된다'라고 하였다.**

63. 珊瑚出大秦國[47]西海中, 生水中石上. 初生白, 一年黃, 三年赤, 四年蟲食敗. **《御覽》八百七.**

63. 산호는 대진국의 서해에서 나오는데, 수중의 돌 위에서 생긴다. 처음 생길 때는 흰색인데, 1년이 지나면 황색이 되고, 3년이 지나면 적색이 되며, 4년이 지나 벌레가 그것을 먹으면 죽게 된다. **《태평어**

---

46 복령(茯笭): 담자균류(擔子菌類)에 속하는 버섯의 일종. 소나무의 땅속뿌리에 기생하며, 겉은 흑갈색이고 주름이 많다. 말리면 희게 된다. 수종(水腫)·임질(淋疾) 등의 약재로 쓴다.

47 대진국(大秦國): 옛 나라 이름으로, 이헌국(犁軒國)·해서국(海西國)이라고도 한다. 고대 중국의 사서(史書)에서 로마제국을 대진이라 칭하였다. 395년 로마제국이 분열된 후에는 동로마제국을 대진이라 불렀다.

람》권807.

64. 金鋼出天竺[48]大秦國, 一名削玉刀. 削玉如鐵刀削木. 大者長尺許, 小者如稻米. 欲刻玉時, 當作大金鐶, 著手指間, 開其背如月, 以割玉刀內鐶中, 以刻玉. 《御覽》八百十三.

64. 금강은 천축과 대진국에서 나오는데, 일명 삭옥도라고 한다. 옥을 깎는 것이 마치 쇠로 된 칼로 나무를 깎는 것과 같다. 큰 것은 길이가 1척 여가 되며, 작은 것은 한 톨의 쌀과 같다. 옥을 깎을 때에 큰 금고리를 만들어 손가락 사이에 끼고 그 뒤는 달처럼 열어 옥을 자르는 칼을 그 고리 안에 넣어 옥을 깎는다. 《태평어람》권813.

65. 天竺大秦國出金指鐶. 《書鈔》一百三十六.

65. 천축과 대진국에서 금가락지가 나온다. 《북당서초》권136.

66. 馬瑙出大月氏. 《通典》一百九十二. 《類聚》八十四. 《御覽》八百八.

66. 마노는 대월저에서 나온다. 《통전》권192. 《예문유취》권84. 《태평어람》권808.

67. 車渠[49]出天竺國. 《類聚》八十四. 《御覽》八百八.

---

48 천축(天竺): 중국에서 이르는 인도(印度)의 고칭(古稱).

49 거거(車渠): '硨磲'라고도 한다. 판새류(瓣鰓類)에 속하는 큰 바다 조개로, 큰 것은 1미터가 넘고 무게는 3백 킬로그램이 넘으며, 갈면 백옥(白玉) 같은 광택이 난다. 여러

67. 거거는 천축국에서 나온다. **《예문유취》권84. 《태평어람》권808.**

68. 大秦國有五色頗黎[50], 紅色最貴. **《御覽》八百八.**

68. 대진국에는 다섯 색의 파려가 있는데, 붉은색이 가장 귀하다. **《태평어람》권808.**

69. 木難出大秦. **《御覽》八百九.**

69. 나무는 대진에서 나오기가 어렵다. **《태평어람》권809.**

70. 五肉七菜, 勝腌腥臊. **《書鈔》一百四十五.**

70. 다섯 가지 고기와 일곱 가지 채소가 절인 고기의 비린내를 없앨 수 있다. **《북당서초》권145.**

가지 장식품으로 쓴다. 거거(硨磲) 명칭은 한대부터 있었는데, 조개 표면이 한줄씩 방사형 모양이며, 그 형상이 고대의 마차 바퀴 흔적과 같아서 '車渠'라고 하였으며, 후대에는 그 단단함이 돌과 같아서 '車渠' 앞에 '石' 자를 넣어서 '硨磲'라고 하였다.

50 파려(頗黎): 파려(玻瓈) 즉 파리(玻璃)로, 유리(琉璃)를 가리킨다.

《현중기玄中記》〔일명《곽씨현중기郭氏玄中記》〕

진대晉代의 지괴소설. 서진西晉의 곽박郭璞: (276–324)이 찬하였다. 사지史志에는 저록되어 있지 않다.《태평어람·경사도서강목經史圖書綱目》과 <태평광기인용서목太平廣記引用書目>에 비로소 저록되어 있는데,《곽씨현중기》라고 하였다. 뒤의《숭문총목崇文總目》,《통지通志·예문략藝文略》지리류에는 1권으로 저록되어 있으며, 지은이가 적혀 있지 않다. 루쉰은《중국소설사략》에서 육조 사람이 곽박의 이름에 위탁僞託한 것이라고 하였으나, 증거가 부족하다.《산해경山海經》중의 '기굉국奇肱國'·'장부국丈夫國' 조의 곽주郭注는《현중기》에 실려 있는 것과 대체로 같다. 이는 이 책의 지은이가 곽박이 틀림없음을 증명하고 있다. 일문은 당송 유서 등에 흩어져 있다. 마국한의《옥함산방집일서》, 황석黃奭의《황씨일서고黃氏逸書考》, 섭덕휘葉德輝의《해원선생전서郋園先生全書》에서는 모두 1권으로 집록하였다. 묘반림茆泮林은 1권으로 집록하고 보유補遺 1권을 더하여《십종고일서十種古逸書》속에 넣었다. 루쉰이《고소설구침》에 71조를 집록하였는데, 이 집록본이 비교적 완벽하다. 그러나 여전히 빠진 것이 있는데, 이를테면 양신楊愼의《단연총록丹鉛總錄》권4에서 인용한 황제신黃帝臣 조 같은 것이다. 곽박은 자가 경순景純으로, 하동河東 문희聞喜(지금의 산서성山西省에 있음) 사람이다. 동진東晉의 저작좌랑著作佐郎·상서랑尙書郎의 관직을 지냈으며, 왕돈王敦 모역謀逆에 거역하여 피살당했다. 죽은 후에는 홍농태수弘農太守를 추서 받았다. 《이아주爾雅注》·《방언주方言注》·《산해경주山海經注》·《목천자전주穆天子傳注》 등이 세상에 전해지고 있으며, 더욱이 <유선시遊仙詩>는 중시받고 있다. 그의 사적은 《진서·곽박전郭璞傳》에 실려 있다. 이 책은 장화張華의 《박물지》와 같은 성격으로 박물체소설博物體小說에 속하여 그 범위가 비교적 넓다. '복희伏羲'·'여와女媧'·'형천刑天'·'전욱顓頊'·'종산신鍾山神' 등과 같은 신화·전설이 들어 있으나, 약간은 소략하고 산만한 느낌이 든다. 또한 이역기문異域奇聞으로 '장부민丈夫民'·'화민化民'·'기굉민奇肱民' 등의 이야기가 있으며, 산천풍물山川風物로는 옥초산沃焦山·염화산炎火山·'도도산桃都山' 등에 관한 이야기가 나온다. 책 중의 일부 정괴요이精怪妖異 이야기는 매우 아름다우며 감동적으로, 후대에 비교적 많은 영향을 끼쳤다. 이 책은 《박물지》에 비해 신선도가神仙道家에 관한 것이 비교적 적어 그 내용이 소박하며, 문장은 비교적 화려하다. 그래서 섭덕휘는 <집곽씨현중기서輯郭氏玄中記序>에서 "매우 희귀하고 아름다움이 《산해경》·《십주기十洲記》 등의 책들과 비슷하다(恢奇瑰麗, 倣佛《山海》·《十洲》諸書)."라고 하였다.

7. 《이림異林》〔일명 《육씨이림陸氏異林》〕

1. 鍾繇[1]嘗數月不朝會, 意性異常. 或問其故, 云: "常有好婦來, 美麗非凡." 問者曰: "必是鬼物, 可殺之." 婦人後往, 不即前, 止戶外. 繇問何以, 曰: "公有相殺意." 繇曰: "無此." 乃勤勤呼之; 乃入. 繇意恨恨, 有不忍之心, 然猶斫之傷髀. **《御覽》一引作脚.** 婦人即出, 以新綿拭血, 竟路. 明日, 使人尋迹之, 至一大冢, 木中有好婦人, 形體如生人, 著白練衫, **《御覽》一引作衣青絹衫.** 丹繡兩當[2], 傷左髀, **《御覽》一引作傷一脚.** 以兩當中綿拭血. 叔父清河太守[3]說如此. **《魏志·鍾繇傳》注. 《御覽》八百十九, 又八百八十七. 裴氏松之曰: 清河陸雲也.**

1. 종요가 일찍이 수개월 동안 조회에 나오지 않았으며, 심리상태가 이상하였다. 어떤 사람이 그 이유를 묻자, 종요가 "자주 미모의 부인이 나타나는데, 아름답고 비범합니다."라고 하였다. 그 물은 사람이 "반드시 귀물이니 죽여 버리십시오."라고 하였다. 부인은 뒤에 갔으나, 즉시 앞으로 나아가지 않고 문 바깥에 멈춰 서 있었다. 종요가 무엇 때문인지 묻자, 부인이 "공께서는 살의를 품고 계십니다."라고 하였다. 종요가 "그런 일 없습니다."라고 하면서 그녀를 거듭 부르자,

---

1 종요(鍾繇): 151년-230년. 자는 원상(元常)이며, 영천(潁川) 장사[長社: 지금의 하남성(河南省) 장갈(長葛) 동쪽] 사람이다. 위(魏)의 대신으로 동한(東漢) 말에 황문시랑을 지냈다. 조조가 집정한 뒤 시중수사례교위(侍中守司隸校尉)에 임명되어 부절(符節)을 지니고 관중(關中)의 여러 군사(軍事)를 감독하였다. 조조가 위왕(魏王)이 된 뒤에 위 상국(相國)에 임명되었고, 조비가 한을 대신하여 칭제(稱帝)한 뒤에는 정위(廷尉)를 지내다가 태위가 되었다. 위 명제 때에는 태부가 되어 화흠(華歆)·왕랑(王朗) 등과 함께 위의 중신(重臣)이 되었다.

2 양당(兩當): '裲襠'이라고도 하는데, 오늘날의 조끼와 유사하다.

3 청하태수(淸河太守): 청하의 치소는 청양(淸陽), 즉 지금의 하북성(河北省) 청하(淸河) 서남쪽이었다. 청하태수는 육기(陸機)의 동생 육운(陸雲)을 가리키는데, 작자가 그를 숙부라고 하였으니 《이림》의 작자 육씨(陸氏)는 육기의 아들이 된다.

비로소 그녀가 들어왔다. 종요는 원망스럽고 참을 수 없어 칼로 베어 넓적다리에 상처를 입혔다. **《태평어람》의 한 인용에서는 '脚'이라 하였다.** 부인은 즉시 도망쳐 나가 새 솜으로 피를 닦으며 길 끝까지 갔다. 다음날 사람을 시켜 피의 흔적을 따라 그녀를 찾도록 하였는데, 큰 무덤에 이르러 보니 관 안에 미모의 부인이 있었으며, 형체가 마치 산 사람과 같았으며 흰 명주 저고리와 **《태평어람》의 한 인용에서는 '푸른 명주 저고리를 입고 있었다'라고 하였다.** 붉은 비단 조끼를 입고 있었다. 왼쪽 넓적다리에 상처가 있었는데, **《태평어람》의 한 인용에서는 '발 하나에 상처가 있었다'라고 하였다.** 조끼 안의 솜으로 피를 닦았다. 숙부이신 청하태수께서 이렇게 말씀하셨다. **《위지·종요전》주. 《태평어람》권819·887. 배송지는 '청하태수는 육운이다'라고 하였다.**

《이림異林》〔일명《육씨이림陸氏異林》〕

진대晉代의 지괴소설. 육씨陸氏가 찬하였다. 이 책은 사지史志에 저록되어 있지 않다.《삼국지·종요전鍾繇傳》에 1조가 인용되어 있는데, 이 이야기는《태평어람太平御覽》권819와 권887에도 인용되어 있다. 청 문정식文廷式이《보진서예문지補晉書藝文志》소설가류에 이 책을 저록하였다. 루쉰도 이 이야기를《고소설구침》에 집록하여 넣었는데, 그 일문 마지막에 "숙부 청하 태수가 이와 같이 말씀하셨다(叔父淸河太守說如此)."라는 말이 있는데, 루쉰은 그 주에서 배송지주의 "청하는 육운이다(淸河, 陸雲也)."라는 말을 인용하였다. 이로부터 작자는 육운의 조카인 육기陸機의 아들임을 알 수 있다. 사서史書에는 육기의 두 아들 이름을 '울蔚'과 '하夏'로 기재되어 있는데, 마땅히 그 중의 하나일 것이다. 또한 육씨 형제 및 두 아들은 진晉 혜제惠帝 태안太安 2년(303)에 사마영司馬穎에게 살해당했으니, 이 책은 응당 서진西晉 때에 이루어졌다. 일문은 사람과 귀신의 사랑 이야기를 기술하였다. 이 이야기는 후에《수신기搜神記》·《유명록》등의 책에 채용되기도 하였으니, 그 영향력을 짐작할 수 있다.

8. 《조비지괴曹毗志怪》

1. 漢武[1]鑿昆明池[2], 極深, 悉是 **二字《詩箋》一作見.** 灰墨, 無復土. 擧朝不解, 以問東方朔[3]. 朔曰: "臣愚, 不足以知之, 可試問西域[4]胡人." 帝以朔不知, 難以移問. 至後漢明帝[5]時, 外國道 **《詩箋》一作胡.** 人入來洛陽[6], 時有憶方朔言者, 乃試以武帝時灰墨問之. 胡人云: "天地大劫將盡, 則劫燒; **《詩箋》並作灰, 下燒字同.** 此劫燒之餘." 乃知朔言有旨. **《初學記》七. 《草堂詩箋》二十六, 又三十八有末六字, 乃作方, 旨作驗.**

1. 한 무제가 곤명지를 파니, 지극히 깊었으며 모두가 **2자는 《초당시**

---

1 한무(漢武): 한 무제 유철(劉徹). 기원전 156년-기원전 87년. 기원전 140년부터 기원전 87년까지 재위하였다. 서한의 6번째 황제. 그는 유교를 국가 통치의 근간으로 삼고 제도를 정비했으며 자주 대외정벌을 하여 한나라의 영토를 크게 넓혔다. 그러나 말년에는 잦은 대외원정과 지나친 세금부과 등 여러 가지 모순으로 인해 제국의 토대가 많이 흐트러졌다.

2 곤명지(昆明池): '곤지(昆池)'라고도 함. 한대(漢代)의 인공 호수로, 지금의 섬서성 서안시 교외의 풍수(灃水)와 휼수(潏水) 사이에 있었다. 무제가 사신을 신독국[身毒國: 천축국(天竺國)]에 파견하였는데 서남(西南)의 곤명족(昆明族)에게 저지당하자, 원수(元狩) 3년(기원전 120년)에 곤명의 전지(滇池)를 모방하여 이 호수를 파고 수군을 훈련시켜 정벌에 나섰다고 한다. 이 호수는 나중에 물이 말랐는데 송대(宋代) 이후에는 웅덩이로 변했다고 한다.

3 동방삭(東方朔): 기원전 약154년—기원전 93년? 자는 만천(曼倩), 평원(平原) 염차[厭次: 지금의 산동성 혜민현(惠民縣)] 사람이다. 서한시기의 저명한 문학가. 한 무제 때의 인물로 금마문시중(金馬門侍中)의 벼슬을 하였고 해학과 문장에 뛰어났으며 한 무제에게도 우언을 통한 직간(直諫)을 자주 하여 그 실력을 인정받았다. 한 무제의 여러 가지 사적이 신화화되어 고대소설에 자주 인용되듯이 해학(諧謔)과 변설(辯舌)에 뛰어났던 동방삭 역시 신화적 인물로 미화되었다.

4 서역(西域): 중앙아시아 및 인도 지역을 일컫는다.

5 명제(明帝): 유장(劉莊). 28년-75년. 자는 자려(子丽). 동한의 2번째 황제로 58년부터 75년까지 재위하였다.

6 낙양(洛陽): 동한의 도성(都城). 사례주(司隷州) 하남윤(河南尹)에 속한다. 성터는 원래 지금의 하남성(河南省) 낙양 동북쪽에 있었다.

전》의 한 곳에서는 '見'이라고 하였다. 재로 더 이상 흙은 없었다. 조정의 모든 사람들이 그것에 대해 이해하지 못하자 동방삭에게 물어보았다. 동방삭이 "신은 우매하여 그것에 대해 알 수 없으니, 서역의 오랑캐에게 물어보십시오."라고 하였다. 무제는 동방삭이 알지 못하자 다른 사람에게 묻기가 어려웠다. 후한 명제 때에 이르러, 외국 도 《초당시전》의 한 곳에서는 '胡'라고 하였다. 인이 낙양으로 들어오니, 당시 동방삭의 말이 생각나 곧 무제 때의 재에 대해 물어보았다. 호인이 "천지의 대재난이 장차 다할 것인데, 그 재난으로 천지가 불에 탔습니다. 《초당시전》에서는 모두 '灰'라고 하였는데, 아래의 '燒' 자는 같다. 이것은 재난으로 불에 탄 후에 남은 것입니다."라고 하였다. 비로소 동방삭의 말에 의미가 있음을 알았다. 《초학기》권7. 《초당시전》권26·38에는 끝 6자가 있는데, '乃'를 '方'으로, '旨'를 '驗'으로 하였다.

《조비지괴曹毗志怪》

진대晉代의 지괴소설. 조비曹毗가 찬하였다. 조비는 진晉 성제成帝·강제康帝 때 사람으로, 자가 보좌輔佐이며, 초국(譙國: 지금의 안휘성安徽省 박현亳縣) 사람이다. 좌저작랑佐著作郎·태학박사太學博士·상서랑尙書郎·진군대장군종사중랑鎭軍大將軍從事中郎·하비내사下邳內史 등의 여러 관직을 역임하였는데, 광록훈光祿勛을 마지막으로 역임하였다. 그의 사적은《진서·조비전曹毗傳》에 보인다. 이 책은 사지史志에 저록되어 있지 않으며, 원서는 이미 일실되었다. 종병宗炳의《명불기明佛記》,《초학기初學記》권7,《태평어람》권67,《초당시전草堂詩箋》권26에 모두 같은 일문 1조를 인용하고 있다. 청 장종원章宗源의《수서경적지고증隋書經籍志考證》·문정식의《보진서예문지》에서는 이 책을 각각 잡전류와 소설가류에 넣었다. 루쉰도 이 이야기를《고소설구침》에 집록하여 넣었다. 이 이야기는 원래《삼보황도三輔皇圖》권4에서 인용한《관보고어關輔古語》에 실려 있으며, 현존본《수신기》권13,《고승전高僧傳》권1 <축법란전竺法蘭傳>에도 실려 있다. 이로부터 이 이야기는 육조 시기 동방삭 유類의 명인 일화와 불교 이야기의 융합임을 알 수 있다.

9.《집이기集異記》〔일명《곽계산집이기郭季産集異記》〕

1. 兗州[1]人船行, 忽見水上有浮鎖, 牽取得數許丈, 乃得一白牛. 與常牛無異, 而形甚光鮮可愛. 知是神物, 乃放之. 牛於是入水, 鎖亦隨去. **《御覽》九百.**

1. 연주의 어떤 사람이 배를 타고 가면서, 갑자기 물 위에 떠 있는 쇠사슬이 보여 그것을 끌어당겨 보니 수십 여 척尺이나 되었는데, 곧 거기에 매어져 있는 한 마리의 흰 소를 얻게 되었다. 이 소는 일반 소와 다름이 없었으나, 형체가 몹시 빛이 나고 아름다웠으며 귀여웠다. 그는 이 소가 신물임을 알고 바로 놓아주었다. 그러자 이 소는 물속으로 들어갔는데, 쇠사슬 또한 따라 갔다. **《태평어람》권900.**

2. 吳郡[2] **二字《類聚》引有.** 吳泰能筮. 會稽盧氏 **《書鈔》引作有人.** 失博山[3]香爐, 使泰筮之. 泰曰: "此物質雖爲金, 其象實山; 有樹非林, 有孔非泉; 閶闔興風, 時發青烟: 乃香爐也." 語其主處, 求即得之矣. **《書鈔》一百三十五. 《類聚》七十. 《御覽》七百三.**

2. 오군 **2자는《예문유취》의 인용에 있다.** 의 오태는 점을 칠 수 있었다. 회

---

1 연주(兗州): 동한의 주명(州名). 8개 군(郡)·국(國)과 80개 현(縣)을 관할하였다. 치소는 창읍현(昌邑縣)이며, 지금의 산동성 금향(金鄕) 서북쪽에 있었다. 관할구역은 지금의 산동성 서남쪽 및 하남성(河南省) 동부에 해당한다.

2 오군(吳郡): 군명. 양주(揚州)에 속하며, 13개 현을 관할하였다. 치소는 오현(吳縣)이며, 지금의 강소성 소주에 위치해 있었다.

3 박산(博山): 박산로(博山爐)의 약칭. 박산로는 옛 향로(香爐) 이름으로, 뚜껑 위의 조형이 마치 전설 중의 바다속 명산(名山)인 박산(博山)과 비슷해서 붙여진 이름이다. 일설에는 화산(華山)과 비슷한데, 진(秦) 소왕(昭王)이 이곳에서 천신(天神)과 도박[博]을 했다고 해서 그 이름[博山]이 붙여졌다고 했다. 후에 박산로는 유명하고 귀한 향로의 대명사가 되었다.

계의 노씨《북당서초》의 인용에서는 '어떤 사람'이라고 하였다. 가 박산향로를 잃어버리고 오태에게 점을 쳐보도록 했다. 오태가 "이 물건의 바탕은 비록 금으로 되어 있으나, 그 모양은 실제의 산과 같습니다. 나무는 있으나 숲을 이루지 못하고, 구멍은 있으나 샘이 되지 못합니다. 천상天上의 문에 바람이 일면 수시로 푸른 연기를 발하니, 이것은 바로 향로입니다."라고 하였다. 오태가 그것이 있는 곳을 말하자, 그곳에서 그것을 찾을 수가 있었다. 《북당서초》권135. 《예문유취》권70. 《태평어람》권703.

3. 陽平[4]宋謹, 善解夢. 有孫氏求官, 睡得夢, 雙鳳集其兩拳. 以問謹. 謹曰: "鳳皇非梧桐不棲, 非竹實不食. 卿當大凶, 非苴杖[5]即削杖[6]也." 後孫氏果遭母喪. 《御覽》四百. 《廣記》二百七十六.

3. 양평의 송근은 해몽을 잘했다. 벼슬을 바라는 손씨가 있었는데, 그는 봉황 한 쌍이 자신의 양손에 들어오는 꿈을 꾸었다. 그래서 그는 송근에게 그 꿈에 대해 물었다. 송근이 "봉황은 오동나무가 아니면 깃들지 않고 대나무 열매가 아니면 먹지 않습니다. 당신은 친상親喪을 당할 것인데, 저장이 아니라 삭장을 짚을 것입니다."라고 하였다. 후에 손씨는 과연 모친상을 당했다. 《태평어람》권400. 《태평광기》권276.

4. 張天錫在涼州[7], 夢一綠色狗, 形甚長, 從地東南來, 欲齧張, 張牀上避

---

4 양평(陽平): 관문명(關門名)으로, 양평관(陽平關)을 가리킨다. 양안구(陽安口)라고도 한다. 익주(益州) 한중군(漢中郡) 면양현(沔陽縣)에 속한다. 위치는 지금의 섬서성 면현(勉縣) 서쪽 노성향(老城鄕)이었다.

5 저장(苴杖): 부친상을 당했을 때 상주(喪主)가 짚는 대나무 지팡이.

6 삭장(削杖): 모친상을 당했을 때 상주가 짚는 오동나무 지팡이.

7 양주(涼州): 동한의 주명. 12개 군·국과 98개 현을 관할하였다. 치소는 농현(隴縣)이며, 지금의 감숙성(甘肅省) 장가천(張家川) 회족(回族) 자치현(自治縣)에 있었다. 삼국시

之, 乃墮地. 後苻堅[8]遣苟長 《廣記》引作萇. 往破張, 著綠地錦袍, 從東南門入, 皆如夢焉. 並同上.

4. 장천석이 양주에 있을 때 꿈을 꾸었는데, 몸이 대단히 큰 푸른 색 개 한 마리가 동남쪽으로부터 와서 장천석을 물려고 하자 장천석은 침상 위로 피했다가 곧 바닥으로 떨어졌다. 후에 부견이 구장 《태평광기》의 인용에서는 '萇'이라 하였다. 을 파견하여 장천석을 물리치게 하였는데, 구장은 푸른 색 비단 도포를 입고 동남쪽 문으로 들어왔으니, 모두 꿈과 같았다. 《태평어람》권400. 《태평광기》권276.

5. 宋中山[9]劉玄, 居越城. 三字《廣記》引有. 日暮, 忽見一人著烏袴褶來, 取火照之, 面首無七孔, 面莽儻然. 乃請師筮之. 師曰: "此是君家先世物, 久則爲魅, 殺人; 及其未有眼目, 可早除之!" 已上十二字依《廣記》引補. 劉因執

대 조위(曹魏)가 치소를 고장현(姑臧縣)으로 옮겼는데, 지금의 감숙성 무위현(武威縣)이다. 관할구역은 지금의 감숙성·영하(寧夏) 회족자치구와 청해성(青海省) 황수(湟水) 유역 및 섬서성 서부에 해당한다. 그리고 전량(前涼)과 후량(後涼)의 수도였다.

8 부견(苻堅): 338년-385년. 자는 영고(永固)이며, 문옥(文玉)이라는 이름도 있다. 약양군(略陽郡) 임위현[臨渭縣: 지금의 감숙성 진안현(秦安縣)] 사람이다. 저족(氐族)이며, 부웅(苻雄)의 아들이다. 부건(苻健) 때에 동해왕(東海王)에 봉해졌다. 진(晉) 목제(穆帝) 승평(升平) 원년(375)에 부생(苻生)을 살해하고 스스로 대진(大秦) 천왕(天王)이 되었다. 그는 전후 출병하여 전연(前燕)·전량(前涼)을 멸하고, 동진의 한중(漢中)·익주(益州)를 점령하였으며, 아울러 서역의 여러 나라 및 토곡혼(吐谷渾)·남중(南中) 등을 항복시켜 북중국을 통일하였다. 진(晉) 효무제(孝武帝) 태원(太元) 8년(383)에 그는 대군을 이끌고 동진을 진공하여 비수(淝水)에서 결전하였으나, 사안(謝安)이 통솔하는 진병(晉兵)에게 패하여 관중(關中)으로 물러났다. 이로부터 전진(前秦)은 붕괴되었다. 태원 10년 후진(後秦)의 왕 요장(姚萇)에게 잡혀 살해당했다. 시호(諡號)는 선소황제(宣昭皇帝)이며, 묘호(廟號)는 세조(世祖)이다. 《진서(晉書)》 113·114권 <재기(載記)>에 그에 대한 기록이 있다.

9 중산(中山): 왕국명(王國名). 기주(冀州)에 속하며, 13개 현을 관할하였다. 치소인 노노현(盧奴縣)은 지금의 하북성(河北省) 정현(定縣)에 위치해 있었다.

縛, 刀斫數下, 變爲一枕. 乃是其先祖時枕也. **《御覽》七百七. 《廣記》三百六十八.**

5. 송나라 때 중산의 유현은 월성에서 살았다. **3자는 《태평광기》의 인용에 있다.** 어느 날 날이 저물었을 때 갑자기 검정색 기마복을 입은 한 사람이 나타났는데, 불로 비춰보니 얼굴에 일곱 개의 구멍이 없어서, 얼굴이 휑하게 넓었다. 그래서 유현이 도사를 청하여 점을 치게 했다. 도사가 "이는 집안의 선대先代 물건으로 오래되어 요괴가 되었습니다. 사람을 죽일 수도 있으니 눈이 생기기 전에 그것을 빨리 없애야 합니다." **이상 12자는 《태평광기》의 인용에 의거하여 보충하였다.** 그러자 유현이 요괴를 잡아 묶고 칼로 여러 번 내리치자, 요괴가 베개로 변했다. 그것은 곧 유현의 선조 때 베개였다. **《태평어람》707. 《태평광기》368.**

6. 廣平游先期妄見一人, **《廣記》引作廣平游先朝喪其妻, 見一人.** 著赤袴褶, 知是魅, 乃以刀斫之, 乃死. 良久方變, 是所常著屐也. **《御覽》六百九十八. 《廣記》三百六十八.**

6. 광평의 유선기는 망령되이 한 사람을 보았는데, **《태평광기》의 인용에서는 '광평의 유선기는 아내가 죽자 한 사람을 보았다'라고 하였다.** 붉은 색 기마복을 입고 있었다. 유선기는 그가 요괴임을 알고 칼로 베니, 곧 죽어버렸다. 그것은 한참 후에 비로소 변하였는데, 항상 신고 다니던 신발이었다. **《태평어람》698. 《태평광기》368.**

7. 丹陽[10]張承先家, 有鬼, 長爲其主取物. 會有客須蓴二斗, 鱧魚二十

---

10 단양(丹陽): 군명. 단양(丹楊)이라고도 한다. 양주(揚州)에 속하며, 16개 현을 관할하였다. 치소는 완릉(宛陵)이며, 지금의 안휘성(安徽省) 선성(宣城)에 위치해 있었다.

頭; 鬼將一小兒, 持籃至驃騎街十字路, 令小兒睡; 覺, 看籃中, 已有蓴鱧. **《御覽》七百六十四, 又九百八十.**

7. 단양의 장승선 집에 귀신이 있었는데, 그 귀신은 늘 그 주인을 위해 물건을 가져왔다. 마침 어떤 손님이 순채蓴菜 2말과 가물치 20마리가 필요하였는데, 그 귀신이 한 아이를 데리고 바구니를 지닌 채 표기가 네거리에 이르러 그 아이를 재웠다. 그 아이가 잠에서 깨어나 바구니 안을 보니, 그 안에는 이미 순채와 가물치가 있었다. **《태평어람》764, 980.**

8. 丹陽張承先家, 有一鬼, 爲張偷得一箭筒; 語之, 愼勿至新亭射, 此三井陶家物. 張以借佗, 鬼罵, 欲燒物. **《御覽》引作屋.** 張馳取還, 乃止. **《書鈔》一百二十六. 《御覽》三百五十.**

8. 단양의 장승선 집에 귀신 하나가 있었는데, 장승선을 위해 화살통 하나를 훔쳐와 그에게 절대로 신정에 이르러 쏘지 말 것이며, 이것은 삼정의 도씨 집안 물건이라고 하였다. 장승선이 그것을 빌리려 하자, 귀신이 욕하면서 그것을 불에 태우려고 하였다. **《태평어람》의 인용에서는 '屋'이라 하였다.** 장승선이 달려가 그것을 잡고 돌려주자, 곧 멈추었다. **《북당서초》126. 《태평어람》350.**

9. 劉登往經墳冢邊, 曰我偶□餅. 徐即爲辦置林間, 有十餘鬼, 皆焦頭, 來摸餅. **《書鈔》一百四十四.**

9. 유등이 무덤가를 지나가면서 나는 우연히 떡을 □이라고 하였

다. 천천히 그것을 수풀 사이에 두었는데, 모두 머리를 불에 그슬린 열 남짓의 귀신이 와서 떡을 만졌다. **《북당서초》144.**

10. 廣陵[11]士甲, 市得一宅, 但聞中有捶鈴聲, 晝輒止. 後遂見其真形, 乃是其故人. 問曰: "何以常捶鈴?" 答曰: "我典使君藥物, 故夜持時耳." 問曰: "晝日何以不持時?" 曰: "白日是使道之夜." 因別而去. **《御覽》三百三十八.**

10. 광릉의 선비 갑이 집을 샀으나, 그 집 안에서 방울 치는 소리가 들리다가 낮이 되면 갑자기 멈췄다. 후에 드디어 그것의 진짜 모습을 보았는데, 바로 그의 친구였다. "어찌하여 늘 방울을 치는가?"라고 묻자, "나는 그대의 약물 먹는 일을 맡고 있어서 밤에 약 먹는 시간을 알려주었을 뿐이네."라고 대답하였다. "낮에는 어찌하여 시간을 알려주지 않는가?"라고 묻자, "낮은 도를 사용하는 밤이네."라고 하였다. 그러면서 이별하고 가버렸다. **《태평어람》338.**

11. 會稽[12]照誕入海採菜, 於山上暴之. 夜, 忽見群鬼張目切齒, 欲來擊誕; 誕奮刀砍之, 見鬼悉披靡, 乃就誕乞少紫菜; 誕不爲與. **《御覽》九百八十.**

11. 회계의 조탄은 바다에 들어가 나물을 캐다가 산 위에 말렸다. 밤이 되자, 갑자기 눈을 부릅뜨고 이를 갈고 있는 뭍 귀신들이 보였

11 광릉(廣陵): 군명. 서주(徐州)에 속하며, 11개 현을 관할하였다. 치소는 광릉현이며, 지금의 강소성(江蘇省) 양주(揚州) 북쪽에 위치해 있었다.

12 회계(會稽): 군명. 양주에 속하며, 14개 현을 관할하였다. 치소는 산음(山陰)이며, 지금의 절강성 소흥(紹興)에 있었다.

는데, 조탄을 공격하려고 하였다. 조탄이 분연히 칼로 그 귀신들을 베려고 하자 그들은 모두 굴복하였다. 이에 그들은 조탄에게 가 약간의 김을 요구하였으나, 조탄은 주지 않았다. **《태평어람》**980.

《집이기集異記》〔일명 《곽계산집이기郭季産集異記》〕

남조의 지괴소설. 송의 곽계산郭季産이 찬하였다. 이 책은 사지史志에 저록되어 있지 않다. 《태평어람》의 인용서 서목에 곽계산의 《집이기》가 있다. 당송 유서에 일문을 인용하고 있는데, 어떤 것은 지은이가 적혀 있지 않으며, 어떤 것은 곽계산이 찬하였다고 적혀 있다. 곽계산의 사적에 대해서는 자세하게 알 수 없다. 《수서·경적지》 고사류古史類에는 《속진기續晉記》 5권이 저록되어 있는데, "송 신흥 태수 곽계산이 찬하였다(宋新興太守郭季産撰)."라고 적혀 있다. 또한 《송서》·《남사》의 <채흥종전蔡興宗傳>에는 "옛 관리 곽계산(故吏郭季産)"이라는 말이 나온다. 이 사실들로부터 그가 유송劉宋 시기에 관직에 올랐음을 알 수 있다. 루쉰의 《고소설구침》에 11조가 집록되어 있는데, 그 중 《북당서초北堂書鈔》·《예문유취藝文類聚》·《태평어람》에 인용된 것은 모두 수록하였으나, 오로지 《태평광기》에 인용된 것은 당 설용약薛用弱의 《집이기》와 헷갈렸다. 루쉰의 집록은 매우 신중하였으나, 이처럼 빠진 것도 있었다. 현존하는 일문들은 귀괴鬼怪와 점술占術 두 가지 유형으로 나누어지는데, 그 중에서 귀괴 이야기가 비교적 볼 만하다. 이 책에 실려 있는 이야기들은 편폭이 짧아

백 자가 넘지 않지만, 대부분 구조가 완벽하고 수미首尾가 잘 갖추어져 있다. 그리고 그 언어는 간략하고 세련되었으며 막힘이 없다.

10. 《신이기神異記》〔일명 《왕부신이기王浮神異記》〕

1. 晉冶氏女徒病, 棄之. 舞嚚之馬僮, 飮馬而見之. 病徒曰: "吾良夢." 馬僮曰: "汝奚夢乎?" 曰: "吾夢乘水如河[1]汾[2]三." 馬當以舞僮告, 舞嚚自往視之, 曰: "尚可活. 吾買汝." 答曰: "棄之矣. 猶未死乎?" 舞嚚曰: "未死." 遂買之. 至舞嚚氏而疾有閒, 而生荀林父. **《御覽》六百四十二引璅語, 語末注云, 《神異記》又載之.**

1. 진나라 야씨는 그의 여자 하인이 병이 나자, 그녀를 버렸다. 무효의 마부가 말에게 물을 먹이면서 그녀를 보았다. 병든 하인이 "나는 좋은 꿈을 꾸었습니다."라고 하니, 마부가 "무슨 꿈을 꾸었소?"라고 하자, 하인이 "나는 물을 타고 황하黃河와 분하汾河에 세 번 간 꿈을 꾸었습니다."라고 했다. 마부가 그 일을 무효에게 알리자 무효가 친히 가서 그녀를 보고 "아직 살아날 수 있다. 내가 너를 사겠다."라고 하였다. 그녀가 "버렸는데, 죽지 않을 수 있는지요?"라고 대답하니, 무효가 "죽지 않는다."라고 하면서 드디어 그녀를 샀다. 그녀는 무효의 집에 이르러 병이 나았으며, 순림보를 낳았다. **《태평어람》권642에서 《소어》를 인용하였는데, 끝의 주에서 '《신이기》에 또한 실려 있다'라고 하였다.**

2. 陳敏, 孫皓[3]之世爲江夏[4]太守, 自建業[5]赴職, 聞宮亭[6]廟驗, **言靈驗.** 過

---

1 하(河): 황하를 가리킨다.

2 분(汾): 수명(水名). 즉 분하를 가리킨다. 분하는 산서성(山西省) 영무현(寧武縣) 관잠산(管涔山)에서 발원하여 하진현(河津縣) 서쪽에 이르러 황하로 들어간다.

3 손호(孫皓): 삼국시기 오(吳)의 마지막 황제로, 264년부터 280년까지 재위하였다. 《배자어림》 주 참조.

4 강하(江夏): 군명(郡名). 치소는 지금의 호북성 안육(安陸)에 있었다.

5 건업(建業): 오나라의 도성. 지금의 강소성(江蘇省) 남경(南京).

乞在任安穩, 當上銀杖一枚. 年限既滿, 作杖擬以還廟. 撫捶鐵以爲幹, 以銀塗之. 尋徵爲散騎常侍[7], 往宮亭, 送杖於廟中訖即進路. 日晩, 降神巫[8]宣教曰: "陳敏許我銀杖, 今以塗杖見與, 便投水中, 當送以還之. 欺蔑之罪, 不可容也." 於是取杖看之, 剖視, 中見鐵幹, 乃置之湖中. 杖浮在水上, 其疾如飛; 遙到敏舫前, 敏舟遂覆也. **《御覽》七百十.**

2. 진민은 말제末帝 손호가 재위할 때에 강하태수가 되어, 건업으로부터 부임하러 가면서 궁정묘가 영험하다는 것을 듣고, **'驗'은 영험함을 말한다.** 지나는 길에 잠깐 들러 재임 시에 편안함을 빌며 은지팡이 하나를 올리기로 하였다. 임기가 이미 만료되자 은지팡이를 만들어 궁정묘에 갚으려고 하였다. 연마시킨 철을 가지고 지팡이의 몸체를 만들고 바깥은 은으로 칠하였다. 그는 황제로부터 산기상시의 관직에 임용되어 궁정묘에 가 지팡이를 그곳에 주고 난 뒤에 즉시 길을 나섰다. 날이 저물자, 신무가 강림하여 "진민이 나에게 은지팡이를 주기로 하고, 지금 은 칠한 지팡이를 주면서 물속에 던지며 마땅히 주는 것인데 갚는다고 하였다. 속이고 멸시한 죄를 용서할 수 없다." 라고 했다. 이에 지팡이를 취하여 그것을 갈라서 보니, 그 속에 철로 된 몸체가 드러났다. 곧 그것을 호수 중에 두었다. 그 지팡이가 물 위에 떠서 나는 듯이 빠르게 멀리 진민의 배 앞에 이르자, 진민의 배가 드디어 뒤집어졌다. **《태평어람》710.**

---

6 궁정(宮亭): 호수 이름. 즉 파양호(鄱陽湖)의 남쪽 호수로, 강서성(江西省) 북부에 있다.

7 산기상시(散騎常侍): 삼국시대에 설치하였는데, 상주문(上奏文)·표문(表文)·조서(詔書) 등을 관리하였고, 천자가 출입할 때 시중을 들었다. 시중(侍中)·황문시랑과 함께 상서(尙書)의 주청(奏請)하는 일을 처리하였다. 관위(官位)는 대략 시중의 다음이다. 그러나 후에 관직이 더해졌다. 제3품.

8 신무(神巫): 신을 대신하여 명을 전달하는 사람.

3. 餘姚[9]人虞洪, 入山采茗, 遇一道士, 牽三青牛, 引洪至瀑布山, **已上六字, 《廣記》引作飲瀑布水.** 曰: "吾丹丘子也. 聞子善具飲, 常思見惠. 山中有大茗, 可以相給, 祈子他日有甌蟻[10]之餘, 不相遺[11]也." 因立奠祀. **《廣記》引作茶祠.** 後令家人入山, 獲大茗焉. **《茶經》. 《御覽》八百六十七. 《寰宇記》九十八. 《廣記》四百十二.**

3. 여요 사람 우홍이 산에 들어가 찻입을 따다가 도사를 만났는데, 그 도사는 푸른 소 세 마리를 끌고 왔으며 우홍을 데리고 폭포산에 이르러, **이상 6자를 《태평광기》의 인용에서는 '폭포 물을 먹인다'라고 하였다.** "나는 단구자이다. 네가 차 맛을 잘 감별한다고 들었기에 은혜를 베풀 것을 늘 생각하고 있었다. 산 속에 대명이 있는데, 너에게 주려고 한다. 너는 다른 날에 남는 차가 있으면 반드시 바치기를 바란다."라고 했다. 그래서 우홍은 그에게 제사를 지내게 되었다. **《태평광기》의 인용에서는 '茶祠'라고 하였다.** 후에 집안사람에게 산에 들어가게 하여, 대명을 얻었다. **《다경》. 《태평어람》867. 《태평환우기》98. 《태평광기》412.**

4. 丹丘[12]出大茗, 服之生羽翼. **《事類賦注》十六.**

4. 단구에서 대명이 나오는데, 그것을 먹으면 날개가 생긴다. **《사류부주》16.**

---

9 여요(餘姚): 지금의 절강성(浙江省) 여요시(餘姚市). 진(秦)나라 때(일설에는 한나라 때라 함) 여요현을 설치하였으며, 회계군에 속하였다. 동한 건안 5년(200년)에 현성을 쌓았다. 1985년에 현을 시로 승격했으며 영파시에 속한다.

10 구의(甌蟻): '甌檥'라고도 한다.(《태평어람》의 인용에서는 '甌檥'라고 했음) 즉 사발 중의 차 가루를 가리키는데, 이 말을 빌려 차(茶) 의미를 나타낸다.

11 불상유(不相遺): 마땅히 '必相遺'가 맞다. 《태평어람》의 인용에서는 '必相遺'라고 했음.

12 단구(丹丘): '丹邱'라고도 하는데, 전설 중의 신선이 거주하는 곳.

5. 東方見春山外多柚. **《御覽》九百七十三.**

5. 동방의 견춘산 밖에는 유자나무가 많다. **《태평어람》973.**

6. 赤城山[13], 一峯特高, 可三百丈, 丹壁爍日. **《寰宇記》九十八.**

6. 적성산의 한 봉우리가 특별히 높은데, 3천 자尺나 되었으며, 붉은 절벽에 햇빛이 빛난다. **《태평환우기》98.**

7. 琅邪東武山, 徙於會稽, 壓殺百姓. **《寰宇記》九十六引《神異志》.**

7. 낭야 동무산이 회계로 옮겨와 백성을 눌러 죽였다. **《태평환우기》96에서는 《신이지》를 인용하였다.**

8. 白狄先生, 馮翊[14]人. **《元和姓纂》.**

8. 백적 선생은 풍익 사람이다. **《원화성찬》.**

---

13 적성산(赤城山): 절강성 천태현(天台縣) 북쪽에 있는 산으로, 천태산(天台山) 남문(南門)이 된다.

14 풍익(馮翊): 군명. 동한 때는 좌풍익(左馮翊)이라 하였으며, 사례주(司隸州)에 속한다. 치소는 고릉(高陵)이며, 지금의 섬서성(陝西省) 고릉현(高陵縣)에 위치해 있었다. 삼국시대 위나라 때 풍익군은 옹주(雍州)에 속하였는데, 치소는 임진(臨晉)이며, 지금의 섬서성 대려현(大荔縣)에 위치해 있었다.

《신이기神異記》〔일명 《왕부신이기王浮神異記》〕

진대晉代의 지괴소설. 왕부王浮가 찬하였다. 이 책은 사지史志에 저록되어 있지 않다. 《태평광기太平廣記》·《사류부주事類賦注》·《태평환우기太平寰宇記》 등의 책에서 모두 일문을 인용하고 있는데, 오로지 《태평어람》의 인용에서만 "왕부의 《신이기》(王浮《神異記》)"라고 하였다. 루쉰의 《고소설구침》에 모두 8조가 집록되어 있다. 일문 대부분은 신선과 관련이 있다. 왕부의 사적은 사전史傳에 실려 있지 않다. 양梁 석혜교釋慧皎의 《고승전》 권1 <백원전帛遠傳>에 근거하면, 왕부는 진晉 혜제惠帝 때 사람으로, 관직은 좨주祭酒를 역임하였으며, 일찍이 《노자화호경老子化胡經》을 지어 불법佛法을 비방하였다.

11.《속이기續異記》

1. 後漢黃門侍郎[1]蕭士義, 和帝[2]永元[3]二年被戮. 數日前, 家中常所養狗, 來向其婦前而語曰: "汝極無相祿; 汝家尋當破敗, 當奈何!" 其婦默然, 亦不駭. 狗少時自去. 及士義還內, 婦仍學說狗語, 未畢, 收捕便至. **《廣記》一百四十一.**

1. 후한의 황문시랑 소사의는 화제 영원 2년(90년)에 처형당했다. 처형 며칠 전에 집에서 늘 기르던 개가 소사의의 부인 앞에서 다음과 같이 말했다. "당신에게는 복록을 누릴 상이 전혀 없으며, 당신 집안은 곧 무너질 것이니 어찌하겠소!" 부인은 잠자코 있었으며 또 놀라지 않았다. 개는 조금 후에 가 버렸다. 소사의가 내당으로 돌아오자 부인이 개의 말을 모방하여 전했는데, 말이 다 끝나기도 전에 잡으러 온 관리가 도착했다. **《태평광기》권141.**

2. 徐邈, 晉孝武帝[4]時爲中書侍郎[5], 在省直, 左右人恒覺邈獨在帳內, 以與人共語. 有舊門生, 一夕伺之, 無所見. 天時微有光, 始開窗, 瞥睹一物從屏風裏飛出, 直入鐵鑊中. 仍逐視之, 無餘物, 唯見鑊中聚菖蒲根, 下有大青蚱

---

1 황문시랑(黃門侍郎): 6백 석의 봉록을 받는 신하로 황제의 측근에서 보좌하는 자리.

2 화제(和帝): 유조(劉肇). 79년-105년. 후한(後漢)의 황제로, 89년부터 105년까지 재위하였으며, 재위 기간에 반초(班超) 장군을 서역(西域)에 파견, 비단길을 장악하는 등 상당한 국세를 떨쳤다.

3 영원(永元): 후한(後漢) 화제(和帝)의 연호. 89년-105년.

4 효무제(孝武帝): 사마요(司馬曜). 362년-396년. 동진(東晉)의 황제.《배자어림》주 참조.

5 중서시랑(中書侍郎): 위진(魏晉) 시기에 설치된 중서성(中書省)은 황제의 정사를 총괄하는 기구인데, 중서감(中書監)이 장관이었고, 중서감 아래의 실무관원이 바로 중서시랑이었다.

蜢. 雖疑此爲魅, 而古來未聞, 但摘除其兩翼. 至夜, 遂入邈夢, 云: "爲君門生所困, 往來道絶; 相去雖近, 有若山河." 邈得夢, 甚淒慘. 門生知其意, 乃微發其端. 邈初時疑不卽道. 語之曰: "我始來直省, 便見一靑衣女子從前到, 猶作兩髻, 姿色甚美. 聊試挑謔, 卽來就己. 且愛之, 仍溺情. 亦不知其從何而至此." 兼告夢. 門生因具以狀白, 亦不復追殺蚱蜢. 《廣記》四百七十三.

2. 서막은 진나라 효무제 때 중서시랑을 지냈는데, 중서성에서 숙직을 하게 되면, 좌우 사람들은 서막이 혼자 장막 안에서 다른 사람과 함께 이야기하는 것을 늘 느꼈다. 그의 오래된 문하생이 어느 날 저녁에 그를 엿보았으나 아무것도 보이지 않았다. 날이 어슴푸레 밝을 무렵이 되어 막 창문을 여니, 어떤 물체가 병풍 속에서 날아와 곧바로 가마솥 속으로 들어가는 것이 언뜻 보였다. 바로 뒤쫓아 가서 그 물체를 살펴보니 다른 것은 없고 가마솥 속에는 창포 뿌리들이 모여 있었고, 그 아래에는 크고 푸른색의 벼메뚜기가 있는 것이 보였다. 비록 이것이 요괴라고 의심하였지만 옛날부터 들어본 적이 없었으므로 다만 그 두 날개를 떼어냈다. 그날 밤에 한 여자가 서막의 꿈속에 들어와 말했다. "당신의 문하생이 힘들게 만들어서 왕래할 길이 끊어지게 되었습니다. 거리는 비록 가깝지만 마치 산이나 강이 가로막혀 있는 것과 마찬가지입니다." 서막은 꿈을 꾸고 나서 대단히 슬펐다. 문하생이 그의 뜻을 알고 곧 그 일의 발단을 조금 밝혔다. 서막은 처음에는 의심하고 바로 말하지 않았다. 뒤이어 그에게 말하였다. "내가 처음으로 중서성에서 숙직을 서는데 푸른 옷을 입은 여자가 앞에서 나타났는데, 그녀는 머리를 두 갈래로 땋았고 자색이 몹시 아름다웠다. 잠시 희롱을 시도하였는데, 곧바로 나에게 왔다. 이리하여 그녀를 사랑하게 되었으며 곧 깊이 빠지게 되었다. 나 또한 그녀가

어디에서 와서 여기에 이르렀는지 몰랐다." 아울러 꿈 이야기를 했다. 이어서 문하생은 자초지종을 다 아뢰었으며 다시 벼메뚜기를 뒤쫓아 가서 죽이지 않았다. **《태평광기》권473.**

3. 晉義熙[6]中, 零陵[7]施子然, 雖出自單門, 而神情辨悟. 家大作田. 至□□[8]作蝸牛廬于田側守視, 恒宿在中. 其夜, 獨自未眠之頃, 見一丈夫來, 長短是中形人, 著黃練單衣袷, 直造席, 捧手與子然語. 子然問其姓名, 卽答云: "僕姓盧, 名鉤. 家在粽溪邊, 臨水." 復經半旬中, 其作人掘田塍西溝邊蟻垤, 忽見大坎, 滿中螻蛄, 將近斗許, 而有數頭極壯, 一個彌大. 子然自是始悟曰: "近日客盧鉤, 反音則螻蛄也[9]. 家在粽溪, 卽西坎也[10]." 悉灌以沸湯, 于是遂絶. **同上.**

3. 진나라 의희 연간에 영릉 지방의 시자연은 비록 한미한 가문 출신이었지만, 표정이 총명하고 영민하게 보였다. 그의 집에서는 농사를 크게 지었다. 수확할 때가 되면 밭 옆에 초막을 짓고 감시했으며 잠도 항상 초막에서 잤다. 그날 밤, 홀로 잠을 이루지 못할 무렵, 키는 중간치이고 누런 명주 홑옷을 입은 한 사내가 나타나더니, 곧바로 그의 자리에 이르러 두 손을 모은 채 시자연에게 말을 걸었다. 시자

6 의희(義熙): 동진(東晉) 안제(安帝: 司馬德宗)의 연호. 405년-418년.

7 영릉(零陵): 영릉현(零陵縣)으로, 중국에서 가장 오래된 현 중의 하나이다. 지금의 호남성(湖南省) 영주시(永州市)에 해당한다.

8 지□□(至□□): 담본(談本) 《태평광기》에는 '至' 자 뒤에 '穫時'라는 두 자가 더 있다. 《루쉰집록고적총편(魯迅輯錄古籍叢編)》[인민문학출판사(人民文學出版社), 1999년]《고소설구침》 '案'(471쪽) 참고.

9 반음즉누고야(反音則螻蛄也): '반음'은 '반절(反切)'을 가리킨다. 여기서는 '노구'의 모음 부분을 반대로 바꾸어 '누고'로 읽었다.

10 즉서감야(卽西坎也): '종계(粽溪)'의 '종(粽)'은 '총(塚)'과 음이 통하며, '계(溪)'는 '서(西)'와 음이 통하므로 '서쪽 구덩이'가 된다.

연이 그의 성명을 물었더니 바로 대답하였다. "저의 성은 노盧씨이고, 이름은 구鉤입니다. 집은 종계粽溪 가에 있어 물에 가깝지요." 다시 닷새가 지나서 그의 일꾼이 밭두둑 서쪽 도랑가의 개밋둑을 파니 갑자기 큰 구덩이가 보였으며, 그 구덩이에는 땅강아지들이 가득 있었는데 거의 한 말 정도는 되었다. 그 중 몇 마리는 지극히 장대하였고 한 마리는 더욱 컸다. 시자연은 그제서야 비로소 깨닫는 바가 있어 말하였다. "근래 '노구盧鉤'라는 손님이 있었는데 그 이름을 반음으로 해보면 '누고螻蛄: 땅강아지'가 된다. 집이 '종계粽溪'에 있다고 한 것은 곧 '서쪽 구덩이西坎'의 뜻이다." 그래서 그 구덩이에 끓인 물을 부었더니 드디어 땅강아지들이 사라졌다. **《태평광기》권473.**

4. 劉穆之[11]夢有人稱劉鎭軍[12]相迎. 旦占之, 曰: "吾死矣. 今豈有劉鎭軍邪?" 後宋武[13]遣人迎, 共定大業. 武帝時爲鎭軍將軍. **《廣記》二百七十六.**

---

11 유목지(劉穆之): 360년-417년. 자는 도화(道和)이며, 동완군(東莞郡) 거현(莒縣: 지금의 산동성 거현) 사람이다. 남북조시대 송(宋)나라의 거(莒)사람. 송나라 무제(武帝) 유유(劉裕)를 도와 건업을 평정하고 유유가 북벌을 하면서 권력을 장악할 즈음에 조정을 장악하여 유유가 송나라를 세우는 데 많은 공헌을 하였다. 관직이 상서우복야(尙書右僕射)까지 올랐다.

12 유진군(劉鎭軍): 진군은 진군장군(鎭軍將軍)을 줄인 말. 삼국시대에는 정2품으로 진군대장군으로 부르기도 했다. 삼국시대처럼 막부가 권력을 잡을 경우, 장군중의 고위직인 진군장군의 역할이 매우 중요하다. 동진 말기에 왕조의 혼란과 더불어 유유의 막부가 강성해지면서 유목지는 진군장군의 직함을 가지고 유유가 정벌을 나갈 경우, 내부에서 조정의 변고를 방비하였다.

13 송무(宋武): 유유(劉裕). 363년-422년. 자는 덕여(德輿), 어릴 때 이름은 기노(寄奴)이며, 팽성군(彭城郡) 팽성현 수여리(綏輿里: 지금의 강소성 서주시) 사람이다. 남북조시대의 송나라 무제. 재위 기간은 420년부터 422년까지이다. 유유는 유뇌지(劉牢之)의 부하로 북부군에 입대하여 손은(孫恩)의 반란을 진압하고 유뇌지가 환현(桓玄)에게 제압되자 독자적으로 반격, 환현을 제거하였다. 이후 410년 남연(南燕)을 멸망시키고 413년에는 파촉(巴蜀) 지방을 수복하였다. 후진(後秦)을 멸망시키고 관중(關中) 지방을 일시 수복하는 등, 큰 전공을 세웠으나 내부의 정세가 급박해지자 급거 수도로 돌아와 진(晉)나라 상국(相國) 등의 작위를 받았다. 418년에 동진 안제(安帝)를 죽

4. 유목지의 꿈에 어떤 사람이 '유진군'이라고 부르며 그를 맞이하였다. 유목지는 아침에 점을 치고 말하였다. "나는 죽겠구나. 지금 어찌 '유진군'이 있단 말인가?" 나중에 송 무제가 사람을 보내 그를 맞이해 함께 대업을 정하였다. 유목지는 무제 때에 진군장군이 되었다. **《태평광기》권276.**

5. 吳興[14]兪亮, 以永明[15]八年補護軍府吏[16]. 于常眠處, 聞有羊聲. 疑爲神怪, 竊于戶窺之, 見其床下有一羊, 高可二尺, 毛色若丹, 光曜滿室. **《初學記》二十九, 《六帖》九十六, 《御覽》九百二.**

5. 오흥의 유량은 영명 8년에 호군부 관리에 보임되었다. 늘 잠을 자는 곳에서 양소리가 들렸다. 요괴인지 의심하며 몰래 방을 살펴보았더니, 그 침대 밑에 양 한 마리가 보였는데, 키는 겨우 두 자 정도였고 털의 빛깔은 붉은색이었으며, 그 빛이 온 방에 가득하였다. **《초학기》권29 ·《백공육첩》권96 ·《태평어람》권902.**

6. 秣陵[17]令中山劉沼, 梁天監[18]三年爲建康監[19] 于竈裏得一龜, 長尺許,

이고 공제(恭帝)를 옹립하였으나, 420년에 공제를 폐위하고 송(宋)나라를 건국하였다. 제위에 오른 지 불과 3년 만에 세상을 떠났다.

14 오흥(吳興): 현재의 절강성(浙江省) 호주(湖州)의 남쪽에 해당하는 지역.

15 영명(永明): 남북조시대 제(齊)나라 무제(武帝)의 연호. 483년-493년.

16 호군부리(護軍府吏): 호군(護軍)은 원래 한말(漢末)에 설치한 무관직으로 4품의 장군이며 궁중의 경호 병력을 지휘하고 무관의 선발도 주재한다고 한다. 자체적으로 관리를 선발할 수 있으므로 막부를 설치했는데, '호군부리'란 바로 호군장군의 속하 관리를 말한다.

17 말릉(秣陵): 말릉은 원래 지금의 남경(南京) 일대인데, 양(梁)나라 때는 지금의 강녕현(江寧縣) 일대였다고 한다.

18 천감(天監): 양(梁)나라 무제(武帝)의 연호. 502년-519년.

在灰中, 了不以燔炙爲弊. 劉爲設齋會, 放之于婁湖[20]. 劉俄遷秣陵令. **《太平廣記》一百十八.**

6. 말릉 현령을 지낸 중산 지방의 유소는 양나라 천감 3년에 건강감이 되었다. 그는 문하생들과 밥을 짓다가 부뚜막 속에서 길이가 한 자 가량 되는 거북이 한 마리를 얻었는데, 거북이는 재 속에서도 불에 타는 것을 아랑곳하지 않았다. 유소는 재회를 베풀고 거북이를 누호로 놓아 주었다. 유소는 곧 말릉 현령으로 승진했다. **《태평광기》권118.**

7. 零陵太守廣陵[21]劉興道, 罷郡, 住齋中. 安床在西壁下, 忽見東壁邊有一眼, 斯須之間便有四, 漸漸見多, 遂至滿室; 久乃消散, 不知所在. 又見床前有頭髮, 從土中稍稍繁多. 見一頭而出, 乃是方相頭[22], 奄忽自滅. 劉㥀怖, 沉疾不起. **《太平廣記》一百四十一.**

7. 영릉태수인 광릉 출신의 유흥도는 군의 업무가 끝나면 방에 머물렀다. 서쪽 벽 아래의 침대를 두었는데, 갑자기 동쪽 벽 끝에서 하나의 눈이 나타나더니 잠깐 사이에 4개가 되었고, 점점 더 많이 나타나서 드디어 방에 가득하였다. 오랫동안 있다가 흩어져 버렸는데 간 곳을 알 수 없었다. 또 침대 앞에 머리카락이 있었는데 바닥에서 점점 더 많이 나타났다. 결국에는 머리 하나가 나타났는데 바로 방상두

19 건강감(建康監): 건강은 남경의 육조(六朝)시기 명칭. 건강감은 관직명으로 남조(南朝)의 양나라와 진(陳)나라에서 설치하였는데, 건강 현령에 속하였으며 고급심판관이다.
20 누호(婁湖): 지금의 귀주성(贵州省) 안순시(安顺市)에 있는 호수.
21 광릉(廣陵): 지금의 강소성 양주시에 해당한다.
22 방상두(方相頭): 귀신을 쫓기 위해 장례 행렬의 맨 앞에 위치한 신상(神像). 얼굴이 험상궂고 창과 방패를 든 복장으로 귀신을 쫓는다고 한다.

였으며 홀연히 저절로 없어졌다. 유흥도는 무서움에 병이 깊어져 일어나지 못했다. **《태평광기》권141.**

8. 晉陵[23]無錫尉嚴無欲, 貯穀; 後開, 乃成蛇草[24], 焚之, 便貧. **《御覽》190.**

8. 진릉 출신인 무석현위 엄무욕은 곡식을 많이 저장하였다. 나중에 창고를 열어 보니 곡식이 뱀풀이 되었기에 그것에 불을 질러 바로 가난하게 되었다. **《태평어람》권190.**

9. 竟陵王誕[25], **《廣記》引作劉誕.** 在廣陵, 左右侍直[26]. 眠中夢人告之曰: "官須髮爲 旄." 覺則已失髮矣. 如此者數十人. **《御覽》三百四十一. 《廣記》二百七十六.**

9. 경릉왕 유탄이 **《태평광기》의 인용에서는 '劉誕'이라고 하였다.** 광릉에 있을 때 좌우에 당직을 서는 사람들이 있었다. 꿈속에서 어떤 사람이 그에게 말하였다. "관리들의 수염과 머리카락을 창 장식으로 사용하겠소." 잠을 깨어 보니 이미 머리카락이 없어졌다. 이렇게 당한 자가 수십 명이었다. **《태평어람》권341. 《태평광기》권276.**

---

23 진릉(晉陵): 지금의 강서성 상주시(常州市)이다.

24 사초(蛇草): 뱀이 문 적이 있는 독이 있는 풀.

25 탄(誕): 유탄(劉誕). 433년-459년. 자는 휴문(休文), 팽성군 팽성현 사람이다. 송 문제(文帝) 유의륭(劉義隆)의 여섯 번째 아들이다. 처음에는 광릉왕(廣陵王)에 봉해졌고, 나중에는 경릉왕(竟陵王)에 봉해졌다. 유소(劉劭)가 송 문제를 시해하자 군대를 일으켜 토벌했으며 양주자사(揚州刺史)가 되었고 유의선(劉義宣)의 반란을 토벌하였다. 효무제(孝武帝)는 그의 군공이 높음을 시기하여 남연주자사(南兗州刺史)로 내보냈고, 456년 효무제는 군대를 보내 그를 토벌하려고 하였는데, 3개월이나 성을 방어하였으나 결국 패배하여 피살되었다.

26 시직(侍直): 옛날 관서에서 당직 서는 사람들을 일컬었다.

10. 孫氏妻黃氏, 忽見一童子在前, 以釵擲之, 躍入雲去. 夜聞戶外歌曰: "昔 **《御覽》引作首.** 墳夏家冢, 葦泥頭欲禿. 今居黃氏居, 非意傷我目." 尋覓巢中, 得一白鷰, 其左目傷. **《事類賦注》十九. 《太平御覽》九百二十二.**

10. 손씨의 처 황씨가 자신의 앞에서 갑자기 한 동자를 보고 비녀를 그에게 던졌더니 동자는 구름 속으로 뛰어 가버렸다. 밤에 집 밖에서 노랫소리가 들렸다. "옛날 **《태평어람》의 인용에는 '首'라고 하였다.** 하씨네 무덤을 파는데 진흙을 옮기다 머리가 벗겨지려 하네. 이제 황씨네로 거처를 두고자 했더니 뜻하지 않게 내 눈을 다쳤네." 이에 새둥지를 살펴보았더니 왼쪽 눈을 다친 흰 제비 한 마리가 있었다. **《사류부주》권19. 《태평어람》권922.**

11. 山陰[27]朱法公者, 嘗出行, 憩于臺城[28]東橘樹下. 忽有女子, 年可十六七, 形甚端麗. 薄晚, 遣婢與法公相聞, 方夕欲詣宿. 至人定後, 乃來. 自稱姓檀, 住在城側. 因共眠寢, 至曉而去. 明日復來, 如此數夜. 每曉去, 婢輒來迎. 復有男子可六七歲, 端麗可愛; 女云是其弟. 後曉去, 女衣裙開, 見龜尾及龜角. 法公方悟是魅, 欲執之. 向夕復來, 卽然火照覓, 尋失所在. **《廣記》四百六十九.**

11. 산음현의 주법공이 한 번은 집을 나가서 대성 동쪽 귤나무 아래에서 쉬고 있었다. 갑자기 16-17세가량 된 여자가 나타났는데 용모가 단정하고 아름다웠다. 날이 저물 무렵, 그녀는 여종을 보내어 주법

---

27 산음(山陰): 지금의 절강성 소흥현(紹興縣).

28 대성(臺城): 남조의 역대 수도였던 건강은 도시 전체를 에워싸는 성벽이 따로 없고 여러 개의 군사적 거점이 있었는데 대성은 바로 왕궁을 이루고 있는 성이며, 석두성(石頭城)·중당(中堂)·북교(北郊) 등의 군사적 거점이 있었다.

공에게 저녁에 찾아와 함께 자기를 원한다고 하였다. 사람들이 잠들고 나서 그녀가 찾아왔다. 스스로 자신의 성은 단씨라고 소개하고 대성 옆에 살고 있다고 하였다. 이리하여 함께 잠을 잤고 새벽에 떠나갔다. 다음 날에 그녀가 다시 왔으며 이와 같이 수일 밤을 보냈다. 매번 새벽에 갈 때, 여종이 곧바로 와서 영접하였다. 또 6-7세 가량 되어 보이는 단정하고 잘 생기고 사랑스러운 사내아이가 있었는데 그녀는 자신의 동생이라고 하였다. 그 후 어느 날 새벽에 그녀가 가는데 치마가 열리면서 거북이 꼬리와 발이 보였다. 주법공이 곧바로 요괴라고 깨닫고 그녀를 붙잡으려고 하였다. 저녁이 되어 그녀가 다시 오자 곧바로 불을 켜고 비추어 찾았으나 사라져 버렸다. **《태평광기》권469.**

《속이기續異記》

남조의 지괴소설. 양진梁陳 시기의 책으로, 지은이를 알 수 없다. 이 책은 사지史志에 저록되어 있지 않다. 당송 유서에 그 인용문이 있는데, 루쉰이 11조를 집록하여《고소설구침》에 넣었다. 일문은 한대부터 양대梁代까지의 일을 기술하고 있다. 그 중의 '유소劉沼' 조에서 "양 천감 3년(梁天監三年)"이라고 한 것을 보면, 작자도 양진 시기의 사람으로 추정할 수 있다. 이 책의 대부분은 요정妖精 이야기와 기이한 이야기奇聞異事로 되어 있는데, 동물 요정이 대부분을 차지하고 있다. 이 책 속의 이야기들은 재미가 있으며, 표현수법 역시 변화가 많다. 이 책은 남조 송의 제해齊諧가 지은《이기異記》의 속편으로 지은 것인데,《이기》라는 책은 이미 일실되었다.

12.《녹이전錄異傳》

1. 周時尹氏[1], 貴盛, 五世不別, 會食數千人. 遭飢荒, 羅鼎作糜, **已上亦見《書鈔》一百四十四·《初學記》二十六·《困學紀聞》二十.** 啜之, 聲聞數十里. **《御覽》八百五十九.** 三人入鑊取焦糜, 深, 故不見也. **《書鈔》一百四十四.**

1. 주나라 때에 윤씨는 지위가 높고 가문이 번성하여 5대가 흩어지지 않고 같이 살았으며, 수천 명이 함께 모여서 밥을 먹었다. 한번은 기근이 들어 그 집안사람들이 솥을 줄지어 걸어 놓고 죽을 쑤어 **이상의 내용은 《북당서초》권144·《초학기》권26·《곤학기문》권20에도 보인다.** 먹었는데, 죽 먹는 소리가 수십 리 밖에까지 들렸다. **《태평어람》권859.** 또한 세 사람이 가마솥 안에 들어가서 눌어붙은 죽을 긁어내는데, 솥이 너무 깊어서 사람이 들어가면 보이지 않았다. **《북당서초》권144.**

2. 魏安釐王[2]曰: "寡人得如鵠之飛, 視天下如莽也." 吳客有隱游者, 聞之, 作木雕而獻之. 王曰: "此有形無用者也. 夫作無用之器, 世之奸民也." 召游者加刑焉. 游者曰: "臣聞大王之好飛也, 故敢獻雕, 安知王之惡此也. 可謂知有用之用, 未寤無用之用矣." 乃取而騎之, 遂翻然而飛去, 莫知所之. **《御覽》九百十六.**

---

1 윤씨(尹氏): 일설에 의하면, 소호(少昊: 중국 태고 때의 전설상의 임금)의 아들 은(殷)이 윤성(尹城)에 봉해졌는데, 이로 인해 후에 '윤'을 성씨로 삼았다고 한다. 자손들이 대대로 주나라의 경사(卿士)를 지내면서, '윤성'에서 조세를 받아먹었다.

2 안희왕(安釐王): 위어(魏圉). ?-기원전 243년. 위국(魏國) 대량(大梁: 지금의 하남성 개봉시) 사람이다. 전국시대 위나라의 군주, 소왕(昭王)의 아들. 당저(唐雎)와 신릉군(信陵君) 무기(無忌)의 활약으로 나라가 비교적 안정을 취하였고, 기원전 276년부터 기원전 243년까지 34년간 재위하였다. 《사기》권44에 보인다.

2. 위나라 안희왕이 "과인이 고니처럼 날 수 있다면 높이 날아올라 세상을 넓은 풀밭 같이 내려다볼 수 있을 텐데."라고 하였다. 오나라의 빈객 중에 세상을 유랑하는 은자가 있었는데, 그 이야기를 듣고는 나무 독수리를 만들어 안희왕에게 바쳤다. 안희왕이 "이것은 형체는 있지만 쓸모가 없는 것이로구나. 대저 쓸모없는 기구를 만드는 자는 세상을 어지럽히는 놈이다."라고 하면서 그 자를 불러 형벌을 가하였다. 은자가 "신은 대왕께서 날고 싶어 하신다기에 감히 독수리를 만들어 바친 것이옵니다. 왕께서 이것을 싫어하실 줄을 어찌 알았겠사옵니까? 왕께서는 쓸모 있는 것의 쓰임은 아신다 할 수 있으나 쓸모없는 것의 쓰임은 깨치지 못하셨다고 말할 수 있겠습니다."라고 하였다. 그리고는 나무 독수리를 가져다가 그 위에 올라타더니 훨훨 날아가 버렸는데, 어디로 갔는지는 아무도 몰랐다. **《태평어람》권916.**

3. 秦文公[3]時, 雍州[4]南山有大梓樹. **《初學記》引有州字, 大作文.** 文公伐之, 輒有大風雨, 樹生合不斷. 時有一人病, 夜往山中, 聞有鬼語樹神曰: "秦若使

---

3 진문공(秦文公): ? -기원전 716년. 춘추시대 진양공(秦襄公)의 아들로, 기원전 765년부터 기원전 716년까지 재위하였다. 문공은 서수궁[西垂宮: 감숙성(甘肅省) 농남시(隴南市) 예현(禮縣)에 위치. 서견구(西犬丘)라고도 함]에 살았으며, 기원전 762년 견수(汧水)와 위수(渭水)가 만나는 지역으로 사냥을 나갔다가 그곳이 살기에 적당한지 점을 쳐서 길하다는 점괘가 나오자 거기에 성읍을 건설하였다. 처음으로 사관을 두어서 일을 기록하였고, 백성들은 대다수 교화되었다. 기원전 766년 진양공이 서융을 정벌하다 병사하자 즉위한 진문공은, 기원전 750년 병사를 이끌고 서융을 정벌하여 몰아내고 그 지역에다 주나라 유민을 받아들였다. 영토를 기산(岐山)까지 넓히고, 기산의 동쪽을 주나라에 헌상하였다. 진창(陳倉)의 북쪽 북판성(北阪城)을 지날 때 진보(陳寶)라는 돌을 얻어 제사를 지내고는 그곳에 진보사(陳寶寺)라는 절을 지었다. 처음으로 삼족을 멸하는 형벌을 만들었다. 《사기》권5에 보인다.

4 옹주(雍州): 구주의 하나. 《우공(禹貢)》에 따르면 지금의 섬서성(陝西省)과 영하성(寧夏省) 전체, 청해성(青海省)과 감숙성과 신장(新疆)의 일부와 내몽고 일부 지역이 옹주에 속하며, 후에 양주(涼州)로 바뀌었다.

人被髮, 以朱絲繞樹伐汝, 汝得不困耶?" **《御覽》引作憂否.** 樹神無言. 明日, 病人語聞. 公如其言伐樹, 樹斷, 有一青牛出, 走入灃水[5]中. 其後牛復出, 使騎擊之, 不勝; 有騎墮地復上, 髮解, 牛畏之, 入水不出; 故置髦頭騎, **《御覽》引有騎字.** 因此也. **《寰宇記》三十. 《御覽》四十四. 《初學記》八. 《史記·秦本紀》·《正義》引《錄異傳》: 雍州南山[無州字]樹斷[作斷中], 走入灃水中[灃作豊], 牛復出[作牛出豊水中], 入水不出[無水字], 故置髦頭騎[無騎字], 因此也[此三字作漢魏晋因之, 武都郡立怒特祠, 是大梓牛神也十八字].**

3. 진 문공 때에 옹주 남산에 커다란 가래나무가 있었는데, **《초학기》에는 '州' 자가 있으며, '大'는 '文'으로 되어 있다.** 문공이 그 나무를 베었더니 문득 세찬 비바람이 일고 나무가 산 채로 도로 붙어버려 자를 수가 없었다. 당시에 어떤 병자가 밤중에 산속으로 들어갔다가 귀신이 나무 신에게 하는 말을 듣게 되었다. "진 문공이 만약 사람들에게 머리카락을 풀어헤치고 붉은색 실로 나무를 두르고 그대를 베게 한다면, 그대는 버텨낼 수 있겠소?" **《태평어람》에는 '근심스럽지 않겠는가?'라고 하였다.** 그러자 나무 신은 아무런 대꾸도 하지 못했다. 다음 날 병자가 산속에서 들은 대로 아뢰었다. 문공이 그자의 말대로 하여 나무를 베었더니, 나무가 잘려나갔고, 거기에서 푸른 소 한 마리가 나오더니 풍수의 물속으로 달려서 들어가 버렸다. 후에 그 소가 다시 물 밖으로 나왔는데, 기병을 시켜서 소를 공격하게 하였지만 당할 수가 없었다. 기병 한 명이 땅바닥에 굴러떨어졌다가 다시 말에 오르면서 머리카락이 풀어헤쳐지자, 소가 두려워하며 물속으로 들어가더니 나오지 않았다. 그리하여 헝클어진 머리의 기병 상을 세워두었는데, **《태평어람》에**

---

5 풍수(灃水): 풍하(灃河). 황하 지류 위하(渭河)의 오른쪽 지류로, 관중(關中)의 중부인 서안(西安) 서남쪽에 위치해 있다.

'騎' 자가 인용되어 있다. 이 일 때문이다. 《환우기》권30. 《태평어람》권44. 《초학기》권8. 《사기·진본기》·《정의》에 《녹이전》을 인용하였는데, 다음과 같은 차이가 있다. 雍州南山['州' 자가 없다], 樹斷['斷中'으로 되어 있다], 走入澧水中['澧'은 '豊'으로 되어 있다], 牛復出['牛出豊水中(소가 풍수에서 나왔다)'로 되어 있다], 入水不出['水' 자가 없다], 故置髦頭騎['騎' 자가 없다], 因此也[이 3자는 '漢魏晋因之, 武都郡立怒特祠, 是大梓牛神也(한·위·진이 이것에 기인하여 무도군에 노특사를 세웠는데, 바로 큰 가래나무의 우신이다).'의 18자로 되어 있다].

4. 吳王夫差[6]小女曰玉, 年十八. 童子韓重, 年十九. 玉悅之, 私交信問, 許為之妻. 重學於齊魯[7]之間, 屬其父母使求婚. 王怒不與. 玉結氣死, 葬閶門外. 三年重歸, 詰問其父母, 父母曰: "王大怒, 女結氣死, 已葬矣." 重哭泣哀慟, 具牲幣往弔, 玉從墓側形見, 謂重曰: "昔爾行之後, 令二親從王相求, 謂必克從大願; 不圖別後, 遭命奈何." 玉左顧宛頸而歌曰: "南山有烏, 北山張羅. 志欲從君, 讒言孔多. 悲結生疾, 沒命黃壚. 命之不造, 冤如之何? 羽族之長, 名為鳳凰; 一日失雄, 三年感傷. 雖有衆鳥, 不為匹雙. 故

6 부차(夫差): 기원전 약 528년-기원전 473년. 고소(姑蘇: 지금의 강소성 소주시) 사람이다. 춘추시대 오나라의 왕. 그의 부친 합려(闔廬)가 월(越)왕 구천(句踐)과의 전투에서 패하고, 그 때 입은 부상 때문에 죽었다. 부차는 부친의 뒤를 이어 왕이 되자, 월나라를 정벌하고, 구천을 회계산(會稽山)으로 몰아넣어 부친의 원수를 갚았다. 구천이 오나라 태재(太宰) 백비(伯嚭)에게 뇌물을 주고 부차에게 화친을 구하였으며, 부차는 오자서(伍子胥)의 간언을 듣지 않고 화친을 허락하였다. 후에 백비의 참언을 믿고 오자서를 죽이고 국정을 백비에게 맡겼다. 정예병을 모두 이끌고 북상하여 황지(黃池)에서 제후들과 회합을 가졌는데, 구천이 허를 찔러 오나라를 공격하여 마침내 오나라를 멸망시켰다. 부차는 오자서를 볼 낯이 없다 하여 얼굴을 가리고 칼로 목을 찔러 자살하였다.

7 제노(齊魯): 지금의 산동(山東)의 대부분의 지역은 선진(先秦) 시기에 제나라와 노나라 두 나라에 속하였다. 제나라의 수도는 산동 치박(淄博)이었고, 산동 이남의 대부분 지역이 제나라에 속하였다. 노나라는 산동 제령(濟寧) 곡부(曲阜)가 수도였으며, 산동 서쪽의 작은 땅이 노나라에 속하였다. 그래서 '제노'라는 명칭이 생겼다.

見鄙姿, 逢君輝光. 身遠心近, 何嘗暫忘." 歌畢, 獻欷涕流, 不能自勝. 要重還冢, 重曰: "死生異道, 懼有尤愆, 不敢承命." 玉曰: "死生異路, 吾亦知之; 然一別永無後期, 子將畏我為鬼而禍子乎? 欲誠所奉, 寧不相信!" 重感其言, 送之還冢. 玉與之飲宴三日三夜, 盡夫婦之禮. 臨出, 取徑寸明珠以送重, 曰: "既毀其名, 又絕其願, 復何言哉! 時節自愛! 若至吾家, 致敬大王." 重既出, 遂詣王自說其事. 王大怒曰: "吾女既死, 而重造訛言, 以玷穢亡靈. 此不過發冢取物, 托以鬼神." 趣收重. 重脫走至玉墓所, 訴玉. 玉曰: "無憂! 今歸白王." 玉妝梳忽見, 王驚愕悲喜, 問曰: "爾何緣生?" 玉跪而言曰: "昔諸生韓重來求玉, 大王不許; 今名毀義絕, 自致身亡. 重從遠還, 聞玉已死, 故齎牲幣詣冢弔唁, 感其篤終, 輒與相見, 因以珠遺之, 不為發冢, 願勿推治." 夫人聞之, 出而抱之, 正如煙然. 《廣記》三百十六.

4. 오나라 왕 부차의 딸은 이름이 옥이며, 나이가 열여덟 살이었다. 한중이라는 소년은 나이가 열아홉 살이었다. 옥이 한중을 좋아하여 몰래 편지를 주고받았으며, 후에 그의 아내가 되겠다고 허락하였다. 한중은 제·노 지역에서 공부하면서 자기 부모에게 부탁하여 청혼을 넣도록 하였다. 그러나 왕은 대노하여 혼사를 받아들이지 않았으며, 옥이 울화병으로 죽자 그녀를 궁문 밖에 장사지냈다. 삼 년 후에 한중이 돌아와서 부모님께 물어보자 "왕께서 크게 노하셨고, 공주님은 울화병으로 돌아가셔서 벌써 장사를 지냈단다."라고 말해 주었다. 한중이 몹시 비통해하며 통곡을 하고, 제물과 예물을 갖추어 그녀의 무덤에 조문하러 갔더니, 옥이 무덤 옆에서 모습을 드러내며 한중에게 말하였다. "지난날 당신이 떠나가신 후에 부모님께 부탁하여 왕께 청혼을 넣으셨지요. 반드시 어려움을 이겨내어 크나큰 바람을 이루고자 하였지만, 뜻밖에도 이별 후에 죽을 운명이었으니 어찌

합니까." 옥은 왼쪽으로 돌아보며 고개를 숙여 노래하였다. "남산에 까마귀 노니는데 북산에 그물을 쳤네. 마음은 임 따르고자 하나 참언이 너무 많았네. 슬픔이 엉겨 병 생기고, 명 끊기니 황천이라네. 명이 불행하니, 원통해서 어이할꼬? 새 중의 으뜸은 그 이름이 봉황이라지. 어느 날 수컷을 잃고 나서 삼 년 동안 상심했지. 뭇 새들 있다 하나 짝으로 삼지 않아, 초라한 내 모습 드러내어 임의 눈부신 모습 만나게 되었네. 몸은 멀어도 마음은 가까우니, 어찌 잠시라도 잊은 적 있으리." 노래를 마치고는 흐느껴 울면서 자신을 주체하지 못하였다. 한중에게 함께 무덤으로 돌아가자고 청하자 한중이 "삶과 죽음은 길을 달리하는데, 더 큰 잘못을 지을까 봐 두려워 그대의 말을 따르지 못하겠소."라고 하였다. 옥이 말하였다. "생사의 길이 다르다는 것은 저 역시 알고 있습니다. 그러나 이제 한 번 이별하면 영원히 훗날을 기약할 수가 없을 터인데, 그대는 제가 귀신이라 그대를 해칠까 봐 두려우신 건가요? 진심을 다해 당신을 모시고 싶건만 어찌 저를 믿지 못하십니까?" 한중은 그 말에 감동하여 그녀를 따라 무덤으로 들어갔다. 옥은 그와 더불어 삼일 밤낮으로 주연을 열고 부부의 예를 다하였다. 무덤을 나올 때가 되자, 옥은 선물로 직경 일 촌 크기의 반짝이는 진주를 한중에게 주면서 말하였다. "이미 이름이 훼손되었고 간절한 바람도 끊어졌으니 더 이상 무슨 말을 하겠습니까! 함께 했던 시간을 소중히 여겨주세요! 저의 집에 가시거든 대왕께 안부 전해주세요." 한중은 무덤에서 나오자 바로 왕을 알현하고 그간의 일을 아뢰었다. 왕은 크게 성을 내며 "나의 딸은 이미 죽었거늘, 네놈이 허튼소리를 지어내어 망자의 혼령을 욕되게 하는구나. 이는 무덤을 파헤쳐 끄집어낸 물건에다가 귀신을 빙자하는 것이다."라고 하고는 한중을 가두려 하였다. 한중이 도망쳐 나와 옥의 무덤이 있는 곳으로 가서 옥에게 하소연하였더니, 옥이 말하였다. "걱정 마세요. 지금 가서 대왕께 말씀드리겠습니다." 옥이 머리를 빗고 단장하고서 홀연 왕 앞에 모습을 드러내었다. 깜작 놀란 왕이 슬퍼하면서도 기뻐하며 "네가 어떻게 살아 있느냐?" 하고 물었더니, 옥이 무릎을 꿇고 대답하였다. "지난날 서생 한중이 저와의 혼인을 청하였을 때 아바마마께서 불허하셨습니다. 그래서 지금은 제 이름이 훼손되고 의리가 끊어지고 저는 스스로 죽음을 맞이하였습니다. 한중이 먼 타지에서 돌아왔다가 제가 이미 죽었다는 소식을 듣고는 제물과 예물을 갖추어 저의 무덤을 찾아와서 저를 조문하였습니다. 저는 그의 정성에 감동을 받고 모습을 드러내어 그를 만났으며, 그 참에 진주를 준 것입니다. 무덤을 파헤친 것이 아니오니, 바라옵건대 그를 죄인으로 다루지 마시옵소서." 부인이 이 소식을 듣고 뛰어와서 그녀를 끌어안자 옥은 연기처럼 사라졌다. **《태평광기》권316.**

5. 伍子胥[8]恨吳王, 驅水為濤, 今會稽錢塘[9]丹徒[10]皆立子胥祠, 欲止其濤也. **《事類賦注》六.**

---

8 오자서(伍子胥): 초나라 사람으로, 이름은 원(員)이며, 자가 '자서'이다. 초 평왕(平王)에게 부친과 형이 살해되자 오나라로 달아나 벼슬을 하였고, 후에 초나라를 쳐서 원수를 갚았다. 오나라 왕 부차에게 월나라의 화평 요청을 거절할 것과 제나라 정벌 중지를 간하였다가 점점 왕과 소원해졌으며, 중상모략을 당하여 뒤에 왕이 그에게 칼을 내려 자살할 것을 명하였다. 《사기》권66에 보인다.

9 전당(錢塘): 옛 현의 이름이다. 진(秦)나라 때 전당현(錢唐縣)을 설치하였는데, 당나라 때 '唐' 자가 국호와 같은 글자라 하여 '錢塘縣'으로 고쳤다. 명청 시기에는 인화현(仁和縣)과 합쳐져 항주부(杭州府)의 행정소재지가 되었다. 민국시기에는 부를 폐지하고, 두 현을 아울러서 항현(杭縣)이라 고쳐 불렀다.

10 丹徒(단도): 현의 이름으로, 옛 성이 지금의 강소성 진강현(鎭江縣) 동북쪽의 단도현에 있다.

5. 오자서가 오나라 왕 부차를 증오하여 강물을 요동시켜 큰 파도를 일으키자, 지금의 회계·전당·단도에서는 모두 오자서의 사당을 세워 그 파도를 그치게 하고자 하였다. **《사류부주》권6.**

6. 漢武帝時, 蒼梧[11]賈雍為豫章[12]太守, 有神術. 出界討賊, 為賊所殺, 失頭. 雍上馬還營, 營中咸走來視雍. 雍胸中語曰: "戰不利, 為賊所傷. 諸君視有頭爲佳, 無頭佳乎?" 吏泣曰: "有頭佳." 雍曰: "不然, 無頭亦佳." 言畢遂死. **《御覽》三百六十四又三百七十一.**

6. 한 무제 때 창오 사람 가옹은 예장태수를 지냈는데, 신기한 술법을 부리는 능력이 있었다. 그는 변경 밖으로 도적을 토벌하러 나갔다가 도적에게 살해되어 머리를 잘리고 말았다. 가옹이 말에 올라 진영으로 돌아오니, 진영에 있던 사람들이 모두 가옹을 보러 달려 나왔다. 가옹이 가슴으로 "전세가 불리하여 적에게 당했다. 그대들이 보기에 머리가 있는 게 좋은가, 없는 게 좋은가?"라고 묻자, 관리가 울면서 "머리가 있는 것이 좋습니다."라고 대답하였다. 가옹이 "그렇지 않아. 머리가 없는 것도 좋아."라고 하였다. 말을 마치고는 마침내 죽었다. **《태평어람》권364·371.**

7. 漢時, 大雪積地丈餘. 洛陽令身出案行, 見人家皆除雪出, 有乞食者. **二句《初學記》·《御覽》引有.** 至袁安[13]門, 無有行路. 謂安已死, 令人除雪入戶, 見

---

11 창오(蒼梧): 군의 이름으로, 지금의 광서성(廣西省) 창오현이다.

12 예장(豫章): 군의 이름으로, 지금의 강서성 남창시(南昌市)이다.

13 원안(袁安): ? -92년. 자가 소공(邵公)이며, 여양(汝陽) 사람으로, 원소(袁紹)의 고조부이다. 동한 중기의 충신이며, 벼슬이 사도(司徒)에 이르렀으며, 화제(和帝) 때 두헌(竇憲)이 전횡할 때에도 굽히지 않고 그를 탄핵하였다. 《후한서(後漢書)》권75에 보인다.

安僵臥. 問何以不出, 安曰: "大雪, 人皆餓, 不宜干人." 令以安為賢, 舉孝廉. 《書鈔》七十九. 《類聚》二. 《初學記》二. 《御覽》十二又四百二十六. 《事類賦注》三.

7. 한나라 때에 폭설이 내려 땅에 눈이 한 길 넘게 쌓였다. 낙양령洛陽令이 몸소 순찰을 나가 보니 집집마다 사람들이 모두 눈을 치우러 나와 있었으며, 어떤 사람은 먹을 것을 구걸하고 있었다. 2구는 《초학기》·《태평어람》의 인용에 있다. 원안의 집 대문에 이르러보니 사람이 다닌 흔적이 없었다. 원안이 이미 죽었다고 이르고, 사람을 시켜 눈을 치우게 하여 집에 들어가 보니, 원안이 뻣뻣하게 누워 있는 것이었다. 왜 바깥에 나오지 않는지 물어보니, 원안은 "폭설이 내리면 사람들이 다들 굶주리게 되는데, 사람들에게 구걸하는 것은 좋지 않습니다."라고 대답하였다. 낙양령은 원안이 훌륭하다고 여겨서 효렴으로 천거하였다. 《북당서초》권79. 《예문유취》권2. 《초학기》권2. 《태평어람》권12·426. 《사류부주》권3.

8. 袁安葬其母, 逢二書生, 語其葬地, 遂至四世五公. 《書鈔》九十二又九十四. 其後公路[14]年十八, 驕豪, 故常飯乳, 二字依《御覽》八百五十引補. 食蜜飯; 諸女以絳為地道, 游行其上; 葬地所致也. 《御覽》五百五十六.

---

14 공로(公路): 원술(袁術). ?-199년. 공로는 자. 원술은 후한 여양 사람으로, 원봉(袁逢)의 아들이며, 원봉의 서자인 원소가 그의 이복형이다. 원술은 효렴으로 천거되고 누차 승진하여 하남윤호분중랑장(河南尹虎賁中郎將)을 지냈다. 동탁(董卓)이 권력을 독점하자 원술은 남양(南陽)으로 달아났으며, 조조와 원소의 공격을 받자 잔당을 이끌고 양주(揚州)로 가서 할거하였다. 건안 2년(197년)에는 수춘[壽春: 지금의 안휘성 수현(壽縣)]에서 황제라 일컫고, 자호를 중가(仲家)라 하였다. 후에 식량이 떨어지고 무리들이 흩어져서 북쪽의 청주(青州)로 달아났다가 유비에게 격파되어 다시 수춘으로 돌아와서 죽었다. 《후한서》권153, 《삼국지(三國志)》권6에 보인다.

8. 원안이 자신의 모친을 장사지낼 때 서생 두 명을 만났는데, 원안에게 모친의 장지를 이야기해 주었으며, 마침내 4대에 걸쳐 다섯 명의 공公을 배출하기에 이른다. **《북당서초》권92·94.** 그의 후손 공로는 나이 18세에 교만하고 방자해져서 항상 식사로는 젖을 먹고, **2자는 《태평어람》권850에 의거하여 보충하였다.** 꿀밥을 먹었다. 여러 딸들은 붉은 비단으로 길을 만들어 그 위에서 놀며 다녔다. 장지를 잘 써서 그렇게 된 것이다. **《태평어람》권556.**

9. 劉照, 建安中為河間[15]太守. 婦亡, 埋棺於府園中. 遭黃巾賊[16], 照委郡走. 後太守至, 夜夢見一婦人, 往就之. 後又遺一雙鎖, 太守不能名. 婦曰: "此萎蕤鎖也. 以金縷相連, 屈申在人, 實珍物. 吾方當去, 故以相別. 慎無告人!" 後二十日, 照遣兒迎喪, 守乃悟, 云云. 兒見鎖, 感慟不能自勝. **《廣記》三百十六.**

9. 유조는 건안 연간에 하간태수를 지냈다. 부인이 죽자 관부의 후원에 관을 묻어 두었다. 황건적의 난을 만나게 되자 유조는 군을 포기하고 도망갔다. 후임 태수가 부임하여 밤에 잠을 자는데 꿈속에 어떤 부인이 나타나 그에게 오더니 그와 동침했다. 후에는 또 쇠사슬 한 쌍을 주었는데, 태수는 그 이름을 알 수 없었다. 부인이 다음과 같

---

15 하간(河間): 하간군(河間郡) 혹은 하간국(河間國). 전국시대 조(趙)나라 때 하간의 기록이 보인다. 위나라 때는 하간군을 설치하였으며, 서진(西晉) 때는 하간국을 설치하였다가 악성현(樂成縣)으로 고쳤으며, 북위 때는 하간군을 설치하였다가 뒤에 하간국으로 고쳤으며, 군의 행정소재지는 무원현(武垣縣)에 있었고, 영주(瀛州)에 속했다. 하간시는 지금의 하북성(河北省) 창주시(滄州市) 관할 현급 시이다.

16 황건적(黃巾賊): 후한 말엽에 태평도(太平道)라는 종교를 세워 반란을 일으킨 무리. 두목이 장각(張角)으로, 모두 머리에 누런 수건을 썼으므로 붙여진 이름이다.

이 말하였다. “이것은 위유쇄라는 것입니다. 금실로 연결되어 있고 사람에 따라 굽었다 펴졌다 하는데 참으로 진귀한 보물입니다. 저는 이제 곧 떠나가야 하기 때문에 이것을 당신께 작별의 정표로 드립니다. 사람들에게는 절대로 말하지 마십시오.” 20일 후에 유조가 부인의 영구를 옮기고자 아들을 보냈는데, 그제야 태수는 무슨 일인지를 깨닫고 말해 주었다. 아들은 위유쇄를 보더니 몹시 슬퍼하였다. **《태평광기》권316.**

10. 吳左中郎[17]廣陵相胡熙, 字元光. 女名中, 許嫁當出, 而欻有身. 女亦不自覺. 熙父信嚴而有法, 乃遣熙妻丁氏殺之. 欻有鬼語腹中, 音聲嘖嘖, 曰: “何故殺我母? 我某月某日當出.” 左右驚怪, 以白信. 信自往聽, 乃捨之. 及產兒, 遺地則不見形, 止聞兒聲在于左右. 及長大, 言語亦如人. 熙妻別為施帳, 時自言當見形, 使姥見. 熙妻視之, 在丹帷裏, 前後釘金釵, 好手臂, 善彈琴, 時問姥及母所嗜, 欲為得酒脯棗之屬以還. 母坐作衣, 兒來抱膝緣背, 數戲; 中不耐之, 意竊怒曰: “人家豈與鬼子相隨?” 即於傍怒曰: “就母戲耳, 乃罵作鬼子. 今當從母指中, 入于母腹, 使母知之.” 中指即直而痛, 漸漸上入臂髀, 若有貫刺之者, 須臾欲死. 熙妻乃設饌祝請之, 有頃而止. **《廣記》三百十七.**

17 좌중랑(左中郞): ‘중랑’은 관직 이름으로 진(秦)나라 때 설치되어 한나라 때에도 그대로 사용되었다. 궁중의 호위와 시종을 담당하였으며, 낭중령(郎中令)에 예속되었다. 오관(五官)·좌(左)·우(右) 중랑으로 나누고, 이것을 삼서(三署)라 하였는데, 각 서의 장관을 중랑장(中郎將)이라 하였다. 중랑장은 또한 줄여서 중랑이라고도 하였는데, 이를테면 한나라 때 좌중랑장을 지낸 채옹(蔡邕)을 사람들은 채중랑이라 불렀다. 동진(東晉)과 남북조 시기에는 모두 종사중랑(從事中郎)을 설치하였는데 장수의 막료이다. 수나라 이후에 폐지하였다.

10. 오나라 좌중랑인 광릉상 호희는 자가 원광이다. 그의 딸 호중은 혼인을 허락한 집안이 있어서 출가를 시켜야 할 판인데, 갑자기 태기가 있었으며, 딸 역시 자각을 하지 못하고 있었다. 호희의 부친 호신은 엄하고 법도가 있었다. 그래서 호희의 처 정씨를 보내어 그녀를 죽이도록 하였다. 그런데 홀연 뱃속에서 귀신의 말소리가 들렸는데 "무엇 때문에 나의 어머니를 죽이려 합니까? 나는 모월 모일에 출생할 것입니다."라고 말하는 것이었다. 옆에 있던 사람이 두렵고 괴이하여 그 일을 호신에게 알렸다. 호신이 직접 가서 듣고는 호중을 죽이지 않고 그냥 내버려 두었다. 그래서 아이를 낳게 되었는데, 아이를 낳은 곳에 아이의 모습은 보이지 않고 아이의 울음소리만 근처에서 들리는 것이었다. 아이가 자라게 되자 사람처럼 말하였다. 호희의 처가 따로 아이를 위해 침상 휘장을 쳐 주었다. 어느 날, 귀신은 할머니가 볼 수 있게 형체를 드러내겠다고 혼잣말을 하였다. 호희의 처가 보았더니, 붉은색 휘장 안에 있는데, 앞뒤에는 금비녀를 꽂았고, 멋진 팔은 거문고를 잘 탔으며, 때때로 할머니와 어머니가 좋아하는 것에 대해 물어보고는 술·말린 고기·대추 같은 것을 구해서 돌아왔다. 어머니가 앉아서 옷을 짓고 있는데, 아들이 와서 무릎을 안고 등에 올라가 몇 번이고 장난을 쳤다. 호중이 그것을 참지 못하고, 내심 몰래 화가 나서 "사람이 어찌 귀신 새끼와 함께 하겠느냐?"라고 하였다. 그러자 곧 옆에서 화난 목소리로 "어머니께 장난한 것일 뿐인데 귀신 새끼라고 욕하다니요. 이제 어머니의 손가락 속으로 해서 어머니의 뱃속으로 들어가 어머니께서 아시도록 해 드릴게요."라고 말하였다. 호중의 손가락이 곧 꽂꽂해지면서 통증이 느껴지더니, 어떤 물체가 점점 위로 올라가 팔뚝과 넓적다리로 뚫고 들어오는데 마치 그 속을 찌르며 뚫고 지나가는 것 같았으며, 얼마 후에는 아

파서 죽을 것만 같았다. 이에 호희의 처가 음식을 차려놓고 축원하고 빌었더니 얼마 후에 통증이 그쳤다. **《태평광기》권317.**

11. 吳赤烏[18]三年, 句章[19]民楊度至餘姚. 夜行, 有一少年持琵琶, 求寄載. 度受之. 鼓琵琶作數十曲; 曲畢, 乃吐舌擘目, 以怖度而去. 復行二十里許, 又見一老父寄載, 自云姓王名戒, 因復載之. 謂曰: "鬼工鼓琵琶, 甚哀." 戒曰: "我亦能鼓." 即是向鬼, 復擘眼吐舌, 度怖幾死. **《御覽》五百八十三.**

11. 오나라 적오 3년에 구장현의 백성인 양도가 여요현에 갔다. 밤길을 가는데 비파를 든 어떤 소년이 나타나서 태워달라고 하여 그를 수레에 태워주었다. 소년이 비파를 타며 수십 곡조를 연주하였는데, 곡조가 다하자 혀를 빼물고 눈을 뒤집어 양도를 공포에 질리게 하고는 떠나갔다. 다시 20리쯤 가자니 또 어떤 노인이 나타나 자신을 왕계라고 소개하며 태워 달라고 하여 다시 그를 수레에 태워 주었다. "귀신이 비파를 교묘하게 탔는데, 아주 애절하였습니다." 하였더니, 왕계라는 자가 "나도 잘 타는데."라고 하여 보니 바로 아까 그 귀신이었다. 다시 눈을 뒤집고 혀를 빼물었는데, 양도는 공포에 질려서 거의 죽을 뻔했다. **《태평어람》권383.**

12. 吳時嘉興[20]倪彦思, 忽有鬼魅在家, 能為人語, 飲食如人, 惟不見形. **二句《御覽》引有.** 思乃延道士逐之. 酒肴既設, 道士便擊鼓, **二句《御覽》引有.** 召

---

18 적오(赤烏): 삼국시대 오나라 손권(孫權)의 연호로, 238년부터 251년까지 사용되었다.
19 구장(句章): 현의 이름으로, 지금의 절강성 영파시(寧波市) 서북쪽.
20 가흥(嘉興): 적오 5년(242년)부터 가흥이라 부르기 시작했다. 현 이름으로 지금의 절강성에 속한다.

請諸神; 魅乃取伏虎, 於神坐上, 吹作角聲, 以亂鼓音. 有頃, 道士忽覺背中冷, 驚起解衣, 乃伏虎也. **《書鈔》一百三十五. 《御覽》七百十二.**

12. 오나라 때 가홍현에 예언사라는 사람이 살았는데, 홀연 그의 집에 도깨비가 들었다. 도깨비는 사람의 말을 할 줄 알았고, 먹고 마시고 하는 것이 사람과 같았는데, 다만 모습을 드러내지 않았다. **2구는 《태평어람》의 인용에 있다.** 그래서 예언사는 도사를 불러와서 도깨비를 내쫓고자 하였다. 술과 음식이 차려지자 도사는 곧 북을 쳐서 **두 구는 《태평어람》의 인용에 있다.** 여러 신을 초청하였다. 그러자 도깨비는 요강을 들고 신주 위에서 뿔피리 소리를 내면서 북소리를 어지럽혔다. 잠시 후 도사는 갑자기 등줄기에 냉기를 느끼고 깜짝 놀라 일어나 옷을 벗어 보니 그것은 바로 요강이었다. **《북당서초》권135. 《태평어람》권712.**

13. 吳人費季, 客賈去家, 與諸賈人語曰: "吾臨行就婦求金釵, 婦與之, 吾乃置戶楣上, 忘向婦說." 妻夢見季死, 前金釵在戶上, 妻取得發哀. 一年, 季却還. **《御覽》七百十八.**

13. 오나라 사람 비계는 장사를 하면서 집을 떠나 있었다. 그가 여러 상인들에게 말하였다. "내가 떠나올 때에 마누라에게 금비녀를 달라고 하니, 마누라가 그것을 주더군. 그런데 그걸 문미에다 두고는 마누라에게 말해 주는 것을 깜빡 잊었지 뭔가." 그의 처가 비계가 죽는 꿈을 꾸었는데, 남편에게 주었던 일전의 그 금비녀가 문 위에 있기에 그것을 처분하여 남편의 장례를 치렀다. 그런데 일 년이 지난 후에 비계가 집으로 돌아왔다. **《태평어람》권718.**

14. 隆安[21]中, 吳縣[22]張君林, 忽有鬼來助其驅使. 林家甑破, 無可用, 鬼乃撞盆底穿, 以當甑. **《御覽》七百五十七.**

14. 융안 연간에 오현 사람 장군림에게 홀연히 귀신이 나타나 그의 일을 도와주었다. 그의 집에는 시루가 깨어져서 사용할 수가 없었는데, 귀신이 항아리 바닥을 뚫어 시루로 쓸 수 있게 해 주었다. **《태평어람》권757.**

15. 會稽山陰賀瑀, 字彥琚, 曾得疾, 不知人, 惟心下尚溫. 居三日乃蘇, 云: 吏將上天見官府. 府君居處甚嚴. 使人將瑀入曲房. 房中有層架, 其上有印及劍; 使瑀取之, 惟意所好. 瑀短, 不及上層, 取劍以出. 問之: "子何得也?" 瑀曰: "得劍." 吏曰: "恨不得印, 可以驅策百神. 今得劍, 惟使社公耳." 疾既愈, 每行, 即見社公拜謁道下. **《書鈔》引作疾愈, 果有鬼來白事, 自稱社公.** 瑀深惡之. **《廣記》三百八十三. 《書鈔》八十七. 《初學記》十三.**

15. 회계군 산음 사람 하우는 자가 언거이다. 일찍이 병에 걸려 인사불성이 되었는데, 다만 심장 아래쪽에 온기만 남아있었다. 사흘이 지나서야 깨어나더니 다음과 같이 말하였다. 관리가 자신을 데리고 하늘로 올라가니 관아가 나타났는데, 부군의 거처는 매우 삼엄하였으며, 사람을 시켜 하우를 밀실로 데리고 들어가게 하였다. 방안에는 층으로 된 시렁이 있고, 그 위에는 도장과 검이 있었다. 하우 더러 마음에 드는 것을 가지라고 하였지만, 하우는 키가 작아서 위 칸의 도

---

21 융안(隆安): 동진(東晉)의 황제인 진 안제 사마덕종의 첫 번째 연호로 397년부터 401년까지이다.

22 오현(吳縣): 지금의 강소성 소주시(蘇州市)에 해당한다.

장에는 손이 닿지 않았기 때문에 검을 가지고 나왔다. "그대는 무얼 가지고 나왔는가?" 하고 묻기에, 하우가 "검을 골랐습니다."라고 하였다. 관리가 "여러 신을 부릴 수 있는 도장을 고르지 않았다니 안타깝구나. 지금 얻은 검으로는 토지신인 사공만 부릴 수 있을 뿐이라네."라고 하였다. 하우의 병이 낫고 나서 매번 길을 나서면, 사공이 길가에 나타나 찾아뵙고는 인사를 하는 것이었다. **《북당서초》에는 '병이 낫자 과연 어떤 귀신이 나타나서 사정을 이야기해 주었으며, 스스로 사공이라 했다'라고 하였다. 하우는 그를 매우 싫어하였다.** **《태평광기》권383. 《북당서초》권87. 《초학기》권13.**

16. 烏程丘友[23], **《書鈔》引作丘支**. 死經一日半, 復得生. 云將去上天, 入大廨舍, 見一人著紫幘而坐. **已上亦見《書鈔》一百二十七**. 或告友, 爾祖丘孝伯也, 今作主錄, 告人言友不應死, 使人遣之, 友得還去. 出門見其祖父母系一足[24], 在門外樹後. 一月亡. **《廣記》三百八十三**.

16. 오정 사람 구우 **《북당서초》에는 '丘支'로 되어 있다.** 가 죽었다가 하루 반나절이 지나 다시 소생하여 말하였다. 자기를 하늘로 데려갔는데 커다란 청사로 들어갔더니 어떤 사람이 자주색 두건을 쓰고 앉아 있었다. **이상의 내용은 《북당서초》권127에도 보인다.** 어떤 사람이 구우에게 그의 조부 구효백께서 지금 주록관主錄官을 맡고 있다고 말해 주고, 사람들에게는 구우가 아직 죽을 때가 아니라고 하고는, 사람을 시켜 구우를 보내주라고 하여 구우는 돌아올 수 있었다. 문을 나서면서 보니

---

23 오정(烏程): 고대의 현 이름으로, 지금의 절강성 호주시(湖州市)이다.

24 계일족(系一足): '계족'은 발을 묶어준다는 뜻. 당 이복언(李復言)의 《속현괴록(續玄怪錄)·정혼점(定婚店)》의 내용에 보면, 월하노인(月下老人)이 붉은색 끈으로 남녀의 발을 묶어 두면, 비록 원수진 집안이나 신분과 재산이 현격하게 차이가 나는 집안이라 해도 결혼을 피하지 못한다고 한다. 후에는 혼인을 맺어준다는 뜻으로 사용되었다.

그의 조부모가 한쪽 발을 끈으로 묶은 채 문밖의 나무 뒤에 계셨다. 한 달 뒤에 구우가 죽었다. **《태평광기》권383.**

17. 昔廬陵[25]邑子歐明 **《御覽》二十九引作區明者**, 從客過. **《類林》作從賈客**. 道經彭澤湖[26], 輒以船中所有多少 **已上八字《類林》作每以珍寶**. 投湖中, 云以為禮. 積數年, 後 **《類林》作復** 過, 見湖中有大道, 道上多風塵, 有數吏單衣乘車馬來候, 云是青洪君使要. 明知是神, 然不敢不往. 須臾, 遙見有府舍門下吏卒, 明 **以上十二字據《類林》引補**. 甚怖, 問吏, 恐不得還. 吏曰: "無可怖! 青洪君以君前後有禮, 故要君; 必有重送, 君皆勿收, 獨求如願爾!" 去, 果以繒帛送, 明辭之. 乃求如願. **《類林》作必有厚遺, 然勿取, 但求如願耳. 明既見青洪君, 君問所須, 明曰欲求如願.** 神大怪明知之, 意甚惜; 不得已, 呼如願使隨去. 如願者, 青洪君婢也, 常使之取物. 明將如願歸, 所欲輒得之, 數年大富. **已上略見《初學記》十八引. 《類林雜說》八.** 意漸驕盈, 不復愛如願. 歲朝, 雞一鳴, 呼如願, 如願不起. 明大怒, 欲捶之. 如願乃走. 明逐之於糞上. 糞上有昨日故歲掃除聚薪, 如願乃於此得去. 明不知, 謂逃在積薪糞中, 乃以杖捶使出. 久無出者, 乃知不能. 因曰: "汝但使我富, 不復捶汝." 今世人歲朝雞鳴時, 轉往捶糞, 云使人富也. 《御覽》四百七十二又五百. **《海錄碎事》二略引云: 有商人過清明湖, 見清明君. 末作今人正旦以細繩繫偶人投于糞壤中, 云令如願.**

17. 옛날에 여릉 고을 사람 구명 **《태평어람》권29의 인용에는 '區明'으로 되어 있다.** 이란 자가 나그네 생활을 할 때였다. **《유림》에는 '상인 생활을 하다'라고 하였다.** 도중에 팽택호를 지나게 되면 그때마다 문득 배 안에 있는

---

25 여릉(廬陵): 군의 이름으로, 지금의 강서성 길안시(吉安市).

26 팽택호(彭澤湖): 팽려호(彭蠡湖)와 같으며, 지금의 강서성에 있는 파양호(鄱陽湖)를 말한다.

것들 중에서 상당한 분량을 **이상 8자는 《유림》에서는 '매번 진귀한 보배를'이라고 되어 있다.** 호수 속으로 던지면서 그것으로 예를 차리는 것이라고 말하였다. 여러 해가 지난 후에 **《유림》에서는 '復'이라고 하였다.** 그곳을 지나면서 호수 가운데를 보니 큰 길이 있는데, 그 위로 먼지 바람이 자욱하게 일더니 홑옷을 입은 여러 명의 관리들이 수레와 말을 타고 와서 그를 맞이하며, 청홍군께서 모셔오라고 보낸 것이라고 말하였다. 구명은 그가 호수의 신이라는 것을 알았지만 가지 않을 수가 없었다. 잠깐 사이에 저 멀리 어떤 저택이 보이고, 문 아래에는 관리들이 있었다. 구명은 **이상 12자는 《유림》의 인용에 근거하여 보충하였다.** 매우 두려워 관리에게 물어보았으며, 돌아가지 못할까 두려워하였다. 관리가 말하였다. "무서워할 것 없소! 청홍군께서는 그대가 여러 번 예를 표하였기 때문에 그대를 초청한 것이오. 필시 많은 선물을 주실 터인데, 그대는 모두 받지 말고 단지 여원을 달라고만 청하시오." 청홍군에게 가보니 과연 비단을 선물로 주었는데, 구명은 그것을 사양하고 여원을 달라고 청하였다. **《유림》에서는 '반드시 후한 선물을 주실 터이나 받지 말고 단지 여원을 달라고만 하시오. 구명이 청홍군을 보니, 청홍군이 필요한 것을 묻자 구명은 여원을 원한다고 말하였다'라고 되어 있다.** 청홍군은 구명이 그녀를 알고 있는 것이 매우 이상하고 마음속으로 매우 애석하였지만, 어쩔 수 없이 여원을 불러서 구명을 따라 가라고 하였다. 여원이란 자는 청홍군의 시녀로, 청홍군은 항상 그녀에게 물건을 가져오는 일을 시켰던 것이다. 여원을 데리고 돌아온 구명은 원하는 것이 있으면 그때마다 얻게 되어 몇 년 만에 큰 부자가 되었다. **이상은 대체로 《초학기》권18의 인용과 《유림잡설》권8에 보인다.** 그러나 마음이 점점 자만하고 거만해져 더 이상 여원을 아껴주지 않았다. 어느 해 정월 초하룻날 아침에 닭 울음소리가 한번 들리자 여원을 불렀는데 여원이 일어나지를 않았다. 구명이 크게 화를 내며 그녀를 치려고 하자 여원은 달아났다. 구명이 그녀를 똥거름 더미 위로 쫓았다. 똥거름 위에는 어제 묵은해를 청소하고 모아둔 땔나무 더미가 있었는데, 여원은 거기로 해서 빠져나갈 수 있었다. 구명은 그것도 모르고, 똥거름 위의 땔나무 더미 속으로 도망가 있다고 하면서 장대로 치며 그녀를 밖으로 나오게 하였다. 한참이 지나도 나오지 않자 어쩔 수 없다는 것을 알고는 말하였다. "네가 나를 부자로 만들어준 것만으로도 다시는 너를 치지 않겠다." 오늘날 사람들은 정월 초하룻날 아침에 닭이 울 때 똥거름 더미로 가서 장대로 치는 것을 부자 만들기라고 말한다. **《태평어람》권472·500. 《해록쇄사》권2에서는 다음과 같이 간략하게 인용하였는데, '어떤 상인이 청명호를 건너다가 청명군을 만났다. 끝에는 오늘날 사람들이 정월 초하루에 사람의 인형을 가는 끈에 묶어서 똥거름에 던져 넣으면서 여원을 부리는 것이라 말한다'라고 하였다.**

18. 文翁[27]者, 廬江[28]人. 為兒童時, 乃有神異. 及長, 當起歷下[29]陂以作田, 文翁盡日斫伐柴薪, 以為陂塘. 其夜, 忽有數百頭野豬, 以鼻載土著柴中, 比曉成塘. **《御覽》七十四.**

18. 문옹이란 자는 여강 사람이다. 어릴 때부터 신기하고 이상한 능력이 있었다. 장성하여 역하에 제방을 쌓아 밭을 만들 때, 문옹은

---

27 문옹(文翁): 기원전 187년-기원전 110년. 자는 중옹(仲翁), 한나라 서[舒: 지금의 안휘성(安徽省) 여강현(廬江縣)] 사람으로, 《춘추(春秋)》에 능통하여 경제(景帝) 말에 촉군(蜀郡)태수를 지냈다. 교화를 중시하고, 학교를 일으켜 문풍을 크게 떨쳤다. 무제(武帝) 때는 모든 군국(郡國)에 학교를 세우도록 하였다.

28 여강(廬江): 군의 이름으로, 한나라 때에 설치하였다. 행정소재지는 지금의 안휘성 여강현 서쪽에 있었다.

29 역하(歷下): 춘추시대 제(齊)나라의 고을 이름으로, 옛 성이 지금의 산동성(山東省) 역성현(歷城縣) 행정소재지 서쪽에 있다.

하루 종일 잡목을 베어내어 저수지의 제방을 만들었다. 그러던 어느 날 밤 갑자기 멧돼지 수백 마리가 나타나 코로 흙을 퍼 날라 잡목 더미에 채워 넣었으며, 새벽녘이 가까이 오자 저수지가 완성되었다. **《태평어람》권74.**

19. 有王更生者, 為漢中[30]太守. 郡界有袁氏廟, 靈響. 更生過廟祭, 去而遺其刀. 遣小史[31]李高還取刀. 高見刀在廟床上. 高進取去, 仰見座上有一君, 著大冠袍衣, 頭鬢半白, 謂高曰: "可取去. 如言不道, 後吾當佑汝." 高還, 如言不道. 後高仕為郡守, 當復遷為郡. 高時年已六十餘, 祖高者百餘人. 高乃道: "昔為更生小吏, 見遣至廟, 取所遺刀, 見廟神, 使吾莫道, 至今不敢道, 然心常以欺君為慚." 言畢, 此刀立刺高心下, 須臾死. **《御覽》三百四十五.**

19. 왕갱생이라는 자가 한중태수를 지낼 때였다. 군 경계에 있는 원씨의 사당이 매우 영험하였다. 왕갱생이 사당에 가서 제를 지내고 나서 깜빡 잊고 그의 칼을 두고 왔다. 그래서 이고李高라는 아전을 보내서 칼을 가져오게 하였다. 이고가 가서 보니 칼은 사당의 제상 위에 있었다. 이고가 사당 안에 들어가서 칼을 가지고 나오다가 좌대 위를 올려다 보니 귀신이 하나 있었는데, 커다란 관에 도포 차림이었으며, 머리카락은 반백이었다. 귀신이 이고에게 말하였다. "칼을 가져가도 된다. 나를 만났다는 얘기를 사람들에게 하지 않는다면 후에

---

30 한중(漢中): 군의 이름. 전국시대(戰國時代) 초(楚)나라 지역으로, 진(秦)나라 때 한중군을 설치하였다. 지금의 섬서성 남부 및 호북성(湖北省) 서북부에 해당한다. 한나라 때는 행정소재지를 남정(南鄭)에 두었는데, 지금의 섬서성 남정현 동쪽이다.

31 소사(小史): 하급관리. 즉 아래의 소리(小吏)를 말한다.

내가 반드시 너를 도와주겠다." 이고가 돌아와서 귀신을 만난 이야기를 누구에게도 하지 않았다. 후에 이고는 벼슬길에 나가 군수가 되었으며, 다시 다른 군으로 옮겨가게 되었다. 당시에 이고의 나이는 이미 예순이 넘었고, 후손들이 백여 명이나 되었다. 이고가 비로소 말하였다. "옛날 내가 왕갱생의 아전으로 있었을 때, 사당에 가서 두고 온 칼을 가지고 오라는 심부름을 갔다가 사당 귀신을 만났는데, 귀신이 나더러 이야기하지 말라고 했기 때문에 지금까지 누구에게도 감히 얘기할 수가 없었어. 그러나 마음속으로는 항상 태수님을 속인 일로 부끄러웠어." 그의 말이 끝나자 그 칼이 일어서더니 이고의 심장 아래를 찔렀으며, 잠시 뒤에 이고가 죽었다. **《태평어람》권345.**

20. 隗炤[32]者, **《御覽》一引作陰.**[33] 鴻壽亭民, 善於《易》. 臨終, 書板授其妻曰: "吾亡後, 當大荒窮, 雖爾, 而愼莫賣宅! 到後五年春, 當有詔使來, 頓此亭, 姓龔. 此人負吾金, 卿以此板往責之, 勿違言也!" 言訖而卒. **四字《御覽》引有.** 後果大困, 欲賣宅者數矣, 憶夫言輒止. 到期日, 有龔使者果止亭中, 妻遂齎板往責使者. 使者執板, 惘然不知所以, 乃言曰: "我平生不踐此處, 何緣爾耶?" 妻曰: "夫臨亡手書板, 見命如此, 不敢妄也." **已上四句《御覽》引有.** 使者沉吟良久而寤, 謂曰: "賢夫何能?" 妻曰: "亡夫善於《易》, 而未曾為人卜也." 使者曰: "噫, 可知矣!" 乃顧命侍者, 取蓍而筮之, 卦成, 抵掌歎曰: "妙哉! 隗炤生含明隱跡, 而莫之聞, 可謂鏡窮達而洞吉凶者也." 於是告炤妻曰: "吾不相負金也. 賢夫自有金耳. 乃知亡後當暫窮, 故藏金以

---

32 외소(隗炤): 생졸년 미상. 진(晉)나라 여음(汝陰) 사람으로, 《역(易)》에 능통하였다. 본편의 내용이 《진서(晉書)》권95에 보인다.

33 《태평어람》에서 인용한 《녹이전》의 이 이야기 두 편 중, 728권에서는 '隗炤者' 뒤에 '汝陰'이 왔으며, 811권에서는 '汝南陰'이 왔다. 여기에서의 "두 편 중 한 편의 인용에서는 '陰' 자로 되어 있다"라는 말은 잘못된 것이다.

待泰平. 所以不告兒婦者, 恐金盡而困無已也. 知吾善《易》, 故書板以寄意耳. 金有五百斤, 盛以青甀, **《御覽》引作罌, 一作缾.** 覆以銅柈, 埋在堂屋東頭, 去壁一丈, 入地九尺." 妻還掘之, 皆如卜焉. **《類聚》八十三. 《御覽》七百二十八又八百十一.**

20. 외소라는 사람은 **《태평어람》 한 인용에서는 '陰' 자로 되어 있다.** 홍수정의 백성으로, 《주역》에 정통하였다. 임종할 때 서판에 글을 써서 그의 처에게 주며 말하였다. "내가 죽은 후에는 심한 흉년이 닥칠 거요. 비록 그렇게 되더라도 집은 절대로 팔지 마시오! 5년 후 봄이 되면 임금님의 조서를 받든 사신이 와서 이 마을에 머무를 것이니, 성이 공씨일 거요. 이 자는 나에게 금을 빚졌으니, 당신이 이 서판을 가지고 가서 그것을 갚으라고 하오. 부디 내 말을 어기지 마오!" 말을 마치고는 죽었다. **4자는 《태평어람》의 인용에 있다.** 후에 과연 생활이 크게 어려워져 집을 팔려고 한 적이 여러 번 있었지만, 그때마다 남편의 말을 생각하고 그만두었다. 남편이 말했던 날이 되자, 공씨 성을 가진 사신이 과연 마을에 와서 머무르자, 외소의 처가 마침내 서판을 가지고 사신에게 가서 금을 갚으라고 하였다. 사신이 서판을 받아들고는 망연히 무슨 영문인지를 몰라 하면서 곧 말하였다. "나는 지금까지 이곳 땅을 밟은 적도 없는데, 어찌 된 사연이오?" 부인이 대답하였다. "저의 남편이 돌아가실 때에 직접 이 서판을 써주시면서 이렇게 하라고 하셨으니, 감히 함부로 할 수 없습니다." **이상 4구는 《태평어람》의 인용에 있다.** 사신이 한참 동안 망설이더니 깨닫고서 말하였다. "부군께서는 무엇에 능하셨소?" 부인이 말하였다. "망부께서는 《주역》에 능통하셨지만, 사람들에게 점을 쳐준 적은 없습니다." 사신이 "아, 알겠구나!" 하더니, 시자를 돌아보며 시초를 가져오라고 명하여 점을 쳤

는데, 점괘가 나오자 손뼉을 치며 감탄하며 말했다. "묘하구나! 외소 선생은 빛을 머금고도 자취를 숨겨 아무도 그 명성을 들은 자가 없었으니, 가히 세상 이치를 거울로 끝까지 비추듯이 다 알고 길흉을 통찰한 자라고 말할 수 있도다." 그리고는 외소의 처에게 말해 주었다. "나는 그분께 금을 빚지지 않았습니다. 부군 자신이 금을 가지고 있었을 뿐입니다. 죽은 후에 반드시 생활이 잠시 어려워진다는 것을 알았기 때문에 금을 감춰두고서 세상이 안정되기를 기다리게 한 것입니다. 자식이나 부인에게 알려주지 않은 이유는 금을 다 쓸 때까지 어려운 상황이 끝나지 않을 것이 걱정되었던 것입니다. 내가 《주역》에 능통하다는 것을 알았기 때문에 서판에다 자신의 뜻을 기탁한 것일 뿐입니다. 금은 오백 근이 있으며, 푸른색 술 단지에 넣고 **《태평어람》의 인용에는 '罌' 자로 되어 있고, 어떤 곳에는 '鉼' 자로 되어 있다.** 동 쟁반을 덮어서 당실의 동쪽 머리에 묻었는데, 벽에서 1장 떨어졌고, 땅속으로 깊이 9척 되는 곳입니다." 외소의 처가 집으로 돌아와서 그곳을 파 보니 모두가 점괘에 나온 대로였다. **《예문유취》권83. 《태평어람》권728·811.**

21. 嘉興令吳士季者, 曾患瘧, 乘船經武昌[34]廟過, 遂遣人辭謝, 乞斷瘧鬼焉. 既而去廟二十餘里, 寢際, 忽夢塘上有一騎追之, 意甚疾速. 見士季, **《御覽》引作夢見塘上有一人乘馬追, 呼行太急, 來至季船.** 乃下馬, 與一吏共入船後, 縛一小兒將去. 既而瘧疾遂愈. **《御覽》引作夢覺, 瘧即斷. 《廣記》三百十八. 《御覽》七百四十三.**

21. 가흥 현령 오사계라는 자가 일찍이 학질에 걸린 적이 있었는

34 무창(武昌): 군 이름으로, 지금의 호북성 악주시(鄂州市).

데, 배를 타고 무창 사당을 지나게 되자 사람을 보내어 감사를 표하고 학질 귀신을 떼어달라고 빌었다. 얼마 뒤 사당을 20여 리 떠나와서 잠을 잘 때, 홀연히 꿈에 연못 위에 말을 탄 사람이 나타나 그를 좇아왔는데, 심히 빠르게 질주한다고 생각하였다. 오사계를 보더니 **《태평어람》의 인용에서는 '꿈에 연못 위에 말을 탄 사람이 나타나 좇아왔는데, 부르고 행동하는 것이 대단히 급하게 오사계의 배에 이르렀다'라고 되어 있다.** 말에서 내려서 관리 한 명과 같이 배로 들어온 후에 어린아이 한 명을 묶어 데리고 갔다. 이윽고 학질이 다 나았다. **《태평어람》의 인용에서는 '꿈에서 깨니 학질이 다 나았다'라고 되어 있다. 《태평광기》권318. 《태평어람》권743.**

22. 宏老 **一作宏公, 《廣記》引作郚公, 下同** 吳興烏程[35]人, 患瘧經年不差. **二字《廣記》引有.** 宏後獨至田舍, 瘧發, 有數小兒, 或騎公腹, 或扶公手腳. 公因陽瞑, 忽起捉得一兒, 遂化成黃鷁[36], 餘者皆走. 公乃縛以還家. 暮縣窗上, 云明日當殺食之. 比曉, 失鷁處. 公瘧遂斷. 于時人有得瘧者, 但呼 **《御覽》引一作依** 宏公, 便瘧斷. **《御覽》九百二十五又七百四十三. 《廣記》三百十八.**

22. 굉노 **어떤 곳에는 '宏公'으로 되어 있고, 《태평광기》에는 '郚公'으로 되어 있다. 이하 마찬가지이다.** 는 오흥군 오정현 사람으로, 학질에 걸려 일 년이 지나도록 차도가 없었다. **2자는 《태평광기》의 인용에 있다.** 굉노가 후에 혼자서 농가에 갔다가 학질이 발작하였는데, 아이들이 여러 명 나타나더니 어떤 아이는 공의 배에 올라타고 어떤 아이는 공의 팔과 다리를 잡고 있었다. 공이 일부러 자는 척하다가 갑자기 일어나 한 아이를 붙잡았더니, 그 아이는 황익 새로 변하였고 다른 아이들은 모두 달아났다.

---

35 오흥오정(吳興烏程): 오흥은 군 이름으로, 지금의 절강성 호주시(湖州市) 일대.
36 황익(黃鷁): 물새의 일종으로, 미신에서는 황익을 학귀(瘧鬼)로 여겼다.

공은 그 새를 묶어서 집으로 가지고 왔다. 저녁에 그 새를 창문에 매달아 놓고 내일 잡아먹을 거라고 말하였다. 새벽녘이 가까이 오자 그 새는 온데간데없었다. 공이 앓던 학질도 마침내 떨어졌다. 그리하여 당시 사람들이 학질에 걸리면 굉공 이름만 불러도 **《태평어람》의 인용에는 '依' 자로 되어 있다.** 학질은 바로 떨어졌다. **《태평어람》권925·743. 《태평광기》권318.**

23. 陳世母黃氏, 亡後還家, 但聞聲. 世忽亡斧. 黃言, 問家奴福盜之. **《御覽》七百六十三.**

23. 진세의 어머니 황씨가 죽은 후에 집으로 돌아왔는데, 목소리만 들렸다. 진세가 갑자기 도끼를 잃어버렸다. 황씨가 종놈 복이 훔친 거라고 알려주었다. **《태평어람》권763.**

24. 謝邈之為吳興郡, 帳下給使鄒覽, 乘樵船在部伍後. 至平望亭, 夜雨, 前部伍頓住. 覽露船無所庇宿, 顧見塘下有人家燈火, 便往投之. 至, 有一茅屋, 中有一男子, 年可五十, 夜織薄. 別床有小兒, 年十歲. 覽求寄宿, 此人欣然相許. 小兒啼泣歔欷, 此人喻止之, 不住啼, 遂至曉. 覽問何意. 曰: "是僕兒. 其母當嫁, 悲戀故啼耳." 將曉, 覽去, 顧視不見向屋, 唯有兩冢, 草莽湛深. 行逢一女子乘船, 謂覽曰: "此中非人所行, 君何故從中出?" 覽具以所見告之. 女子曰: "此是我兒. 實欲改適, 故來辭墓." 因哽咽至冢, 號咷, 不復嫁. **《廣記》三百十八.**

24. 사막지가 오흥군을 다스릴 때, 그의 휘하에 추람이란 급사가 땔나무를 실은 배를 타고 부대의 뒤를 따르고 있었다. 평망정에 이르

러 밤중에 비가 내리자 앞쪽의 부대가 멈추어 섰다. 추람이 타고 있던 덮개 없는 배에는 비를 피해 쉴 만한 곳이 없었는데, 둘러보니 제방 아래쪽에 불빛이 새어나오는 인가가 보이기에 거기로 가서 투숙하고자 하였다. 가서 보니 띠 풀로 엮은 집이 한 채 있고, 집안에는 나이가 대략 쉰 살은 되어 보이는 남자 한 명이 그 밤중에 발을 짜고 있었다. 별도의 침대에는 아이가 있었는데 나이가 열 살이었다. 추람이 좀 재워달라고 하자 그 사람은 흔쾌히 허락하였다. 아이가 흐느껴 울었는데, 그 사람이 울음을 그치라고 해도 그치지를 않고 새벽까지 울었다. 추람이 그 이유를 묻자, 그 사람이 말하였다. "이 아이는 저의 아들입니다. 아이의 엄마가 개가를 하게 되니, 슬프고 그리워서 우는 것입니다." 새벽이 되어 추람이 떠나가면서 돌아보니, 조금 전의 집은 보이지 않고 무덤만 두 개 있었으며, 무덤에는 잡초가 무성하였다. 도중에 배를 타고 오는 어떤 여자를 만났는데, 그 여자가 추람에게 말하였다. "이곳은 사람이 다니는 곳이 아닌데, 당신께선 무슨 일로 여기서 나오시는지요?" 추람이 자기가 본 것을 자세히 이야기해 주자, 그 여자가 말하였다. "그 아이는 제 아들입니다. 사실은 개가하러 가려고 무덤에 이별하러 왔습니다." 그리고는 목이 메어 무덤으로 가 통곡을 하더니, 개가하지 않았다. **《태평광기》권318.**

25. 江巖常到吳採藥, 及富春縣[37]清泉山南, 遙見一美女, 紫衣, 獨踞石而歌, 聲有〈碣石〉[38]之音. 巖往未及數十步, 女輒去, 惟見所踞石耳. 如此數日,

---

37 부춘현(富春縣): 한나라 때 회계군(會稽郡)에 속했으며, 지금의 절강성 부양현(富陽縣)이다.

38 갈석(碣石): 〈갈석편(碣石篇)〉을 말한다. 악부(樂府) 무곡가사(舞曲歌辭)로, 진(晉)나라 불무가사(拂舞歌辭)의 이름이다.

巖乃擊破石. 從石中得一紫玉, 長一尺. 後不復見女. 《御覽》八百五. 《事類賦注》九.

25. 강암이라는 사람이 오 지역으로 자주 약초를 캐러 갔는데, 부춘현 청천산 남쪽에 갔더니 저 멀리 아름다운 여인 한 명이 보였다. 그녀는 자주색 옷을 입고, 혼자 바위에 걸터앉아 노래를 부르고 있었는데, 들어보니 〈갈석편碣石篇〉의 가락이 있었다. 강암이 그쪽으로 다가가다가 수십 보가 채 못 미쳤을 때 여인이 문득 떠나 버리고, 다만 그녀가 걸터앉았던 바위만 남아 있었다. 이렇게 며칠이 지나자 강암은 곧 그 바위를 쳐서 부숴버렸다. 바위 속에서 자주색 옥 하나를 얻었는데, 길이가 1척이나 되었다. 그 후로 다시는 그 여인을 볼 수 없었다. 《태평어람》권805. 《사류부주》권9.

26. 邴浪者, 安樂[39]人, 行到松茲縣[40]九田山, 見一鳥, 形如雉而色正赤, 集山巖石上, 鳴聲如吹笙. 浪即射中之, 鳥仍入石穴中. 浪遂鑿石, 得一赤玉, 狀如鳥形. 《御覽》八百五.

26. 병랑이란 사람은 안락현 사람이다. 송자현 구전산에 갔다가 꿩같이 생긴 진홍색 새 한 마리를 보았는데, 이 새는 산 위의 바위에 서식하고 있었으며, 우는 소리가 마치 생황을 부는 것과 같았다. 병랑이 즉시 활을 쏘아서 맞혔는데, 새가 바위 구멍 속으로 들어가 버렸다. 병랑이 바위를 뚫었더니 붉은 옥이 하나 나왔는데, 그 새와 같은

39 안락(安樂): 한나라 때 설치한 현 이름으로, 어양군(漁陽郡)에 속하였고, 지금의 하북성 통현(通縣) 서북쪽이다.

40 송자현(松兹縣): 현 이름으로, 본래는 후국(侯國)이었다. 한나라 때 여강군(廬江郡: 지금의 안휘성 여강현 서쪽)에 속하였다.

모양을 하고 있었다. **《태평어람》권805.**

27. 婦人帶宜男草[41], 生兒. **《御覽》九百九十六.**

27. 부인이 의남초를 몸에 지니고 있으면 아들을 낳는다. **《태평어람》권996.**

《녹이전錄異傳》

진송晉宋 시기의 지괴소설. 지은이를 알 수 없다. 이 책은 사지史志에 저록되어 있지 않다. 권질卷帙도 상세하지 않다. 당송 유서에 일문이 인용되어 있다. 루쉰이 27조를 집록하여 《고소설구침》에 넣었다. 일문 중에 진晉 융안隆安 시기의 이야기가 있는 것으로 미루어, 이 책은 대략 동진 말 혹은 유송 초에 이루어졌음을 알 수 있다. 이 책은 귀괴요이鬼怪妖異 이야기를 기술하고 있는데, 위로는 주진周秦 시기부터 아래로는 동진 시기까지, 심오하고 아름다운 전설들이 적지 않다. 그 중의 어떤 이야기는 이미 당시의 유명한 지괴서志怪書에도 보인다. 그 나머지 이야기들도 대부분이 가편이라고 할 수 있다. 그리고 또한 많은 이야기들은 상상과 환상으로 이루어져 있는데, 그 풍격이 매우 아름답다.

---

41 의남초(宜男草): 원추리의 다른 이름. 미신에서는 임산부가 이 풀을 몸에 지니고 있으면 아들을 낳는다고 여겼다.

13. 《잡귀신지괴雜鬼神志怪》〔일명《잡귀신지雜鬼神志》·《잡귀괴지雜鬼怪志》〕

1. 昔周時尹氏, 貴盛, 數代不絕, 食口數千, 常遭飢荒, 羅鼎鑊作糜; 啜糜之聲, 聞數十里中. 臨食, 失三十人. 墾取鑊底糜, 鑊深大, 故人不見也. **《御覽》四百七十.**

1. 옛날 주나라 시대의 윤씨는 부유하게 살아서 누대를 가도록 부유함이 끊어지지 않았는데, 식구가 수천 명이었으며 늘 기근을 만나게 되면 커다란 솥에 죽을 끓였다. 죽이 끓는 소리가 수십 리까지 들렸다. 식사를 할 적에 삼십여 명씩 사라졌다. 솥 밑바닥까지 죽을 다 긁어낼 때까지 솥이 너무 깊어서 사람들이 보이지 않았다. **《태평어람》권407.**

2. 齊人田乃已釀千日酒, 過飮一斗, 醉臥千日, 乃醒也. **《書鈔》一百四十八.**

2. 제나라 사람 전내가 천일주를 빚었는데 한 말을 마시면 천일동안 취해서 누웠으며 그 후에야 깨어났다. **《북당서초》권104.**

3. 漢武帝鑿昆明池, 悉是灰墨. 問東方朔, 曰: "非臣所知, 可訪西域胡人." **《玉燭寶典》四引《雜鬼怪志》.**

3. 한 무제가 곤명지를 파다가 온통 검은 재가 나와서 동방삭에게 물었더니 "소신은 알 수가 없으며 서역 오랑캐에게 물어야 할 것입니다."라고 하였다. **《옥촉보전》권4에서 《잡귀신지괴》를 인용함.**

4. 弘農[1]鄧紹, 嘗八月旦入華山[2]采藥. 見一童子, 執五綵囊, 盛柏葉上露. **已上依《續齊諧記》補** 囊似蓮花, 內有青鳥? **《玉燭寶典》八引《志怪》** 露皆如珠, 滿囊. 紹問曰: "用此何為?" 答曰: "赤松先生[3]取以明目." 言終, 便失所在. **露皆如珠至此並見《續齊諧記》.**

4. 홍농 사람 등소가 일찍이 8월 아침에 화산으로 약초를 캐러 갔다. 한 동자를 만났는데 다섯 가지 색깔의 비단자루를 메고 있었는데 잣나무 잎사귀에 이슬이 가득했다. **이상은 《속제해기》에 의해 보충하였다.** 자루는 연꽃 같이 생겼는데 안에는 푸른 새가 있는지? **《옥촉보전》권8에서 《지괴》를 인용하였다.** 이슬은 모두 진주만 했는데, 자루에 가득했다. 등소가 "이것은 어디에 쓰는 것인가?"라고 묻자 "적송자 선인은 이것으로 눈을 밝게 합니다."라고 대답하였다. 말을 마치자 곧 사라지고 보이지 않았다. **'露皆如珠'에서 여기까지는 《속제해기》에 보임.**

5. 會稽[4]人吳詳, 見一女子溪邊洗腳, 呼詳共宿. 明旦別去, 女贈詳以紫巾, 詳答以白布手巾. **《御覽》七百十六引《志怪》. 案: 《書鈔》引《神怪錄》亦載之.**

5. 회계 사람 오상은 한 여자가 개울에서 발을 씻고 있는 것을 보았

---

1 홍농(弘農): 현재의 하남성(河南省) 영보현(靈寶縣) 북쪽에 해당함.

2 화산(華山): 중국 오악(五岳) 가운데 하나로, 오늘날 섬서성(陝西省) 위남시(渭南市)와 화음시(華陰市) 일대에 위치하고 있으며 하남성 영보현과 인접하고 있다.

3 적송선생(赤松先生): 즉 적송자(赤松子). 중국 신화시대의 신선(神仙) 이름으로 신농씨(神農氏) 시대의 우신(雨神)이다. 빙옥산(冰玉散)을 복용하는 술법이 뛰어났는데, 이를 신농씨에게 전해 주었다고 전해진다. 《수신기(搜神記)》와 《열선전(列仙傳)》에 적송자 관련 이야기가 전해지고 있다.

4 회계(會稽): 현재의 절강성(浙江省) 소흥현(紹興縣)에 해당하며, 회계군의 관청이 위치한 곳이 바로 산음현(山陰縣)이었다.

다. 그녀를 불러서 함께 잤다. 다음 날 아침 작별하는데 여자는 오상에게 붉은 손수건을 주었으며 오상은 답례로 흰 베 손수건을 주었다. **《태평어람》권716에서 《지괴》를 인용함. 안:《북당서초》는 《신괴록》에서 인용하여 실음.**

6. 建康[5]小吏曹著, 為廬山府君[6]所迎. 見門有一大甕, 可受數百斛, 但見風雲出其中. **《御覽》七百五十八引《志怪》. 案: 《祖台之志怪》亦記曹著見廬山君事.**

6. 건강의 하급 관리 조저는 여산부군의 영접을 받았다. 문에 커다란 독이 있는 것이 보였는데 수백 곡의 곡식을 담을 만큼 컸고 다만 바람과 구름이 그 안에서 나오는 것을 보았다. **《태평어람》권758에서 《지괴》를 인용함. 안:《조태지지괴》 역시 조저가 여산부군을 본 일을 기록하였다.**

7. 昔有人與奴俱得心腹病, 治不能愈. 奴死, 乃剖腹視之, 得一白鱉, 赤眼, 甚鮮淨. 以諸藥內鱉口中, 終不死. 後有人乘白馬來者, 馬溺濺鱉, 縮頭藏腳. 乃試取馬溺灌之, 豁然消成水. 病者頓飲一升, 即愈. **《御覽》九百三十二引《志怪》.**

7. 옛날 어떤 사람과 하인이 모두 심장과 배가 아픈 병에 걸려서 치료할 수가 없었다. 하인이 죽어서 배를 갈라서 살펴보니 흰 자라

---

5 건강(建康): 오늘날 남경(南京)의 옛 육조시기(六朝時期)에 해당하는 명칭으로, 손오(孫吳)·동진(東晉)·유송(劉宋)·소제(蕭齊)·소량(蕭梁)·진조(陳朝)의 수도였으며 경제·문화·정치·군사 중심지로 세계에서 첫 번째로 인구 백만을 넘은 대규모 도시였다.

6 여산부군(廬山府君): 여산은 강서성(江西省) 구강시(九江市) 남쪽에 있는 큰 산으로 불교가 들어오기 전에는 고대중국인에게 그 산신이 운명을 주관한다고 믿었다. 고대중국인은 여산과 더불어 태산(泰山)의 산신 역시 운명을 주관하는 신으로 여겼다. 태산부군(泰山府君) 역시 운명을 주관하는 신으로 널리 알려져 있다.

한 마리를 얻었는데 빨간 눈에 대단히 깔끔하였다. 여러 가지 약을 자라의 입속에 넣어도 끝내 죽지 않았다. 나중에 어떤 사람이 흰 말을 타고 왔는데, 그 말 오줌이 자라에게 튀자 자라가 머리를 움츠리고 다리를 감추었다. 이에 시험 삼아 말 오줌을 자라에게 부었더니 홀연 녹아서 물이 되었다. 병자가 단숨에 말 오줌 한 되를 마시니 즉시 병이 나았다. **《태평어람》권932에서 《지괴》를 인용함.**

8. 顧邵為豫章, 崇學校, 禁淫祀[7], 風化大行. 歷毁諸廟, 至廬山廟, 一郡悉諫, 不從. 夜, 忽聞有排大門聲, 怪之. 忽有一人開閣徑前, 狀若方相[8], 自說是廬山君[9]. 邵獨對之, 要進上床. 鬼即入坐. 邵善《左傳》, 鬼遂與邵談《春秋》, 彌夜不能相屈. 邵歎其精辯, 謂曰: "《傳》載晉景公[10]所夢大厲者, 古今同有是物也?" 鬼笑曰: "今大則有之, 厲則不然." 燈火盡, 邵不命取, 乃隨燒《左傳》以續之. 鬼頻請退, 邵輒留之. 鬼本欲凌邵, 邵神氣湛然, 不可得乘. 鬼反和遜求復廟, 言旨懇至. 邵笑而不答. **已上略見《續談助》四.** 鬼發怒而退, 顧謂邵曰: "今夕不能仇君. 三年之內, 君必衰矣. 當因此時相報." 邵曰: "何事匆匆? 且復留談論." 鬼乃隱而不見. 視門閣悉閉如故. 如期, 邵果篤疾, 恒夢見此鬼來擊之, 並勸邵復廟. 邵曰: "邪豈勝正." 終不聽. 後遂卒. **《廣記》二百九十三引《志怪》.**

---

7 음사(淫祀): 부정한 귀신에게 지내는 제사.

8 방상(方相): 방상씨(方相氏). 옛 민간신앙에 등장하는 귀신으로, 황금색의 네 눈이 그려진 탈을 쓰고 곰 가죽을 두르고 창과 방패를 들고 있는 모습이다.

9 여산군(廬山君): 전설에 따르면 주(周) 무왕(武王) 시대의 사람으로, 일찍이 7형제와 함께 산중에 초막집을 짓고 스스로 수련하였다고 한다. 후에 모두 신선이 되어 떠나고 초막집만 남겨지게 되자 후대 사람들이 이 산을 '여산(廬山)'이라 부르기 시작하였다. 한 무제 때 광유(匡裕)가 여산군으로 봉해졌다고 한다.

10 진경공(晉景公): ?-기원전 581년. 성은 희(姬)이며 이름은 누(獳)이며 거(據)라고도 한다. 춘추시대 제후국인 진(晉)나라의 군주. 재위 기간은 기원전 599년부터 기원전 581년까지이다.

8. 고소가 예장을 다스릴 적에 학교를 일으키고 음사를 금지하였으며 교화를 크게 실행하였다. 그는 또한 여러 사당을 차례로 허물어 버렸는데, 여산묘를 허물 차례가 되었을 때 온 군의 사람들이 모두 사당을 헐지 말도록 간언하였으나 그는 듣지 않았다. 밤에 갑자기 대문 여는 소리가 들리자 그는 괴이하게 여겼다. 문득 어떤 한 사람이 문을 열고 곧장 앞으로 왔는데, 방상씨 모습처럼 생겼으며 스스로 여산군이라고 하였다. 고소가 독대하고 평상으로 올라오게 하자 귀신이 즉시 들어와서 앉았다. 고소는 《좌전》에 뛰어났는데, 귀신이 드디어 고소와 더불어 《춘추》를 토론하였으니, 밤이 새도록 서로 굴복하지 않았다. 고소는 그의 정밀한 변론에 탄복하면서 "《좌전》에는 진나라 경공이 꿈에 큰 악귀를 보았다고 실려 있는데, 예나 지금이나 똑같이 이런 것이 있겠소?"라고 말하였다. 귀신이 웃으면서 "지금은 큰 것은 있어도 악귀는 없소."라고 말하였다. 등불이 다하자 고소는 불을 더 이상 밝히지 않게 명하고 《좌전》을 태우면서 대화를 계속하였다. 귀신은 여러 번 물러가겠다고 청하였으나 고소는 그 때마다 만류하였다. 귀신은 본래 고소를 모욕하고자 하였으나 고소가 정신이 맑게 깨어 있었으므로 기회를 얻을 수가 없었다. 귀신은 도리어 유순하고 겸손하게 사당의 복구를 간청하였는데, 말의 뜻이 지극히 간절하였다. 고소는 웃으면서 대답하지 않았다. **이상은 《속담조》권4에 보인다.** 귀신은 분노하여 물러가면서 고소를 돌아보고 "오늘 저녁은 그대에게 복수할 수 없었으나 3년 이내에 그대는 반드시 기운이 쇠할 것이오. 마땅히 그 때 보복할 것이오."라고 말하였다. 고소가 "무슨 일이 그리 바쁘오? 좀 더 머물러서 얘기를 나눕시다."라고 말하였다. 귀신은 이에 사라져 보이지 않았다. 고소가 문을 보니 이전처럼 닫혀 있었다. 귀신이 예정했던 시기가 되자 고소는 과연 심한 병에 걸렸는데,

꿈에 항상 그 귀신이 나타나 그를 치면서 그에게 사당의 복구를 권유하였다. 고소가 "사邪가 어찌 정正을 이기겠는가?"라고 말하였다. 마침내 고소는 귀신의 말을 듣지 않았다. 나중에 끝내 고소는 죽고 말았다. **《태평광기》293에서 《지괴》를 인용함.**

9. 古今相傳, 夜以火照水底, 悉見鬼神. 溫嶠[11]平蘇峻之難, 及於湓口[12], 乃試照焉. 果見官寺[13]赫奕, 人從甚盛. 又見群小兒兩兩為偶, 乘軺車, 駕以黃羊, 睢盱可惡. 溫即夢見神怒曰: "當令君知之." 乃得病也. **《廣記》二百九十四引《志怪》.**

9. 옛날부터 전해지기를 밤에 불을 가지고 물 밑을 비추면 누구나 귀신을 볼 수 있다고 한다. 온교가 소준의 반란을 평정하고 분구에 이르러 시험 삼아 불로 비추어 봤다. 과연 대단히 아름다운 관아가 보였는데 그곳에는 사람들이 매우 많았다. 또 여러 아이들이 두 명씩 짝을 지어 작은 수레를 타고 누런 양을 모는 것이 보였는데 눈을 부릅뜬 모습이 싫었다. 온교는 밤에 바로 꿈을 꾸었는데, 귀신이 나타나 분노하며 "당장 그대가 알게 할 것이다."라고 하였다. 이에 온교는 병을 얻었다. **《태평광기》권294에서 《지괴》를 인용함.**

---

11 온교(溫嶠): 288-329년. 자는 태진(泰眞. 또는 太眞이라고도 함). 북방민족의 침입으로 낙양(洛陽)이 함락되자 양자강(揚子江)을 건너 건강(建康)으로 와서 산기시랑(散騎侍郎)이 되었다. 동진(東晉)의 명제(明帝)가 즉위하자 시중(侍中)과 중서령(中書令) 등의 벼슬을 하면서 정사를 도왔고 왕돈(王敦)이 반란을 일으키자 이를 토벌하여 군공을 세웠다. 동진의 성제(成帝) 때 소준 등이 반란을 일으키자 도간(陶侃) 등과 힘을 합쳐 소준의 반란을 평정하였고 표기장군(驃騎將軍) 겸 산기상시(散騎常侍)에 임명되었다.

12 분구(湓口): 강서성 구강현의 서쪽에 위치하고 있는데 분수(湓水)가 양자강으로 흘러 들어가는 입구라고 한다.

13 관시(官寺): 관아(官衙).

10. 永嘉[14]中, 黃門將[15]張禹曾行經大澤中. 天陰晦, 忽見一宅門大開, 禹遂前至廳事. 有一婢出問之, 禹曰: “行次遇雨, 欲寄宿耳.” 婢入報之. 尋出呼禹前. 見一女子, 年三十許, 坐帳中. 有侍婢二人. 餘人衣服皆燦麗. 問禹所欲, 禹曰: “自有飯, 唯須飮耳.” 女敕取鐺與之. 因然火作湯, 雖聞沸聲, 探之尙冷. 女曰: “我亡人也. 冢墓之間, 無以相共, 慚愧而已.” 因歔欷告禹曰: “我是任城縣[16]孫家女, 父為中山太守. 出適頓丘李氏, 有一男一女, 男年十一, 女年七歲. 亡後, 幸我舊使婢承貴者. 今我兒每被捶楚, 不避頭面, 常痛極心髓. 欲殺此婢, 然亡人氣弱, 須有所凭託. 君助濟此事, 當厚報君.” 禹曰: “雖念夫人言. 緣殺人事大, 不敢承命!” 婦人曰: “何緣令君手刃! 唯欲因君為我語李氏家, 說我告君事狀. 李氏念昔, 承貴必禳除. 君當語之, 自言能為厭斷之法[17]李氏聞此, 必令承貴莅事, 我因伺便殺之.” 禹許諾. 及明而出, 遂語李氏, 具以其言告之. 李氏驚愕, 以語承貴, 大懼, 遂求救於禹. 既而禹見孫氏自外來, 侍婢二十餘人, 悉持刀刺承貴, 應手仆地而死. 未幾, 禹復經過澤中, 此人遣婢送五十匹雜彩以報禹. **《廣記》三百十八引《志怪》.**

10. 영가 연간에 황문장 장우가 큰 못을 지나가게 되었다. 날이 캄캄해지면서 갑자기 한 집의 문이 활짝 열려 있는 것을 보고 장우는 앞으로 나아가 그 집의 마루로 갔다. 한 여종이 나와서 그에게 묻자, 장우가 “길을 가다가 비를 만났기에 하룻밤 묵었으면 합니다.”라고

---

14 영가(永嘉): 307-312년. 진(晉) 나라 회제(懷帝) 연호.

15 황문장(黃門將): 황문은 궁궐의 금문(禁門)을 뜻하며 주로 환관의 벼슬을 지칭하는데 황문시랑이니 황문령(黃門令) 등이 그러하다. 그러나 여기서는 아마도 궁문을 수비하는 하급 장교를 지칭하여 황문장이라고 한 듯하다.

16 임성현(任城縣): 현재의 산동성 제녕현(濟寧縣).

17 염단지법(厭斷之法): 고대 방사(方士)들이 행하던 무술(巫術) 중의 하나로, 귀신을 물리치던 방법.

하였다. 여종이 안으로 들어가서 알렸다. 여종이 잠시 후에 다시 나와 장우를 부르며 앞으로 오게 했다. 30세 정도 되는 여자가 휘장 안에 앉아 있었는데 시녀 두 사람이 있었다. 다른 사람들의 옷도 모두 찬란하고 아름다웠다. 그녀가 장우에게 바라는 바를 물었더니 장우가 "내게 밥은 있으니 마실 것만 필요합니다."라고 하였다. 그녀는 솥을 가져오게 하여 그에게 주라고 명령했다. 이리하여 장우는 불을 피우고 국을 끓였는데, 비록 끓는 소리가 들려 솥을 살펴보았으나 여전히 차가웠다. 그녀가 "저는 죽은 사람입니다. 무덤 안에는 당신에게 드릴 것이 아무것도 없으니 부끄러울 뿐입니다."라고 하였다. 이어서 그녀는 흐느껴 울면서 장우에게 "저는 임성현 손씨 집안의 딸로, 아버지께서는 중산태수를 역임하였습니다. 돈구의 이씨에게 출가하여 1남 1여를 두었는데 사내아이는 11살이고 여자아이는 7살입니다. 제가 죽고 나서 이씨는 옛날에 제가 부리던 시녀인 승귀를 총애했습니다. 지금 제 아이는 매번 승귀에게 머리와 얼굴을 가리지 않고 심하게 맞고 있으니, 늘 가슴이 사무치게 아픕니다. 이 시녀를 죽이고 싶으나 죽은 사람은 기운이 약하므로 반드시 다른 사람의 몸에 의탁해야 합니다. 부탁하건대 그대가 저를 도와 이 일을 해결해 준다면 마땅히 그대에게 후한 보답을 할 것입니다."라고 하였다. 장우가 "비록 부인의 말을 생각은 해보았지만, 살인은 너무도 큰일이기 때문에 감히 명을 따를 수 없습니다."라고 하였다. 부인이 "무슨 연유로 그대에게 손수 칼을 쓰게 하겠습니까? 다만 그대는 제가 그대에게 이야기한 일의 정황을 그대로 이씨 집안에 말해 주기만 하면 됩니다. 그러면 이씨는 옛날을 생각할 것이고 승귀는 반드시 귀신을 쫓는 제사를 올릴 것입니다. 그때 그대는 스스로 염단법에 능하다고 말하십시오. 이씨가 그 말을 들으면 반드시 승귀로 하여금 참여하게 할 것이니, 저는 기회를 틈타 그녀를 죽이겠습니다."라고 하였다. 장우는 그 말대로 할 것이라고 승낙하였다. 날이 밝자, 장우는 그 곳을 나와 드디어 이씨에게 그녀가 한 말을 알려주었다. 이씨가 크게 놀라 승귀에게 이야기하자, 승귀는 크게 두려워하면서 장우에게 목숨을 구해 달라고 하였다. 얼마 되지 않아 장우는 손씨가 시녀 20여 명과 함께 밖에서 들어오는 것을 보았는데, 모두 칼을 들고 승귀를 찌르자 승귀는 땅에 쓰러져 죽고 말았다. 얼마 지나지 않아 장우가 다시 못을 지나가는데, 그녀는 시녀를 시켜 여러 가지 색깔이 섞인 비단 54필을 보내어 장우에게 보답하였다. **《태평광기》권380에서 《지괴》를 인용함.**

11. 沙門[18]竺僧瑤, 得神咒, 尤能治邪. 廣陵王家女病邪, 召瑤治之. 瑤入門, 便瞋目大罵云: "老魅不念守道, 而干犯人." 女乃在內大哭, **《御覽》引作喚.** 云: "人殺我夫." 魅在其側曰: "吾命盡於今, 可為痛心!" **四字《御覽》引有.** 因歔欷悲啼. 又曰: "此神也, 不可與爭." 傍人悉聞. **四字《御覽》引有.** 於是化為老黿, 走出庭中. 瑤令撲殺之也. **《廣記》四百六十八引《志怪》. 《御覽》九百三十二引《許氏志怪》.**

11. 천축국天竺國 승려 요는 신통한 주술을 부릴 줄 알았는데, 특히 사악한 귀신을 다스리는 데 뛰어났다. 광릉왕의 딸이 사악한 귀신으로 인해 병이 들자 요를 불러 치료하게 했다. 요가 문으로 들어서자 귀신이 눈을 부릅뜨고 크게 꾸짖어 "늙은 요괴가 불도는 닦지 않고 사람을 해치다니."라고 말하였다. 그러자 딸이 안에서 크게 울면

18 사문(沙門): 범어 '스라마나(sramana)'의 음역. 식심(息心)·근식(勤息)·정지(靜志)·빈도(貧道) 등으로 번역된다. 인도에서 출가하여 삭발하고 깨닫기 위해 수행하는 자에 대한 총칭으로 쓰인다. 즉, 출가한 승려를 가리킨다.

서 **《태평어람》의 인용에서는 '喚'으로 되어 있다.** "저 사람이 내 남편을 죽이는구나."라고 말하였다. 귀신이 그녀의 곁에서 "내 목숨이 오늘에 이르러 다하니 가슴 아프구나!" **4자는 《태평어람》의 인용에 있다.** 라고 말하였다. 이어서 흐느끼며 울었다. 또 "이 신과는 함께 겨룰 수가 없다."라고 하였다. 곁에 있는 사람들이 모두 들었다. **4자는 《태평어람》의 인용에 있다.** 이어서 늙은 악어로 변하여 정원으로 나갔다. 요는 그것을 때려죽이도록 하였다. **《태평광기》권468에서 《지괴》를 인용함. 《태평어람》권932에서 《허씨지괴》를 인용함.**

12. 會稽王國[19]吏謝宗, 赴假. 經吳皋橋, 同船人至市, 宗獨在船. 有一女子, 姿性婉娩, 來詣船, 因相為戲. 女即留宿歡宴, 乃求寄載. 宗許之. 自爾船人夕夕聞言笑. 後逾年, 往來彌數. 同房密伺, 不見有人, 知是邪魅, 遂共掩被, 良久得一物, 大如枕. 須臾, 又獲二物, 並立如拳, 視之, 乃是三龜. 宗悲思數日方悟, 向說如是. 云此女子一歲生二男, 大者名道愍, 小者名道興. 宗又云, 此女子及二兒初被索之時, 大怖, 形並縮小, 謂宗曰: "可取我枕投之." 時叔道明為郎中令[20], 籠三龜示之. **《廣記》四百六十八引《志怪》. 案: 亦見《孔氏志怪》.**

12. 회계왕국의 관리 사종이 휴가를 갔다. 오고교를 지나면서 배에 함께 탔던 사람들은 모두 저자거리로 나갔지만, 사종 혼자 배에 있었다. 자색이 예쁘고 성격이 온순한 어떤 여자 하나가 배로 오자 두 사

---

19 회계왕국(會稽王國): 회계군은 지금의 절강성 소흥현에 해당한다. 왕국의 칭호를 붙이는 것은 보통 왕자들이 어떤 군현을 봉지를 받을 경우 그곳을 국(國)이라고 표현한다. 즉 독자적으로 소속되는 관리를 둘 수 있기 때문이다.

20 낭중령(郎中令): 낭관(郎官)의 일종으로 구중을 호위하고 황제의 외출시 동행하는 등, 궁중에 소속된 고급관리였다.

람은 서로 재미있게 놀게 되었다. 그녀는 하룻밤 자면서 연회를 즐기면서 자신을 계속 배에 태워주기를 요구하였다. 사종이 허락하였다. 이로부터 뱃사람들은 밤마다 두 사람이 웃고 떠드는 소리를 들었다. 후에 1년이 지나자 두 사람은 왕래가 더욱 빈번해졌다. 사종이 방을 함께 쓰면서 몰래 엿보았으나 사람이 보이지 않기에 사악한 요괴임을 알고, 드디어 이불로 모두 덮쳤는데 한참 뒤에 베개만한 크기의 물체를 잡았다. 잠시 후에 또 주먹만 한 크기의 물체 두 개를 잡았는데 살펴보니 바로 세 마리의 거북이였다. 사종은 며칠 동안 슬퍼하다가 비로소 깨닫고 사람들에게 이 여자는 일 년 만에 두 사내아이를 낳았는데 큰 아이의 이름은 도민이라 하였고 작은 아이의 이름은 도흥이라고 하였다. 사종은 또 이 여자와 두 아이가 처음 붙잡혔을 때 크게 두려워하며 몸을 움츠리면서 나에게 "내 베개를 취하여 물속에 던져주세요."라고 말했다고 하였다. 당시 사종의 숙부 사도명이 낭중령을 역임하고 있었는데, 사종이 대그릇에 담긴 거북이 세 마리를 그에게 보여주었다. **《태평광기》권468에는서 《지괴》를 인용함. 안: 또한 《공씨지괴》에도 보인다.**

13. 石季倫[21]母喪, 洛下豪俊赴殯者傾都. 王戎[22]亦入臨殯, 便見鬼攘臂打搥鑿, 甚惶惶. 有一人當棺立, 此鬼披胸陷之, 此人即應鑿而倒. 人便去, 得病半日死. 故世間相傳, 不宜當棺, 由戎所見. **《御覽》三百七十一引《志怪集》.**

---

21 석계륜(石季倫): 249-300년. 즉 석숭(石崇)을 말하며 계륜은 그의 자이다. 《곽자》 주 참조.

22 왕융(王戎): 234-305년. 자는 준충(濬冲)이다, 《배자어림》 주 참조.

13. 석계륜이 모친상을 당했는데 낙양의 부자와 호걸들이 빈소에 몰려들어 도성이 기울어질 지경이었다. 왕융도 들어가 빈소에 있다가 팔을 걷어 부친 귀신이 망치로 끌을 치는 것을 보고 크게 두려워하였다. 어떤 사람이 관 앞에 서 있었는데, 이 귀신이 그의 가슴을 열어젖히고 그를 찌르니 이 사람은 바로 끌에 찔려 거꾸러졌다. 사람들이 바로 데리고 갔으나 병이 들어 반나절 만에 죽었다. 이 때문에 세상에 관 앞에 있지 말라는 말이 전해지는 것은 왕융이 본 귀신으로 말미암은 것이다. **《태평어람》권371에서 《지괴집》을 인용함.**

14. 陶侃 **《書鈔》引作太尉** 微時, 遭大喪葬. 家貧, 親自營磚. 有斑特牛, 專以載致, 忽然失去, 便自尋覓. 道中逢一老公, 便舉手指云: "向於岡上見一牛, 眠牛渟中, **《書鈔》引作眠在墟中.** 必是君牛, 眠處便好, 可作墓安墳, 則致極貴. **已上亦見《書鈔》九十四引《志怪集》.** 小位極人臣, 世為方嶽[23]." 侃指一山; 云: "此好, 但不如下, 當世有刺史." 言訖便不復見. 太尉之葬如其言. 侃指別山與周訪家, 則并世刺史矣. **《御覽》五百五十九引《志怪集》. 案: 亦見《孔氏志怪》, 無末二句.**

14. 도간이 **《북당서초》의 인용에는 '太尉'로 되어 있다.** 신분이 미천했을 때 부친의 상을 당했다. 집안이 가난해서 친히 벽돌을 만들어 팔았다. 얼룩황소 한 마리가 전적으로 벽돌을 실어 날랐는데, 갑자기 사라져 곧바로 찾아 나섰다. 길에서 한 노인을 만났는데 곧바로 손가락으로

23 방악(方嶽): '方岳'이라고도 함. 전설 중 요(堯)가 네 아들에게 사악(四岳)을 장악하도록 명령하고, 사백(四伯)이라 칭하였다. 죽음에 이르러 요는 곧 사악의 일을 분담하였는데, 팔백(八伯)을 두고 팔주(八州)의 일을 주관하도록 하였다. 이러한 연유로 후에 한 국가를 전담(專擔)하는 중신(重臣)으로 임명된 것을 '방악'이라 하였다.

가리키며 "언덕위로 올라가면 소 한 마리를 볼 것인데 웅덩이에서 잠자는 소가 반드시 그대의 소일 것이오. **《북당서초》에의 인용에는 '언덕에서 잠자는'으로 되어 있다.** 소가 자는 곳은 명당이니 묘 자리로 쓴다면 지극히 귀한 신분을 얻을 것이오. **이상의 구절은 또《북당서초》권94에서 보이는데,《지괴집》을 인용하였다.** 최소 재상의 지위에 올라 대대로 나라의 중신이 될 것입니다."라고 말하였다. 도간이 어떤 산을 가리키니 노인이 "그곳도 좋습니다만 아래만은 못해서 당대에 자사의 벼슬을 할 것입니다."라고 말하였다. 말을 마치자 노인은 다시 보이지 않았다. 태위는 노인의 말을 따라 그곳에 부친을 장사 지냈다. 도간이 가리켰던 다른 산은 주방의 집에 장사 지내도록 주었는데 아울러 그 집안도 대대로 자사를 역임하였다. **《태평어람》권559에서《지괴집》을 인용함. 안: 또한《공씨지괴》에 보이는데 끝의 2구는 없다.**[24]

15. 雜國桓韓子諸盛十詩[25], 群小兒共在後屋作粥. 立成, 盛以長盤十碗. 群兒還, 忽有婦人出其間. **《書鈔》一百四十四引《志怪集》. 案: 首句有訛奪, 字亦不全.**

15. 여러 아이들과 뒤채에서 죽을 만들었다. 죽이 다 되자 긴 접시 10개에 죽을 담았다. 아이들이 돌아왔는데 갑자기 어떤 부인이 그 사이에서 나타났다. **《북당서초》권144에서《지괴집》을 인용함. 안: 첫 구절에 글자의 잘못과 탈락이 있으며 문장도 완전하지 않다.**

16. 夏侯弘 **《御覽》引作孫弘, 今依《廣記》** 常自云見鬼神, 與其言語委曲. 眾

---

24 루쉰의 착각인 듯하다.《공씨지괴》가 아니라《조태지지괴》의 네 번째 고사에 보임.
25 이 구절은 문장이 완전하지 않아 번역하지 않았음.

未之信. 鎮西將軍[26]謝尚[27], 常所乘馬忽暴死. 會弘詣尚, 尚憂惱甚至, **《御覽》引作常愛惜至甚, 今依《廣記》.** 謂尚曰: "我為活馬何如?" 尚常不信弘, 答曰: "卿若能令此馬更生者, 卿真實通神矣."**《廣記》引作卿真為見鬼也.** 弘於是便下床去, 良久還, 語尚曰: "廟神愛樂君馬, 故取之耳. 向我詣神請之, 初殊不許, 後乃見聽, 馬即耳便活." 尚對死馬坐, 意甚不信, 怪其所言. 須臾, 其馬忽從門外走還, 眾咸見之, 莫不驚惋. 既至馬屍間, 便滅. **三字《廣記》引有.** 應時能動. 有頃, 奮迅呼鳴. 尚於是歎息, **《御覽》八百九十七引《志怪集》. 《廣記》三百二十二引《志怪錄》文甚簡略.** 謝曰: "我無嗣, 是我一身之罰." 弘經時無所告, 曰: "頃所見小鬼耳, 必不能辨此源由." 後忽逢一鬼, 乘新車, 從十許人, 著青絲布袍. 弘前捉牛鼻, 車中人謂弘曰: "何以見阻?" 弘曰: "欲有所問. 鎮西將軍謝尚無兒. 此君風流令望, 不可使之絕祀." 車中人動容曰: "君所道正是僕兒. 年少時與家中婢通, 誓約不再婚, 而違約. 今此婢死, 在天訴之, 是故無兒." 弘具以告. 尚曰: "少時誠有此事." 弘於江陵見一大鬼, 提矛戟, 有小鬼隨從數人; 弘畏懼, 下路避之. 大鬼過後, 捉得一小鬼, 問: "此何物?" 曰: "廣州大殺." 弘曰: "以此矛戟何為?" **十三字依《御覽》引補.** 曰: "殺人以此矛戟, 若中心腹者, 無不輒死. 中餘處, 不至于死." **七字依《御覽》引補.** 弘曰: "治此病有方否?" 鬼曰: "以

---

26 진서장군(鎭西將軍): 고대 군사 관직의 명칭이다. 사진장군(四鎭將軍) 중 하나로 사정장군(四征將軍)에 다음가는 직위이다. 반란 진압과 서방(西方) 지역을 관할한다. 삼국시기에 처음 진서장군을 두어 서방을 관장하게 하였다. 삼국 위(魏) 나라 시기 진서장군은 정2품에 해당하는 벼슬로 양주(凉州)와 옹주(雍州) 일대[오늘날의 섬서성(陝西省)·감숙성(甘肅省)·영하회족자치구(寧夏回族自治區) 일대]를 감독하였으며 촉(蜀)나라의 공격을 방비하는 책임을 맡았다.

27 사상(謝尚): 308년-357년. 자는 인조(仁祖), 동진 진군(陳郡) 양하[陽夏: 지금의 하남성 태강현(太康縣)] 사람이다. 일찍이 서예, 음률, 무도 등 여러 분야에 널리 뛰어났다. 또한 관직에 진출하여 남중랑장(南中郞將), 예주자사(豫州刺史), 안서장군(安西將軍), 건위장군(建威將軍), 상서복야(尙書僕射)를 지내고 후에 진서장군(鎭西將軍)으로 진급하였다. 시호는 간(簡)이다.

烏雞薄之, 《御覽》引作薄心. 即差.” 弘又曰: “今欲何行也?” 鬼曰: “當至荊揚二州.” 爾時比日行心腹病, 無有不死者. 弘乃教人殺烏雞以薄之, 十不失八九. 今有中惡, 輒用烏雞薄之, 弘之由也. 《廣記》三百二十二引《志怪錄》. 《御覽》八百八十四引弘於江陵已下.

16. 하후홍은 《태평어람》의 인용에는 '孫弘'이라 했는데, 지금은 《태평광기》에 의거하였다. 늘 스스로 귀신을 볼 수 있으며 귀신과 자세히 이야기할 수 있다고 하였다. 사람들은 그것을 믿지 않았다. 진서장군 사상이 늘 타고 다니던 말이 갑자기 죽었다. 때마침 하후홍이 사상을 방문했는데 그는 말의 일로 대단히 우울해 했다. 《태평어람》의 인용에는 '늘 애석해하는 것이 지극히 심하다'라고 되어 있는데, 지금은 《태평광기》에 의거하였다. 하후홍이 사상에게 "제가 말을 살리면 어떻겠습니까?"라고 말하였다. 사상은 늘 하후홍을 믿지 않았기에 "그대가 만약 이 말을 다시 살릴 수 있다면, 그대는 진실로 귀신과 통할 수 있는 것이오." 《태평광기》의 인용에는 '그대는 진실로 귀신을 볼 수 있는 것이오'라고 되어 있다. 라고 대답하였다. 하후홍은 이에 마루를 내려가더니 한참 뒤에 돌아와서 사상에게 "사당신이 그대의 말을 좋아하여 그 말을 가져간 것입니다. 좀 전에 제가 사당신을 찾아가 부탁했더니 처음에는 허락하지 않았으나 나중에는 허락했으므로 말이 곧 다시 살아날 것입니다."라고 말하였다. 사상은 죽은 말을 마주 대하고 앉아 있었기에 마음속으로 심히 믿기지 않았으며 그의 말을 괴이하게 여겼다. 잠시 후에 그 말이 갑자기 문밖에서 걸어들어 왔는데 사람들이 모두 그것을 보고 놀라지 않을 수 없었다. 그 말은 자신의 시체 있는 곳에 이르더니 곧 사라져 버렸다. 이 3자는 《태평광기》의 인용에 있다. 그 순간 죽었던 말이 움직일 수 있었다. 잠시 뒤에 울음소리를 기운차게 냈다. 사상이 이에 탄식하며 《태평어람》

권897에서 《지괴집》을 인용하였다. 《태평광기》권322에서 《지괴록》을 인용하였는데, 문장이 대단히 간략하다. 사죄하면서 "내게 후사가 없는 것은 내 일신의 벌이오."라고 하였다. 하후홍은 한참 동안 사상에게 아무 말도 하지 않다가 "조금 전에 어린 귀신이 보이던데 그 이유를 알 수 없었소."라고 하였다. 후에 하후홍은 갑자기 한 귀신을 만났는데, 그 귀신은 새 수레를 타고 있었으며 시종이 10여 명이 되었는데 모두 푸른 실로 짠 도포를 입고 있었다. 하후홍이 앞으로 나아가 소고삐를 잡자 수레에 탄 사람이 하후홍에게 "어째서 길을 막는 것이오?"라고 말하였다. 하후홍이 "묻고 싶은 것이 있소. 진서장군 사상에게는 아이가 없소. 이 분은 풍류도 있고 명망도 있으니 그 제사를 단절시켜서는 안 되오."라고 하였다. 수레에 탄 사람이 얼굴색이 바뀌더니 "그대가 말한 사람은 바로 내 아들이오. 그 아이는 젊을 때의 집안의 여종과 사통하면서 다시는 재혼하지 않겠다고 맹세했으나 그 약속을 어겼소. 지금 이 여종이 죽어서 하늘에다 그를 고소했으므로 아이가 없는 것이오."라고 하였다. 하후홍이 들은 이야기를 사상에게 알려 주었다. 사상이 "젊을 때에 정말 그런 일이 있었소."라고 하였다. 하후홍이 강릉에서 큰 귀신 하나를 보았는데 손에 창을 들고 있었으며 어린 귀신과 시종 수 명이 뒤를 따르고 있었다. 하후홍은 두려워 길옆에 서서 그를 피했다. 큰 귀신이 지나간 후에 작은 귀신 하나를 붙잡고 "저기 들고 가는 것이 무엇인가?"라고 물었다. 어린 귀신이 "광주에서 큰 살육이 있습니다."라고 하였다. 하후홍이 "그 창으로는 무엇을 하는가?" **13글자는 《태평어람》의 인용에 의거하여 보충하였다.** 라고 하였다. 어린 귀신이 "사람을 죽일 때 이 창을 사용하는데 만약 배와 심장에 맞게 되면 바로 죽지 않는 자가 없습니다. 다른 곳에 맞으면 죽음에까지 이르지는 않습니다." **7자는 《태평어람》의 인용에 의거해 보충하였다.** 라고 말하였다. 하후홍이 "이 병을 치료할 수 있는 방법이 있는가?"라고 하였다. 어린 귀신이 "오골계를 잡아 상처에 붙이면 **《태평어람》의 인용에는 '薄心'으로 되어 있다.** 바로 나을 것입니다."라고 하였다. 하후홍 또 "지금 어디로 가려는 중인가?"라고 하였다. 어린 귀신이 "마땅히 형주와 양주로 갈 것입니다."라고 하였다. 당시 하루 동안 심장과 배가 아픈 자는 죽지 않는 이가 없었다. 하후홍이 이에 사람을 시켜 오골계를 죽여 상처에 붙이게 하였더니 열 명중에서 여덟아홉 명은 죽지 않았다. 지금도 그 병에 걸리면 바로 오골계를 붙이는데, 이는 하후홍에게서 유래한 것이다. **《태평광기》권322에서 《지괴록》을 인용함. 《태평어람》권884에서는 '弘於江陵' 이하의 문장을 인용함.**

17. 晉陳國[28]袁無忌, 寓居東平. 永嘉初, 得疫癘, 家百餘口, 死亡垂盡. 徙避大宅, 權住田舍. 有一小屋, 兄弟共寢板床, 薦席數重, 夜眠失曉, 床出在戶外, 宿昔如此. 兄弟怪怖, 皆不得眠. 後見一婦人來在戶前, 知忌等不眠, 前卻戶外. 時未曙明, 月朗, 見之, 彩衣白妝, 頭上有范鋌[29] **《廣記》引作花插, 下同.** 及銀釵象牙梳. 忌等便逐之. 初繞屋走, 四倒, 頭髮及范鋌之屬皆墮. 忌悉拾之. 仍復出門南走. 臨道有井, 遂入井中. 忌還眠. 天曉, 視范鋌及釵牙梳並是真物. 掘壞井, 得一楸棺, 三分井水所漬. **《廣記》引作俱已朽壞.** 忌便易棺器衣服, 還其物, 於高燥處葬之, 遂斷. **《珠林》九十五. 《廣記》三百二十二引《志怪錄》.**

---

28 진국(陳國): 어느 지역인지 정확히 알 수는 없으나, 춘추시기(春秋時期) 진국이 있었던 지금의 하남성(河南省) 회양(淮陽) 일대로 짐작할 수 있다.

29 범?(范鋌): 이 단어의 뜻을 알 수 없어 《태평광기》의 인용에 나오는 '花插'을 사용하여 번역하였다. 아마도 '范鋌'은 '花插'과 글자 모양이 비슷하여 생긴 오자(誤字)인 것 같다. '화삽(花插)'은 머리에 꽂는 꽃 모양의 장식을 뜻한다.

17. 진나라 진국 지방의 원무기는 동평에서 살았다. 영가 연간 초에 전염병에 걸려 원씨袁氏 일가 백여 명이 모두 죽게 되었다. 원무기는 큰 저택을 피해 이사 가서 임시로 농가에서 지냈다. 한 조그만 방안에서 원무기 형제는 나무 평상에 수 겹의 자리를 깔고 함께 잠을 잤는데, 밤에 자고나서 날이 밝은 뒤에 보았더니 나무 평상이 집밖에 나와 있었으며, 며칠을 자도 이러하였다. 원무기 형제는 괴이하고 두려워서 잠을 잘 수 없었다. 나중에 살펴보니 한 부인이 집 앞에 왔다가 원무기 형제가 잠을 자지 않고 있는 것을 알고 들어오려다가 집밖으로 물러났다. 당시 날이 밝지는 않았지만 달이 밝았으므로 원무기 형제가 그녀를 살펴보니 비단 옷에 새하얀 화장을 하고 머리에는 화삽과 **《태평광기》의 인용에는 '花揷'으로 되어 있다. 아래 동일.** 은비녀와 상아빗이 꽂혀 있었다. 원무기 형제가 바로 쫓아갔더니 처음에는 집을 돌며 달아나다가 4번 넘어져서 트레머리와 화삽 등이 모두 땅에 떨어졌다. 원무기가 그것들을 모두 주웠다. 이에 그녀는 다시 문을 나서서 남쪽으로 달아났다. 길가에 우물이 있었는데 그녀는 그 우물 속으로 들어갔다. 원무기는 집으로 돌아와 잠을 잤다. 날이 밝아 화삽 및 은비녀와 상아빗을 살펴보니 모두 진짜였다. 허물어진 우물을 파헤쳤더니 가래나무 관이 하나 있었는데 3할은 우물물에 적셔져 있었으므로 **《태평광기》의 인용에는 '모두 이미 썩어 부서졌다'라고 되어 있다.** 원무기는 바로 관을 바꾸고 옷도 갈아 입혀주었으며 그녀의 물건들을 되돌려 주고 높고 마른 땅에 장사지내주었더니 드디어 괴이한 일이 없어졌다. **《법원주림》권95. 《태평광기》권322에서 《지괴록》을 인용함.**

18. 會稽郡常有大鬼, 長數丈, 腰大數十圍, 高冠玄服. 郡將吉凶, 跂于雷門[30], 示憂喜之兆. 謝氏一族, 憂喜必告. 謝弘道[31]未遭母艱數月, 鬼晨夕來臨. 及後將轉吏部尚書[32], 拊掌三節舞, 自大門至中庭, 尋而遷問至. **已上亦見《御覽》八百八十四引《志怪》.** 謝道欣遭重艱, 至離塘行墓地, 往向夜, 見離塘有雙炬, 須臾火急入水中, 仍舒長數十丈, 色白如練, 稍稍漸還赤, 散成數百炬, 追逐車從而行. 悉見火中有鬼, 甚長大, 頭如五石籮, 其狀如大醉者, 左右小鬼共扶之. 是年, 孫恩[33]作亂, 會稽大小莫不翼戴. 時以為欣之所見, 亂之徵也, 禹會諸侯會稽, 防風之鬼[34]也. **《廣記》三百二十三引《志怪錄》.**

18. 회계군에 큰 귀신 하나가 늘 나타났는데, 키는 수십 척尺이나 되고 허리둘레는 수십 아름이나 되었으며 높은 모자와 검은 옷을 입고 있었다. 회계군에 장차 길흉이 있을 때에는 뇌문에 나타나 근심되거나 기쁜 일의 조짐을 보여 주었다. 사씨 일족에게도 근심거리나 기쁜 일을 반드시 알려주었다. 사홍도가 모친의 상을 당하기 수개월 전에 이 귀신이 아침저녁으로 집에 나타났다. 나중에 사홍도가 이부상

30 뇌문(雷門): 중국 고대 회계의 성문(城門)으로, 성문에 큰 북이 달려 있는데 북소리가 우레와 같이 울린다 하여 부르게 되었다.

31 사홍도(謝弘道): 사봉(謝奉, 316-379년), 자는 홍도, 호는 도흔(道欣), 동진(東晉) 때 회계 산음(山陰) 사람. 광주자사(廣州刺史)와 안남장군(安南將軍)을 역임하였으며, 진(晉) 목제(穆帝) 때 이부상서(吏部尚书)를 지냈다.

32 이부상서(吏部尙書): 이부는 6부의 하나로, 위진(魏晉) 이후에 그렇게 칭하였다. 관리의 임면(任免), 고과(考課), 승진과 강등, 이동 등의 일을 주관하였다. 상서는 6부의 장관을 일컫는다.

33 손은(孫恩): ?-402년. 자는 영수(靈秀). 낭야 임기 사람이다. 동진 말년 손은과 노순(盧循)의 주도로 반진(反晉) 농민봉기를 일으켰다. 당시 동진남조(東晉南朝) 시기의 최대 규모이자 역대 최장기간의 농민봉기였다. 비록 반란은 실패로 돌아갔지만 문벌사족과 사회에 큰 경종을 울렸다.

34 방풍지귀(防風之鬼): 하(夏)나라의 우임금이 여러 신들을 회계산(會稽山)으로 불러 모았는데, 방풍씨(防風氏)가 늦게 도착하자 그를 죽여 버렸다고 한다.

서로 승진될 때에 손뼉을 치고 삼절무를 추면서 대문에서 안뜰로 들어왔는데, 잠시 후에 승진되었다는 전갈이 왔다. **이상은 또한 《태평어람》권884에서 인용한 《지괴》에 보인다.** 사홍도가 양친의 상을 당해 이당에 이르러 묘지로 가고 있었는데, 밤이 되려 할 즈음에 이당에 두 개의 불꽃이 나타난 것을 보았다. 잠깐 사이에 그 불은 물속으로 급히 들어갔는데 물속에서도 여전히 수십 장이나 높이 빛났고, 비단 같이 희게 빛나던 불은 점점 붉은 색이 되더니 흩어져 수백 개의 횃불이 되어 수레를 뒤따라 왔다. 모두 불속에 있는 귀신 하나를 보았는데 키가 컸고 머리는 다섯 섬들이 광주리만 했다. 그의 상태가 마치 크게 취한 듯했는데 좌우의 작은 귀신들이 함께 부축하고 있었다. 그 해에 손은이 반란을 일으키자 회계군 사람들은 노소를 가리지 않고 그를 추대하였다. 당시 사람들은 사홍도가 본 것이 바로 반란의 징조였다고 여겼는데, 그 큰 귀신은 우임금이 회계에서 제후들과 회맹했을 때의 그 방풍귀신이었다. **《태평광기》권323에서 《지괴록》을 인용함.**

19. 魏劉赤斧 **《廣記》引作赤父, 下同** 者, 夢蔣侯召為主簿[35]. 期日促, 乃往廟陳情: “母老子弱, 情事果切, 乞蒙放恕. 會稽魏邊 **《廣記》引作過, 下同** 多才藝, 善事神, 請舉邊自代.” 因叩頭流血. 廟祝[36] 曰: “特願相屈[37], 魏邊何人, 而擬斯舉?” 赤斧固請, 終不許. 尋而赤斧死. **《珠林》六十七引《志怪傳》. 《廣記》二百九十三引《志怪》.**

---

35 주부(主簿): 중국 고대 관직의 하나. 한대(漢代)의 중앙 및 군현(郡縣)의 관서(官署)에 대부분 이 관직을 두었는데, 그 직책은 문서를 주관하고 사무를 처리하였다. 위진 때에 이르러 점차적으로 장수(將帥)와 중신(重臣)의 주요 속료(屬僚)가 되어 기밀을 요하는 일에 참여하였다. 이후 각종 중앙 관서 및 주현(州縣)에서는 여전히 주부를 두었으나 그 직무는 점점 가벼워졌다.

36 묘축(廟祝): 사당에서 향불을 관리하는 사람.

37 굴(屈): ‘屈’은 경어(敬語)로, ‘請’과 같은 뜻으로 쓰였다.

19. 위나라의 유적부는 **《태평광기》의 인용에는 '赤父'로 되어 있다. 아래 동일.** 장후가 그를 불러 주부로 삼겠다고 하는 꿈을 꾸었다. 기일이 닥치자 유적부는 사당에 가서 자신의 사정을 말하면서 "어머니는 늙고 아들은 어려 형편이 절박하오니 바라건대 저를 용서하시고 놓아 주십시오. 회계군의 위변은 **《태평광기》의 인용에는 '過'로 되어 있다. 아래 동일.** 재능이 많고 신을 잘 섬기오니 저를 대신하여 위변을 천거해주십시오."라고 빌었다. 유적부는 피가 흐를 정도로 머리를 조아렸다. 묘축이 "장후께서는 특별히 그대를 청하기를 원하는 것인데, 위변이 어떤 사람이라고 여기서 그를 천거하려고 한단 말이오?"라고 하였다. 유적부는 간청하였으나 끝내 허락을 받지 못했다. 얼마 후에 유적부는 죽었다. **《법원주림》권67에서 《지괴전》을 인용함. 《태평광기》권293에서 《지괴》를 인용함.**

20. 宋咸寧[38]中, 太常卿[39]韓伯子某[40], 會稽內史 王蘊子某, 光祿大夫[41]劉耽[42]子某, 同游蔣山廟[43], 戲弄之. **《廣記》引作各指像以戲相匹配.** 即以

---

38 송함녕(宋咸寧): 함녕은 진(晉)나라 무제(武帝)의 연호(275년-280년)이다. 여기서는 '宋'이라고 하였는데 잘못된 것이다. 응당 '晉'이 되어야 한다.

39 태상경(太常卿): 고대 관직명. 종족(宗族)의 제사를 관장하는 장관으로, 원명은 '봉상(奉常)'이다. 한나라 경제(景帝) 시기에 기원하여 남조의 양(梁)·진(陳)과 북위(北魏)에 이르러 '태상경'이라 칭하기 시작하였다. 북제(北齊) 시기에는 '태상시경(太常寺卿)'이라 불렀는데, 태상시(太常寺)의 장관이었다. 역대로 설치하였다. 당(唐)의 관제에 따르면 태상사경은 정2품에 해당하며 한 사람을 임명하였는데 주로 조정의 대례(大禮)를 거행할 때 의식 절차를 주관하였다.

40 내사(內史): 고대 관직명. 서한(西漢) 초기에 제후왕국에 내사를 두고 민정(民政)을 관장하게 하였다. 그 후 이 관직은 역대로 계속 설치되다가 수(隋)나라 때 비로소 폐지되었다. 진(晉)나라 때는 내사로 하여금 태수(太守)의 일을 하게 하였다.

41 광록대부(光祿大夫): 고대 관직명. 대부는 군주의 근신(近臣)으로 군주의 조서(詔書)에 의거해 일을 행한다. 전국시대(戰國時代)에 중대부(中大夫)를 두었는데, 한 무제 때 그것을 광록대부로 바꾸었으며 고문응대(顧問應對)를 관장하였다. 광록훈(光祿勳) 예속이었다. 위진 이후에는 정원(定員)이 없었으며 관직을 더하거나 포상으로 주는 관직이었다.

其夕, 三人同夢蔣侯[44]遣傳教相聞曰: "家子女並醜陋, 而猥蒙榮顧, 輒克某月某日悉相迎." 某等以其夢指適異常, 試往相問, 而果各得其夢, 符協如一. 於是大懼. 備三牲, 詣廟, 謝罪乞哀. 又俱夢蔣侯親來降己, 曰: "君等既已顧之, 實貪會對. 克期垂及, 豈容方更中悔." 經少時並亡. **《珠林》七十五引《志怪傳》. 《廣記》二百九十三引《志怪》.**

20. 진나라 함녕 연간에 태상경 한백의 아들 아무개, 회계내사 왕온의 아들 아무개, 광록대부 유탐의 아들 아무개가 함께 장산묘에 놀러 갔다. 그 사당에는 부인상 몇 개가 있었는데 모습들이 매우 단정하였다. 그들은 술에 취해 각기 부인상을 가리키며 자신들의 배필이라며 희롱하였다. **《태평광기》의 인용에는 '각기 부인상을 가리키며 서로 배필이라고 희롱하였다'라고 되어 있다.** 바로 그날 저녁에 세 사람은 같은 꿈을 꾸었는데, 장후가 전갈을 보내어 그들에게 "집안의 딸들이 모두 못생겼는데 외람되게도 예쁘게 봐주시니, 즉시 아무 달 아무 날을 택해서 그대들 모두를 맞이하겠소."라고 알렸다. 그들은 그 꿈이 가리키는 것이 이상해서 서로 물어보았는데, 과연 각자가 그러한 꿈을 꾸었으며

---

42 유탐(劉耽): 생졸년 미상. 자는 경도(敬道)이며, 남양군 사람이다. 사도 유교(劉喬)의 손자이며 동진의 대신이자 재상이다.

43 장산묘(蔣山廟): 오(吳)나라 손권(孫權)이 장자문(蔣子文. 바로 아래 주 참조)을 위해 사당을 세우고 장후(蔣侯)로 봉했으며, 아울러 종산[鍾山. 즉 자금산(紫金山)]의 이름을 장산(蔣山)으로 바꾸었다. 이 산은 강소성 남경시 동쪽에 있다. 장산묘는 바로 손권이 세운 장산의 장자문 사당을 일컫는다.

44 장후(蔣侯): 장흠(蔣歆). 생졸년 미상. 자는 자문(子文). 삼국(三國) 광릉[지금의 양주] 사람이다. 한나라 말에 말릉현위(秣陵縣尉)를 역임하였다. 도적을 뒤쫓아 종산 아래까지 이르렀다가 도적에 맞아 죽은 후에는 종산에 묻혔다. (장후에 관해서는 《태평광기》권293의 '장자문' 편을 참조하기 바란다. 위의 이야기도 마찬가지로 《태평광기》 '장자문' 이야기 속에 한 부분으로 들어 있다.) 육조시기(六朝時期)에 위로는 제왕장상(帝王將相)으로부터 아래로는 평민백성에 이르기까지 많은 사람들이 장자문 사당에 가서 제사를 지내고 복을 구하였다.

그 내용도 하나같이 맞아떨어졌다. 그래서 그들은 크게 두려워 세 가지의 희생을 갖추어 사당에 가서 사죄하고 애걸하였다. 그들은 또 함께 장후가 친히 내려오는 꿈을 꾸었는데, 장후가 "그대들은 이미 내 딸들을 돌보겠다고 했고 실제로 짝이 되겠다고 원했소. 정해진 기한이 다가오는데 어찌 다시 중도에 후회하는 것을 용납하겠소."라고 하였다. 얼마 지나지 않아 세 사람 모두 죽었다. **《법원주림》권75에서 《지괴전》을 인용함. 《태평광기》권293에서 《지괴》를 인용함.**

《잡귀신지괴雜鬼神志怪》〔일명 《잡귀신지雜鬼神志》·《잡귀괴지雜鬼怪志》〕

진대晉代 지괴소설. 지은이를 알 수 없다. 《북당서초》 권148에 1조가 인용되어 있으며, 서명은 《잡귀신지괴》로 적혀 있는데, 여기에 실린 이야기는 장화張華의 《박물지》에도 보인다. 《태평어람》 권470에도 1조가 인용되어 있으며, 서명은 《잡귀신지》로 적혀 있다. 또한 《초학기》에도 보이는데, 《초학기》의 이 이야기는 《북당서초》에도 인용되어 있으나 그 출전을 《녹이전》이라 하였다. 《옥촉보전玉燭寶典》 권4에 1조가 인용되어 있으며, 서명은 《잡귀괴지》로 적혀 있는데, 여기에 실린 이야기는 《조비지괴》에도 보인다. 이상 세 가지가 한 책의 서명인지는 잘 알 수 없지만, 우선 여기에다 둔다. 이 세 가지 이야기는 진대에 광범위하게 유행하였는데, 아마도 진대 사람이 지은 것 같다.

14. 《상이기祥異記》

1. 宋元稚宗者, 河東[1]人也. 元嘉[2]十六年, 隨鍾離[3]太守阮愔在郡. 愔使稚宗行至遠村, 郡吏蓋苟邊定隨焉. 行至民家, 恍忽如眠, 便不復寤. 民以為死, 舁出門外. 方營殯具, 經夕能言. 說初有一百許人, 縛稚宗去, 數十里, 至一佛圖, 僧眾供養, 不異於世. 有一僧曰: "汝好獵, 今應受報." 便取稚宗, 皮剝臠截, 具如治諸牲獸之法. 復納于澡水, 鈞口出之, 剖破解切, 若為膾狀. 又鑊煮爐炙, 初悉糜爛, 隨以還復, 痛惱苦毒, 至三乃止. 問: "欲活否?" 稚宗便叩頭請命. 道人令其蹲地, 以水灌之, 云: "一灌除罪五百." 稚宗苦求多灌. 沙門曰: "唯三足矣." 見有蟻類數頭, 道人曰: "此雖微物, 亦不可殺, 微復論巨此者也. 魚肉自□可啖耳. 齋會之日, 悉著新衣; 無新, 可浣也." 稚宗因問: "我行旅有三, 而獨嬰苦, 何也?" 道人曰: "彼二人自知罪福, 知而無犯. 唯爾愚蒙, 不識緣報, 故以相戒." 因爾便蘇, 四日能起. 由是遂斷漁獵云. **《廣記》一百三十一**.

1. 송나라의 원치종은 하동 사람이다. 원가 16년439년에 종리군 태수 완음을 따라서 그 군에 있었다. 완음이 원치종을 먼 마을까지 다녀오도록 했는데, 군의 관리 개구와 변정이 그를 수행하였다. 어떤 민가에 이르러 원치종은 마치 잠을 자듯 혼미해 지더니 곧 다시 깨어나지 못했다. 민가의 사람이 그를 죽은 것으로 여겨 문밖으로 들어

---

1 하동(河東): 중국 황하(黃河)의 동쪽을 말하는데, 지금의 산서성(山西省) 남서부 지역을 일컫는다.

2 원가(元嘉): 남북조 시대 송(宋) 문제(文帝) 유의룡(劉義隆)의 연호. 424년-453년.

3 종리(鍾離): 함화(咸和) 5년(330년)에 종리군(鍾離郡)을 설치하였으며, 의희(義熙) 원년(405년)에 종리군을 서주(徐州)에 속하도록 하였다. 지금의 봉양현(鳳陽縣) 임회관(臨淮關). 유송(劉宋) 태시(泰始) 7년(471년)에 종리군은 남연주(南兗州)에 속하게 되었다.

냈다. 바야흐로 장례용구를 준비하고 있었는데 하룻밤이 지나자 원치종이 말을 할 수 있게 되었다. 그는 다음과 같이 말했다. 처음에 백 명쯤 되는 사람이 원치종을 결박하여 수십 리를 끌고 가서 한 불탑에 이르렀는데, 그곳에서 승려들이 공양하는 것이 인간세상과 다를 바가 없었다. 어떤 승려가 "너는 사냥을 좋아 했으니 이제 과보를 받을 것이다."라고 하였다. 곧바로 원치종을 붙잡아 피부를 벗기고 살을 베어냈는데 모든 것이 제사의 희생물을 잡는 방법과 같았다. 다시 그를 물에 넣어 깨끗이 씻기고 갈고리로 입을 꿰어 나오게 하여 몸을 쪼개고 사지를 해체했는데 마치 회를 뜨는 듯했다. 또 가마솥에 삼고 화로에 굽기도 했는데 처음에는 살이 모두 문드러졌다가 금세 다시 본래의 모습으로 돌아왔다. 그 고통은 너무도 지독하였는데 세 번이나 이렇게 하고 그만 두었다. 승려가 "살고 싶은가?"라고 물었다. 원치종은 바로 머리를 조아리며 살려달라고 청했다. 승려는 그를 땅에 끓어 앉게 하고 물을 끼얹으며 "한 번 부으면 오백 가지 죄가 없어진다."라고 말하였다. 원치종은 여러 번 끼얹어달라고 애걸하였다. 승려가 "세 번이면 충분하다."라고 하였다. 개미 수 마리가 기어가는 것을 보고, 승려가 "이는 비록 미물이나 또한 죽일 수 없으니, 이보다 큰 것은 더 이상 논할 필요가 없다. 이제부터 물고기와 고기는 먹어서는 안 된다. 재를 올리는 날에는 모두 새 옷을 입어야 한다. 새 것이 없으면 입던 옷을 빨아서 입으면 된다."라고 하였다. 이어서 원치종이 "나와 함께 온 사람은 세 명인데 저만 유독 고통 받는 것은 무엇 때문입니까?"라고 물었다. 승려가 "저 두 사람은 죄와 복의 도리를 스스로 알고부터는 죄를 짓지 않았다. 오직 그대는 우매하여 인연의 업보를 알지 못하므로 경계하도록 하였다."라고 하였다. 이리하여 원치종은 바로 깨어나게 되었으며 나흘 만에 일어날 수 있었다. 이로 인해 원치종은 드디어 물고기 잡는 것과 사냥하는 것을 그만 두었다고 한다. **《태평광기》권131.**

2. 前齊永明[4]中, 楊都[5]高坐寺[6]釋慧進者, 少雄勇游俠. 年四十, 忽悟非常, 因出家, 蔬食布衣, 誓誦《法華[7]》, 用心勞苦, 執卷便病. 乃發願造百部, 以悔先障. 始聚得一千六百文, 賊來索物, 進示經錢, 賊慚而退. 爾後遂成百部, 故病亦愈. 誦經既廣, 情願又滿, 回此誦業, 願生安養. 空中告曰: "法願已足, 必得往生." 無病而卒, 八十餘矣. **《廣記》一百九.**

2. 전제의 영명 연간에 양도의 고좌사에 석혜진이라는 승려가 있었는데, 어려서부터 용감하고 의협심이 많았다. 나이 마흔에 문득 인생의 무상을 깨닫고 출가하여 거친 음식을 먹고 베옷을 입고 지내며 《법화경》을 염송念誦하기로 맹세했으나, 너무 마음을 쓰고 고생하였으므로 책을 잡자 바로 병이 들었다. 이에 《법화경》 백 부를 만들어 전생의 업장을 참회하고자 발원하였다. 비로소 돈 1,600문을 모았는데, 도둑이 와서 물건을 요구하기에 혜진이 경전 만들 돈을 보여주

---

4 영명(永明): 남제[南齊, 즉 전제(前齊)] 무제(武帝)의 연호. 483년-493년.

5 양도(楊都): 어디인지는 확실하지 않지만 바로 이어서 나오는 '고좌사'의 위치로 미루어 보면 지금의 남경시(南京市) 우화대구(雨花臺區) 부근이라고 추정할 수 있다.

6 고좌사(高坐寺): 《태평광기》권109에는 '高座寺'라고 되어 있는데, 그것이 맞다. 고좌사는 현재 남경시 우화대구에 위치하고 있는 진(晉)나라 명찰(名刹)이다. 서진 영가(永嘉) 연간에 건립하였는데, 처음에는 감로사(甘露寺)라고 하였다.

7 법화(法華): 《법화경(法華經)》을 가리킨다. 《반야경(般若經)》·《유마경(維摩經)》·《화엄경(華嚴經)》과 함께 초기에 성립된 대승경전(大乘經典)으로 알려지고 있다. 대승불교권에서 《법화경》이라고 하면 일반적으로 《묘법연화경(妙法蓮華經)》을 가리키는 말이 된다. 이 《법화경》은 모두 7권 28품으로 되어 있으며, 화엄사상과 함께 중국불교의 쌍벽을 이루게 된 매우 유명한 경전으로, 모든 불교경전 중에서 가장 넓은 지역에 걸쳐 수많은 민족들이 애호했던 대승경전이라고 할 수 있다.

자, 도둑이 부끄러워하며 물러났다. 그 후에 그는 드디어 경전 백 부를 완성하였으니, 병 또한 나았다. 그는 불경을 널리 염송하게 되었으며 소원 또한 이루어졌으므로 이 염송의 업으로 돌아가 평생 안락하기를 원했다. 공중에서 "불법에 귀의하려는 소원이 이미 이루어졌으니 반드시 극락왕생하게 되리라."라고 고하였다. 그는 병 없이 살다가 80여 세의 나이로 죽었다. 《태평광기》권109.

《상이기祥異記》

남조의 지괴소설. 지은이를 알 수 없다. 이 책은 사지史志에 저록되어 있지 않다. 《태평광기》에 4조가 인용되어 있다. 그 중 권342의 '조숙아趙叔牙'와 '주제천周濟川' 2조는 당唐 정원貞元 시기의 이야기로, 명明 초본抄本 《태평광기》에서는 출처가 각각 《광이기廣異記》와 《집이기》로 되어 있는데, 현존본 《태평광기》가 잘못되었음을 알 수 있다. 다른 2조의 출처에 대해 《법원주림法苑珠林》에서는 《명상기》라 하였는데, 어느 것이 맞는지 확정할 수가 없다. 이 2조는 모두 불교 숭배와 선양宣揚의 이야기로 되어 있는데, 그 중의 '원치종元稚宗' 조 중에 "전제 영명 중(前齊永明中)"이라는 말이 있는 것을 보면, 이 이야기는 양梁나라 사람이 지은 것임을 알 수 있다. 이 2조를 통해 양나라 시기 불교 전파의 성황을 알 수 있으며, 아울러 서술이 치밀하다. 루쉰은 이 2조를 《고소설구침》에 넣었다. 이 밖에 중편重編 《설부說郛》에도 지은이가 없는 《상이기》가 있는데, 진晉 이후의 지괴서에서 나온 이야기로 되어 있으나, 위탁僞託한 것이 분명하다.

15.《선험기宣驗記》

1. 渤海[1]張融, 字眉嵎. 晉咸寧中, 子婦產男, 初不覺有異. 至七歲, 聰慧過人. 融曾將看射, 令人拾箭還, 恒苦遲. 融孫云: "自為公取也." 後射才發, 便赴, 遂與箭俱至棚[2]; 倏已捉矢而歸. 舉坐怪愕. 還經再宿, 孫忽暴病而卒. 呼諸沙門燒香, 有一胡道人謂云:"君速斂此孫. 是羅刹鬼[3]也, 當噉[4]害人家." 既見取箭之事, 即狼狽闔棺. 須臾, 聞棺中有撲擺聲; 咸輟悲駭愕, 遽送葬埋. 後數形見. 融作八關齋[5], 於是便去.《廣記》三百五十七.

1. 발해의 장융은 자가 미우이다. 진나라 무제武帝 함녕 연간에 그의 며느리가 사내아이를 낳았는데, 처음에는 이상한 점을 느끼지 못했다. 7세가 되자 총명함과 지혜가 보통 사람보다 뛰어났다. 장융이 일찍이 활쏘기를 구경하는데 사람을 시켜 쏜 화살을 가져오게 하니 항상 지나치게 늦었다. 장융의 손자가 "제가 할아버지를 위해 화살을

---

1 발해(渤海): 남조(南朝) 시기 송(宋) 무제(武帝) 때 익주(翼州)에 속했다. 임제성[臨濟城. 지금의 산동성(山東省) 고청현(高青縣) 동남쪽의 고원(高苑)]을 다스렸으며, 그 후의 치소는 중합현[重合縣. 지금의 산동 치박시(淄博市) 임치(臨淄) 북쪽]에 있었다.

2 붕(棚): '堋'과 통한다. 과녁으로 이용하는 담.

3 나찰귀(羅刹鬼): 저승에서 죄인을 못살게 군다는 식인귀(食人鬼). 악귀의 한 종류. 푸른 눈, 검은 몸, 붉은 머리털을 하고서 신통력으로 사람을 호려 잡아먹는다고 하는데, 나중에는 불교의 수호신이 되었다.

4 담(噉): '啖'의 이체자.

5 팔관재(八關齋): 불교 신도가 육재일(六齋日) 하루 밤낮 동안 지켜야 하는 여덟 가지 계행(戒行). 악(惡)을 금하고 모든 죄와 허물이 생기지 않도록 하는 경계로, 팔관재계(八關齋戒)·팔재계(八齋戒)·팔계재(八戒齋)·팔계(八戒)·팔지재(八支齋)·팔소응리(八所應離)라고도 한다. 즉, 살아 있는 것을 죽이지 말 것. 훔치지 말 것. 음행하지 말 것. 헛된 말을 하지 말 것. 음주와 육식을 하지 말 것. 꽃이나 구슬로 꿰어 만든 장식물을 하지 않으며 몸에 향을 뿌리지 않으며 춤추고 노래하는 것을 보지도 듣지도 말 것. 높고 넓고 큰 평상에 앉지 말 것. 때가 아니면 먹지 말 것(곧 정오가 지나면 먹지 않음)을 말한다.

가져오겠습니다."라고 하였다. 나중에 활을 쏘자 손자가 바로 뛰어갔는데, 화살과 동시에 과녁이 있는 담에 도착하였다. 그는 재빨리 화살을 잡아서 되돌아왔다. 좌중의 사람들이 모두 놀라고 괴이하게 여겼다. 다시 두 밤이 지나서 장융의 손자가 급병으로 죽었다. 장융은 여러 승려들을 불러서 향을 사르게 했는데, 서역에서 온 승려가 "그대는 속히 이 손자의 장례를 치르십시오. 이놈은 나찰귀이니 다른 사람을 잡아먹을 것입니다."라고 하였다. 장융은 이미 화살을 가져오던 일을 보았으므로 황급히 관을 덮었다. 잠시 후 관 속에서 마구 두드리는 소리가 났다. 모두 슬퍼하면서도 크게 놀라 급히 관을 매장하였다. 그 후로 죽은 손자가 자주 모습을 드러내었는데, 장융이 팔관재를 지내 주자 나찰귀는 바로 사라졌다. **《태평광기》권357.**

2. 晉義熙[6]中, 京師長年寺道人惠祥與法向連堂. 夜四更時, 惠遙喚向暫來. 往視, 祥仰眠, 手交于胸上, 足挺 **音鼎** 直, 云: "可解我手足繩." 曰: "上並無繩也." 因得轉動, 云,: "向有人眾, 以我手足, 鞭捶交下, 問何故齧蝨." 語祥: "若更不止, 當入兩石間磕 **音蓋** 之." 祥後懲戒於蝨, 餘無精進[7]. **《御覽》九百五十一.**

2. 진나라 의희 연간에 수도에 있는 장년사의 승려 혜상과 법향은 거처가 잇닿아 있었다. 한밤중 사경이 되었을 때, 혜상이 법향에게 잠시 오라고 하였다. 가서 보니 혜상은 위를 보면서 자고 있었는

---

6 의희(義熙): 동진 안제 사마덕종의 네 번째 연호로 405년부터 418년까지 14년간 사용되었다.

7 여무정진(餘無精進): '餘'는 '未盡', '不盡'의 의미이다. '餘無精進'은 '정진하지 않음이 없다'는 뜻이다.

데, 손을 가슴 위에 교차시키고 발은 곧게 뻗치고 있었다. **음은 '정'이다.** 혜상이 "제 손과 발에 묶인 밧줄을 끌러주십시오."라고 말하자 법향이 "그대 몸 위에는 밧줄이 없습니다."라고 말했다. 혜상은 몸을 뒤척이면서 "아까 여러 사람들이 제 손과 발을 채찍으로 교대로 때리면서 무슨 까닭으로 이를 깨물었느냐고 물었습니다."라고 말했다. 그들이 혜상에게 "만약 그만두지 않는다면 반드시 너를 두 돌 사이에 넣고 부숴 버리겠다. **음은 '개'이다.** "라고 말했다는 것이다. 그 후 혜상은 이를 죽인 일을 교훈으로 삼아 불도에만 정진하였다. **《태평어람》권951.**

3. 安荀本姓路, 吳郡[8]人也. 年十餘, 身嬰[9]重疾, 良藥必進, 日增無損. 時太玄臺寺釋法濟語安荀曰: "恐此疾由業, 非醫所消. 貧道案佛經云, '若履危苦, 能歸依三寶[10], 懺悔求願者, 皆獲甄濟.' 君能 **此下原有與女並三字** 捐棄邪俗, 洗滌塵穢, 專心一向, 當得痊愈."安荀然之. 即于宅內設觀世音[11]齋, 澡心潔意, 傾誠載仰; 扶疾稽顙, 專念相續. 經七日初夜, 忽見金像, 高尺許, 三摩其身, 從首至足; 即覺沈痾豁然消愈. 既靈驗在躬, 遂求出家; 求住太玄臺寺. 精勤匪懈. 誦《法華經》[12]. 菜食長齋, 三十七載. 常翹心[13]注想, 願

---

8 오군(吳郡): 고대의 군(郡) 이름. 양주(揚州)에 속하며 13개 현(縣)을 관할하였다. 관청 소재지는 오현(吳縣)이며, 그 성터는 지금의 강소성(江蘇省) 소주(蘇州)에 있다.

9 영(嬰): 여기서는 '연약하다'는 의미이다.

10 삼보(三寶): 불도의 세 가지 근본 귀의처가 되는 불보(佛寶)·법보(法寶)·승보(僧寶)를 가리킨다.

11 관세음(觀世音): 관세음보살(觀世音菩薩). 자비로 중생의 괴로움을 구제하고 왕생의 길로 인도하는 보살.

12 법화경(法華經): 묘법연화경(妙法蓮華經)이라고도 하며 대승불교 초기 경전 중 하나이다. 《묘법연화경》 즉 《법화경》은 불타 석가모니의 만년의 설교로, 빈부귀천에 상관없이 사람은 누구나 부처가 될 수 있다고 명시하였다. 삼승(三乘)을 한데 모아 일승의 큰 수레로 일체 중생을 구제한다는 정신을 담고 있으며, 여래가 큰 인연으로 세상에 나와 모든 중생으로 하여금 부처의 경지에 들어가게 하는 데 근본 목적이 있다.

13 교심(翹心): 간절한 마음.

生兜率[14]. 宋元嘉十六年, 出都造經, 不測所終. **《比丘尼傳》二: 玄藻本姓路, 吳郡人也, 安荀女也. 注《宣驗記》云: 是即安荀也. 今據改其名, 以補斯記.**

3. 안순은 본래 성이 노씨로 오군 사람이다. 10여 세의 나이에 몸이 연약하여 중병이 걸렸는데 좋은 약을 다 써 보았지만 날로 심해지고 효험이 없었다. 이때 태현대사에 있는 석법제 스님이 안순에게 말했다. "아마 이 질병은 전생의 업으로 인한 것이니 의술로 없앨 수 있는 것이 아닙니다. 빈도가 불경에 근거하여 말해 보겠습니다. '만약 위중한 고통을 겪고 있는데 삼보에 귀의하여 죄를 참회하고 구원 받으려고 하는 자는 누구나 구제받을 수 있다.'라고 했으니, 그대가 나쁜 습속을 버리고 **이 아래에는 원래 '與女並' 3자가 있었다.** 세속의 때를 씻어버리고 마음을 한결같이 할 수 있다면, 반드시 치유할 수 있습니다." 안순은 그 말이 맞다고 여겼다. 곧바로 집안에서 관세음 재를 올리고 마음을 깨끗이 하고 뜻을 정결하게 하면서 온 정성을 기울여 질병을 낫게 해 달라며 머리를 조아리고 계속해서 오로지 관세음보살만 되뇌었다. 7일 째 되던 날 초저녁에 홀연 높이가 한 자 정도의 금불상이 나타나 머리에서 발까지 그의 몸을 세 번 어루만지자 곧바로 고질병이 한순간에 나았음을 느꼈다. 이미 영험함을 몸소 경험했기 때문

---

14 도솔(兜率): 도솔천(兜率天). 욕계(欲界) 즉 육욕천(六欲天)의 네 번째 하늘로, 수미산(須彌山) 정상에서 12만 유순(由旬) 되는 곳에 있다. 수미산은 불교의 세계관에서 세계의 중심에 솟아 있다는 상상의 산이다. 황금과 은, 유리, 수정으로 이루어져 있으며, 산의 중턱에는 사천왕(四天王), 정상에는 제석천(帝釋天)이 있다고 한다. 고대 인도의 도솔천은 내원(內院)과 외원(外院)으로 나뉜다. 내원은 내원궁(內院宮)이기도 하며, 석가모니가 남섬부주(南贍部洲: 인간세계)에 내려오기 전에 머물던 곳으로, 현재는 미륵보살이 지상에 내려갈 때를 기다리며 머무르고 있는 곳이라고 한다. 외원은 여러 천인(天人)들이 모여 행복과 쾌락을 누리는 곳이다. 덕업을 쌓고 불심이 깊은 사람만이 죽어서 도솔천에 다시 태어날 수 있다고 하며 때로는 문학에서 정신적 이상향으로 간주되기도 한다.

에 드디어 출가하기로 하였으며 태현대사에 머물기를 청하였다. 그는 수행을 부지런히 하여 게으름을 피우지 않았으며, 《법화경》을 암송하였다. 늘 채식을 하고 재계하면서 37년을 보냈다. 항상 마음을 집중하여 도솔천에 태어나기를 바랐다. 송나라 원가 16년(439년)에 도성을 떠나 경전을 편찬하였으며, 입적한 곳은 알 수가 없다. **《비구니전》권2에는 '현조 스님의 본성은 노이고, 오군 사람인데, 안순의 딸이다'라고 하였다. 주《선험기》에는 '이 사람이 바로 안순이다'라고 하였다. 이제 이러한 기록에 근거하여 그 이름을 고쳐서 이 기록을 보충했다.**

4. 元嘉元年, 建安郡山賊百餘人, 掩破郡治, 抄掠百姓資產子女; 遂入佛圖, 搜掠財寶. 先是, 諸供養具, 別封貯一室. 賊破戶, 忽有蜜蜂數萬頭, 從衣簏出, 同時噬螫群賊; 身首腫痛, 眼皆盲合. 先諸所掠, 皆棄而走. **已上《事類賦注》三十亦引.** 蜂飛邀逐, 噬擊彌路, 賊遂惶懼從便道而去. 是時蠟日[15], 所縛子女, 各還其家. **《御覽》九百五十.**

4. 원가 원년(424년), 건안군의 산적 백여 명이 군의 행정 관서를 깨뜨리고 백성들의 재산과 자녀를 노략질했다. 드디어 사원까지 침입하여 재물과 보화를 노략질하였다. 그전에 바쳐진 모든 공양품은 따로 봉하여 한 방에 보관해 두었었다. 도적들이 집을 부수는데 갑자

15 납일(蠟日): 납향(蠟享: 나라에서는 종묘와 사직에 제사를 올리고, 민간에서도 여러 신에게 제사를 지내는 것)하는 날이 들어 있다고 하여 납일이라 한다. 납일이란 동지 뒤의 셋째 술일(戌日)로, 우리나라에서는 조선 태조(太祖) 이후에 동지 후 셋째 미일(未日)로 정하였다. 사람이 살아가는 데 도움을 준 천지만물의 신령에게 음덕을 갚는 의미로 제사를 지내는 날이다. 납일에 내린 눈을 약물이라 하여 약용으로 쓰거나 음식이 상하지 않는다고 하여 이 물에 적셔 두는 풍습도 있었다. 이때는 시루에 찐 멥쌀가루를 한참 쳐서 팥소를 넣고 골무 모양으로 빚은 골무떡을 먹는다.

기 수만 마리의 꿀벌들이 옷상자에서 나와 한꺼번에 맹렬하게 도적무리들을 쏘았다. 벌에 쏘인 도적들은 몸과 머리가 붓고 아프고 눈은 모두 감겨 버렸다. 도적들은 이전에 노략질한 모든 물건을 다 버리고 달아났다. **이상은 《사류부주》권30에서 인용하였다.** 벌들이 도적들을 좇아 날아가 마구 쏘면서 길을 가득 메우자 도적들은 마침내 당황하고 두려워하면서 지름길로 도망쳤다. 이때가 납일인데, 끌려갔던 자녀들은 각자 집으로 돌아갔다. **《태평광기》권950.**

5. 宋元嘉中, 吳興郡內嘗失火. 燒數百家, 蕩盡; 惟有經堂[16]草舍, 儼然不燒. 時以 為神. **《廣記》一百六十一. 《辯正論》八注引無宋字, 郡作郭, 末有也字.**

5. 송나라 문제文帝 원가 연간에 오흥군에서 화재가 나서 집 수백 채가 다 타 버렸다. 오직 경당 초가집만이 엄연히 불타지 않았으므로 당시 사람들은 신령스러운 일로 여겼다. **《태평광기》권161·《변정론》권8의 주석에는 '宋' 자가 없고, '郡'은 '郭'으로 되어 있고 끝에는 '也' 자가 있다.**

6. 車母者, 遭宋廬陵王[17]青泥之難[18], 為虜所得, 在賊營中. 其母先來奉

---

16 경당(經堂): 절에서 불경을 보관하고, 독경(讀經)하거나 불사(佛事)를 행하는 곳.

17 여릉왕(廬陵王): 유의진(劉義眞). 407년-424년. 자는 거사(車士)이며, 무제 유유(劉裕)의 차남이다. 처음에는 계양현공(桂陽縣公)에 봉해졌으며, 유유를 따라 관중 정벌에 나서기도 했다. 영초(永初) 원년(420년)에 여릉왕에 봉해졌다. 시호는 효헌(孝獻)이다.

18 청니지난(青泥之難): 청니의 난. 청니는 지금의 섬서(陝西) 남전(藍田)을 말한다. 동진 의희(義熙) 12년(416년) 후진(後秦)의 군주 요흥(姚興)이 죽고 요홍(姚泓)이 즉위하자 내부에 분란 생겨 나라가 혼란스러웠다. 유유는 이때가 후진을 멸망시킬 좋은 기회라 여겨 후진을 공격하여 이듬해 후진을 멸한다. 이후 유유는 어린 아들 유의진과 왕진악(王鎭惡)과 심전자(沈田子)를 관중에 남기고 자신은 건강으로 돌아갔다. 이에 하(夏)나라의 혁련발발(赫連勃勃)은 아들 혁련귀(赫連璝)와 혁련창(赫連昌), 그리고 왕매덕(王買德)에게 장안(長安)과 동관(潼關)과 청니를 공격하고, 유의진을 사로잡도록

佛, 即然七燈於佛前, 夜精心念 **《辯正論》八注引虜上有佛佛二字, 中下有為奴二字, 夜上有晝字, 念作哭** 觀世音, 願子得脫. 如是經年, 其子忽叛還. 七日七夜, 獨行自南走. 常值天陰, 不知東西, **《論注》忽下有得字, 獨行二字到, 天下有雨字, 東西二字到.** 遙見有七段火光; 望火而走, 似屯欲投, 終不可至; 如是七夕, 不覺到家, 見其母猶在佛前伏地; 又見七燈, 因乃發悟. 母子共談, 知是佛力. 自後懇禱, 專行慈悲.《廣記》一百一十. **《論注》禱作到, 慈悲作檀忍, 《廣記》誤.**

6. 거모라는 자가 송나라 여릉왕 청니의 난을 만나 포로가 되어 적군의 진영에 잡혀 있었다. 그의 어머니는 일찍이 부처를 신봉하였는데 바로 불전에 일곱 개의 등을 올리고 야간에 정성스럽게 관세음보살을 염송하면서 **《변정론》권8의 주에는 '虜' 자 위에 '佛佛' 2자가 있으며, '中' 자 아래에 '爲奴' 2자가 있고, '夜' 위에는 '晝' 자가 있으며, '念'은 '哭'으로 되어 있다.** 자식이 풀려나게 해 달라고 기원하였다. 이렇게 한 해가 지나자 잡혀갔던 아들이 갑자기 돌아왔다. 그는 일주일 밤낮을 혼자 남쪽에서 걸어왔는데, 늘 날씨가 흐려 동서를 분간할 수 없었다. **《변정론》의 주에는 '忽' 아래에 '得' 자가 있고, '獨行' 2자는 서로 바뀌어져 있으며, '天' 아래에 '雨' 자가 있고, '東西' 2자는 서로 바뀌어져 있다.** 멀리서 일곱 단으로 된 불빛을 보았는데 그 불빛을 보고 달려가서 촌락에 의지하고자 하였으나 가보면 촌락에 이를 수가 없었다. 이렇게 칠일 밤낮을 가자 자기도 모르게 집에 도착하였으며, 그의 어머니가 불전에 엎드려 있는 것을 보았다. 또 일곱 개의 등불이 켜져 있는 것을 보고서야 어찌 된 일인지를 깨닫게 되었다. 모

하였다. 진(晉)의 심전자는 왕진악을 시기하여 그를 죽이고 이후 왕수(王修)가 심전자를 죽이고 또 왕수마저 죽게 된다. 유유의 명으로 건강으로 돌아가던 유의진이 청니에 이르렀을 때 혁련괴도 청니에 도착하였으며, 진나라 군대는 청니에서 하나라 군대에 궤멸되고 유유는 가까스로 도망간다. 유유는 장안을 찾았으나 부하들의 불화로 장안을 잃어버리고 말았다.

자는 함께 이야기를 나누면서 이것이 부처님의 힘임을 알았다. 이후로는 간절히 기도하면서 오로지 자비를 실천하였다. **《태평광기》권110. 《변정론》주에는 '禱'는 '到'로, '慈悲'는 '檀忍'으로 되어 있는데, 《태평광기》가 잘못이다.**

7. 吳郡人沈甲, 被繫處死. 臨刑市中, 日誦觀音 **《辯正論》八注引作沈英, 觀音並作觀世音**名號, 心口不息. 刀刃自斷, 因而被放. 一云, 吳人陸暉繫獄, 分死, 乃令家人造觀音像, 冀得免死. 臨刑, 三刀, 其刀皆折. 官問之故, 答云: 恐是觀音慈力. 及看像, 項上乃有三刀痕現, 因奏獲免. **《廣記》一百十一.**

7. 오군 사람 심갑은 죄를 지어 체포되어 처형을 당하게 되었다. 저잣거리에서 처형을 당하게 되었을 때 심갑이 하루 종일 관세음보살의 **《변정론》권8 주의 인용에는 '沈英'으로 되어 있고, '觀音'은 또한 '觀世音'으로 되어 있다.** 명호를 마음과 입으로 쉬지 않고 염했다. 처형을 집행하는데 칼날이 저절로 부러져 이로 인해 석방되었다. 다른 이야기는 다음과 같다. 오나라 사람 육휘가 감옥에 갇혀서 처형을 기다리고 있었다. 이에 집안사람들을 시켜 관세음보살상을 만들게 하여 죽음을 면하기를 바랐다. 처형당할 때 칼로 세 번을 쳤으나 세 번 다 칼이 부러지니 관리가 까닭을 물었다. 육휘가 아마도 관세음보살의 자비의 힘 때문인 것 같다고 대답했다. 즉시 관세음보살상을 보니 보살상의 목에 칼로 찍힌 흔적이 세 군데 있었으며, 관리가 상주하여 처형을 면할 수 있었다. **《태평광기》권111.**

8. 滎陽[19]高荀, 年已五十, 為殺人被收. 鎖頓 **《論注》八引荀作苟, 頓作項** 地牢,

---

19 형양(滎陽): 현 이름. 사례주 하남윤(河南尹)에 속한다. 그 성터는 지금의 하남성 형양에 있다. 지금은 하남성(河南省) 정주시(鄭州市)가 관할하는 현급 시이다.

分意必死. 同牢人云: "努力共念觀音." 荀云: "我罪至重, 甘心受誣, **《論注》念作誦, 觀下有世字, 誣作死.** 何由可免." 同禁勸之, 曰始發心, 誓當捨惡行善, 專念觀音, 不離 **《論注》曰作因, 離作簡** 造次. 若得免脫, 願起五層浮圖, 捨身作奴, 供養衆僧. 旬日 **《論注》浮作佛, 日作月** 用心, 鉗鎖自解. 監司驚懼. 語荀云: "若 **《論注》懼作怪, 語下有高字, 無若字** 佛憐汝, 斬應不死." 臨刑之日, 舉刀刃斷. **《論注》舉刀句作舉刀未下而折.** 奏得原免. **《廣記》一百十一.**

8. 형양의 고순은 나이가 이미 50세인데 살인죄로 수감되었다. 형구를 쓰고 **《변정론》권8의 주에서는 '荀'을 '苟'로, '頓'을 '項'으로 하였다.** 지하 감옥에 갇혀서 틀림없이 죽을 것이라 생각했다. 같이 지하 감옥에 갇혀 있는 사람이 "함께 관세음보살을 염하도록 노력합시다."라고 말하자, 고순이 "내 죄는 지극히 무거워 형벌을 달게 받아야 하는데 **《변정론》권8의 주에서는 '念'은 '誦'으로 되어 있으며, '觀' 아래에는 '世' 자가 있고, '誣'는 '死'로 되어 있다.** 어떻게 면할 수 있겠습니까?"라고 말했다. 동료 죄수가 멈추지 않고 그에게 권유하므로 비로소 발심하기에 이르렀다. 마땅히 악을 버리고 선을 실행할 것이며 오직 관세음보살을 염송하며 **《변정론》의 주에는 '曰'은 '因'으로, '離'는 '簡'으로 되어 있다.** 잠시도 이를 어기지 않을 것이며, 만약 풀려나게 된다면 오층탑을 세우고 몸을 던져 사원의 노예가 되어 뭇 스님들을 공양하겠다고 맹세했다. 10일간 **《변정론》의 주에는 '浮'는 '佛'로, '日'은 '月'로 되어 있다.** 지극정성으로 기도하였더니 항쇄와 사슬이 저절로 풀어졌으며 감독하는 관리가 두려워하였다. 그는 고순에게 "만약 **《변정론》의 주에는 '懼'가 '怪'로 되어 있으며, '語' 아래에 '高' 자가 있으며, '若' 자는 없다.** 부처가 그대를 가련히 여긴다면 참수해도 죽지 않을 것이오."라고 하였다. 처형할 날이 되어 칼을 들자 칼날이 부러졌다. **《변정론》의 주에는 '舉刀' 구절이 '칼을 들고 내리치지도 않았는데 부러졌다'고 되어 있다.** 이

에 상소를 올려 사형을 면하게 하였다. **《태평광기》권111.**

9. 史雋有學識, 奉道而慢佛. 常語人云: "佛是小神, 不足事也." **《辯正論》八注引也作耳.** 每見尊像, 恒輕誚之. 後因病腳攣, 種種祈福, 都無效驗. 其友人趙文謂曰: "經道福中第一. 可試造觀音像." 雋以病急, 如言鑄像. 像成, 夢觀音, 果得差. **同上. 《論注》福中下有佛福二字, 得差作遂差.**

9. 사준은 학식을 지녔는데 도교를 신봉하고 불교를 경멸하였다. 늘 사람들에게 "부처는 작은 신일 뿐이며 섬기기에는 부족합니다." 라고 말하고, **《변정론》권8의 주에는 '也'가 '耳'로 되어 있다.** 불상을 볼 때마다 항상 업신여기면서 비난했다. 나중에 병이 들어 다리가 마비되자 온갖 기도를 다 해 보았지만 전혀 효험이 없었다. 그의 친구인 조문이 일러주었다. "불경의 도가 복 중에서 제일일세. 시험 삼아 관세음보살상을 만들어 보게." 사준은 병이 위급해지자 친구의 말대로 불상을 주조하였다. 불상이 완성된 후 꿈에서 관세음보살상을 보았는데 과연 병이 나았다. **위와 같음. 《태평광기》권111. 《변정론》권8의 주에는 '福中' 다음에 '佛福' 2자가 있으며, '得差'는 '遂差'로 되어 있다.**

10. 吳唐, 廬陵[20]人也. 少好驅媒獵射, 發無不中, 家以致富. 後春日, 將兒出射, 正值麀鹿將麑. 鹿母覺有人氣, 呼麑漸出. 麑不知所畏, 徑前就媒. 唐射麑, 即死. 鹿母驚還, 悲鳴不已. **二字《賦注》引有.** 唐乃自藏於草中, 出麑致淨地. 鹿直來其地, 俯仰頓伏, 絕而復起. 唐又射鹿母, 應弦而倒. 至前場, 復逢一鹿, 上弩將放, 忽發箭反激, 還中其子, 唐擲弩抱兒, 撫膺而哭. 聞空

---

20 여릉(廬陵): 길주(吉州)라고도 하였다. 지금의 강서성(江西省)에 속함.

中呼曰: “吳唐, 鹿之愛子, 與汝何異?” 唐驚聽, 不知所在. **《御覽》九百六. 《事類賦注》二十三.**

10. 오당은 여릉 사람이다. 어려서부터 사냥개를 몰아 사냥하는 것을 좋아했는데, 활을 쏘아 맞추지 못하는 것이 없어 이로 인해 집안이 부유해졌다. 어느 봄날에 아이를 데리고 사냥을 나갔는데 바로 새끼 사슴을 데리고 나온 어미 사슴을 발견했다. 어미 사슴은 인기척을 느끼고서 새끼 사슴에게 천천히 나오도록 했으나 새끼 사슴은 두려움을 알지 못하고 바로 사냥개를 향해 앞으로 다가갔다. 오당이 새끼 사슴을 쏘자 새끼 사슴이 즉사했다. 어미 사슴은 깜짝 놀라 도망가면서 구슬픈 비명을 끊임없이 질러댔다. **2자는 《사류부주》의 인용에 있다.** 오당 자신은 풀 속에 숨어 있고 새끼 사슴은 끌어내 깨끗한 곳에 갖다 놓았었다. 어미 사슴은 곧바로 그곳으로 와서 새끼를 내려다보더니 갑자기 엎어져서 기절했다가 다시 일어났다. 오당이 다시 어미 사슴을 쏘아 명중시켜 거꾸러뜨렸다. 사슴이 쓰러진 곳에 이르렀는데 다시 사슴 한 마리를 만나 급히 화살을 재어 쏘려고 하는데 갑자기 화살이 발사되어 거꾸로 되돌아와서 그의 아들을 맞추었다. 오당은 활을 던지고 아들을 부둥켜안고 어루만지며 통곡했다. 공중에서 외치는 소리가 들려왔다. “오당아, 사슴이 새끼를 사랑하는 것과 너와 무슨 차이가 있겠느냐?” 오당은 소리를 듣고 깜짝 놀랐으나 어디서 들려오는 소리인지 알 수가 없었다. **《태평어람》권906. 《사류부주》권23.**

11. 程德度, 武昌[21]人. 昔在潯陽[23], 夜見屋裏自明. 先有蔫窠, 忽有小兒,

21 무창(武昌): 호북성(湖北省) 남동부에 있는 무한(武漢)의 한 지역. 옛날의 무한 삼진(武漢三鎭)의 하나로, 정치와 문화 지역임. 오(吳) 나라와 당(唐) 나라 때 무한시 어청

長尺餘, 潔白, 從窠中出, 至床前曰: "卻後三年, 當得長生之道." 尋闇而滅. 甚祕密之. 《御覽》九百二十二.

11. 정덕도는 무창 사람이다. 예전에 심양에 있을 때, 한밤중에 집 안이 저절로 밝아지는 것을 보았다. 일찍부터 제비집이 있었는데 갑자기 어린아이가 나타났다. 한 척이 넘는 키에 온몸이 새하얀 색깔인데 둥지에서 뛰쳐나와 침대 앞으로 오더니 " 3년 뒤에 반드시 장생하는 도리를 얻을 것입니다."라고 말하였다. 잠시 후에 어두워지더니 아이도 사라졌다. 정덕도는 그 일을 비밀로 간직했다. 《태평어람》권922.

12. 沛國[23]周氏有三子, 並瘖不能言. 一日, 二字《賦注》引有. 有人來乞飲, 聞其兒聲, 問之, 具以實對. 客曰: "君有罪過. 三字《賦注》引有. 可還內思之." 周異其言, 知非常人 . 良久乃云: "都不憶有罪過." 客曰: "試更思幼時事." 入內, 食頃, 出曰: "記小兒時, 當床有鷰窠, 中有三子, 母還哺之, 輒出取食. 屋下擧手得及; 指內窠中, 鷰子亦出口承受, 乃取三蒺藜[24], 各與之呑, 既皆死. 母還, 不見子, 悲鳴而去. 恆自悔責." 客變為道人之容曰: "君即自知悔, 罪今除矣 !" 便聞其兒言語周正, 即不見道人. 《御覽》九百二十二. 《事類賦注》十九.

12. 패국의 주씨에게 세 아들이 있었는데, 모두 벙어리여서 말을

(鄂城) 현에 두었던 현.

22 심양(潯陽): 강서성(江西省) 구강시(九江市) 부근의 옛 지명.

23 패국(沛國): 패후국(沛侯國). 상현(相縣)을 다스렸다. 지금의 안휘성 수계(濉溪) 장집(張集)이다.

24 질려(蒺藜): 남가새. 바닷가의 모래땅에 나는데, 전체에 털이 나 있다. 잎은 깃 모양 겹잎이며 마주나고, 여름에 누르거나 흰 꽃이 피며, 열매는 한방에서 강장제나 해열제로 쓰인다. 이외에 백질려(白蒺藜)·명자(名茨)·방통(旁通)·굴인(屈人)·지행(止行)·휴우(休羽)·승추(升推) 등으로도 불린다.

하지 못했다. 어느 날 **2자는 《사류부주》의 인용에 있다.** 어떤 사람이 음식을 구걸하러 와서 그 아이들의 목소리를 듣고 그 까닭을 물었더니 주씨가 사실대로 대답하였다. 그러자 그 손님이 말했다. "그대에게 죄과가 있는 것이니 **3자는 《사류부주》의 인용에 있다.** 안으로 들어가서 잘 생각해 보십시오." 주씨는 그 말을 괴이하게 여겼으며 그가 보통 사람이 아님을 알았다. 한참 후에 주씨가 말했다. "저에게 죄과가 있는지 도무지 기억나지 않습니다." 손님이 말했다. "어렸을 때의 일을 다시 곰곰이 생각해 보십시오." 주씨가 안으로 들어갔다가 한 식경쯤 후에 나와서 말했다. "어릴 때 일을 더듬어 보니 침대머리맡에 제비집이 있었고, 그 안에 제비 새끼가 세 마리가 있었는데, 어미 제비가 돌아와서 먹이를 먹여 주고 잠시 뒤에 먹을 것을 찾으러 날아갔습니다. 처마 밑은 손을 들면 닿았는데 손가락을 제비집에 넣어 보니 제비 새끼들이 입을 벌리고 먹을 것을 기다리고 있었습니다. 이에 남가새 세 개를 가져와 새끼들에게 삼키게 했더니 모두 죽었습니다. 그 어미가 돌아오더니 새끼들이 보이지 않았으므로 슬피 울며 날아가 버렸습니다. 항상 스스로 이 일을 후회하고 책망하였습니다." 손님이 스님의 얼굴로 바뀌더니 말하였다. "그대가 스스로 참회하였으니 죄는 이제 다 없어졌습니다!" 곧바로 자신의 아이가 말을 올바르게 하는 소리가 들렸으며, 스님은 금세 사라졌다. **《태평어람》권922. 《사류부주》권19.**

13. 王導, 河內[25]人也. 兄弟三人, 並得時疾. 其宅有鵲巢, 旦夕翔鳴, 忽甚諠譟. 俱惡之. 念云: 差, 當治此鳥. 既差, 果張取鵲, 斷舌而殺之. 兄弟悉得瘖疾. **《御覽》七百四十引《靈驗記》.**

---

25 하내(下內): 한(漢)나라 때의 유명한 군 이름. 고대에는 황하 이북을 하내라고 하였으며, 지금은 하남 북부와 하북(河北) 남부 일대를 말한다.

13. 왕도는 하내 사람이다. 형제 세 사람이 전염병에 걸렸다. 그 집에는 까치집이 있었다. 아침저녁으로 날아다니며 울어대는데 어떤 때는 너무 시끄럽게 울어대어 형제들이 모두 싫어했다. 왕도는 병이 나으면 그 까치들을 처리해야겠다고 생각했다. 병이 낫자 정말로 그물을 쳐서 까치를 잡아 그 혀를 자르고 죽여 버렸다. 그랬더니 형제들이 나중에 벙어리가 되고 말았다. **《태평어람》권740에서 《영험기》를 인용함.**

14. 天竺[26]有僧, 養二牸牛. 日得三升乳, 有一人乞乳, 牛曰: "我前身為奴, 偷法食, 今生以乳鑚之. 所給有限, 不可分外得也." **《御覽》九百.**

14. 인도의 어떤 승려가 암소 두 마리를 길러서 매일 우유 세 되를 얻었다. 어느 날 어떤 사람이 우유를 마시고자 간청하자 이 소가 말하였다. "저는 전생에 노예였는데 절의 식량을 훔쳐 먹었습니다. 이 때문에 금생에서 우유를 바치고 있습니다. 제가 갚는 것은 한계가 있으니 그대에게까지 우유를 나누어 줄 수는 없습니다." **《태평어람》권900.**

15. 有鸚鵡飛集他山, 山中禽獸輒相愛重. 鸚鵡自念, 雖樂, 不可久也, 便去. 後數月, 山中大火. 鸚鵡遙見, 便入水沾羽, 飛而灑之. 天神言: "汝雖有志意, 何足云也!" 對曰: "雖知不能救, 然嘗僑居是山, 禽獸行善, 皆為兄弟, 不忍見耳." 天神嘉感, 即為 **《六帖》引作為雨** 滅火. **《類聚》九十一. 《初學記》三十. 《六帖》九十四. 《御覽》九百二十四.**

15. 어떤 앵무새가 다른 산으로 날아갔는데 산속의 날짐승과 길짐

26 천축(天竺): 옛 인도를 가리킨다.

승들이 앵무새를 많이 예뻐했다. 앵무새는 비록 즐겁지만 오래 머물 수 없다고 스스로 생각하고는 그곳을 떠났다. 몇 개월 뒤 산속에 큰 불이 났다. 앵무새가 멀리서 이를 보고는 곧바로 물에 들어가 날개에 물을 적셔서 날아가 물을 뿌렸다. 천신이 “네가 비록 불을 끄고자 하는 뜻이 있으나 어찌 너의 힘으로 충분하겠느냐?”라고 말했다. 그러자 앵무새가 “비록 구할 수 없다는 것은 알지만, 일찍이 이 산에 살았었고 동물들도 잘 대해줘서 모두 형제가 되었는데, 그들이 죽어가는 것을 차마 보고만 있을 수 없습니다.”라고 대답했다. 천신이 그 말에 감동하여 곧바로 **《백공육첩》의 인용에서는 ‘비를 내려’라고 하였다.** 불을 꺼 주었다. **《예문유취》권91. 《초학기》권30. 《백공육첩》권94. 《태평어람》권924.**

16. 野火焚山. 林中有一雉, 入水漬羽, 飛故滅火, 往來疲乏, 不以為苦. **《御覽》九百十七. 《大唐西域記》六云拘尸那揭羅國[27]大磚精舍側不遠有窣堵波[28], 是如來修菩薩行時為群雉王救火之處. 昔於此地有大茂林, 毛群羽族, 巢居穴處, 驚風四起, 猛焰飈逸. 時有一雉, 有懷傷愍, 鼓濯清流, 飛空奮灑. 時天帝釋[29]俯而告曰: “汝何守愚? 唐勞羽翮, 大火方起, 焚燎林野, 豈汝微軀所能撲滅?” 雉曰: “說者為誰?” 曰: “我天帝釋耳.” 雉曰: “今天帝釋有**

---

27 구시나게나국(拘尸那揭羅國): 쿠시나가라(Kushinagar). 인도의 우타르프라데시(Uttar Pradesh) 주(州)에 위치한 Kasia에 해당하며, 석가모니가 열반한 곳으로 불교의 4대 성지 중 하나이다. 석가모니는 이곳의 사라쌍수(娑羅雙樹) 아래에서 입적했다고 하는데, 이곳의 열반당에는 머리를 북쪽으로 두고 얼굴을 서쪽으로 향한 6미터 길이의 석가모니 와상이 있다.

28 솔도파(窣堵波): 스투파(stūpa). 석가모니의 사리나 유골을 모시거나 특별한 영지(靈地)를 나타내기 위하여, 또는 그 덕을 기리기 위하여 세운 건축물. 본디는 석가모니의 사리를 묻고 그 위에 돌이나 흙을 높이 쌓은 무덤이나 묘(廟)였다. 깎은 돌이나 벽돌 따위로 층을 지어 쌓으며, 3층 이상 홀수로 층을 올린다.

29 천제석(天帝釋): 제석천(帝釋天). 불교 십이천의 하나. 수미산 꼭대기에 있는 도리천(忉利天)의 왕으로, 사천왕과 삼십이천을 통솔하면서 불법과 불법에 귀의하는 사람을 보호하고 아수라의 군대를 정벌한다고 한다.

大福力, 無欲不遂, 救災拯難, 若指諸掌, 反詰無功, 其咎安在? 猛火方熾, 無得多言." 尋復奮飛, 往趣流水, 天帝遂以掬水泛灑其林, 火滅煙消, 生類全命, 故今謂之救火窣堵坡也.

16. 들에 불이 나서 산으로 번졌다. 숲속에 있던 꿩 한 마리가 깃털에 물을 적셔 날아가서 물을 뿌려 불을 끄고자 했다. 왔다 갔다 하느라 피곤하고 지쳤지만 이것을 고생으로 여기지 않았다. **《태평어람》권917. 《대당서역기》권6에서는 다음과 같이 말하였다. 쿠시나가라 대전정사에서 멀지 않은 곳에 스투파가 있는데 이곳이 여래가 보살행을 닦을 때 뭇 꿩들의 왕이 되어 산불을 껐던 곳이다. 예전에 이 땅에는 무성한 숲이 있었으며, 털 달린 짐승들과 날개 달린 짐승들이 둥지를 틀어 살거나 굴을 파고 기거하였다. 어느 날 큰 바람이 사방에서 일어나더니 맹렬한 화염이 치솟았다. 이때 꿩 한 마리가 있었는데 가슴 아프게 여겨 맑은 물에 몸을 적시고 공중으로 날아가서 물을 뿌렸다. 당시에 제석천이 내려다보며 말했다. "그대는 어찌 그리 어리석은가? 이는 날개만 피로하게 할 뿐이다. 큰불이 사방에서 일어나 들판과 숲이 모두 타는데 그대의 미약한 몸으로 어찌 불을 끌 수 있겠는가?" 꿩이 "말씀하시는 분은 누구십니까?"라고 물었다. "나는 제석천이다."라고 대답하자 꿩이 말했다. "지금 제석천은 큰 복력이 있어서 마음먹은 대로 이루지 못하는 일이 없으니, 불을 끄고 어려움을 구하는 것은 손바닥 가리키는 것처럼 쉬울 텐데, 도리어 힐책하며 소용이 없다 하시니 그 허물은 어디에 있습니까? 맹렬한 불길이 한창이니 여러 말 할 시간이 없습니다." 곧 이어 다시 힘껏 날아서 흐르는 물로 왕복하자, 제석천도 따라서 물을 퍼서 그 숲에 뿌려 불과 연기가 꺼지고 뭇 생명들이 살아나게 되었다. 그래서 지금은 그곳을 꿩이 불을 끈 스투파라고 부른다.**

17. 蟒死于吳末. **梁釋慧皎《高僧傳》一. 案: 傳略云, 安清[30]字世高, 窮理盡性, 自識緣**

30 안청(安淸): 자는 세고(世高)이다. 고대 서아시아의 안식국의 왕과 왕비 사이에서 태어난 태자이다. 왕위를 숙부에게 양위하고 불교에 귀의하였다. 동한 건업(建業) 원년인 147년에 낙양에 도착하였으며, 이후 경전을 번역하였는데, 진대(晉代) 도안(道

業. 初, 高自稱先身已經出家, 有一同學多瞋分衛, 高屢訶諫, 終不悛改. 如此二十餘年, 乃與同學訶訣云: "我當往廣州畢宿世之對, 卿明經精勤, 不在吾後, 而性多恚怒, 命過當受惡形. 我若得道, 必當相度." 遂適廣州. 值寇賊大亂, 行路逢一少年, 唾手拔刀, 曰: "真得汝矣." 高笑曰: "我宿命負卿, 故遠來相償." 伸頸受刃, 賊遂殺之. 既而神識還為安息[31]王太子, 即今時世高身也. 高遊化中國, 宣經事畢, 值靈帝之末, 關雒[32]擾亂, 乃振錫江南, 云: "我當過廬山[33], 度昔同學." 行達共阝亭湖廟, 此廟舊有威靈, 高同旅三十餘船奉牲請福, 神乃降, 祝[34]曰: "舫有沙門, 可便呼上." 客咸驚愕, 請高入廟, 神告高曰: "吾昔外國與子俱出家學道, 好行布施而性多瞋怒, 今為共阝亭廟神, 周迴千里並吾所治, 以布施故珍玩甚豐, 以瞋恚故墮此神報, 今見同學悲欣可言, 壽盡旦夕而醜形長大, 若於此捨命穢汙江湖, 當度山西澤中, 此身滅後, 恐墮地獄, 吾有絹千疋并雜寶物, 可為立法營塔, 使生善處也." 高曰: "故來相度, 何不出形?" 神曰: "形甚醜異, 衆人必懼." 高曰: "但出, 衆不怪也." 神從床後出頭, 乃是大蟒, 不知尾之長短, 至高膝邊, 高向之梵語數番, 讚唄數契, 蟒悲淚如雨, 須臾還隱, 高即取絹物, 辭別而去, 舟侶颺帆, 蟒復出, 身登山而望衆人舉手, 然後乃滅. 倏忽之頃, 便達豫章[35], 即以廟物為造東寺. 高去後, 神即命過. 暮有一少年上船, 長跽高前, 受其祝願, 忽然不見, 高謂船人曰: "向之少年, 即共阝亭

安)이 편찬한《중경목록(衆經目錄)》의 기록에 의하면 안세고가 번역한 경전은 모두 35종 41권에 이른다고 한다. 안세고의 경전 번역 작업은 동한 건령 기간 중인 168년부터 171년 사이에 이루어졌다. 이후 강서, 절강 등지로 유람하였으며 만년의 행적은 알려져 있지 않다.

31 안식(安息): 파르티아(Parthia). 고대 서아시아에 있던 이란족의 파르티아 왕국을 중국에서 이르던 이름.

32 관락(關雒): 관중(關中)과 낙양(洛陽) 일대. '關'은 관중을 말하며 역사적으로 지역이 다른데, 진(秦)나라의 도읍인 함양(咸陽: 지금의 섬서(陝西) 함양시 동북쪽)과 한(漢)나라의 도읍인 장안(長安: 지금의 섬서 서안시 서북쪽)을 말하는데, 함곡관(函谷關) 서쪽을 관중이라 말한다. '雒'은 고대의 읍(邑) 이름. 지금의 하남성 낙양시 낙수(洛水) 북쪽과 전수(瀍水) 동서에 있었다.

33 여산(廬山): 지금의 강서성 구강시 남쪽에 위치한 명산으로, 광산(匡山)·광려(匡廬)라고도 한다.

34 축(祝): 제사 지낼 때 제례를 주관하는 사람.

35 예장(豫章): 한 고제(高帝) 초년 강서(江西) 편제의 첫 번째 명칭. 즉 예장군(豫章郡)으로 남창현(南昌縣: 지금의 남창시 시내)을 관할하였다.

廟神, 得離惡形矣.” 後人於山西澤中見一死蟒頭, 尾數里, 今潯陽郡蛇村[36]是也, 云云. 後更引《宣驗記》言以備異說, 蓋唯蟒死時代記傳有殊, 其餘事跡並相仿弗耳.

17. 이무기가 오나라 말엽에 죽었다. 양나라 혜교《고승전》권1. 안: 전략에서는 다음과 같이 말하였다. 안청의 자는 세고인데, 사물의 이치와 본성을 강구하여 스스로 인연의 업보를 알게 되었다. 애초에 안세고는 전생에도 이미 출가했었다고 스스로 말했는데, 함께 수학했던 스님 한 명이 원망을 잘 하고 화를 잘 내어 안세고가 자주 꾸짖었으나 끝내 고치지 않았다. 이렇게 20여 년을 지낸 뒤 함께 지낸 벗과 작별하면서 말했다. “나는 반드시 광주로 가서 전생의 일을 마쳐야 하네. 자네는 경전을 이해하며 부지런히 수행하는 면에서는 나에게 뒤지지 않으나 화를 잘 내는 성품이니 생명이 다하면 추한 모습을 받을 것이네. 내가 만약 도를 얻게 되면 반드시 자네를 제도濟度하겠네.” 안청은 마침내 광주로 갔다. 도적들이 큰 반란을 일으켰다. 길을 가다가 한 소년을 만났는데 그가 침을 뱉으며 칼을 뽑고는 “진정 너를 만나게 되었구나.”라고 하였다. 안세고는 웃으며 “나는 전생에 그대에게 빚을 졌으므로 멀리서 와서 갚는 것이네.”라고 하면서 목을 내밀어 칼을 받으려 하자 도적이 드디어 그를 죽였다. 얼마 후 영혼이 안식국의 왕자로 환생하였으니 바로 지금 안세고의 몸이다. 안세고는 중국을 교화하면서 경전을 번역하는 일을 마쳤는데 한나라 영제의 말년 관중과 낙양 일대에서 반란이 일어났을 때 불법을 전하러 강남지방으로 가면서 말했다. “나는 마땅히 여산을 지나가면서 옛날의 동료를 제도할 것이다.” 일행들이 공정호의 사당에 이르렀는데, 이 사당은 옛날부터 영험함이 있었으므로 안세고와 함께 여행하던 30여 척의 배에서 제물을 바치고 복을 빌자 사당신이 강림하자 축이 말하였다. “배에 사문이 있으니 어서 불러오너라.” 선객들은 모두 놀랐으며 안세고에게 사당으로 들어가도록 요청하였다. 사당신이 안세고에게 말했다. “나는 옛날에 외국에서 자네와 함께 출가하여 수도하면서

---

36 사촌(蛇村):《고승전(高僧傳)》에 의하면, 큰 뱀은 안청의 도움으로 추한 모습을 버리게 되었는데, 뱀은 머리에서 꼬리까지 길이가 몇 리에 이르렀으며, 뱀의 시체가 있었던 곳은 심양군(潯陽郡) 사촌이라고 하였다.

보시를 행하기를 좋아했지만 성품이 분노를 잘하여 이제 공정호의 사당신이 되어 주위 천 리를 다 내가 다스리게 되었네. 보시한 것 때문에 진귀한 물건들이 대단히 많지만, 성내는 업보 때문에 이곳의 신령이 되는 과보를 받았는데 이제 동문수학한 친구를 만나니 기쁘기도 하고 슬프기도 하네. 나의 수명은 곧 다하게 되는데, 추악한 모습이 아주 커서 만약 이곳에서 생을 마감하면 강호를 더럽힐 것이므로 마땅히 산의 서쪽 연못으로 건너가야 할 것 같네. 이 몸이 죽고 나서 지옥에 떨어질까 두렵네. 나에게 비단 천 필과 여러 가지 보물이 있으니 법도에 맞게 불탑을 세워 좋은 곳에 태어나도록 해 주게." 안세고가 "옛 인연이 있어 구제하러 왔는데 어째서 모습을 나타내지 않는가?"라고 하자 사당신이 말하였다. "모습이 대단히 추하고 기이하여 사람들이 틀림없이 두려워할 것이네." 안세고가 "나오기만 하면 사람들이 괴이하게 여기지 않을 것이네."라고 말하였다. 사당신이 제단 뒤에서 머리를 내미는데 커다란 이무기였으며 꼬리의 길이를 알 수 없을 정도였다. 안세고의 무릎까지 다가오자 안세고가 그에게 범어 몇 마디를 외우고 범패 몇 구절로 찬불하니 이무기는 눈물을 비 오듯 흘리더니 잠시 후 사라졌다. 안세고는 바로 비단과 보물을 거두어 작별하고 떠났다. 배가 돛을 올리자 이무기가 다시 나타나서 산에 올라가서 사람들이 손을 흔드는 것을 바라보더니 잠시 후 사라졌다. 얼마 후 일행은 예장에 도착하여 사당에서 가져온 물건으로 東寺를 세웠다. 안세고가 떠난 후 사당신도 수명이 다하였다. 저녁 무렵에 한 소년이 배에 올라 안세고 앞에 오랫동안 무릎 꿇고 그의 축원을 받고는 갑자기 사라졌다. 안세고는 뱃사공에게 "방금 전의 그 소년은 바로 공정호의 사당신인데 추한 형체를 벗었습니다."라고 하였다. 나중에 사람들은 산 서쪽의 못에서 죽은 이무기를 발견했는데 머리부터 꼬리까지의 길이가 몇 리에 달하였다. 지금 심양군의 사촌이 그 장소이다. 나중에 다시 《선험기》의 이야기를 인용하여 이설들을 갖추었는데, 대체로 이무기가 죽은 시점에 대한 기록이 조금 다를 뿐 나머지 행적은 거의 비슷하다.

18. 吳主孫皓[37], 性甚暴虐, 作事不近人情. 與婇女看治園地, 土下忽得一軀金像, 形 相麗嚴. 皓令置像廁傍, 使持屛籌[38]. 到四月八日, 皓乃尿像頭上, 笑而言曰: "今是 八日, 為爾灌頂[39]." 對諸婇女[40], 以為戲樂. 在後經時, 陰囊忽腫. 疼痛壯熱, 不可堪任. 自夜達晨, 苦痛求死. 名醫上藥, 治而轉增. 太史占曰: "犯大神所為." 敕令祈禱靈廟, 一禱一劇. 上下無計. 中宮有一宮人, 常敬信佛, 兼承帝之愛, 凡所說事, 往往甚中, 奏云: "陛下求佛圖未?" 皓問, "佛大神邪?" 女曰: "天上天下, 尊莫過佛. 陛下前所得像, 猶在廁傍; 請收供養, 腫必立差." 皓以痛急, 即具香湯[41], 手自洗像, 置之殿上, 叩頭謝過, 一心求哀. 當夜痛止, 腫即隨消. 即於康僧會[42]受五戒[44], 起

---

37 손호(孫皓): 오나라의 마지막 황제. 《배자어림》 주 참조.

38 병주(屛籌): 오물을 닦는 나뭇가지, 측주(厠籌)라고도 한다.

39 관정(灌頂): 불교에서는 물과 제호(醍醐: 우유에 갈분을 타서 미음같이 쑨 죽)로 지혜를 상징하는데, 지혜를 사람의 정수리에 부어 불도를 깨닫게 하는 것을 말하며, 이러한 일을 행하는 부처를 '관정불(灌頂佛)'이라고 한다.

40 채녀(婇女): 궁중에서 심부름하는 여인.

41 향탕(香湯): 향을 넣어 달인 물. 주로 염습(殮襲)하기 전에 송장을 씻는 데 쓰인다.

42 강승회(康僧會): ?-280년. 삼국시기 승려. 강거국[康居國: 동한 시기 서역(西域) 36개국 중 하나로 영토가 컸으며, 대월지(大月氏)와 동종에 속함] 사람. 강승회의 선조는 강거국 사람이며 그의 부모는 교지[交趾: 고대의 지명. 동한 시기에 교주(交州)라 함. 베트남 북부 지역]로 옮겨왔다. '강(康)'이란 성은 강승회의 본적이 '강거'라는 점을 나타낸 것이다. 상인이었던 부친이 교지로 거처를 옮겨와서 강승회도 소년 시절을 교지에서 보냈다. 천성이 학문을 좋아하여 어린 나이에 불교의 삼장 및 유가의 육경[시(詩), 서(書), 역(易), 예(禮), 춘추(春秋), 악(樂)]을 두루 섭렵하였으니 중국인으로 성장한 셈이다. 10여 세 때 부모를 여읜 후 출가 사문(沙門)이 되어, 안세고(安世高)의 학맥을 이은 한림(韓林)·피업(皮業)·진혜(陳慧)에게서 도를 배웠다. 불법을 널리 펴기 위해 오나라의 수도 건업(建業)으로 올라온 것이 247년으로, 지겸(支謙)보다 20년 정도 늦게 왔지만, 사문이 손권의 황실과 두터운 친분이 있어서 그 영향력은 훨씬 컸던 듯하다. 후대의 불교 사적은 이구동성으로 강승회가 오고 나서 비로소 오나라에 불법이 흥성하게 되었다고 전한다.[《출삼장기집(出三藏記集)·강승회전》·《양고승전(梁高僧傳)·강승회전》] 손권은 강승회를 위해 절을 짓고 건초사(建初寺)라 이름 지었는데 동오(東吳) 최초의 절이다. 강승회의 역경 작업은 이 건초사에서 이루어졌는데, 《오품(吳品)》[《소품반야(小品般若)》라고도 함]·《육도집경(六度集經)》 등을 번역하였다. 또한 《안반수의경(安般守意經)》·《법경경(法鏡經)》·《도수경(道樹經)》 삼경에 주(注)를 달고 서문(序文)도 지었다.

大市寺, 供養衆僧也.《辯正論》八注.

18. 오나라 왕 손호는 성품이 포악하고 일을 처리함에 인지상정과는 거리가 멀었다. 채녀들과 함께 정원을 둘러보다가 땅 밑에서 홀연 금불상을 한 구 얻었는데 그 형상이 아름답고 위엄이 있었다. 손호는 불상을 화장실 옆에 두어 오물을 닦는 나뭇가지를 들고 있게 하였다. 4월 8일이 되자 손호가 불상의 머리 위에 오줌을 누며 웃으면서 "오늘은 4월 8일이니 너에게 관정식을 행하노라."라고 말하면서 여러 채녀들에게 장난치며 놀았다. 얼마 후 음낭에 홀연 부종이 생겼다. 통증이 심하고 화끈거려서 감당할 수 없을 지경이 되어, 저녁부터 새벽까지 몹시 고통스러워했다. 명의의 약을 썼으나 치료를 할수록 더욱 심해질 따름이었다. 태사가 점을 치고 나서 "크나큰 신을 범하여 일어난 것이옵니다."라고 아뢰었다. 칙령을 내려 영묘에 기도하게 하였으나, 한 번 제사를 드릴 때마다 그 고통이 더욱 심해져서 상하의 관리들로서는 방법이 없었다. 궁중의 한 궁녀는 항상 부처님을 공경하고 믿었는데, 황제의 사랑도 받았다. 그녀가 진언한 일은 종종 사실과 아주 잘 맞았다. 궁녀가 "폐하께서는 부처님의 위력을 구하신 적이 있사옵니까?"라고 여쭈자 손호가 "부처란 큰 신인가?"라고 되물었다. 궁녀가 대답하였다. "천상천하에 부처님보다 더 존귀한 분은 없사옵니다. 폐하께서 이전에 얻으신 불상이 아직도 화장실 옆에 있사옵니다. 청컨대 거두어 공양하신다면 부종은 반드시 차도가 있을 것이옵니다." 손호는 통증이 심했으므로 바로 향탕을 갖추어서 불상을 깨끗이 씻고 대궐에 안치한 다음 머리를 조아려 사죄하고 한마

---

43 오계(五戒): 불교에서 지키는 다섯 가지 계율. 즉 살생·도적질·음행·허튼소리·음주를 금하는 다섯 가지 금계를 말한다.

음으로 빌었다. 이날 밤에 고통이 그치더니 부종도 따라서 없어졌다. 곧 강승회에게 오계를 받고 대시사를 세워서 여러 승려들을 공양하였다. **《변정론》권8 주.**

19. 孫皓時, 有王正辯[44]上事, 言: "佛法宜滅, 中國不利胡神." 皓便下詔集諸沙門, 陳兵圍守, 欲行誅廢之事. 謂僧會法師曰: "佛若神也, 宜崇之. 若其無靈, 黑衣[45]一日同命." 僧或縊死, 或逃於外. 會乃請齋, 期七日現神. 以銅鉢盛水, 置庭中. 中食畢, 而曦光暉曜, 忽聞庭鉢鎗然有聲. 忽見舍利, 明照庭宇, 浮於鉢上. 皓及大眾前看, 駭愕失措, 離席改容而進. 會曰: "陛下使孟賁[46]之力, 擊以百鈞之槌, 金剛之質, 終不毀破." 皓如言. 請先經唄禮拜, 散華燒香. 歌唱曰: "誠運距慈氏[47], 來津未絕, 則法輪將轉, 徹於靈塗; 威神不少, 宜現今日, 不然則三寶永絕." 言畢, 壯士運槌生風, 觀者顫慄. 而氣竭槌碎, 舍利不損. 光明挺出, 輝采充盈. 皓敬伏投誠, 勤營齋講. 此塔在建康大市北, 後猶光瑞. 元嘉十九年秋, 寺刹夜放光明, 鮮紅彩發, 有大光從四層上, 從西繞南. 又見一物, 如雉尾扇[48], 隨其進止不斷. 其夕觀者, 或值或不值. 二十許日, 都市中咸見刹上有大紫光也. **《辯正論》八注云出《吳錄》及《宣驗記》.**

---

44 왕정변(王正辯): 삼국시대 오나라의 인물. 오나라에서 손권 집권 때 불교가 퍼졌지만 풍속의 교화가 완전하지 못해 강남에 탑과 사찰을 일으키기 위해 동쪽을 떠돌아다니던 강승회가 손권에게 직접 불교를 전파하면서 강남에서 불교가 흥성하게 되었다. 손호 집권 때 왕정변이 불법은 마땅히 없애야 한다며 중국에서 오랑캐의 신은 이롭지 않다고 상소를 올렸다. 그러자 손호가 조서를 내려 사문을 소집한 후 병사를 배치해 포위한 상태에서 승려를 죽이고 사원을 철폐하려고 했다. 강승회가 부처의 신령함을 보이자 손호가 다시 불교를 신봉할 수 있게 해 주었다.

45 흑의(黑衣): 승복을 달리 이르는 말

46 맹분(孟賁): 전국시대 위(衛)나라의 용사.

47 자씨(慈氏): 부처.

48 치미선(雉尾扇): 궁중에서 사용하던 의장용 부채로 꿩의 깃털로 장식했다.

19. 손호가 집권할 때 왕정변이 상소를 올려 아뢰었다. "불법은 마땅히 없애야 하는데 중국에는 오랑캐 신이 이롭지 않습니다." 손호가 이에 여러 사문을 소집하고 군사들을 불러 포위한 다음 승려들을 살육하고 사찰을 철폐하는 일을 실행하고자 하였다. 그는 강승회 법사에게 "부처님이 만약 신령스럽다면 마땅히 숭배해야겠지만, 만약 신령스러움이 없다면 스님들은 한날에 목숨을 함께할 것이오."라고 말하였다. 승려 중 어떤 이는 목메어 자살하고, 어떤 이는 국외로 달아났다. 이에 강승회는 재를 지내기를 요청하고 칠일 안에 신령함을 드러내 보이겠다고 기약하고, 구리 바리때에 물을 가득 채워 뜰 앞에 놓아두었다. 점심 식사가 끝났을 때 햇빛이 반짝 빛나는 것 같더니 홀연 뜰 앞에 놓아둔 구리 바리때에서 쟁그랑 소리가 났다. 홀연히 사리가 나타났는데 그 밝은 빛이 정원을 비추면서 바리때에 채운 물위에 떠 있었다. 손호 및 여러 사람들이 앞에서 보고 모두 경악하며 당황해하다가 자리를 떠나 용모를 바로 하고 나아갔다. 강승회가 왕에게 아뢰었다. "폐하께서 맹분과 같은 힘을 가진 장사로 하여금 백균의 철추로 내리치게 한다 하더라도 금강의 본질은 끝내 훼손하지 못할 것이옵니다." 손호는 그 말대로 하도록 했다. 강승회는 우선 염불하고 예배하고, 꽃을 뿌리고 향을 피우기를 청하고는, 다음과 같이 노래하였다. "진실로 시운이 부처님을 멀리하지만 중생을 구제하는 나루터에 오는 이가 끊어지지 않으니, 법륜이 장차 굴려지고 신령의 길까지 통할 것입니다. 존엄한 신통력이 적지 않으시니 오늘 마땅히 나타내소서. 그렇지 않으면 삼보가 영원히 끊어질 것입니다." 말이 끝나자 장사로 하여금 철추로 치게 했는데, 추가 바람을 일으키자 보는 사람들이 모두 전율하였다. 장사는 있는 힘을 다해 쳤지만 철추가 손상되고 사리는 멀쩡하였다. 사리에서 빛이 나오는데 그 광채가 온 방을 가득 채웠다.

손호는 공손하게 엎드려 승복하고, 재와 법회에 부지런히 참석하였다. 이 사리탑은 건강시의 북쪽에 있는데 후에도 여전히 상서로운 빛을 뿜었다. 원가 19년(442년) 가을, 사찰에서 한밤중에 광명이 빛나더니 선홍색 광채가 나타나 4층 높이로 올랐으며 서쪽에서 남쪽까지 휘감았다. 치미선처럼 생긴 어떤 물체가 그 빛을 따라 끊임없이 나아갔다 멈춰 섰다 했다. 그날 저녁에 구경한 사람 중에는 그 광경을 본 이도 있고 못 본 이도 있다. 20여 일 동안 도성 사람들은 모두 사찰 위의 자줏빛 광채를 보았다. **《변정론》권8 주에서 《오록》 및 《선험기》에서 나왔다고 함.**

20. 孫祚, 齊國沮陽[49]人, 位至太中大夫. 少子稚, 字法輝, 小聰慧奉法. 年十八, 晉咸康元年[50], 桂陽郡患亡. 祚以任武昌, 到三年四月八日, 廣置法場, 請佛延僧, 建齋行道. 見稚在衆中, 翊從像後, 往喚問之. 稚跪拜, 具說興居, 便隨父母歸家. 父先有疾, 稚云: "無禍祟, 到五月當差." 言辭委悉, 云作福, 可以拔魂免苦. 其事不虛. **《辯正論》八注.**

20. 손조는 제나라 저양 사람으로 관직이 태중대부에 이르렀다. 막내 아들 손치는 자가 법휘인데 어릴 때부터 총명하고 불법을 신봉했다. 나이 18세 때인 진晉나라 함강 원년(335년)에 계양군에서 병으로 사망하였다. 손조는 무창태수로 임명되었는데, 함강 3년(337년) 4월 8일에 그곳에 도착하여 도장을 널리 짓고 부처님을 모시고 스님들을 모셔서 재를 올리고 불도를 실천하였다. 그는 손치가 군중 속에서 불

---

49 저양(沮陽): 진시황이 천하를 통일하고자 저양현[하북(河北) 회래현(懷來縣) 소남신보진(小南辛堡鎭) 대고성촌(大古城村) 북관청(北官廳) 저수지 부근]을 설치했는데, 상곡군(上谷郡)이 관할하였다.

50 함강(咸康): 진(晉)나라 성제(成帝) 사마연(司馬衍)의 두 번째 연호. 335년-342년.

상을 호위하며 따르는 것을 보고 그를 불러서 물었다. 손치는 무릎을 꿇어 절하고 그간 지낸 일을 다 이야기하고 부모를 따라서 집으로 돌아갔다. 손조는 일찍부터 병이 있었는데 손치가 "큰 화는 없으니 5월이 되면 분명히 차도가 있을 겁니다."라고 하였다. 그의 말은 상세했는데, 복을 지으면 혼을 부르고 괴로움을 없앨 수 있다고 하였으니 그 일이 거짓이 아니다. **《변정론》권8 주.**

21. 滎陽[51]人毛德祖, 初投江南, 偷道而遁. 逢虜騎所追, 伏在道側蓬蒿之內. 草短蒿 疏, 半身猶露, 分意受死. 合家默然念觀世音, 俄然雲起雨注, 遂得免難也. **《辯正論》八注.**

21. 형양 사람 모덕조는 처음에 강남으로 피신하러 갈 때 몰래 길을 따라 숨으면서 갔다. 적의 기병의 추격을 만나게 되어 길옆에 있는 쑥 덤불 안으로 숨었다. 풀이 짧고 쑥이 드문드문해서 몸이 절반쯤 노출되어 죽을 것이라고 생각했다. 온 가족이 묵묵히 관세음보살을 외웠는데 갑자기 구름이 일어나고 비가 쏟아져 내려 드디어 난을 면할 수 있었다. **《변정론》권8 주.**

22. 隊主李儒, 後鎮虎牢[52], 為魏虜所圍, 危急欲降. 夜逾城出, 見賊縱橫並臥. 儒乃一心念觀世音, 便過賊處. 趣一燒澤, 賊即隨來. 儒便入草, 未及藏伏. 群馬向草, 儒大驚恐, 一心專念觀音; 賊馬忽然自驚走, 因此得脫也.

---

51 형양(滎陽): 현 이름. 사례주 하남윤(河南尹)에 속한다. 그 성터는 지금의 하남성 형양에 있다.

52 호뢰관(虎牢關): 고대의 요새 이름. 사수관(汜水關)·성고관(成皋关)·고효관(古崤關)이라고도 한다. 진(秦)나라 때 설치한 관으로, 지금의 하남성 형양시(滎陽市) 북서쪽의 사수진(汜水鎭) 경내에 있다.

《辯正論》八注.

22. 부대의 대장 이유는 뒤늦게 호뢰관을 지키다가 북위군대에 포위되어 위급하였으므로 적에게 항복하려고 했다. 야간에 성을 넘어 나오니 적군이 여기저기 누워 있는 것을 보았다. 이유는 일심으로 관세음보살을 되뇌면서 적군이 있는 곳을 지나갔다. 불타버린 한 소택지로 갔을 때 적군이 곧 뒤따라왔다. 이유는 곧바로 풀 더미로 뛰어들었는데 엎드려 숨기도 전에 적군의 말들이 풀 더미를 향해 달려왔다. 이유는 크게 놀라 두려워서 한마음으로 관세음보살을 염했다. 적군의 말이 갑자기 스스로 놀라서 달아나는 바람에 위기에서 벗어날 수 있었다. **《변정론》권8 주.**

23. 晉義熙十一年, 太原郡[53]郭宣[54]與蜀郡[55]文處茂, 先與梁州刺史楊收

53 태원군(太原郡): 고대의 지명. 진(秦) 장양왕(莊襄王) 3년(기원전 247년)에 태원군을 처음 설치했으며 치소는 진양(晉陽. 태원시 남서쪽 분수(汾水)의 동쪽 언덕)이다. 송원가 1년(433년)에 석제남군(析濟南郡)과 태산군(泰山郡)은 태원군(太原郡)으로 지명을 바꾸었으며, 산치현(山茌縣)을 다스렸으며, 산치와 태원과 축아(祝阿) 세 현을 관할하였다.

54 곽의(郭宣): 동진(東晋) 때 태원(太原) 태생의 곽선(郭宣)을 말한다. 곽선은 꿈속애서 관세음을 친견하고 은사를 입은 적이 있다. 의희(義熙) 4년(408)에 양사평(楊思平)이란 사람이 양주부(梁州府)의 사마(司馬)가 되었다가 곧 살해당한 일이 있었다. 그때 범원지(范元之) 등이 혐의자로 법망에 걸려 잡혔는데, 과선 또한 같은 혐의로 잡혀서 투옥되었다. 옥에 갇히게 된 곽선은 오직 한마음으로 관세음보살에게 의지하였다. 어느 날 저녁에 막 잠이 들려고 하는데, 갑자기 관세음보살이 나타나 광명으로 감옥 안을 환히 비추었다. 그는 벌떡 일어나 관세음보살을 우러러 바라보며 참배하고 빌었다. 그러는 동안 한참 만에 관세음보살과 그 광명이 사라졌다. 그로부터 곽선은 그 많은 연루자 중에서 오직 혼자만이 은사를 입어 풀려났다. 그야말로 경전에 서술된 바대로, 설령 어떤 사람이 죄가 있거나 죄가 없거나 온 몸이 묶여서 갇혔더라도, 관세음보살의 이름을 염하면 풀려날 수 있음을 보여준 예이다.

55 촉군(蜀郡): 지금의 사천(四川) 성도(成都).

敬為友. 收敬以害人被幽. 宣與處茂同被桎梏. 念觀世音十日已後, 夜三更, 夢一菩薩慰喻之, 告以大命無憂. 亦覺而鎖械自脫. 及曉還著. 如是數遍. 此二人相慶發願, 若得免罪, 各出錢十萬, 與上明寺作功德. 共立重誓. 少日, 俱免. 宣依願送錢向寺. 處茂違誓不送. 盧循[56]起兵, 茂在戎, 於查浦為流矢所中. 未死之間曰, "我有大罪." 語訖而死也. **《辯正論》八注.**

23. 진晉나라 안제 의희 11년(415년), 태원군의 곽선과 촉군의 문처무는 일찍이 양주자사 양수경과 친구로 지냈다. 양수경이 사람들을 해쳐 감옥에 갇혔다. 곽선과 문처무도 함께 형구를 차게 되었다. 두 사람이 관세음보살을 염한 지 열흘이 지난 어느 밤 삼경에 꿈속에 보살이 나타나 그들을 위로하며, 왕명이 있을 것이니 근심하지 말라고 알려주었다. 또한 잠을 깨니 형구가 저절로 풀렸다가 새벽이면 도로 형구가 채워졌는데, 이렇게 여러 번 되풀이되었다. 이에 두 사람은 서로 기뻐하며 만약 죄를 면하게 되면 각자 돈 10만 전을 내어 상명사에 시주하여 공덕을 쌓겠다고 발원하였다. 모두 굳게 맹세했다. 얼마 후 모두 형벌을 면하게 되었다. 그리하여 곽선은 발원한 대로 상명사에 돈을 보시하였지만, 문처무는 발원을 어기고 돈을 보내지 않았다. 노순이 군사를 일으켰을 때, 문처무는 군대에 있었는데 항구의 수색작업을 하다가 날아온 화살에 맞았다. 죽기 전에 "내가 큰 죄를 지었구나."라고 하더니 말을 마치자 바로 죽었다. **《변정론》권8 주.**

---

56 노순(盧循): ?-411년. 자는 우선(于先). 범양 탁현 사람이다. 동진(東晋) 말년 군웅 중 한 명. 손은(孫恩)의 매부로서 동진 안제 융안(隆安) 3년(399년)에 천사도의 세력을 이용한 손은의 거병에 참여했다가 원흥(元興) 원년에 손은이 죽은 뒤 반군의 우두머리로 추대되었다. 의희(義熙) 6년(410년)에는 도성 건강으로 진격했다가 유유에게 진압되어 교주(交州)로 도망쳤으며, 이듬해 교주자사 두혜도(杜慧度)에게 살해당했다.

24. 宋吳興太守瑯琊[57]王襲之, 有學問, 愛老莊, 而不信佛, 唯事宰殺為志. 初為晉西省[58]郎中, 至好賓客. 於內省所養一雙鵝, 甚愛玩之[59], 以為得性. 夜忽夢鵝口銜一卷書, 可十許紙, 取看皆說罪福之事. 明旦果見乃是佛經. 因遂不殺. 篤信過人. 後更富貴也. **《辯正論》八注.**

24. 송나라 오흥 태수였던 낭야 사람 왕습지는 학식이 있었는데, 노장을 좋아하지만 불교를 믿지 않고 오직 짐승 죽이는 것을 일로 생각하였다. 처음에 진晉나라의 중서성 낭중으로 있을 때 빈객들을 잘 접대하였다. 관청에서 한 쌍의 거위를 길렀는데, 몹시 예뻐해서 거위의 본성을 체득했다고 여겼다. 어느 날 밤 홀연 꿈에 거위가 책 한 권을 입에 물고 나타났는데 열 장 정도였으며, 가져가서 보니 모두 죄와 복에 관한 일을 말하고 있었다. 다음날 아침에 살펴보니 과연 불경이었다. 이로 인해 드디어 살생을 하지 않았고 불교를 남들보다 더 신봉하였으며, 나중에는 더욱더 부귀해졌다. **《변정론》권8 주.**

---

57 낭야(瑯琊): 기하(沂河)에 인접해 있어 기주(沂州)라고도 함. 우하(虞夏) 시기 우(禹)가 구주(九州)로 나누어 기몽(沂蒙) 지역을 서주(徐州)로 편성하였으며, 서주(西州) 시기에는 청주(靑州)에 병합하여 우도(鄅都)로 하였으며, 진(秦)대에 낭야군에 속하였다. 서한(西漢) 시기에 서주자사부(徐州刺史部)를 설치하쳤으며 치소는 담현(郯縣)이었다. 동한(東漢) 시기 낭야국은 개양(開陽)으로 천도하였으며, 북주(北周) 시기 북서주(北徐州)를 설치한 것이 기주가 된다. 수(隋)나라 때 임기현(臨沂縣)에 귀속되었다.

58 서성(西省): 중서성(中書省).

59 심애완지(甚愛玩之): 진(晉)대 이후로 천사도(天師道)를 신봉하는 사람들은 대부분 거위를 기르길 좋아했는데 이 부분은 당시 사람들의 도교 신앙과 관련된 것으로 보인다. 동진의 왕희지(王羲之)도 거위를 길렀다고 한다.

25. 益州[60]刺史郭銓[61], 亡已二十餘年. 以元嘉八年, 乘輿導從如平生, 見形於女婿劉凝之[62]家, 曰: "僕謫事未了, 努力為作四十九僧會法集齋, 乃可得免." 言訖忽然不見. **《辯正論》八注.**

25. 익주자사 곽전은 세상을 떠난 지 이미 이십여 년이 되었다. 송 문제 원가 8년(431년)에 생전처럼 수레를 타고 시종을 거느린 채 사위 유응지의 집에 모습을 드러내었다. "내가 문책 받는 일이 끝나지 않았으니 힘써 스님을 모아서 법회를 열고 49재를 지내 주면 문책을 면할 수 있다네."라고 말하였다. 말이 끝나자마자 홀연 사라졌다. **《변정론》권8 주.**

26. 俞文載鹽於南海, 值黑風, 默念觀音, 風停浪靜, 于是獲安. **《辯正論》八注.**

26. 유문은 소금을 싣고 남해를 지나가가다 폭풍을 만났다. 관세음보살을 마음속으로 외웠더니 바람이 그치고 파도가 잔잔해졌으니, 드디어 안전해졌다. **《변정론》권8 주.**

---

60 익주(益州): 중국의 옛 지명. 한 무제 때의 13개 주 중의 하나. 현재 四川省에 해당한다. 후에 成都를 세간에서 익주로 불렀다. 영토가 가장 넓었을 때는 삼국 시기로 지금의 사천(四川)·중경(重庆)·운남(雲南)·귀주(貴州)·한중(漢中) 대부분의 지역 및 미얀마 북부와 호북(湖北), 하남(河南) 일부지역도 포함했으며, 관청소재지는 촉군(蜀郡)의 성도(成都)에 있었다.

61 곽전(郭銓): 동진의 대신으로 자는 중형(仲衡)이며, 태원(太原) 양곡(陽曲: 지금의 산서 태원) 사람이다.

62 유응지(劉凝之): 생졸년 미상. 자는 지안(志安), 균주(筠州) 사람으로 이름은 환(渙)이다. 북송(北宋) 시대의 관리로 진사(進士) 급제 후에 영상령(潁上令)을 지냈다. 사람됨이 강직하고 아첨하지 않아서 자주 윗사람의 눈에 거슬려서 벼슬을 그만 두고 여산(廬山)에서 은거했다.

27. 程道慧[63], 字文和, 武昌人. 舊不信佛, 世奉道法. 沙門乞者, 輒詰難之. 論[64]云, "若窮理盡性, 無過老莊." 後因疾死, 見閻羅王, 始知佛法可崇, 遂即奉佛. 《辯正論》八注.

27. 정도혜는 자가 문화이고 무창 사람이다. 예전부터 부처님을 믿지 않고 대대로 도교의 이치를 신봉하였다. 스님이 탁발하러 오면 늘 힐난하곤 했다. 그는 글에서 "만약 만물의 이치와 본성을 탐구한다면 노자와 장자보다 나은 것은 없다."라고 하였다. 나중에 병으로 죽어 염라대왕을 만나게 되자 비로소 불법이 숭배할 만한 것임을 깨닫고 드디어 부처님을 받들게 되었다. 《변정론》권8 주.

28. 元嘉八年, 河東蒲阪城大失火, 不可救. 唯精舍大小儼然, 及白衣家經像, 皆不損墜. 百姓驚異, 倍共發心. 《辯正論》八注.

28. 송 문제 원가 8년(431년), 하동의 포판성에서 큰불이 났는데 끄지 못했다. 오직 사원의 크고 작은 건물이 엄연히 그대로이고 민간의 집에 모신 경전과 불상들도 모두 피해가 없었다. 그래서 백성들은 그 기이함에 놀라면서 모두 부처를 향한 마음을 더욱 굳건히 하였다. 《변정론》권8 주.

63 정도혜(程道慧): 진(晋)나라 사람. 대대로 오두미도(五斗米道)를 신봉하였다. 태원(太元) 15년에 병으로 죽었으나 심장이 따뜻하여 그 집에서는 시체를 염하지 않았다. 며칠 뒤 깨어난 정도혜는 자신이 지옥에서 겪은 일을 이야기하였는데, 자신은 전생에 부처님을 섬겼으나 이승에서 여러 악인을 만나는 바람에 사도에 빠진 것이었다고 말했다.

64 논(論): 정도혜가 지은 글로 추정되나 제목은 알 수 없다.

29. 陳玄範妻張氏, 精心奉佛. 恒願自作一金像, 終身供養. 有願皆從. 專心日久, 忽有觀音金像, 連光五尺, 見高座上. **《辯正論》八注云, 出《宣驗》·《冥祥》等記.**

29. 진현범의 아내 장씨는 지성으로 불법을 신봉하였다. 늘 황금불상 하나를 만들어 평생토록 공양드리겠다고 서원하였다. 소원이 이루어지면 무엇이든 따르겠다고 빌었다. 온 마음을 기울여 오랫동안 기도하였는데 갑자기 관세음보살 금불상이 다섯 자 가량의 광채를 연이어 발하면서 높다란 좌대 위에 나타났다. **《변정론》권8의 주에서는 《선험기》·《명상기》 등의 기록에서 나왔다고 하였음.**

30. 張導母王氏, 素篤信. 四月八日, 齋食[65], 感得舍利, 流光出口, 輝映食盤. **《辯正論》八注.**

30. 장도의 어머니 왕씨는 평소에 불도에 대한 믿음이 돈독하였다. 4월 8일 재회의 음식을 먹다가 사리가 씹히는 것을 느꼈는데, 광채가 입에서 새어나와 밥그릇을 환히 비추었다. **《변정론》권8 주.**

31. 鄭鮮[66], 字道子, 善相法. 自知命短, 念無可以延. 夢見沙門, 問之:"須延命也, 可六齋日[67]放生念善, 持齋奉戒, 可以延齡得福也." 因爾奉法,

---

65 재식(齋食): 불교 법회 때의 식사, 혹은 불교에서 스님이나 신도들의 식사.

66 정선(鄭鮮): 정선지(鄭鮮之). 364년-427년. 자는 도자(道子). 형양군 개봉현 사람이다. 송대 사람으로 유유의 휘하에서 진(晉)의 재상을 지냈는데 직언을 잘하였으며, 유유가 즉위한 후에 태상도관상서(太常都官尚書)를 지냈다.

67 육재일(六齋日): 매월 음력 8·14·15·23·29·30일을 말하는데, 불교에서는 이 여섯 날이 몸과 마음을 조심하고 깨끗이 하는 날로 여긴다.

遂獲長年. **《辯正論》八注.**

31. 정선은 자가 도자이고, 관상을 잘 보았다. 스스로 수명이 짧다는 것을 알고는 수명을 늘일 수 없음을 근심했다. 꿈속에서 어떤 스님에게 이것에 대해 물었다. "반드시 수명을 늘이려 한다면, 육재일에 방생하고 선행을 생각하며 재를 올리고 계율을 지키십시오. 그러면 수명을 늘이고 복을 얻을 수 있습니다." 그래서 불법을 받들었더니 드디어 장수할 수 있었다. **《변정론》권8 주.**

32. 彭城[68]劉式之, 常供養一像, 無故失去, 不知所在. 式之夙夜思愆自責. 至念冥通. 經百日後, 其像忽然自現本座. 神光照室. 合家驚喜, 倍復傾心. **《辯正論》八注.**

32. 팽성의 유식지는 늘 불상 하나를 공양했는데, 이유 없이 불상이 사라져서 있는 곳을 알 수 없었다. 유식지는 밤낮으로 자신의 허물을 자책하였다. 신명과 통할 수 있도록 지극히 염불하였다. 100일이 지나자 그 불상이 갑자기 본래의 좌대 위에 저절로 나타나 신령스러운 빛으로 방을 비추었다. 온 가족이 놀라고 기뻐하며 불상에 더욱 마음을 쏟았다. **《변정론》권8 주.**

33. 劉遺民, 彭城人. 少為儒生, 喪親, 至孝以聞. 家貧, 卜室廬山西林中. 體常多病, 不以妻子為心, 絕跡往來. 精思禪業. 半年之中, 見眉間相, 漸見佛一眼, 及髮際二色. 又見全身. 謂是圖畫. 見一道人奉明珠, 因遂病差. **《辯**

---

68 팽성(彭城): 기원전 203년 당시 유방과 항우가 초나라 팽성에서 벌인 대규모 회전으로 항우가 유방의 60만 명의 군사를 거의 전멸시키는 괴력을 발휘했던 곳이다.

正論》八注.

33. 유유민은 팽성 사람이다. 젊어서는 유생이었는데 부모의 상을 당하였을 때 효행이 지극하여 널리 알려졌다. 집안이 가난하여 여산의 서쪽 숲에 거처를 두었다. 몸에 늘 병이 많아 아내와 아이에게 마음을 쓸 수 없었으므로 사람과의 왕래를 끊고 살았다. 참선에 정진하였는데 반년 안에 미간에서 어떤 형상이 나타나더니 점차 부처님의 한쪽 눈과 이마 선에 두 가지 빛깔이 나타나고, 또 전신이 나타났다. 이것은 그림과 같았다. 후에 한 스님이 명주를 받치고 있는 것을 보고 바로 병이 나았다. **《변정론》권8 주.**

34. 佛佛[69]虜破冀州[70], 境內道俗咸被殲戮. 凶虐暴亂, 殘殺無厭. 爰及關中[71], 死者過半, 婦女嬰稚, 積骸成山. 縱其害心, 以為快樂. 仍自言曰: "佛佛是人中之佛, 堪受禮拜." 便畫作佛像, 背上佩之, 當殿而坐. 令國內沙門, "向背禮像, 即為拜我." 後因出遊, 風雨暴至, 四面暗塞, 不知所歸, 雷電震吼, 霹靂而死. 既葬之後, 就塚霹靂其棺. 引屍出外, 題背為凶虐無道等字. 國人慶快, 嫌其死晚. 少時, 為索頭[72]主涉圭所吞, 妻子被刑戮. **《辯正論》八注引《宣驗記》, 又云見蕭子顯《齊書》.**

---

69 불불(佛佛): 남북조시대에 남조에서 하(夏)나라 군주 혁련발발(赫連勃勃)을 이르던 말이다. 혁련발발은 흉노족으로 후진(後秦)에 귀순하여 아북장군(安北將軍), 진수삭방(鎮守朔方)으로 있다가 의희(義熙) 3년(407년)에 자립하여 대왕, 대선우(大單于)라 칭하였다.

70 기주(冀州): 고대 우(禹)가 천하를 아홉 개로 나눈 구주(九州)의 하나로 지금의 산서성(山西省)과 하북성 북쪽에 해당한다. 또한 한(漢)나라 12주 자사부(刺史部)의 하나로 지금의 하북성 남부를 말한다.

71 관중(關中): 섬서성 중부(中部)의 위하(渭河) 유역에 있는 평야(平野)를 일컬음.

72 삭두(索頭): 남북조시대에 남조 사람들이 북방 민족을 조롱하며 부르던 호칭. 북방 민족의 변발이 밧줄 같아서 '삭두' 혹은 '삭두로(索頭虜)'라고 불렀다.

34. 혁련발발이 기주를 함락시키고 지역 내의 승려와 신자를 모두 죽이도록 했다. 흉악하고 난폭하게 굴면서, 사람들을 죽이는 데 싫증을 내지 않았다. 그 군대가 관중 지방에 이르니 지역의 죽은 자가 인구의 절반이 넘었는데, 부녀자와 어린아이의 시체가 산더미처럼 쌓였다. 사람을 살해하려는 마음을 좇는 것을 즐거움으로 삼았다. 그러면서 스스로 "나 불불은 사람들 중에서 부처이므로 나에게 예를 올려야 한다."라고 하였다. 곧 바로 불상을 그려서 등 뒤에 그것을 두르고 전각에 앉았다. 나라 안의 승려들에게 "내 등에 있는 불상에 절하는 것이 바로 나에게 예를 올리는 것이다."라고 하였다. 나중에 성을 나와 유람을 갔는데, 갑자기 비바람이 몰려와 사방이 어두워지고 막혀 돌아갈 곳을 모르더니 우레와 번개가 내려칠 때 벼락을 맞아 죽었다. 장례를 지내고 난 뒤 그 무덤에 벼락이 쳤다. 시체가 무덤 밖으로 튀어나왔는데 등에 '흉학무도' 등의 글자가 새겨져 있었다. 나라 사람들은 축하하고 즐거워하면서 그가 늦게 죽은 것을 한스러워했다. 얼마 뒤 그 나라는 삭두의 군주 섭규에게 멸망당했으며, 불불의 처자식도 죽임을 당했다. **《변정론》권8 주는 《선험기》를 인용하였으며, 소자현의 《제서》에도 보인다고 하였음.**

35. 相州[73]鄴城[74]中有丈六銅立像一軀. 賊丁零[75]者, 志性兇悖, **亦見《辯正論》八注引銅作真金, 賊丁零者作逢丁零單于, 悖作勃.** 無有信心. 乃彎弓射像面, 血下交流. 雖加瑩飾, 血痕猶在. 又選五百力士, 令挽僕地, 消鑄為銅, 擬充器用.

---

73 상주(相州): 북위(北魏) 천흥(天興) 4년(401년) 기주(冀州)에서 분리되었으며, 위치는 지금의 하남성 안양시(安陽市)와 하북성 임장현(臨漳縣) 일대이다.

74 업성(鄴城): 하남성 임장현 서쪽에 있다.

75 정령(丁零): 중국 북방의 고대 민족 중 하나. '丁令'·'丁靈'·'釘靈'·'高車'·'狄歷'·'鐵勒' 등으로도 불린다.

乃口發大聲, 響烈雷震. 力士亡魂喪膽, 人皆僕地. 迷悶宛轉, 怖不能起. 由是賊侶慚惶, 歸信者衆. 丁零後時著疾, 被誅乃死. **《廣記》一百十六. 《論注》引零作要, 乃作而.**

35. 상주의 업성 안에 1장 6척 크기의 구리불상이 한 구 있었다. 도적 정령은 성품이 흉포하고, **또한 《변정론》권8 주의 인용에서는 '銅'을 '眞金'으로, '賊丁零者'를 '逢丁零單于'로, '悖'를 '勃'로 하였다.** 불법을 믿는 마음이 없었다. 정령이란 도적이 활을 당겨 불상의 얼굴을 쏘자 피가 흘러 내렸다. 피를 깨끗이 닦아냈지만 여전히 혈흔이 남아 있었다. 또 정령은 500명의 역사를 선발하여 불상을 땅에 끌어내려 녹여서 구리로 만들어 다른 기물로 만들려고 했다. 이때 불상의 입에서 큰소리가 났는데, 천둥이 진동하는 듯한 강렬한 소리가 울리자 역사들은 혼비백산하고, 사람들은 모두 땅에 엎드렸으며, 정신이 혼미해지고 몸을 전전하며 두려워서 일어나지 못했다. 이로 말미암아 도적들은 부끄러워하고 두려워하였으며, 불교를 믿는 자가 많아졌다. 정령은 나중에 병에 걸렸으며 죽임을 당했다. **《태평광기》권116. 《변정론》 주의 인용에서는 '零'을 '要'으로, '乃'를 '而'로 하였음.**

《선험기宣驗記》

남조의 지괴소설. 송의 유의경이 찬하였다.《수서·경적지》 잡전류에 13권(혹은 30권으로 되어 있음)으로 저록되어 있다. 당대唐代 서목에 저록되어 있지 않은 것을 보면, 이 책은 마땅히 당대에 망일되었다.《태평광기》·《태평어람》 및《변정론辨正論》 등의 책에 일문이 인용되어 있으며, 중편《설부》·《오조소설五朝小說》·《금낭소사錦囊小史》에도 집본輯本 1권이 있으나, 그 중 '왕준王遵' 조는 당대唐代 이야기로 위탁僞託한 것이 분명하다. 루쉰이 35조를 집록하여《고소설구침》에 넣었으나, 여전히 빠진 것이 있다. 이 책은 작자가 불법佛法을 선양하기 위해 지은 것이다. 법림法琳의《변정론·십대봉불상편十代奉佛上篇》에 "송의 왕들은 글재주가 있었으며 불경을 크게 익혔는데, 그 중에서 유의경이 가장 우수하며, ……《선험기》를 지어 삼보를 찬양하여 서술하였다(宋世諸王幷懷文藻, 大習佛經, 義慶最優, ……著《宣驗記》, 贊述三寶)."라는 말이 있다. 이 책의 이야기들은 모두 불법의 영험에 관한 내용으로 되어 있다. 그 중의 어떤 이야기들은 불법을 받들어 복을 얻는 내용으로 되어 있으며, 또 어떤 이야기들은 불법을 공경하지 않거나 살생을 저질러 징벌을 받는 내용으로 되어 있다.

16. 《정이기旌異記》〔일명 《정이기精異記》·《적이전積異傳》〕

1. 吳時, 於建業[1]後園平地獲金像一軀, 討其本緣, 卽是周初育王[2]所造, 鎭於江府也. 何以知然？自秦漢魏未有佛法南達, 何得有像埋瘞於地? 孫皓[3]得之, 素未有信, 不甚尊重, 置於厠處, 令執屛籌. 至四月八日, 皓如厠, 戱曰: "今是八日浴佛時！" 遂尿頭上. 尋卽通腫, 陰處尤劇, 痛楚號叫, 忍不可禁. 太史占曰: "犯大神聖所致." 便遍祀神祇, 並無效應. 宮內伎女[4], 素有信佛者, 曰: "佛爲大神, 陛下前穢之, 今急, 可請耶？" 皓信之, 伏枕歸依, 懺謝尤懇, 有頃便愈. 遂以馬車迎沙門僧會入宮, 以香湯洗像, 慚悔殷重, 廣修功德於建安寺, 隱痛漸愈也. 《法苑珠林》十三.

1. 오나라 때, 건업의 후원 평지에서 금불상 한 구를 얻었는데, 그 연원을 따져 보니 바로 주나라 초기 인도의 아소카왕이 만든 것으로 강부를 지키는 것이었다. 어떻게 그러한 줄을 아는가? 진秦·한·위나라에서부터 불법이 아직 남쪽까지 이르지 못했는데 어떻게 불상을 얻어 땅에 묻을 수 있었겠는가? 오나라 왕 손호는 그 불상을 얻었으나 평소에 불법을 믿지 않아 그다지 존중하지 않아 변소 옆에 두고 오물을 닦는 나뭇가지를 잡게 했다. 음력 4월 8일이 되자 손호는 변

---

1 건업(建業): 삼국시기 동오의 수도. 동한 시기 강소성 남경(南京)의 명칭이다. 동한 건안(建安) 16년(211년) 손권이 행정소재지를 경구[京口: 지금의 강소성 진강(鎭江)]에서 말릉(秣陵: 지금의 남경)으로 옮겼다.

2 육왕(育王): 아소카왕. 인도 마가다국 마우리아 왕조의 제3대 왕. 찬드라굽타의 손자로, 인도 최초의 통일 왕국을 세워서 불교를 보호한 이상적인 왕으로 많은 설화를 남겼다. 재위 기간은 기원전 268년부터 기원전 232년이다. 아소카 왕은 인도 남부를 제외한 인도 전역을 통일했으며 불교를 장려하였다.

3 손호(孫皓): 242년-284년. 자는 원종(元宗) 또는 호종(皓宗)이며, 오군 부춘 사람이다. 《배자어림》 주 참조.

4 기녀(伎女): 고대에 노래하며 춤추는 여자 기예인.

소로 가서 불상에게 "오늘은 4월 8일이니 불상을 목욕시킬 때다!"라고 하고는 곧 불상의 머리에 오줌을 누었다. 잠시 후에 온통 부어올랐는데 음부가 특히 심하여 고통스러워 부르짖으며 도저히 견딜 수가 없었다. 태사가 점을 쳐 보더니 "큰 신령이 이른 곳을 범하였기 때문입니다."라고 하였다. 곧바로 여러 신령에게 두루 제사 지냈으나 도무지 효험이 없었다. 궁중의 기녀들 중에 평소 부처를 믿는 자가 있었는데, 그녀가 왕에게 아뢰었다. "부처님은 큰 신령이신데 폐하께서 이전에 불상을 더럽히셨습니다. 이제 일의 형세가 급박하니 부처님께 빌어보심이 어떠하신지요?" 손호는 그녀의 말을 믿고 베개에 엎드려서 부처님께 귀의하겠다며 간절히 참회하였더니 이윽고 차도가 있었다. 곧바로 마차를 보내어 강승회 스님을 궁중으로 모시고 불상을 향탕으로 씻기며 간절히 참회하면서 건안사에서 널리 공덕을 쌓았더니 통증이 점차 사라졌다. **《법원주림》권13.**

2. 西晉愍帝[5]建興元年, 吳郡吳縣松江滬瀆[6]口, 漁者萃焉. 遙見海中有二人現, 浮游水上, 漁人疑為海神, 延巫祝備牲牢以迎之, 風濤彌盛, 駭懼而返. 復有奉五斗米道[7]黃老[8]之徒曰: "斯天師也." 復共往接, 風浪如初. 有奉

---

5 민제(愍帝): 사마업(司馬鄴). 300년-318년. 자는 언기(彦旗), 하내군(河內郡) 온현(溫縣: 지금의 하남성 온현) 사람이다. 서진의 제4대 황제. 진 무제 사마염(司馬炎)의 손자로서 전조(前趙)의 장수 유요(劉曜)에게 항복하여 서진의 마지막 황제가 되었다. 회평후(懷平侯)에 봉해졌으나 후에 유총(劉聰)에게 피살되었다.

6 호독(滬瀆): 고대의 강 이름. 송강(松江)의 하류로 지금의 황포강(黃浦江) 하류이다.

7 오두미도(五斗米道): 중국 초기 도교의 한 유파로 천사도(天師道)라고도 한다. 동한 순제(順帝: 125년-144년) 장도릉(張道陵)이 사천 학명산(鶴鳴山)에서 창시하였다. 입도(入道)할 때 쌀 다섯 두를 내게 한 데서 '오두미(五斗米)'라는 명칭이 붙었다.

8 황로사상(黃老思想): 중국 전국시기의 철학·정치사상의 유파. 황제(黃帝)학파와 노자(老子)학파를 아울러 이르는 말로, 전설상의 황제와 노자를 창시자로 하여서 붙여진 이름이다. 전국시기에 발생해 서한 시기에 성행하였으며, 동한 시기 황로학(黃老學)과

佛居士吳縣朱膺聞之, 歎曰: “將非大覺之垂降乎?” 迺潔齋共東靈寺帛尼及信佛者數人至瀆口, 稽首迎之, 風波遂靜. 浮江二人, 隨潮入浦, 漸近漸明, 乃知石像. 將欲捧接, 人力未展, 聊試擎之, 飄然而起. 便轝還通玄寺[9]. 看像背銘, 一名維衛, 二名迦葉[10], 莫測帝代, 而書跡分明. 擧高七尺, 施設法座, 欲安二像, 人雖數十, 而了不動; 復重啓請, 翻然得起. 以事表聞朝廷, 士庶歸心者十室而九. 沙門釋法開, 來自西域, 稱經說: 東方有二石像, 及阿育王塔, 有供養禮覲者, 除積罪云. 又別傳云: 天竺沙門一十二人, 送像至郡; 像乃水上, 不沒不行. 以狀奏聞, 下敕聽留吳郡. **《珠林》十三.**

2. 서진 민제 건흥 원년(313년)에 오군 오현의 송강 호독 어구에 어부들이 모였다. 그들은 멀리 바다 한 가운데에 두 사람이 나타나 물 위를 떠다니는 것을 보고 해신이라 여기고 무당을 불러 축원한 후 재물을 준비하여 맞이하러 갔으나 풍랑이 심해 두려워서 되돌아왔다. 또 오두미도와 황로를 믿는 무리들이 “이들은 내 스승이다.”라고 말하여 다시 함께 맞이하러 갔으나 풍랑은 처음처럼 심하였다. 오현의 주응은 부처님을 신봉하는 거사로서 이 이야기를 듣고 “장차 대각님

참위(讖緯) 미신이 서로 결합해 자연(自然)과 장생(長生)의 도(道)로 변하여 도교(道敎)의 형성에 영향을 미쳤다.

9 통현사(通玄寺): 소주에서 가장 오래된 사찰로, 삼국시기 적오 연간인 238년부터 251년 사이에 지어졌다. 손권의 유모 진(陳)씨를 위해 지었다고 한다. 처음에는 통현사로 불리다가 당나라 초기에 개원사(開元寺)로 이름이 바뀌었으며, 후에 다시 보은사(報恩寺)로 바뀌었다. 보은사에는 불탑이 있는데, 탑은 팔각형이며 총 9층에 높이는 76m에 이른다. 강남(江南) 최고의 고탑(古塔)인 이 탑은 나무 계단으로 되어 있으며, 계단을 따라 올라가면 소주의 전경을 볼 수 있다.

10 가섭(迦葉): 부처님의 10대 제자 중 한 명. 가섭이라는 이름의 제자는 다섯 명이나, 경론에 나오는 가섭은 ‘마하가섭(摩訶迦葉)’을 말하며, ‘대가섭(大迦葉)’이라고도 한다. 가섭은 염화미소(拈花微笑)의 고사로 유명하다. 어느 설법에서 부처가 손에 꽃을 들고 있는데 오직 가섭만이 이심전심으로 그 뜻을 알고 미소를 지었다고 한다. 부처가 열반에 든 후 가섭이 제자들과 교단을 통솔하여 분열을 막았다.

께서 강림하시려는 것이 아닌가?"라고 찬탄하며 말하였다. 이에 재계하고 동령사의 백니 및 신자 몇 명과 함께 호독 어구에 이르러 머리를 조아리고 맞이하려 하였더니 바람과 물결이 드디어 잠잠해졌다. 바다 위에 떠 있는 두 사람은 물결을 따라 포구로 들어오는데 가까이 올수록 차츰 분명해져 비로소 그것이 석불상임을 알게 되었다. 받들어 건지려 했으나 인력으로는 할 수 없었다. 잠깐 그것을 들어 올려 보았더니 가볍게 들려 곧바로 수레에 실어 통현사로 돌아왔다. 석상의 등에 새겨진 글을 보니 하나는 이름이 유위이고, 다른 하나는 이름이 가섭이라고 쓰여 있었는데 제왕의 연대는 알 수 없었으나 필적은 분명하였다. 석불의 높이는 7척인데, 법좌를 마련하여 두 불상을 안치하려 하였으나 수십 명의 사람이 들어도 움직일 수 없었다. 다시 기도로 청하자 이내 들어 올려졌다. 이러한 사실을 조정에 알리자 사대부와 서민이 귀의하는 자가 열에 아홉 집이었다. 석법개 스님이 서역에서 와서 경전의 말을 인용하여 말하였다. "동방에는 두 개의 석불과 아소카왕의 탑이 있는데, 이곳에 공양하고 예불하는 자는 오랫동안 쌓인 죄를 씻을 수 있다." 또 '별전'에 다음과 같이 말하였다. 천축 승려 열두 명이 불상을 오군으로 보냈는데, 불상은 물 위에 떠서 가라앉지도 않고 나아가지도 않았다. 이러한 사실을 조정에 상주하였더니 오군에 머물도록 하라는 조칙을 내렸다. **《법원주림》권13.**

3. 晉揚州江畔有亭湖神, 嚴峻甚惡. 於時有一客僧婆羅門[11], 名曰法藏,

---

11 파라문(婆羅門): 브라만. 인도 사회의 농후한 종교 분위기에서 일반 사람들에게 신으로 여겨지는 제사장을 '브라만'이라 부른다. 브라만은 '브라흐만'에서 연유하는데 원래는 '기도' 혹은 '큰 물건'이라는 뜻이다. 기도는 신력이 있는데 신력이 크면 선한 사람이 복을 받고 악한 사람이 벌을 받도록 할 수 있다. 그래서 기도를 집행하는 제관을 브라만이라 한다.

善能持咒, 辟諸邪毒, 並皆有驗. 別有小僧, 就藏學咒, 經於數年學業成就, 亦能降伏諸邪毒惡. 故詣亭湖神廟止宿, 誦咒伏神, 其夜見神, 遂致殞命. 藏師聞弟子誦咒致死, 懷忿自來; 夜到神廟, 瞋意誦咒, 神來出見, 自亦致死. 同寺有僧, 每恒受持[12]般若, 聞師徒並亡, 遂來神所, 於廟夜誦金剛般若. 至夜半中, 聞有風聲極大, 迅速之間, 見有一物, 其形偉大, 壅聳驚人, 奇特可畏, 口齒長利, 眼光如電, 種種神變, 不可具述. 經師端坐, 正念誦經, 刹那匪懈, 情無怯怕, 都不憂懼. 神見形泰, 攝諸威勢, 來至師前, 右膝著地, 合掌恭敬聽經訖. 師問神曰: "檀越[13]是何神靈？初來猛峻, 後乃容豫." 神答云: "弟子惡業, 報得如是, 是此湖神, 然甚敬信." 經師又問: "若神敬信, 何意前二師並皆打死？" 答云: "前二師死者, 為不能受持大乘經典[14], 瞋心誦咒, 見弟子來, 逆前放罵, 專送惡語, 欲降弟子; 弟子不伏, 于時二僧, 見弟子形惡. 自然怖死, 亦非弟子故殺二僧." 左近道俗, 見前二僧被殺, 謂經師亦死, 相率往看. 且見平安, 容儀歡泰, 時人甚怪; 競共問由, 具答前意. 實因般若威力, 聖教不虛. 諸人因此發心, 受持般若者眾. 《珠林》八十五.

3. 진晉나라 양주의 강변에 정호 신이 있었는데 엄한 데다 대단히 포악하였다. 당시 법장이라는 브라만 승려가 있었는데, 주문에 능하여 여러 사악하고 악독한 요괴를 잘 물리쳤으며 아울러 주문을 쓰면 모두 효험이 있었다. 또 다른 젊은 승려가 있었는데, 법장에게 가서 주문을 배웠다. 몇 년이 지나 학업이 성과를 거두자 그 역시 여러 사

12 수지(受持): 불교에서 경전을 받아 항상 잊지 않고 머리에 새기어 가짐을 이르는 말이다.

13 단월(檀越): 시주, 보시. 절이나 승려에게 물건 따위를 봉양하는 일, 또는 그런 사람.

14 대승경전(大乘經典): 석가모니 사후 편찬된 불교 경전 중 대승 사상이 담긴 불교 경전을 이르는데, 《금강경(金剛經)》·《법화경(法華經)》·《대반열반경(大般涅槃經)》·《지장보살본원경(地藏菩薩本願經)》 등이 있다.

악하고 악독한 요괴를 항복시킬 수 있게 되었다. 그리하여 정호의 신묘를 찾아가 밤을 지내며 주문을 외워 신을 굴복시키고자 하였다. 그날 밤 신을 만났으나 죽어버렸다. 스승인 법장은 제자가 주문으로 요괴를 좇다가 죽었다는 소식을 듣고 분노하며 신묘로 왔다. 한밤중에 신묘에 이르러 분개하면서 주문을 외웠는데 신이 나타나자 또 죽고 말았다. 같은 절에 한 스님이 있었는데 매번 《금강반야경》을 수지하였다. 스승과 제자가 모두 죽었다는 소식을 듣고 드디어 신이 있는 곳에 가서 신묘에서 한밤중에 《금강반야경》을 외웠다. 한밤중이 되어 커다란 바람소리가 들리더니 순식간에 어떤 물체가 나타났는데, 그 형체가 굉장하였으며, 불쑥 솟아있는 모습은 사람을 놀라게 하였다. 기이한 모습이 두렵기 짝이 없었으며, 이가 길고 날카로우며 눈빛은 번갯불 같았고 갖가지 조화를 부렸는데 일일이 다 쓸 수 없을 지경이었다. 스님은 단정하게 앉아서 금강경 염불에 정념하였는데, 조금도 게을리하지 않고 겁내지도 않았을 뿐만 아니라 전혀 근심하거나 두려워하지 않았다. 신은 스님의 태연한 행동거지를 보고, 모든 위세를 거두고 스님의 앞에 오더니 오른쪽 무릎을 바닥에 꿇고 합장하고는 외우는 경전을 공손히 다 들었다. 스님이 정호의 신에게 물었다. "시주님은 어떠한 신령이십니까? 처음에 나타나실 때는 사납더니 나중에는 기뻐하는 얼굴이 되셨습니다." 신령이 대답하였다. "이 제자는 악업을 지었으며, 그 과보로 이와 같이 이 호수의 신령이 되었습니다만, 불법을 대단히 공경하고 믿습니다." 경사 스님이 또 물었다. "만약 신께서 불법을 공경하고 믿는다면 어떤 이유로 앞서의 두 스님을 모두 죽이셨습니까?" 신령이 대답하였다. "앞의 두 스님이 죽은 것은 대승경전을 수지하지 않고 성난 마음으로 주문을 외워서입니다. 제자가 들어서는 것을 보고는 거꾸로 앞에서 욕을 하고 오로지 나쁜 말을 하면서 제자를 굴복시키려 하였습니다. 제자는 굴복하지 않았는데, 당시 두 스님은 제자의 흉악한 형상을 보고 놀라서 저절로 죽은 것이지, 제자가 고의로 두 스님을 죽인 것이 아닙니다." 인근의 스님과 속인들은 이전의 두 스님이 죽임을 당했으므로, 경사 스님도 역시 죽었으리라 여기고 서로 함께 보러 갔으나 그 스님이 무사할 뿐 아니라 용모와 자태가 즐겁고 태연하였으므로 당시 사람들은 괴이하게 여겼다. 그들이 다투어 그 연유를 묻자 앞서의 일들을 자세하게 대답해 주었다. 진실로 《금강반야경》의 위력으로 말미암은 것이니 성인의 가르침은 공허한 것이 아니었다. 사람들은 이로 인해 발심하고 반야경을 수지하는 이가 많아졌다. **《법원주림》권85.**

4. 魏泰嶽人頭山銜草寺僧釋志湛, 齊州山茌縣人, 是朗公曾孫之弟子也. 立行純厚, 省事少言. 住銜草寺, 寺即宋求那跋摩[15]之所立也. 游諸禽獸, 而不驚亂, 常誦法華, 用爲恒業. 將終之日, 沙門寶誌奏梁武曰: "北方山茌縣僧住銜草寺, 是須陀洹[16]聖人, 今日入涅槃." 揚都[17]道俗, 聞誌此告, **此告二字據《續高僧傳》引補.** 皆遣遙禮. 端坐氣絕, 兩手各舒一指. 有西天竺僧解云: "若是二果聖人, 各舒兩指; 湛舒一指, 定是初果." 收葬人頭山, 造塔安

15 구나발마(求那跋摩): 중국어로 '功德鎧'라고 번역한다. 인도 왕족 출신으로 중국에 건너가 불경 번역 사업을 하였다.

16 수다원(須陀洹): 범어 Srotāpanna의 음역. 초기 불교의 수행단계인 사향사과(四向四果)의 첫 번째 단계로, 흐름에 들어온다는 의미에서 예류(預流)라고 의역하기도 한다. 진리를 알지 못하거나 잘못 아는 것에서 생겨나는 미혹인 견혹(見惑)을 모두 끊고자 수행해 가는 과정과 그 결과를 이르는 말. 곧 잘못된 견해에서 벗어나 비로소 진리를 추구하는 흐름에 들어섰다는 의미에서 유래한다. 수다원과(須陀洹果) 또는 예류과(預流果)를 얻었다는 것은 그 수행자가 비로소 성자의 흐름에 들어섰다는 의미로, 깨달음으로 향하는 흐름에 갓 합류한 경지, 성자의 대열에 갓 들어선 자로서의 과보를 받았음을 말하는 것이다.

17 양도(揚都): 남북조시기 건강(建康)을 양도라 불렀다.

之. 鳥獸不汙, 今猶在焉. 又雍州有僧亦誦法華, 隱於白鹿山. 感一童子, 常來供給. 至終, 置屍巖下, 餘骸枯朽, 唯舌多年不壞. **《珠林》八十五, 《續高僧傳》三十八**[18].

4. 북위 태악 인두산 함초사의 승려 석지담은 제주 산임현 사람인데 낭공의 증손자의 제자이다. 행실이 순박하고 돈후하며, 사리를 잘 분별하고 말수가 적었다. 함초사에 머물렀는데 이 절은 바로 송나라 구나발마가 세운 곳이다. 여러 날짐승과 길짐승이 노닐고 다녀도 놀라거나 혼란에 빠지지 않고 늘《법화경》을 외우는 것을 일상의 업으로 삼았다. 임종을 앞둔 날, 사문 보지가 양 무제에게 아뢰었다. "북방 산임현의 한 스님이 함초사에 머물고 있는데, 그는 수다원과를 얻은 성인으로, 오늘 열반에 들 것입니다." 양도의 스님과 속인들이 사문 보지의 전갈을 듣고, **'此告' 2자는《속고승전》에 의거하여 보충하였다.** 모두 멀리 바라보며 예배하였다. 지담 스님은 단정히 앉아서 숨을 거두었는데 두 손은 각각 한 손가락씩 펴고 있었다. 서천축의 한 스님이 다음과 같이 해석하였다. "만약 두 번째 과果를 얻은 성인이라면 각각 두 손가락씩을 폈을 것인데, 지담 스님이 한 손가락씩 폈으니 초과인 수다원과의 성인이심이 틀림없다." 인두산에 장례를 지내고 탑을 세워 봉안하였다. 새와 짐승들도 더럽히지 않았으며 지금도 아직 남아 있다. 또 옹주에 있는 한 스님도《법화경》을 외우면서 백록산에 은거하였다. 감응으로 동자 한 명이 늘 음식을 공양드렸다. 입적하자 시체를 바위 아래에 두었는데 다른 뼈들은 다 썩었으나 오직 혀만은 여러 해 동안 썩지 않았다. **《법원주림》권85.《속고승전》권28.**

---

18 삼십팔(三十八):《속고승전》은 모두 30권으로 이루어진 책으로, 여기서의 '三十八'은 응당 '二十八'이 되어야 한다. 아래 동일.

5. 魏高祖 **一引有此二字, 亦見《續高僧傳》三十八次乘禪師後** 太和[19]初年, 北代京[20]閹官, 自慨形殘, 不逮餘人, 旋奏乞入山修道, 出敕許之. 乃賫一部華嚴[21], 晝夜讀誦, 禮悔匪懈. 夏首歸山, **二句一引作懺悔不息, 一夏不滿.** 至六月末. 髭須盡生, 陰相復現, 丈夫相狀, 宛然復舊. 具狀奏聞, 高祖增信, 內宮驚訝. 於是北代之國, 華嚴轉盛. **一引作帝大敬重之, 於是國中普敬《華嚴》, 厚尊恒日. 《珠林》八十五又十八. 《感通錄》三.**

5. 북위 고조 **한 인용에는 이 2자가 있으며, 또 《속고승전》권28의 승선사 뒤에 보인다.** 태화 초년(477년)에 북위 대경의 환관이 자신이 불구의 몸이어서 다른 사람과 다른 것을 개탄하며 입산하여 수도할 수 있도록 애걸하는 상소를 올렸더니 이를 허락하는 칙명이 내려졌다. 이에 《화엄경》 한 부를 가지고 가서 밤낮으로 송독하고, 예불과 참회를 게을리 하지 않았다. 여름에 처음으로 산에 들어가 **2구절은 한 인용에서 '참회를 멈추지 않고 여름이 되었어도 만족하지 못했다'라고 되어 있다.** 6월 말까지 있었다. 수염이 모두 나고 생식기가 다시 생겨났으며 남자의 모습이 완연히 예전처럼 회복되었다. 일의 전말을 갖추어 상소를 올렸더니 고조는 더욱 불교를 믿게 되었으며, 내궁에서는 이를 경이롭게 여겼다. 이리하여 북쪽 왕조에도 《화엄경》이 성행하게 되었다. **한 인용에는 '황제가 불교를 존중하여 나라 안에서 《화엄경》을 두루 신봉하였으며 평소에도 매우 중시하였다'라고 되어 있다. 《법원주림》권85·18. 《삼보감통록》권3.**

---

19 태화(太和): 북위 효문제 탁발굉(拓跋宏)이 477년-499년에 사용한 연호.

20 대경(代京): 북위(北魏) 전반기의 도성. 원래는 진(秦)·한(漢) 때 설치한 평성(平城) 옛 터로, 지금의 산서(山西) 대동시(大同市) 동북쪽에 있었다.

21 화엄경(華嚴經): 석가모니가 성도한 깨달음의 내용을 그대로 설법한 경문. 법계(法界) 평등(平等)의 진리를 깨우친 부처의 많은 선행과 덕행을 찬양하고 있다. 정식 이름은 대방광불화엄경이다.

6. 高齊[22]初, 沙門實公 **《廣記》引作寶公.** 者, 嵩山[23]高棲士也. 旦從林慮向白鹿山, 因迷失道. 日將過中, 忽聞鍾聲, 尋響而進, 巖岫重阻, 登陟而趨, 乃見一寺; 獨據深林, 山門[24]正南, 赫奕輝煥, 前至門所看額, 云靈芝寺. **《廣記》引作靈隱寺.** 門外五六犬, 其大如牛, 白毛黑喙, 或踊或臥, 以眼眄實, 實怖將返. 須臾見胡僧外來, 實喚不應, 亦不回顧, 直入門內, 犬亦隨入. 良久實見無人, 漸入次門, 屋宇四周, 門房並閉, 進至講堂, 唯見床榻, 高座儼然. 實入西南隅床上坐, 久之, 忽聞棟間有聲, 仰視見開孔如井大, 比丘前後從孔飛下, 遂至五六十人. 依位坐訖, 自相借問: "今日齋時, 何處食來?" 或言豫章·成都·長安·隴右[25]·薊北·嶺南·五天竺[26]等, 無處不至, 動即千萬餘里. 末後一僧, 從空而下, 諸人競問: "來何太遲?" 答曰: "今日相州城東彼岸寺鑒禪師講會, 各各竪義, 有一後生, 聰俊難問, 詞音鋒起, 殊為可觀, 不覺遂晚." 實本事鑒爲和上, 既聞此語, 望得參話, 希展上流, 整衣將起, 咨諸僧司: "鑒是實和上" 諸僧直視, 忽隱寺所在, 獨坐磐石柞木之下. 向之寺宇, 一無所見. **《廣記》引作諸僧直視寶頃之已失靈隱寺所在矣. 寶但獨坐于柞木之上, 一無所見.** 唯睹巖谷禽鳥, 翔集喧亂. 及出, 以問尚統法師, 尚曰: "此寺石趙[27]時佛圖澄法師

---

22 고제(高齊): 북제(北齊). 남북조 시대, 북조의 할거정권 중 하나로, 황실의 성씨가 고씨(高氏)였으므로 '高齊'라고 한다.

23 숭산(嵩山): 오악의 하나로 중악(中嶽)에 해당한다.

24 산문(山門): 정면을 향해 있는 사찰 누각의 문. 고대에는 대부분의 사찰이 산속에 있었기 때문에 산문이라 하였다.

25 농우(隴右): 농우는 섬서성과 감숙성의 경계산인 농산[隴山: 육반산(六盤山)]에서 나온 말이다. 육반산 서쪽은 지금의 수시(水市)·평량시(平涼市)·정서시(定西市)·난주시(蘭州市)를 포함한다. 농산 서쪽과 황하 동쪽 지역을 가리킨다. '농우'는 '농서'를 다르게 한 말이며, 농산을 기준으로 그 서쪽[右]의 광대한 지역을 가리키는데, 즉 비교적 단순한 지리적 공간의 개념이다.

26 오천축(五天竺): 인도가 넓기 때문에 동서남북과 중앙의 다섯 지방으로 구분해 한꺼번에 부른 이름이다.

27 석조(石趙): 후조(後趙). 319년-351년. 16국시기 갈족(羯族) 우두머리 석륵(石勒)이 전

所造, 年歲久遠, 賢聖居之, 非凡所住, 或泛或隱, 遷徙無定." 今山行者, 猶聞鍾聲. **《珠林》九十一. 《廣記》九十九.**

6. 북조 제나라 초의 사문 실공은 **《태평광기》의 인용에는 '寶公'으로 되어 있다.** 숭산에 은거해 사는 스님이었다. 어느 날 아침에 임려에서 백록산으로 가다가 잘못하여 길을 잃어버렸다. 해는 정오를 넘었는데 갑자기 종소리가 들렸다. 소리를 따라 나아가는데 산봉우리들이 겹겹이 가로막았으나 타고 올라가니 절 하나가 나타났다. 절은 홀로 깊은 숲속에 있었으며 절의 정문은 남쪽으로 향하였는데 빛이 번쩍거렸다. 앞으로 나아가 절의 문에 이르러 편액을 보니, 영지사라고 씌어 있었다. **《태평광기》의 인용에는 '靈隱寺'라고 되어 있다.** 문 밖에는 개가 대여섯 마리 있었는데 크기가 소만 하였다. 흰 털에 검은색 입이었는데, 어떤 개는 풀쩍 뛰어오르고 어떤 개는 엎드려서 실공 스님을 쳐다보았으므로 실공 스님은 두려워서 돌아가려 했다. 잠시 후 서역의 승려가 밖에서 돌아왔는데, 실공 스님이 그를 불러도 대답하지 않고 돌아보지도 않고 곧바로 문 안으로 들어가자, 개들 또한 따라 들어갔다. 한참 후 실공 스님은 다른 사람이 없는 것을 보고 점점 다음 문으로 걸어 들어갔다. 절의 사방은 방문이 닫혀 있었다. 스님이 들어가 강당에 이르자 긴 평상만 보였는데 높은 자리는 장엄하였다. 실공 스님은 서남쪽 구석의 평상에 앉았다. 한참 후 갑자기 기둥 사이에서 소리가 들렸으므로 쳐다보니 구멍이 우물 정도 크기로 열리고, 비구들이 차례로 구멍에서 날아서 내려오는데, 드디어 오륙십 명에 이르렀다. 자리를 찾아서 다 앉은 후 서로에게 물었다. "오늘 공양 때는 어느 곳

조(前趙)를 멸하고 지은 왕조이다.

에서 드셨습니까?" 어떤 스님은 예장, 혹은 성도·장안·농우·계북·영남·인도 등이라고 대답하였는데, 가지 않은 데가 없었으며, 움직였다 하면 천만리가 넘었다. 맨 마지막으로 한 스님이 하늘에서 내려오자 여러 사람들이 다투어 물었다. "어째서 이리 늦게 오셨습니까?" 그 스님이 대답했다. "오늘 상주성 동쪽의 피안사에서 감 선사께서 법회를 여셨는데 스님들마다 각자의 이치를 내세웠습니다. 어떤 후배 스님이 총명하고 준수하여 어려운 질문을 하니 화답하는 음성이 다투어 일어났는데, 아주 볼만했으므로 나도 모르게 늦었습니다." 실공 스님은 원래 감 스님을 스님으로 섬겼는데 기왕에 이러한 이야기를 듣고 보니 말참견을 하고 싶어 감 선사의 뛰어난 제자임을 알리고자 옷을 단정히 하고 일어나서는 여러 스님에게 알렸다. "감 선사께서는 제 스승이십니다." 여러 스님들이 똑바로 쳐다보자 갑자기 절이 있던 곳이 사라지고 실공 스님 홀로 반석의 떡갈나무 아래에 앉아 있었다. 좀 전의 절집은 온데간데없이 사라졌다. **《태평광기》의 인용에는 '여러 스님들이 보공 스님을 똑바로 쳐다보자 좀 전의 영은사가 있던 곳이 사라졌으며, 다만 보공 스님 홀로 떡갈나무에 앉아 있을 뿐, 아무것도 보이지 않았다'라고 하였다.** 오직 바위와 골짜기에서 새들이 모여 날아다니며 시끄럽게 지저귀는 것만이 보였다. 그곳을 나온 뒤에 상통 법사에게 물었더니 법사가 대답하였다. "그 절은 후조後趙 때 불도징 법사께서 지은 것으로, 지은 지 오래되었습니다. 여러 성현들이 거처하는 곳으로 범부가 머무는 곳이 아니며, 나타나기도 하고 사라지기도 하면서 이리저리 옮겨 다니며 정해진 곳이 없다고 합니다." 지금 그 산에 가는 사람은 아직도 종소리를 듣는다고 한다. **《법원주림》권91. 《태평광기》권99.**

7. 齊武成[28]世, 并州[29]東看山側, 有人掘地, 見一處土, 其色黃白, 與傍有異. 尋見一物, 狀人 **《續傳》作如** 兩脣, 其內有舌, 鮮紅赤色. 以事奏聞, 問諸道人, 無能知者. 沙門大統法師上奏曰: "此持法華者, 令六根[30]不壞, 般誦千遍, 定感此徵." 乃敕中書舍人[31]高珍曰: "卿是信向之人, 自往看之, 必有靈異. 宜遷置淨所, 設齋供養." 珍奉敕至彼, 集諸持法華沙門, 各執香爐, 潔齋旋繞而祝曰: "菩薩涅槃, 年代已遠, 像法[32]流行, 奉無謬者, 請現靈感." 纔始發聲, 脣舌一時鼓動, 雖無響及, **《續傳》作聲.** 而似讀誦. 諸同見者, 莫不毛豎. 珍以狀聞, 詔遣藏之石函, 遷於山室. **《珠林》八十五. 《三寶感通錄》三. 亦見《續高僧傳》三十八次志湛後.**

7. 북제의 무성제 시기에 병주 동간산 옆에서 어떤 사람이 땅을 파다가 한 처사를 발견하였는데, 그 뼈는 황백색이었으며 처사 옆에는 이상한 것이 있었다. 그 물건을 찾아서 보니 모양이 사람의 두 입술 같았으며 **《속고승전》에는 '如'로 되어 있다.** 그 안에는 아주 붉은색의 혀

---

28 제무성(齊武成): 고담(高湛). 537년-569년. 북제(北齊) 무성제(武成帝) 고담으로, 북제 제4대 황제이며 561년부터 565년까지 재위하였다. 신무제(神武帝) 고환(高歡)의 아홉째 아들이다.

29 병주(并州): 《주례(周禮)》·《한서(漢書)·지리지상(地理志上)》의 기록에 의하면 병주는 구주(九州) 중 하나이며, 그 땅은 대략 지금의 산서(山西) 태원(太原)·대동(大同)과 하북(河北)의 보정(保定) 일대 지역이다.

30 육근(六根): 여섯 종류의 감각기관 혹은 인지능력을 말하는데 눈·귀·코·혀·몸·뜻 등을 이른다. 눈은 시각의 근원, 귀는 청각의 근원, 코는 후각의 근원, 혀는 미각의 근원, 몸은 촉각의 근원, 뜻은 사유의 근원이다.

31 중서사인(中書舍人): 중서성(中書省)에 소속된 관리. 황제께 올릴 표문이나 황제의 칙령, 조서 등의 작성을 주로 맡아 보았다.

32 상법(像法): 불교 용어로 정(正)·상(像)·말(末)의 '삼시(三時)'의 하나이다. 석가가 열반에 들고 한참 지난 후의 정법(正法)과 비슷한 불법을 말한다. 그때는 불도가 나쁘게 변하여 비록 행함과 가르침이 있었으나 증험 되는 결과가 없었다. 상법의 기간은 여러 설이 있지만, 일반적으로는 석가가 열반에 들고 오백 년 후의 천 년 동안을 말한다. 즉 정법 다음의 천 년 동안을 이르는 말.

가 있었다. 이 일을 왕에게 상주하였으며, 여러 스님에게 물어보았으나 아는 이가 없었다. 사문 대통 법사가 다음과 같이 아뢰었다. "이는 《법화경》을 수지受持한 자로 육근이 무너지지 않은 것인데, 간절하게 경전을 천 번 암송하면 반드시 이러한 징조로 감응합니다." 이에 왕은 중서사인 고진에게 칙령을 내렸다. "경은 불법을 신봉하는 사람이니 직접 가서 살펴본다면 반드시 영험한 일이 있을 것이오. 반드시 정결한 곳에 옮기고 재를 올려 공양을 드리시오." 고진은 칙명을 받들어 그곳에 도착하여 《법화경》을 외우는 여러 스님들을 모아서 각자 향로를 가지고, 심신을 깨끗이 하고 정성스럽게 재를 올리고 그곳을 돌면서 축원하게 하였다. "보살께서 열반하시고 연대가 이미 오래되었습니다. 상법이 유행하는 때에 받들어도 잘못이 없다 하시면 영험함을 나타내소서." 축원의 말을 하기 시작하자 입술과 혀가 동시에 움직였다. 비록 소리가 나지는 않았으나 **《속고승전》에는 '聲'으로 되어 있다.** 마치 경전을 독송하는 듯했다. 함께 그 광경을 지켜본 모든 사람들은 털이 곤두서지 않은 이가 없었다. 고진이 왕에게 들은 바를 정리하여 장계를 올리자 왕이 조서를 내려 혀를 넣을 석함을 보내어 산실에 옮기게 했다. **《법원주림》권85. 《삼보감통록》권3. 또한 《속고승전》권28 지담 뒤에 보임.**

8. 元魏[33]天平[34]中, 定州[35]募士孫敬德防於北陲造觀音金像, 年滿將還,

---

33 원위(元魏): 북위(北魏). 탁발규(拓跋珪)가 남북조 시기 북방에 처음으로 왕조를 수립하였는데 지리적 위치로 인해 '북위'라고 하였다. 북위는 후에 '한화(漢化)'를 추진하였다. 효문제가 원래의 성 '탁발(拓跋)' 대신 한족의 성인 '원(元)'으로 바꾸었기 때문에 '원위(元魏)' 혹은 '탁발위(拓跋魏)'라고도 한다. 영희(永熙) 3년(534년)에 북위는 동위(東魏)와 서위(西魏)로 분열된다.

34 천평(天平): 동위(東魏) 효정제(孝靜帝) 원선견(元善見: 524년-552년)의 첫 번째 연호. 천평 연간은 534년부터 537년까지이다.

35 정주(定州): 정주시(定州市)는 하북성 보정시(保定市)에 예속된다. 북위 천흥(天興) 3

常加禮事. 後爲劫賊橫引, 禁於京獄, 不勝拷掠, 遂妄承罪. 並斷死刑, 明旦行決. 其夜, 禮拜懺悔, 淚下如雨. 啓曰: "今身被枉, 當是過去枉他, 願償債畢, 誓不重作." 又發大願云云. **《續高僧傳》三十九**[36]**作, 又願一切衆生所有橫禍弟子代受. 亦本《旌異記》當据補.** 言已, 少時, 依稀如夢: 見一沙門, 教誦《觀世音救生經》. 經有佛名, 令誦千遍, 得度苦難. 敬德欻覺, 起坐緣之, 了無參錯, 比至平明, 已滿一百遍. 右司[37]執縛向市, 且行且誦, 臨欲加刑, 誦滿千遍. 執刀下斫, 折為三段, 不損皮肉, 易刀又折. 凡經三換, 刀折如初. 監當官人, 莫不驚異, 具狀聞奏. 丞相高歡表請其事, 遂得免死. 敕寫此經傳之, 今所謂《高王觀世音》是也. 敬德放還, 設齋報願, 出在防像, 乃見項上有三刀痕, 鄉郭同睹, 嘆其通感. **《三寶感通錄》二.**

8. 북위 천평 연간에 정주의 모집된 병사 손경덕은 북쪽 변방을 방어하면서 관세음 금불상을 조성하였다. 해가 다 되어 돌아갈 때가 되자 늘 예불을 올리곤 했다. 후에 도적으로 몰려 끌려가서 경성의 감옥에 갇혔는데 고문을 이기지 못해 마침내 거짓으로 죄를 자백했다. 게다가 사형 판결을 받아 다음날 아침에 집행될 예정이었다. 그날 밤에 예불하고 참회하는데 눈물이 비 오듯 했다. "지금 이 몸이 억울한 죄를 받은 것은 마땅히 과거에 다른 이를 억울하게 했기 때문입니다. 원컨대 이것을 다 속죄하고 다시는 죄를 짓지 않기로 맹세하나

년(400년) 탁발규가 안주(安州)를 정주(定州)로 명칭을 변경하였으며, 중산(中山)·상산(常山)·박능(博陵)·북평(北平)·거록(巨鹿) 5군(郡)을 관할하였다. 동위(東魏) 천평(天平) 원년(534년)에 정주는 동위에 예속되었으며, 여전히 이전의 5군을 관할하였다.

36 삼십구(三十九): 마땅히 '二十九'가 되어야 한다.

37 우사(右司): 관서명. 처음에는 상서도성(尙書都省)의 업무 처리 기구였다. 수·당·오대에 모두 설치하였다. 낭중(郎中), 원외랑(員外郞)을 두었으며 상서우승(尙書右丞)의 보좌역이었다. 병부(兵部)·형부(刑部)·공부(工部) 십이사(十二司)의 정무를 주관하였다.

이다."라고 관세음보살께 말을 올리고 또 큰 서원誓願을 하노라 운운하였다. **《속고승전》권29에서는 '또 모든 중생의 모든 횡액을 제자가 대신 받고자 합니다'라고 되어 있다. 또한 본래의 《정이기》는 이것에 근거하여 보충돼야 한다.** 말을 마치고 잠시 후 어렴풋이 다음과 같은 꿈을 꿨다. 어떤 승려가 나타나더니 《관세음구생경》을 외우도록 가르쳐 주었다. 그 경전에 있는 부처님 이름을 천 번을 외우면 고난 속에서도 깨달음을 얻게 될 것이라고 하였다. 손경덕은 갑자기 꿈에서 깨어 일어나 앉아 그 말을 생각해 보니 조금도 어긋남이 없었다. 새벽이 되었을 때 이미 백 번을 외웠다. 우사 관원에게 결박되어 형장으로 향해 갈 때 걸어가면서도 경전을 외워 사형이 집행될 즈음에는 천 번을 외웠다. 형리가 칼을 잡고 내려치자 칼은 세 조각으로 부러졌지만 몸에는 상처가 없었으므로 칼을 바꾸어 내리쳤으나 또 칼이 부러졌다. 이렇게 세 번이나 칼을 바꾸었으나 칼은 여전히 부러졌다. 감독하는 관리들은 놀라지 않는 이가 없었으며, 이 일의 전말을 갖추어 왕에게 장계를 올렸다. 승상 고환이 이 사실을 글로 올려 드디어 죽음을 면하게 되었다. 칙명을 내려 이 경전을 필사하여 전하게 하니 이른바 지금의 《고왕관세음경》이다. 손경덕은 석방되어 고향에 돌아가자 재를 올리고 서원에 보답하였다. 나가 보니 자신을 막았던 불상이 있었는데, 관세음보살상의 목에 칼자국이 세 군데 있었으므로 마을과 외성外城 사람들이 함께 보고서 감응이 통했다고 감탄하였다. **《삼보감통록》권2.**

9. 范陽五侯寺僧失其名, 常誦《法華》, 初死之時, 權殯堤下, 後遷改葬, 骸骨並枯, 唯舌不壞. **《續高僧傳》三十八. 《續傳》載此, 在志湛與雍州僧之間.**

9. 자신의 이름을 모르는 범양 오후사의 어떤 승려는 늘 《법화경》

을 외웠다. 처음 죽었을 때 임시로 제방 아래에 매장되었다가 나중에 이장하게 되었다. 해골은 모두 말랐지만 오직 혀만은 썩지 않았다. **《속고승전》권28. 《속고승전》에도 이 이야기가 실려 있는데, 지담과 옹주승 사이에 있음.**

10. 元魏北代[38]乘禪師者, 受持《法華》精勤匪懈. 命終, 河東薛氏爲第五子, 生而能言自陳宿世, 不願處俗. 其父任北泗州[39]刺史, 隨任便住中山七帝寺, 尋得本時弟子, 語曰: "汝頗憶從我渡水往狼山不? 乘禪師者, 我身是也. 房中靈几, 可送除之." 父母恐其出家, 便與納室. 爾後便忘宿命之事, 而常興厭離, 端拱靜居. **《續高僧傳》三十八. 《續傳》次并州東看山不壞舌後.**

10. 북위 북쪽 대 지역의 승선사라는 분은 《법화경》을 수지하고 부지런히 익히며 조금도 게을리 하지 않았다. 명이 다한 후 하동지방 설 씨의 다섯째 아들로 태어났는데, 나면서부터 말할 줄 알아 전생의 업을 스스로 이야기하면서 속세에서 살기를 원하지 않았다. 그의 아버지가 북사주자사로 부임하자 그는 임지를 따라 중산의 칠제사에 머물면서 전생의 제자를 찾아가서 다음과 같이 말하였다. "너는 나를 따라 강을 건너 낭산으로 갔던 일을 기억하느냐? 승선사라는 자는 내 전생의 몸이니라. 방에 있는 신주를 모신 자리는 없애도록 해라." 부모는 그가 출가할까 두려워 바로 결혼시켰다. 그 후 바로 전생의 일을 잊어버렸으나 늘 세속을 싫어하고 떠나려 했으며, 단정하게 손

---

38 대(代): 북위 때 지명. 대략 지금의 산서성 대현(代縣) 관할지역이다.

39 사주(泗州): 사주는 북주(北周)부터 청(淸)대까지의 역사적 지명이다. 관할 지역은 대략 지금의 사현(泗縣)·명광시(明光市)·천장시(天長市)·사홍현(泗洪縣)·우이현(盱眙縣) 일대였다. 삼국시대에는 위나라 서주(徐州) 하비군(下邳郡) 우이현, 서진 시기에는 서주 임회국(臨淮國) 우이였으며, 북주 말에는 안주(安州)를 사주로 바꾸고 숙예[宿豫: 지금의 강소 숙천(宿遷) 동남쪽]를 다스렸다.

을 마주 잡고 고요하게 앉아서 지냈다. **《속고승전》권28. 《속고승전》에는 '幷州東看山不壞舌' 뒤에 있음.**

《정이기旌異記》〔일명 《정이기精異記》·《적이전積異傳》〕

수隋의 지괴소설. 후백侯白이 찬하였다. 《수서·경적지》 잡전류에 15권으로 저록되어 있는데, 주에 "후군소가 찬하였다(侯君素撰)."라고 되어 있다. 《구당서舊唐書·경적지》에는 후군집侯君集으로 잘못 되어 있다. 《신당서新唐書·예문지》에는 소설가류에 들어가 있다. 《법원주림》 권119에는 20권으로 되어 있으며, 《일본국견재서목日本國見在書目》에는 10권으로 되어 있는데, 《역대삼보기歷代三寶記》도 동일하며, 서명은 《적이전積異傳》으로 되어 있다. 고황顧況은 <대씨광이기서戴氏廣異記序>에서 《정이기精異記》라 칭하였다. 이러한 사실들은 이 책이 일찍이 광범위하게 전파되어 서명·권질卷帙 등에서 서로 차이가 있게 되었음을 설명하고 있다. 원서는 이미 일실되었으나, 중편 《설부》 권118에 《정이기》 10조가 수록되어 있는데, 모두 조송趙宋 때의 이야기들이며, 또 송 후군소侯君素가 찬하였다고 적혀 있다. 이는 분명 위탁僞託한 것이다. 루쉰은 《속고승전續高僧傳》·《삼보감통록三寶感通錄》·《법원주림》·《태평광기》에 근거하여 10조를 집록하여 《고소설구침》에 넣었는데, 이 본본이 현재 가장 믿을만한 것이라 할 수 있다. 후백은 자가 군소君素로, 위군魏郡 임장(臨漳: 지금의 하남성河南省에 있음) 사람이다. 그는 배우기를 좋아하고 민첩하였으며, 성격이 익살스러웠다. 그는 일찍이 수재秀才에 천거되어 유림랑儒林郎을 역임하였다. 그는 양소楊素와 서로 조소와 농담을 주고받았다. 수 고조高祖가 그에게 비서秘書에서 국사國史를 찬수토록 명하였다. 후에 오품봉五品俸을 급여하였는데, 한 달이 넘어 죽었다. 그의 사적은《수서·육상전陸爽傳》및《소씨연의蘇氏演義》권하卷下에 보인다. 이 책은 대부분 석가모니·불경의 영이함 내지 불교도들의 신적神迹과 기우奇遇 등을 묘사함으로써 불교의 법력法力을 널리 선양하려고 하였다. 이 책은 또한 '석씨보교지서釋氏輔教之書'에 속한다. 이 책 중의 이야기들은 대부분 편폭이 비교적 길며, 서사도 비교적 단계적으로 되어 있다. 이야기의 간결함과 번다함의 층계가 분명하며, 구조가 완벽하다. 그리고 배경묘사를 잘 함으로써 이야기의 분위기를 크게 부각시켰다.

본문 속 인물 찾아보기

저자소개

집교자: 루쉰魯迅

루쉰은 1881년 중국 저장성浙江省 사오싱紹興에서 태어났다. 루쉰은 그의 필명이고 본명은 저우수런周樹人이다. 중국의 대표적인 문학가이자 사상가·학자이다. 그는 중국 현대문학의 걸출한 작가로 《광인일기狂人日記》·《공을기孔乙己》·《고향故鄕》·《축복祝福》(이상 단편소설)·《아큐정전阿Q正傳》(중편소설)·《야초野草》(산문) 등 수많은 작품을 남겼다. 특히 《아큐정전》은 그의 대표작이자 세계적 수준의 작품으로 평가받았다. 그리고 그가 쓴 《중국소설사략中國小說史略》은 중국 고대소설사 연구에 지대한 공헌을 하였으며, 고소설 집록輯錄 작업의 결과물인 《고소설구침古小說鉤沈》·《소설비교小說備校》·《당송전기집唐宋傳奇集》·《소설구문초小說舊聞鈔》도 중국 고소설의 자료 정리 및 연구 방면에 대단히 큰 영향을 미쳤다. 그는 소설 외에 다른 중국 고전문학과 역사저작에 대해서도 정리와 연구 작업을 많이 진행하였다. 이처럼 루쉰은 중국 현대소설의 걸출한 작가이면서 동시에 중국 고대소설에 대해서도 뛰어난 업적을 이룬 보기 드문 학자였다. 그의 저작은 1938년에 《루쉰전집魯迅全集》(20권)으로 출간되었으며, 상세한 주석을 가한 또 다른 《루쉰전집》(10권)이 1956-1958년에 간행되었다.

역주자: 최환崔桓

최환은 경북 영천에서 태어나, 영남대학교 중어중문학과를 졸업하고, 대만臺灣 국립대만대학國立臺灣大學 중문연구소中文硏究所에서 석사학위를, 대만 국립정치대학國立政治大學 중문연구소에서 박사학위를 받았다. 중국 남개대학南開大學에서 방문교수, 북화대학北華大學에서 교환교수로 각각 연구와 강의를 하였으며, 또 대련외국어대학大連外國語大學과 성도대학成都大學에서 초빙교수로 강의를 하였다. 금년 8월 말에 영남대학교 중국언어문화학과에서 정년퇴임하였다. 주요 저서로 《한·중 유서문화類書文化 개관槪觀》(저), 《중국어 신조어와 현대 중국 사회》(저), 《중국영화의 이해와 감상》(저), 《신라수이전新羅殊異傳 고론考論》(공저), 《현대중국의 이해》(공저), 《묵자》(역주), 《현대중국어 표현어법表現語法》(역), 《중국고전소설총목제요中國古典小說總目提要》 제1·2·3·4·5권(공역), 《한어어법 분석의 이론과 실천》(공역), 《현대 중국어학 기초》(공역) 등이 있으며, 그 외에도 주로 중국소설·문헌학·중국영화 등에 관한 다수의 논문이 있다.